现代汉语专题教程

北京大学中文系现代汉语教研室 编
执笔 王理嘉 符淮青
马 真 李小凡

北京大学出版社
北 京

图书在版编目(CIP)数据

现代汉语专题教程/北大中文系现代汉语教研室编.—北京:北京大学出版社,2003.1
ISBN 978-7-301-06076-6

Ⅰ.现… Ⅱ.北… Ⅲ.汉语—现代—教材 Ⅳ.H109.4

中国版本图书馆 CIP 数据核字(2002)第 107147 号

书　　　　名:	现代汉语专题教程
著作责任者:	北京大学中文系现代汉语教研室　编
责 任 编 辑:	郭　力
标 准 书 号:	ISBN 978-7-301-06076-6/H・0816
出 版 发 行:	北京大学出版社
地　　　　址:	北京市海淀区成府路 205 号　100871
网　　　　址:	http://www.pup.cn
电 子 邮 箱:	zpup@pup.pku.edu.cn
电　　　　话:	邮购部 62752015　发行部 62750672　编辑部 62752028 出版部 62754962
印　　刷　者:	河北滦县鑫华书刊印刷厂
经　　销　者:	新华书店
	850 毫米×1168 毫米　32 开本　13.625 印张　340 千字 2003 年 1 月第 1 版 2024 年 8 月第 18 次印刷
定　　　　价:	36.00 元

未经许可,不得以任何方式复制或抄袭本书之部分或全部内容。
版权所有,侵权必究　举报电话:010-62752024
　　　　　　　　　　电子邮箱:fd@pup.pku.edu.cn

前　言

近年来，国家大力推行科教兴国战略，高等教育事业蓬勃发展。新世纪之初，远程教育异军突起，成为高等教育的一片新的广阔天地。为了适应这种形势，满足社会上对中国语言文学专业专科升本科远程教育的需求，北京大学中文系决定建设一批面向这一层次的教材。为此，我们现代汉语教研室的几名教师接受了编写这本《现代汉语专题教程》的任务。

作为一门专题课，本教材以学习过中国语言文学专业基础课"现代汉语"的知识体系的学生为对象，力求使他们在原有基础上进一步加深对现代汉语基础理论的理解，拓宽专业知识面和学术视野，逐步产生对现代汉语的研究兴趣，同时进一步提高他们驾驭现代汉语的实践能力和维护现代汉语规范化的自觉性，从而使他们的语文修养更上一层楼。

本课有别于研究型高校汉语专业本科高年级的专题课，它不是单一方向的研究型专题课，而是一门综合性知识型专题课，包括现代汉语语音、词汇、语法和方言四个专题，每个专题又由几个小专题组成，内容相对独立，前后相关，篇幅大致均衡，并不刻意追求整体以及每一个专题内部的系统性和完整性。

教材一方面偏重于对实例的深入分析，以此帮助学生领悟和把握现代汉语的分析方法；另一方面着重对"现代汉语"尚未涉及的重要问题有选择地加以介绍，以求完善学生的专业知识结构。对"现代汉语"已经初步介绍的基础理论，本教材也择要做进一步的阐发，有的还加以适当的延伸和扩展。《现代汉语》教材一般很少涉及汉语方言，本教材则将方言问题单设一个专题来介绍，以使学生对现代汉语有一个全方位的认识。作为专题课，本教材适当反映了相关专题的新近研究成果，并介绍了某些有争议的学术问题上存在的不同观点，具有一定的前沿性。因此，本教材也可供普通高等院校中国语言文学专业参考。

本教材的语音、词汇、语法、方言四个专题各为一章，每章各分若干小节，每小节后各附若干思考与练习题。这些习题可以帮助学生复习和掌握该小节的主要内容，并引导学生进行深入的思考和研究。每小节之后开列若干参考文献，可以帮助学生进一步理解和掌握相关专题的教学内容。针对远程教育的特点，本教材在行文上尽量做到一览无余，以利于学生课后自己钻研。

国际音标在"现代汉语"等课程中已做过初步介绍，本教材在分析和阐述语音问题以及给语料注音时使用了国际音标，并在介绍汉语方言调查的方法时对国际音标做了进一步介绍。但因为国际音标教学的主要环节是进行面对面的发音和听辨的强化训练，这是综合性专题课和远程教学方式难以做到的，因此，本课程并不要求学生能熟练地按照国际音标发音或用国际音标记音。

本书作者虽然都有相关专题多年的教学经验和教材编写经验，但编写综合性专题课远程教育的教材还是初次尝试，目前也很少有此类教材可供参考，加之又是在较短的时间内仓促成书，不足之处在所难免。希望使用者提出批评和改进的意见，以利今后修订。本书编者的分工如下：王理嘉撰写第一章"语音"，符淮青撰写第二章"词汇"，马真撰写第三章"语法"，李小凡撰写第四章"方言"并主持全书的编写工作。

本教材的编写得到了有关专家学者的支持。北京大学沈阳、袁毓林，中央广播电视大学任鹰、高松海以及中央广播电视大学《汉语专题》课程组组长胡吉成参加教材编写大纲和书稿的审定，提出了宝贵意见。北京大学出版社语言编辑室主任郭力为本书的编辑和出版做了大量工作，在此一并表示谢意。

李小凡
2002 年 10 月

目　录

第一章　语音 …………………………………………（1）
　第一节　国家通用语言文字的规范化、标准化…………（1）
　　一、20世纪的汉语规范化运动 …………………………（2）
　　二、汉民族共同语为什么以北京语音作为标准音？…………（8）
　　三、新时期的语言文字工作 ……………………………（14）
　　四、语言文字的规范和标准 ……………………………（16）
　　思考与练习 ………………………………………………（21）
　　参考文献 …………………………………………………（22）
　第二节　汉语拼音方案的理论阐释 ………………………（22）
　　一、汉语拼音方案与汉语拼音运动 ……………………（22）
　　二、汉语拼音方案的设计和组成 ………………………（25）
　　三、汉语拼音方案字母与语音的配置关系 ……………（35）
　　四、汉语拼音正词法基本规则 …………………………（43）
　　思考与练习 ………………………………………………（47）
　　参考文献 …………………………………………………（48）
　第三节　普通话的语音系统 ………………………………（49）
　　一、语音怎样构成一种系统 ……………………………（49）
　　二、普通话声母系统的语音特点 ………………………（53）
　　三、普通话韵母的结构分析及其分类 …………………（57）
　　四、汉语拼音方案和普通话音位系统 …………………（66）
　　思考与练习 ………………………………………………（76）
　　参考文献 …………………………………………………（77）
　第四节　现代汉语语音规范化问题 ………………………（78）
　　一、异读词的语音规范 …………………………………（78）

二、轻声和轻声词的规范问题 …………………… (87)
三、儿化韵和儿化词的规范问题 ………………… (96)
思考与练习 …………………………………………… (108)
参考文献 ……………………………………………… (109)

第二章 词汇 …………………………………………… (110)
第一节 词和词汇 …………………………………… (110)
一、确定词的一些问题 ……………………………… (110)
二、词汇中的固定语 ………………………………… (117)
三、现代汉语词汇规范问题 ………………………… (128)
思考与练习 …………………………………………… (134)
参考文献 ……………………………………………… (135)

第二节 构词研究 …………………………………… (135)
一、构词法 …………………………………………… (135)
二、造词法 …………………………………………… (141)
三、词义的理据 ……………………………………… (144)
思考与练习 …………………………………………… (150)
参考文献 ……………………………………………… (151)

第三节 词义 ………………………………………… (151)
一、词义的类型 ……………………………………… (151)
二、词义的单位 ……………………………………… (160)
三、词义的分析 ……………………………………… (165)
思考与练习 …………………………………………… (176)
参考文献 ……………………………………………… (176)

第四节 词汇系统 …………………………………… (177)
一、对词汇系统的认识 ……………………………… (177)
二、词群的主要类型 ………………………………… (180)
三、词群分析 ………………………………………… (186)
思考与练习 …………………………………………… (194)

参考文献 …………………………………………… (194)
第五节　词汇学和词典 ………………………………… (195)
　一、词汇学和词典编纂 ………………………………… (195)
　二、词典的类型 ………………………………………… (200)
　三、词的释义 …………………………………………… (205)
　思考与练习 ……………………………………………… (213)
　参考文献 ………………………………………………… (214)

第三章　语法 ……………………………………………… (215)

第一节　语法单位 ………………………………………… (215)
　一、语法单位和语法学习、语法研究 ………………… (215)
　二、四种语法单位——语素、词、词组、句子 ……… (220)
　三、关于语素 …………………………………………… (222)
　四、语素和词 …………………………………………… (222)
　五、词组和句子 ………………………………………… (224)
　思考与练习 ……………………………………………… (225)
　参考文献 ………………………………………………… (226)
第二节　汉语词类问题 …………………………………… (226)
　一、"词类"特指"词的语法分类" …………………… (226)
　二、划分词类的依据 …………………………………… (227)
　三、形容词的范围 ……………………………………… (230)
　四、动词的不同分类 …………………………………… (232)
　五、关于副词 …………………………………………… (236)
　六、介词与动词 ………………………………………… (238)
　七、关于兼类词 ………………………………………… (240)
　思考与练习 ……………………………………………… (242)
　参考文献 ………………………………………………… (243)
第三节　句子分析(上) …………………………………… (244)
　一、句子的不同分类 …………………………………… (244)

二、句子的结构分析 ……………………………………… (253)
　　　思考与练习 ……………………………………………… (261)
　　　参考文献 ………………………………………………… (262)
　第四节　句子分析(下) ……………………………………… (262)
　　三、关于双宾结构和递系结构 …………………………… (262)
　　四、多重复句的分析 ……………………………………… (273)
　　　思考与练习 ……………………………………………… (279)
　　　参考文献 ………………………………………………… (280)
　第五节　现代汉语虚词(上) ………………………………… (280)
　　一、虚词的性质和类别 …………………………………… (280)
　　二、分析一些最常用的虚词 ……………………………… (285)
　　　思考与练习 ……………………………………………… (303)
　　　参考文献 ………………………………………………… (303)
　第六节　现代汉语虚词(下) ………………………………… (304)
　　三、辨析虚词的方法 ……………………………………… (304)
　　四、辨析虚词的语法意义 ………………………………… (305)
　　五、辨析虚词的用法 ……………………………………… (310)
　　六、比较——需要层层深入 ……………………………… (317)
　　　思考与练习 ……………………………………………… (320)
　　　参考文献 ………………………………………………… (321)

第四章　方言 …………………………………………………… (322)
　第一节　方言的基本概念 …………………………………… (322)
　　一、语言和方言 …………………………………………… (322)
　　二、地域方言和社会方言 ………………………………… (324)
　　三、方言和共同语 ………………………………………… (327)
　　四、方言差异的成因 ……………………………………… (331)
　　　思考与练习 ……………………………………………… (335)
　　　参考文献 ………………………………………………… (336)

第二节　汉语方言的分布 (336)
- 一、汉语方言的分区和划界 (336)
- 二、汉语方言的共时分布 (340)
- 三、汉语方言的历史鸟瞰 (345)
- 思考与练习 (358)
- 参考文献 (358)

第三节　汉语方言的语言特点 (359)
- 一、语音特点 (359)
- 二、词汇特点 (370)
- 三、语法特点 (378)
- 思考与练习 (385)
- 参考文献 (386)

第四节　汉语方言的调查 (386)
- 一、国际音标简介 (387)
- 二、方言语音调查 (395)
- 三、方言词汇调查 (399)
- 四、方言语法调查 (401)
- 五、方言调查的实施 (404)
- 思考与练习 (405)
- 参考文献 (405)

第五节　汉语方言与地域文化 (406)
- 一、权威方言的兴替与文化中心的转移 (406)
- 二、方言与移民 (411)
- 三、方言与地名 (415)
- 四、方言与文学 (418)
- 思考与练习 (422)
- 参考文献 (423)

第一章 语　　音

第一节　国家通用语言文字的规范化、标准化

　　我国第一部有关语言文字的专项法律——《中华人民共和国国家通用语言文字法》于2000年10月31日由第九届全国人大常委会第十八次会议审议通过,并于2001年1月1日起实施。它首次将普通话和规范汉字明确规定为国家通用语言文字,并且规定《汉语拼音方案》是拼写国家通用文字的工具和中国人名、地名以及中文文献罗马字母拼写法的统一规范,从而确立了普通话、规范汉字和《汉语拼音方案》的法律地位和使用范围。

　　语言文字是社会生活中须臾不可缺少的交际工具和信息载体,语言文字社会应用的规范化程度是衡量国家物质文明和精神文明发展水平的重要标志之一。而《国家通用语言文字法》的诞生则标志着我国语言文字规范化、标准化的工作开始走上法治轨道,进入一个新的发展时期。这对于普及文化教育,发展科学技术,提高经济、社会的信息水平,促进和加强各民族间、地区间的交流,以及社会主义物质文明和精神文明的建设都具有重要的意义。

　　当前,语言文字规范化、标准化最核心的问题之一是大力推广全国通用的普通话,而推广普通话必不可少的工具则是根据普通话语音系统制定的汉语拼音方案。因此,加强社会群体特别是广大语文工作者、教育工作者、文化工作者、宣传工作者对普通话语音系统和汉语拼音方案的理性认识,无疑对大力推广普通话和继续推行《汉语拼音方案》,扩大其使用范围都会起积极的促进作用。因此,本课程语音部分的讲授内容将围绕上述两方面展开。

一、20世纪的汉语规范化运动

语言规范化主要包括两个方面：一是形成规范，二是遵守规范。这里讲的是第一方面。形成规范就是根据语言发展规律，对一种语言的语音、词汇、语法等进行整理、加工，明确各方面的标准，以促进语言的统一，并使其内容和体系更加丰富和完善。因此，对现代汉语所进行的规范就是对它的语音、词汇、语法等方面进行整理和加工，明确各方面的标准。这里所说的现代汉语，不包括汉语各地区方言在内，它专指作为民族共同语的现代汉语。语言的发展规律通常是只有到了民族共同语形成的时候才会出现语言规范化的强烈需要。经过长时期的共同努力，当一种语言初步形成了自己各方面的规范后，它就由民族共同语的低级发展阶段走向它的高级发展阶段，也就是要进一步去完善、加强语言各个方面的规范化、标准化，并使全社会遵守这种规范。处在高级发展阶段的民族共同语也可以称之为民族标准语，普通话就是现代汉民族的标准语，目前它正在向进一步完善、加强自身规范化、标准化的目标积极发展，以促使国家通用语言文字在社会生活中更好地发挥作用。

现代汉语规范化运动的发端要从20世纪初，即清末民初的三大语文运动说起。其时，自鸦片战争始，中国迭遭世界列强的侵略、欺凌，政治思想、文化领域随之受到了猛烈的冲击，社会大众特别是其中富有爱国天良、进取精神的知识阶层，强烈意识到倘不奋起自我改革，将"不足以自存世界"。大家推究中国之所以落后、失败，洋人之所以进步、强盛，是因为他们"民智早开"，"人人能读书写字"。这要归功于他们文字简便，易识、易写、易记，因而教育容易普及。反观汉字，则难识、难写、难记，"为天下之至难者"。大家由此得出结论："汉字不革命，则教育决不能普及，国家断不能富强。"于是，各界人士大声疾呼要改革汉字，创制简单易学的"切音新字"(即拼音字母),由此产生了后来对中国社会科学文化的发展具有深远影响的三大语文运动。

在三大语文运动中,切音字运动是提倡文字改革、创制拼音字母的运动;国语运动是统一语言,推广汉民族共同语口语的运动;白话文运动是提倡用能够表达公共口语的白话文取代文言文作为正式的书面语言的运动。这三个语文运动是密切相关,相辅而行的,但就历史渊源关系而言,国语运动却是从切音字运动,即汉语拼音运动中引发出来的,白话文运动则是在国语运动之后发生的。而贯串其中的一根红线,就是在当时社会历史背景中产生的想从普及教育入手,发展科学文化,然后,富国强兵,振兴中华。其后,现代汉语民族共同语——国语标准音的确立,注音字母(后改称注音符号)的制定,民族共同语书面语言的建立和发展,一直到20世纪50年代的汉语规范化运动、汉语拼音方案的研制和确立等等,都是上承三大语文运动发展而来的。

在汉语拼音运动的历史上,中国第一个设计了多种拼写汉语方言的拉丁化拼音方案的人是卢戆(zhuàng)章,他的《一目了然初阶》(切音新字厦腔)早在1892年,即中日甲午之战前两年就问世了,因此,他被称为"从事切音运动第一人"。据统计,清末最后十年中至今犹有案可查的各种拼音方案就多达二十七种。这一时期的拼音方案几乎都是为拼写某种方言(相对于当时的"官话"而言)设计的,但拼音文字终究是一种拼写语言声音的文字,所以一开始就触及了民族共同语的语音问题。卢戆章在《切音新字》序(1892)里就已经提到:"……凡字无师能自读;基于字话一律,则读于口遂即达于心;又基于字画简易,则易于着笔,省费十余载之光阴,将此光阴专攻于算学、格致、化学,以及种之实学,何患国不富强也哉?"所谓"字话一律"、"字画简易"指的是文字应表达语音,字形应简单易写。可见,切音字运动在一开始就注意到,切音新字之所以学起来简捷、方便(当时又叫"快字"、"简字"),并不只是一个笔画繁简问题。切音新字的生命力主要在于它拼切的是"说话之音",它是一种"话音字"。但中国方言复杂,语音分歧,"话音字"应该拼哪一种话音?卢戆章起初倡议拼南京话,他认为:"官话之最通行者,莫如南腔。若以南京话为通行之正字,为各省之正音,则十九省语言文字既从一律,文话皆相通,中国虽大,犹如一家,非如向者之各守疆界,各操土音之对面无言也。"这一段话足以证明,汉语拼音运动一开始就触及了民族共同语的语音标准问题和语言统一问题。

但是,卢戆章自己设计的各种拉丁字母拼音方案仍然是以拼写闽广方言为主的。他后来向清政府学部呈交的《中国切音字母》也就因此被认为"不能通行各省","不足以统一各省之方言"而遭到批驳,因为当时"统一语言,团结民心"已经成为朝野一致的呼声了。其后不久,一种体现民族共同语发展趋向的切音方案——王照的《官话合声字母》(1900)从汉语拼音运动中脱颖而出,它拼写的就是当时影响最大的"京音官话",字母形式则转而采用汉字的偏旁。《官话合声字母》一度通行极广,遍及了大半个中国,因为它符合当时社会上下要求民族语言统一的强烈要求,它拼切的"京音官话"也体现了民族共同语的发展趋向。王照本人在《官话合声字母》序中也明确宣称:"语言必归划一,宜取京话因北至黑龙江、西逾太行宛洛,南距杨子江,东傅于海,纵横数千里,百余兆人,皆解京话。……京话推广最便,故曰官话。官者公也,公用之话,自宜择其占幅员人数多者。"也正因为如此,他的《官话合声字母》得到京师大学堂(北京大学前身)总教习吴汝纶的支持并跟张之洞和管学大臣张百熙一起奏请朝廷在"学堂章程"中规定"于国文一科内,附入官话一门",理由是"各国语言皆归一致",清朝也应"以官音统一天下之语言"(1903)。他们的奏请很快就得到朝廷的批准,因为早在清雍正六年(1728),皇上就因为听不懂闽广两省官员的陈奏亲自训谕福建、广东两省成立正音书院,"多方训导,务使语言明白,使人通晓"。于是,汉语拼音运动在引发了国语统一运动,并与之合二为一后,得以从民间跻身政府,从此有关汉语规范化的各种具体问题逐一在二十世纪之初正式展开。1911年清政府学部在"国语教育事业"中规定拼切汉字字音的"音标",其用途有二:一是拼合国语,二是范正汉字的读音,由此达到统一语言的目标。当时还通过了一个"统一国语办法案",规定在1916年就要普及国语。但是,就在这一年的十月,辛亥革命爆发,清政府被推翻,绵延了两千多年的封建社会从此被彻底埋葬。这样,当年六月才公决并通过的"统一国语办法案"也就成了一纸空文。为确立民族共同语标准音的国语运动,实际上是由后来的国民政府开展起来的。

1912年,历史进入民国时期。当时国民政府一成立,教育部就召开了会议,议决改"切音"为"注音",审定一切字音的法定国音,制订用于汉字注音的字母,从统一汉字读音入手来统一全国语言。第二年紧接着就召开了有各省代表参加的读音统一会,会上正式采用了"国语"这一名称,用以指明清以来通行区域最广的"官话",并议定了工作程序:第一步是先审定六千五百多字的国音;第二步是"核定音素,采定字母"。但是,会议一开始就在语音问题上发生了争论,因为江苏、浙江两省的会员要求在国音中加入一系列浊音声母,否则无法审定字音,而王照、王璞等北方各省的会员则认为,如此一来,那是"以苏浙音为国音",断然不能同意。双方争论激烈,竟然相持了三十多天,最后商定在大会用以审定字音的记音字母的基础上,以"京音为主,兼顾南北",声母中保留"兀"[ŋ]、"万"[v]、"广"[ɲ]三个浊音,此外还吸收了入声、尖团音等几个东南方言的语言特点,字音的审定根据多数票来决定,每省只有一票表决权。当时,六千五百多字的国音就是这样审定的。

第一项工作完成后,会议进入第二项议程:"核定音素,采定字母",因为大会用于审定字音的记音字母,只是暂定的,字音审定后再另定注音字母。于是,会议在采用何种字母的问题上又发生了激烈的争论,因为当时征集到的各种拼切字音的字母,有西洋字母式的(拉丁式、希腊字母式等)、汉字偏旁式的、速记式的、豆芽式的、图画式的,五花八门,各式各样的都有,到底采用哪一种,各有各的主张,互不相让。最后是根据当时在教育部任部员的周树人(鲁迅)等的提议,将大家在审定字音时共同采用的暂定的"记音字母"作为正式采定的字母,并定名为"国语注音字母"(1930年改称"注音符号"),这个提议被通过了。于是,历时三个多月的读音统一会,正式闭会。历史上第一个由政府部门法定的国语标准音及其注音字母(国音字母)就这样产生了。直至汉语拼音方案诞生前,字典、词典、小学语文课本用于汉字注音的,一直就是这一套注音符号。

读音统一会的两项决议是符合当时的社会历史情况的,就汉语拼音运动说,各种拼音方案中被称之为切音快字、切音简字的字母形式当时已由拉丁字母式转向以汉字笔画式为主,王照的《官话合声字母》就属于这一类。而起初被大会作为暂时的审定字音的记音字母,都是笔画简单的古体篆文,这种独体汉字的字母形式跟汉字偏旁式相比,更容易迎合大家文化认同的心理,因为它"有典有则,有本有源",洋(就拼音角度而言)而不失汉字之本,"宜于今而又不悖于古",所以最终被"读音统一会"的全体代表接受,确定为国音字母了。而就语音问题说,也正是反映了当时大家对"统一国语"的标准音还缺乏明确的认识,因为这是一个前所未有的新课题。大家认为,用以统一全国语言的标准音,"以京音为主,兼顾南北",既可"牵合古今"又可照顾地域语音的不同,那是十分理想的。但是,历史证明这种认识是错误的,它在实践中是行不通的。

国语注音字母是1913年确定的,但是正式公布却在1918年,因为当时北洋军政府部门中封建守旧的势力还相当强大,始终担心注音字母一旦公布并推行,将"有妨固有的汉字",危及汉字的根本,而且认为"用以注音也无法保障(语言)统一"。因此把"读音统一会"上议决的全部文案锁在文书科的柜子里,一搁就是五年。到了1918年(民国七年),其时"五四"白话文运动已经轰轰烈烈地开展起来,用白话文写文章、办报刊已经成为一股势不可挡的社会洪流,而"推行国音"却渺无音讯。国语研究会的会员忍无可忍,组织了一千多个会员向政府请愿,国语注音字母才得以公布。于是,白话文运动和国语运动呈现"双潮合一"的趋势,国语也由此得以在社会上特别是中小学语文教学中逐渐推行起来。

1920年国语推行不到两年就爆发了一场当时名之为"京国之争"(指京音和国音)的大辩论。问题起因就在于国语标准音。因为在推行国语的热潮中,经常发生京音教员和国音教员互相争吵的事。他们的国语听起来很不一样,很多字的字音也不统一,教的人觉得很难教,学的人觉得很难学。于是有人(南京高师张士一)发表文章,主张"注音字母连带国音都要根本改造",应"先由教育部公布合于学理的标准语的定义,以至少受到中等教育的北京本地人的话为国语的标准"。这个主张得到许多人的支持,特别是在南方引起了强烈的反响,纷纷开会响应,甚至通过决议:"不承认国音,主张以京音为标准音","请教育部广征各方面的意见,定北京音为国音标准",等等。

"京(音)国(音)问题"的讨论延续了三年之久,经过热烈的讨论,绝大多数人都认同了由几百年的发展所形成的历史事实,即"中国语言的心"(刘复语)应该建立在"京语身上"。1924年国语统一筹备会讨论《国音字典》(1919)增修问题时,就"决定以漂亮的北京语音为标准音","凡字音概以北京的普通读法为标准",同时国音的修改被编成了四句歌诀:

(1) 万、兀、广不用咯;
(2) ㄗ、ㄘ、ㄙ无齐撮;
(3) ㄜ无开齐ㄝ不开;
(4) 入声分到四声来。

这样，1913年"读音统一会"拟定的"以京音为主，兼顾南北"的老国音就被修改为"纯以北京话为标准"的新国音了。1932年根据新国音编纂的《国音常用字汇》由民国政府教育部公布，在《字汇》的序言中又对国音以北京音为标准的含义做了进一步的说明，即"所谓以现代的北平音为标准音者，系指'现代的北平音系'而言"，"并非字字必遵其土音。"

这一时期，从官话到国语，从老国音到新国音，国语运动最重要的一条历史经验就是要使没有标准的初级形式的民族共同语（明末清初的官话）成为有明确规范的高级形式的民族共同语（标准语、国语和普通话），必须选择一种活的语言、自然的语言作为自身存在和发展的基础；而国语运动最大的历史功绩就在于它确立了民族共同语的标准音，即以北京音（系）作为统一全国语言的标准音。由此，它为1949年新中国成立以后的汉语规范化运动、推广普通话和汉语拼音方案的制订奠定了基础。

二、汉民族共同语为什么以北京语音作为标准音？

新中国成立后，民族共同语的发展在新的形势下继续向前迈进，进入了一个更高的发展阶段。吹响这一进军号角的是《人民日报》的一篇社论：《正确使用祖国的语言，为语言的纯洁和健康而斗争！》社论虽然尚未提出语言规范化这一概念，但是制止语言发展中的混乱，促使语言健康地发展，正是语言规范化的根本目的之一。1955年教育部、中国文字改革委员会和中国科学院哲学社会科学部又相继召开了两次全国性会议：全国文字改革会议和现代汉语规范问题学术会议，讨论简化汉字、推广普通话、现代汉语规范化、制定和推行《汉语拼音方案》等工作。民族共同语语言文字各方面的规范工作从此逐渐开展起来。

在现代汉语规范问题学术会议上，大会明确了规范的目的是：采取必要的措施，尽可能减少民族共同语组成成分语音、词汇和语法等方面的内部分歧,使之符合一定的标准,从而增加它的统一性。而规范化的主要任务是在语音统一方面,因为汉语的语音分歧实在太大了,必须大力推广以北京语音为标准的普通话。所以规范化的主要内容概括为一句话就是:对民族共同语加以明确的全面的规范,并在全国范围内大力提倡、积极推广、逐步普及。

经过与会代表的充分讨论,大会最后确定了现代汉语规范的总原则是:以北京语音为标准音,以北方话为基础方言,以典范的现代白话文著作为语法规范。这也是对普通话所下的定义,经过这样规范的现代汉民族共同语就是一种民族标准语。下面我们对现代汉语规范化的内容分别加以论述。

现代汉民族共同语包括口语和书面语两个方面。口语的形成,其源头可一直追溯到14世纪,当时一种后来被称之为"官话"的通用语言已经存在了。官话本来的意义确实是官场用语,最初用于政府事务、法律裁决等领域,到了明末清初,它发展成为全国各地官场的共同语,其后更进一步成为通行于公众之间的语言。从性质上说,它是由官场共同语转变为民族共同语的。从历史上看,官话始终是以汉民族中通行最广的北方话(即官话方言)为基础的。由于元、明、清三代的国都都在北京,所以北京话就历几百年而发展成为官话中影响最大的一支,即北京官话。早在清代已有学者指出:"国朝建都于燕,天下语音首尚京音……"。

官话是在我们民族内部通过长期的交往自然形成的,它当然不可能有明确的规范、固定的语音标准。民众之间所谓用官话进行交际,无非就是尽可能地让自己的乡音向北方话、北京话靠拢,所以当时各地都有带着本地浓烈乡音的地方官话,如山东官话、南京官话、绍兴官话乃至广东官话,统称蓝青官话。蓝青,比喻不纯。蓝青官话就是不纯粹、不标准的官话。由于官话是没有明确、固定的语音标准的,所以它不可能用来统一汉民族各地的方言。要使民族共同语成为一种供各地学习的民族标准语,那就必须经过社会群体的共同讨论,确立一种有明确规范的标准音,并在全国范围内推行。国语运动的兴起和发展,目的和宗旨就在于此。而经历了清末民初将近三十年的摸索、实践,我们的民族共同语的标准音终于在20世纪20年代中期建立起来了。

从国语运动的历史来看,虽然京音早已在官话中取得了明显的优势,但它上升为民族共同语的标准音的地位却不是一帆风顺的。因为社会群体中对此有不同的看法。最初以为建立一个以京音为中心,兼顾南北,牵合古今的联合音系,是全面完善的。但是这种抽象的"人造国音"实际上是没有人说的,所以当时就有人指出:"它在纸面上无所往而不胜,而在口语中无所往而不败";"此等东拉西凑四川领子南京袖子之标准音,实际上抵不过京音之魔力,不但将来永无实现希望,即目前已不适用翻检"(指不适用于字典查检)。经过"京国问题"大讨论后,大多数人都认识到真正的能"用来统一全国的标准国语",应该是自然语言中之一种,一种活的语言,就是北京话,于是国语标准音就"纯以京音为准"了。但是,对以什么方言作为民族共同语的标准音自始至终仍然有人持不同看法。比如,有人认为理想的标准语应该是湖北话,甚至30年代还有人反对以北京话作为标准语,主张大众语的标准应该是现代"新生的上海共通话",一直到50年代也还有人持不同意见,这也就是为什么在现代汉语规范问题学术会议上要再一次明确宣布,我们的民族共同语——普通话是以北京语音为标准音的缘故。

当时,在讨论民族共同语的语音标准时,曾经有人认为既然民族共同语的书面语——白话文是以北方话为基础的,那么其口语的语音规范也应该笼统地规定以北方话为基础,不应该狭隘地规定以一个地点方言——北京语音作为标准音。这样还可以减少推广普通话的阻力。这种意见听起来似乎很有些道理,其实却是历史的倒退。以北方话作为民族共同语的语音标准实际上等于没有标准,因为即便以狭义的北方话(华北方言)而论,也包括河南、河北、山东、东北三省以及内蒙古一部分地区。这些地方的语音各不相同，有的听起来相差很远，究竟哪一种是民族共同语的标准音呢？方言区的人民、各兄弟民族应该以哪个地方的话作为学习对象呢？国际朋友、留学生要学习汉语又应该选择哪一种呢，天津话？山东话？抑或是东北的沈阳话？早期的国语运动以宝贵的实践经验证明，民族共同语的语音系统必须以一个地点方言为标准，才可能建立大家可共同依循的明确的语音规范。而自金、元、明、清以来，将近八百年，北京一直是中华大地上的政治、经济和文化中心，在民族共同语形成的历史过程中，北京话已经成为官话中影响最大的中心方言，所以确定以北京语音为标准音，那是民族语言历史发展的必然结果。

了解以北京音系作为民族共同语标准音的历史来由，至今仍有积极的现实意义，因为这不仅可以使我们更自觉地去学习普通话、推广普通话，而且可以使我们有能力去正确认识和对待那些不同的意见。因为即便是在80年代以后仍有人不同意这样的语音规范。例如有人主张普通话里用不着区分舌尖后音和舌尖前音，因为不少方言里是没有翘舌音zh、ch、sh、r的。诸如此类的意见，显然都是对民族共同语发展的历史缺乏了解所致。

上面讨论的是普通话为什么要以北京语音作为标准音，下面讨论普通话定义中的后两句话，即有关词汇、语法方面的规范。

从字面上看，定义中关于语音的规范是具体明确的，而词汇、语法的规范就比较笼统、宽泛，可以说没有作具体规定。那是因为语音如不规定具体严格的标准，用汉语拼音写下来汉字读音也就无法统一，民族共同语也就无法统一和推广，而词汇和语法则不同，它的规范对象主要是书面语。五四以后，现代白话文由于北京话在民族共同语中的重要地位，所以它在继承旧白话文的同时，更多地汲取了北京话的语汇。但是，从民族共同语书面语形成的历史过程来看，北方话的语汇从13世纪以来已随着《水浒传》、《西游记》、《儒林外史》、《红楼梦》等许多优秀的白话文学作品传播到全国各地,成为书面语言主要的词汇基础。因此,今天我们为普通话词汇确定基础方言时,已经不可能也不应该把它限制在北京话的范围内了。北方话的分布地域最广,使用人口最多,在词汇方面以北方话作为基础方言显然有利于民族共同语的推广和发展。

词汇就其自身的性质来说,也跟语音不同,它是随物质生产、社会生活、科学文化的发展和创新,经常变动不定的,它不能也无法限定在某个地点或地区方言之内,限定了事实上也是行不通的。因之,只宜于根据历史和现实的情况定出一个宽泛的、大致的范围,然后随语言的发展而随时加以规范、调整。

普通话词汇以北方话为基础方言实际上还包含着两层意思在内:一是要舍弃北京话里地方色彩太重的方言词语,另一方面要吸收方言词汇中有丰富普通话词汇作用的新鲜词语。例如,"齁(咸)"(极咸)、"忒(冷)"(特冷)、"棒(好)"、"抠哧"(挖、剜)、"估摸"(猜测)、"显派"(夸耀)、"邪门儿"(不正常)、"病秧子"(经常生病的人)、"公母俩"(夫妻二人)等,这些词虽然是现代北京话里的词,但是土词俗语,普通话不一定要吸收。而诸如"酒楼、饼屋、里手(内行)、尴尬、搞、水货、买单、打的、爆棚、打工、炒鱿鱼"等来自基础方言以外的词语,有补充丰富普通话词汇的作用,普通话却可以吸收。当然,方言词语的吸收也不能过滥,如果在普通话已有全国通晓的等义词语,那就没有必要吸收。

为了丰富词汇,普通话还应该从古代的和外来的词语中吸收富有表现力的词语,这样才可以使民族共同语的词汇,比任何一种方言的词语更加丰富、更富有表现力。

汉民族共同语在语法规范方面也和词汇一样是以北方话为基础的。但是,作为一个标准,"以典范的现代白话文著作为语法规范"这样的提法显然更为明确,更易被人把握,因为典范的现代白话文著作是经过优秀的文学家加工的语言是规范的。以这样的文章作为规范可以避免方言中较为特殊的语法格式进入普通话的书面语言,破坏民族共同语的内部一致性。总之,普通话语法规范的内容就是,一方面要以现代著名作家的优秀白话文作品的一般用例(不是特殊用例)为规范,消除普通话本身存在的语法上、逻辑上的分歧和混乱现象,另一方面也要排除方言语法的影响,这样才可以使民族共同语的表达方式更加完善、更加精密。

从上面的论述中,我们可以看到,现代汉语规范问题学术会议继国语运动之后,开展了汉语规范化运动,对民族共同语进一步提出了全面的规范要求,即在肯定了汉语规范化的主要任务是大力推广以北京语音为标准音的同时,又提出了词汇、语法方面的规范化的要求,使之在一定的历史时期内发展成为更加优美丰富、更加发达完善的民族标准语。

最后,应该指出,规范的民族共同语明确地肯定了北京话的地位和作用,但是这并不等于说北京话就是普通话。就语言的性质说,普通话是为各个地区服务的全国通用语,它只是以北京话这一自然语言作为自身存在和发展的基础,但并不照搬北京话的全部内容。作为一种方言,北京话同样也存在着读音、用词、语言表达方面的分歧、混乱现象,这些当然不符合有明确规范的民族共同语的要求。现在电台、电视台播音员使用的是标准的普通话,和北京人日常生活中使用的语言显然是不同的,甚至有些外地人虽然能听懂普通话,到了北京却不能完全听懂本地居民的许多日常谈话,因为普通话并不包括北京话中的许多俗词、土音。从这一点来看,即便是北京人也要学习普通话。事实上,北京话也和其他方言一样正在向经过明确规范的民族标准语靠拢。

不少人关心汉语规范化会不会妨碍、限制语言的发展?规范化会不会束缚语言的生动性?

汉语规范化绝不会妨碍语言的发展,因为规范化所要限制、剔除的只是那些不合语言发展规律的东西,只是为了克服语言内部的分歧和混乱。这恰恰是为了促使语言向更加健康、更加精密、更适应时代要求的方向发展。

规范化也不会使语言僵化,千篇一律,千人一面。语言形式、语言表达手段的多样化,作家个人风格的表现都是应该大力提倡的。在文艺作品的语言里,方言俚语只是不能毫无原则地滥用,并不是绝对禁止使用。文学语言是语言巨匠在全民语言的基础上高度加工的结果,当然需要不断地从活的方言俚语中吸收富于表现力的成分来丰富和充实自己。这种自发地形成的文学语言,实际上是标准语的根底和源泉,它跟语言规范化非但不矛盾,反而是相辅相成的。

三、新时期的语言文字工作

现代汉语规范问题学术会议之后,汉语规范化工作根据会议的精神和决定逐一展开。首先是认真贯彻执行国务院《关于普通话的指示》,在重点地区以学校为中心开展了推广普通话的工作,取得了很大的成绩。同时,在商业、交通、邮电以及部队系统中也开展这一项工作,使普通话在经济建设和国防建设中也起到了积极作用。其次,为了配合推广普通话,又迅速正式公布了《汉语拼音方案》,使之成为给汉字注音、学习普通话的利器。之后,《现代汉语词典》的出版,《普通话异读词三次审音表初稿》的发表,也对普通话语音规范化、词汇规范化起了重要作用。从国语运动进展到汉语规范化运动,民族共同语的语言文字工作显然有了一个跃进,但这种跃进不是突如其来的。如果把它放在语文现代化运动的历史长河中来看,50年代至60年代前期在语言文字工作方面所取得的显著成就,都是中国人民半个世纪以来共同长期努力的结果。

80年代初,国内迅猛发展的改革开放形势,又对语言文字工作提出了新的迫切的要求。商品经济的发展,市场信息、技术经验的交流,推动全国各地区之间的人际交往,大批农村劳动力拥进经济特区和沿岸开放城市,而这些地区本身又是外向企业与外商洽谈贸易的中心,于是方言分歧、语言隔阂的老问题重又凸现出来。20世纪之初由社会上知识阶层首先提出来的"统一语言"的口号,变成了全国各地建设者自觉的呼声。深圳特区市政府发出了"用普通话统一深圳语言,适应经济特区改革开放需要"的号召;杭州由一百多名企业家组成的浙江省企业家俱乐部向全省各企业职工提出了"努力学好普通话,做合格的现代企业的职工"的倡议。与此同时,随着经济建设科学研究的需要,电脑使用的迅猛发展也对语言文字的信息处理提出了各种要求,这也促使学习普通话、使用《汉语拼音方案》成为社会群体的迫切需要。

为了适应社会发展变化的新形势、新要求,1985年国务院决定将中国文字改革委员会改名为国家语言文字工作委员会(简称"国家语委"),其主要职责是:贯彻执行国家关于语言文字的工作方针、政策和法令,促进语言文字的规范化、标准化,继续推动文字改革工作,并做好有关的社会服务工作。

1986年1月,国家教育委员会和国家语委联合召开了有全国各省、市、自治区将近三百人参加的全国语言文字工作会议。这是继1955年10月全国文字改革会议和现代汉语学术会议之后召开的第二次全国性语言文字工作会议。会上,语委领导作了《新时期的语言文字工作》和《教育战线要重视语言文字工作》的主题报告,其他专题发言有《为促进汉语规范化而努力》(社科院语言研究所所长刘坚)、《汉语拼音方案的应用和发展》(语委委员周有光)、《汉字的整理和简化》(语委汉字处处长傅永和)等。

根据会议的讨论,新时期的语言文字工作方针是:贯彻、执行国家关于语言文字工作的政策和法令,促进语言文字规范化、标准化。当时的主要任务是:大力推广和普及普通话,做好现代汉语规范化工作;进一步推行《汉语拼音方案》,并解决实际使用中的有关问题;研究汉语汉字信息处理问题,参与鉴定有关成果,加强语言文字的基础研究和应用研究。

全国语言文字工作会议之后,在社会上得到了极大的反响,各项工作有条不紊地开展起来,例如:

推广普通话的工作被放在语言文字工作的首位,推普方针由"大力提倡、重点推行、逐步普及"调整为"大力推行,积极普及,逐步提高"。1994年又颁布了"关于开展普通话水平测试工作的决定",规定了现阶段的主要测试对象和他们应达到的普通话等级,要求对播音员、节目主持人、教师等岗位人员,从1995年起逐步实行持普通话等级证书上岗制度。

普通水平测试工作使推普工作逐步走上了科学化、规范化、制度化的轨道。

新时期内汉语拼音方案的完善工作首先集中于汉语拼音正词法规则的修订。1988年教委和语委联合公布了《汉语拼音正词法基本规则》。

在汉字使用的管理和规范方面,为了适应语文教学、词典编纂以及汉字机械处理和信息处理的需要,1988年,国家语委联合国家教委和国家新闻出版总署又分别发布了《现代汉语常用字表》和《现代汉语通用字表》。

2000年10月中国历史上第一部关于语言文字的法律《中华人民共和国国家通用语言文字法》正式公布,并于2001年1月1日起实施。

上述各项工作成果显示现代汉语规范化运动已经进入了一个新的发展时期,在经济开发、科技信息、文化教育等各个领域中正发挥着十分重要的作用。

四、语言文字的规范和标准

《国家通用语言文字法》第六条规定:"国家颁布国家通用语

言文字的规范和标准,管理国家通用语言文字的社会应用,支持国家通用语言文字的教学和科学研究,促进国家通用语言文字的规范、丰富和发展。"

第六条第一句话说的是为了推广普通话、推行规范汉字,国家就要制定相应的规范和标准,使人们在讲普通话、使用汉语拼音方案和书写规范汉字时有依据,有尺度,社会不能听任语言文字的个人化和随意化。语言文字必须有共同的规范,以保证社会上思想交流的明确无误。

下面我们介绍由国家颁布的有关国家通用语言文字的若干规范和标准。

(一) 汉语拼音方案

1958年2月11日第一届全国人民代表大会第五次会议通过。在关于汉语拼音方案的决议中指出:"汉语拼音方案作为帮助学习汉字和推广普通话的工具,应该首先在师范、中、小学校进行教学,积累教学经验,同时在出版等方面逐步推行,并且在实践过程中继续求得方案的进一步完善。"

(二) 汉语拼音正词法基本规则

本标准由国家教育委员会、国家语言文字工作委员会提出,由国家技术监督局1996—01—22作为中华人民共和国国家标准批准、发布,1996—07—01实施,它规定了用《汉语拼音方案》拼写现代汉语的规则。第二节将作进一步的介绍。

(三) 普通话异读词审音表

由普通话审音委员会在《初稿》的基础上加以修订,经国家语言文字工作委员会、国家教育委员会、广播电视部审核通过,并于1985年12月27日作为语音规范化的标准予以公布,在"关于《普通话异读词审音表》的通知"中指出:"自公布之日起,文教、出版、广播等部门及全国其他部门、行业所涉及的普通话异读词的读音、标音均以本表为准。"本章第四节将做进一步的介绍。

(四) 普通话水平测试等级标准(试行)

由国家语言文字工作委员会1997年12月5日颁布,在"关于颁布《普通话水平测试等级标准(试行)》的通知"中指出:该标准自1992年试行六年以来已为广大群众所熟悉,各地测试实施机构也积累了一定经验。实践证明,该《标准》具有科学性和可行性。为使该《标准》在推广普通话工作中发挥更大的作用,经语委再次审订后,作为部级标准予以正式颁布。该《标准》把普通话划为三个级别,一级可称为标准的普通话,二级可称为比较标准的普通话,三级可称为一般水平的普通话,每个级别内划分甲、乙两个等次。三级六等的具体内容如下:

一 级

甲等 朗读和自由交谈时,语音标准,词语、语法正确无误,语调自然,表达流畅。测试总失分率在3%以内。

乙等 朗读和自由交谈时,语音标准,词语、语法正确无误,语调自然,表达流畅。偶然有字音、字调失误。测试总失分率在8%以内。

二 级

甲等 朗读和自由交谈时,声韵调发音基本标准,语调自然,表达流畅。少数难点音(平翘舌音、前后鼻尾音、边鼻音等)有时出现失误。词语、语法极少有误。测试总失分率在13%以内。

乙等 朗读和自由交谈时,个别调值不准,声韵母发音有不到位现象。难点音(平翘舌音、前后鼻尾音、边鼻音、fu-hu、z-zh-j、送气不送气、i-ü 不分、保留浊塞音和浊塞擦音、丢介音、复韵母单音化等)失误较多。方言语调不明显。有使用方言词、方言语法的情况。测试总失分率在20%以内。

三 级

甲等 朗读和自由交谈时,声韵母发音失误较多,难点音超出常见范围,声调调值多不准。方言语调较明显。词语、语法有失误。测试总失分率在

30%以内。

乙等 朗读和自由交谈时,声韵调发音失误多,方音特征突出。方言语调明显。词语、语法失误较多。外地人听其谈话有听不懂的情况。测试总失分率在40%以内。

(五)简化字总表

为纠正社会用字混乱,便于群众正确使用规范的简化字,经国务院批准,国家语言文字工作委员会在1986年10月10日重新发表了原中国文字改革委员会于1964年编印的《简化字总表》。在"关于重新发表《简化字总表》的说明"中,语委指出:"汉字的形体在一个时期内应当保持稳定,以利应用。《第二次汉字简化方案(草案)》已经国务院批准废止。我们要求社会用字以《简化字总表》为标准:凡是在《简化字总表》中已经简化了的繁体字,应该用简化字而不用繁体字;凡是不符合《简化字总表》规定的简化字,包括《第二次汉字简化方案(草案)》的简化字和社会上流行的各种简体字,都是不规范的简化字,应当停止使用。"

(六)现代汉字通用字表

为了适应出版印刷、辞书编纂和汉字机械处理、信息处理等方面的需要,国家语委汉字处在新闻出版署等有关部门的协助下,1988年制订了《现代汉语通用字表》,共收汉字7000个。选取通用字的原则是:1. 根据汉字的使用频率,选取使用频率较高的字;2. 在使用频率相同的情况下,选取学科分布广,使用度较高的字;3. 根据汉字的构词能力,选取构词能力较强的字;4. 根据汉字的实际使用情况斟酌取舍。有些字,书面语上很少使用,进行用字统计时往往统计不到,但在日常生活中却比较常用,像这类字《字表》也适当选取。《字表》选用通用字,综合运用这四条原则,不单纯依据某一原则决定取舍。

(七)标点符号使用法

本标准由国家语言文字工作委员会提出,由国家技术监督局

1995—12—13作为中华人民共和国国家标准批准、发布，1996—06—01实施。本标准对汉语书面语中常见的标点符号用法做了规定和说明，目的在于使人们正确掌握标点符号用法，以准确表达文意，推动汉语书面语言的规范化。

（八）第一批异形词整理表

本规范由中华人民共和国教育部、国家语言文字工作委员会2002年发布试行。本规范规定了普通话书面语中异形词的推荐使用词形，为推荐性试行规范。表内包括338组异形词（包括词和固定短语），根据通用性原则、理据性原则、系统性原则，决定其中的推荐使用词形。例如：

按语——案语　　　联结——连结
笔画——笔划　　　榔头——锒头
标志——标识　　　马虎——马糊
参与——参预　　　模拟——摹拟
掺假——搀假　　　内讧——内哄
筹划——筹画　　　漂流——飘流
担心——耽心　　　劝诫——劝戒
跌宕——跌荡　　　人才——人材
订货——定货　　　入座——入坐
关联——关连　　　舢板——舢舨
弘扬——宏扬　　　思维——思惟
激愤——激忿　　　惺忪——惺松
嘉宾——佳宾　　　押韵——压韵
简练——简炼　　　缘故——原故

左边为本规范的推荐使用词形。

（九）汉语拼音方案的通用键盘表示规范

本规范规定了在使用通用键盘输入汉语拼音时的键位表示，

主要用于中文信息处理领域汉字输入法的设计。

本规范由国家语言文字工作委员会于 2001—02—23 发布，2001—06—01 实施。

这一规范中最值得注意的是对汉语拼音方案中两个加符字母 ü 和 ê 的键位表示的规定：

"4.3.2 汉语拼音方案中 ü 行韵母（ü、üe、üan、ün）中的字母 ü，凡是汉语拼音方案中规定可以省略 ü 上两点写成 u 的，在通用键盘上用键位 U 表示；不能省略两点，仍需写作 ü 的，在通用键盘上用键位 V 替代表示。"

"4.3.4 韵母 ê 在通用键盘上用 E 加 A 组合键位替代表示。"

除了上面介绍的有关国家语言文字的规范和标准外，还有 1976 年 9 月中国文字改革委员会修订公布的《中国人名汉语拼音字母拼写法》，1983 年中国文字改革委员会和国家出版局发布的《汉字统一部首表》，1987 年国家语委、中国地名委员会、铁道部、交通部、国家海洋局、国家测绘局联合发布的《关于地名用字的若干规定》，1965 年 1 月文化部、文改会发布的《印刷通用字形表》，以及由国家技术监督局发布的国家标准近 20 件。

思考与练习

一、什么是清末民初的三大语文运动？它们之间有什么关联？

二、民族共同语标准音的确立经历了什么样的曲折道路？

三、官话、国语、普通话是不是同一个概念？

四、普通话词汇为什么以北方话作为基础，而不以北京话为基础？

五、为什么说北京话不等于普通话？

六、汉语规范化运动和国语运动是什么关系？

七、语言规范化会不会束缚语言的发展,影响语言表达的多样化?

八、新时期语言文字工作的主要内容是什么?改革开放以来颁布了哪些有关语言文字的规范和标准?

参 考 文 献

王均主编(1995)《当代中国的文字改革》,当代中国出版社。
黎锦熙(1934)《国语运动史纲》,商务印书馆。
周有光(1961)《汉字改革概论》第一章第二章,文字改革出版社。
王理嘉(2002)《汉语拼音运动的回顾兼及通用拼音问题》之一《中国语文》第 2 期。
全国人大教科文卫委员会教育室、教育部语言文字应用管理司(2001)《中华人民共和国国家通用语言文字法学习读本》,语文出版社。

第二节 汉语拼音方案的理论阐释

一、汉语拼音方案与汉语拼音运动

1958 年 2 月 11 日,第一届全国人民代表大会第五次会议批准公布《汉语拼音方案》,中华人民共和国法定的汉语拉丁化拼音方案从此诞生了,它实现了中国人民自 19 世纪末以来为之呕心沥血,梦寐以求的愿望。当时,国务院总理周恩来和中国文字改革委员会主任吴玉章都曾经说过这样的话:汉语拼音方案是近六十年来中国人民创制拼音方案的历史经验的总结。要理解这一句话深厚的历史含义,就要从清末民初的语文现代化运动中的汉语拼音运动说起。我们在上一节的第一部分已经阐明了汉语拼音运动产生的历史背景,在这一节里则要着重说明早在 20 世纪 20 年代前,我们已经有了用以"范正汉字读音"并借以统一国语的注音符号

(1913年制定,1918年公布实施),其后,汉语拼音运动为什么又紧接着朝拉丁化方向继续发展？

注音符号是中国历史上第一套法定的拼音字母,它的公布和使用是汉字注音走向拼音化的开端,但是注音符号在当时的人文背景中采用的是传统的民族形式的字母(楷书的篆文古体字),这从文字发展的角度看是不明智的,因为它不符合世界大多数文字发展的拉丁化趋势,在科技应用和文化交流上受很多限制,另外符号本身也没有彻底音素化,其中有好几个韵母还可以进一步分解为更小的语音单位,如ㄢ(an)、ㄣ(en)、ㄤ(ang)、ㄥ(eng)、ㄠ(ao)、ㄡ(ou)等。所以,注音符号公布不久,就有人指出读音统一会在字母形式上不选择拉丁字母,而采用从古汉字中取材的注音字母,那是缺乏远见的不明智的选择。有的批评还相当尖锐,如当时的知名学者林语堂就直截了当地指出："采用罗马字是采用拼音文字最自然的一个办法","……凡去罗马字而他求别种拼音文字的,是小题大作,是好作新奇,是自寻烦恼,是好讨热闹,是舍大道而弗由,而终究是劳而无功。"林语堂主张采用世界通行的拉丁字母,无疑是十分正确的,但他对注音符号"终究是劳而无功"的评估,历史证明显然是片面的。周恩来在《当前文字改革的任务》(1958)中指出："辛亥革命之后,产生了注音字母,这是中国第一套由国家正式公布并且在中小学普遍推行过的拼音字母。注音字母对于识字教育和读音统一有过一定的贡献。尽管今天看来,注音字母还有不少缺点(例如,作为各少数民族文字的共同基础和促进国际文化交流的工具,注音字母显然远不如拉丁字母),但注音字母在历史上的功绩,我们应该加以肯定,对于近四十年来的拼音字母运动,注音字母也起了开创作用。"这个评价无疑是公正、全面的。

当时,面对注音字母公布后的种种批评,以及主张采用国际通用的拉丁字母的呼声,国语统一筹备会根据钱玄同的提案,照章正式成立了一个国语罗马字拼音研究委员会,由十一个委员组成,其中的核心成员是：赵元任、黎锦熙、钱玄同、林语堂、汪怡。这几个人都兼通近代语音学和传统音韵学，有的本人就掌握几种外文。他们的工作效率很高，1925年开始投入工作，一年就见成效，因为事实上在此之前，赵、钱两人已经各自为国语设计了拼音方案，特别是赵元任，还同时为此作了理论的探索和总结，他写的《国语罗马字的研究》(1922)一文，提出了为国语设计拼音方案的二十五个原则，为后来的拉丁化拼音运动奠定了基础，其中有些原则和精神至今对我们理解汉语拼音方案的设计和组成仍然十分重要。例如：

（一）为本民族的语言设计一种拼音方案，为字母定音，虽说以"和西文的读音相近(为)好"，但"第一原则"却是我们自己"学起来和事务上与学问上用起来合宜不合宜，不能全顾到中国人学外国语言或外国人学中国言语的便当与否"。

（二）字母和音标要分开对待。国际音标用于精确的语音学研究，要求一音一符，固定音值，以便见符知音，知音定符。但字母"不作精确的研究器具"，"要求实用上的便利"，所以"一个字母可以有两种或几种读法"，"只要每个字音有一定拼法，不必为每个字母有一定念法来牺牲别的好处"，"因为认字的工夫一大部分是在认一千多个字音"，只有"一小部分是在认二十六个字母"。

（三）限于二十六个老字母。"不造新字形，不加符号，撇、杠、点、帽、反帽、弯弯子等符号一概不用。"

（四）"尽字母全用"，字形要醒目不易混淆，这样可以"借此增加字形'面孔'的种类"，并在拼法上避免造成混乱的机会。

由于赵元任、钱玄同等事先在理论上、实践上做了充分准备，一年之后，国语罗马字拼音研究委员会就提交了"国语罗马字拼音法式"(1926)，两年后，由国民政府大学院(即教育部)院长予以公布，定名为"国音字母第二式"，原注音字母则相应地称之为"国音字母第一式"。

国语罗马字是中国汉字改革汉语拼音化运动中,我们自己拟定的、由政府公布的第一套音素制的拉丁字母式的汉语拼音方案。它完全采用了现成的拉丁字母,不用附加符号,不另造新字母,并首先提出了按词连写等问题,就其"文字体系的完整性,符号观点的国际化"来说,"国罗"把清末以来的汉语拼音运动推进到一个新的阶段(周有光语)。但是,"国罗"实际上没有得到认真的推行,它始终没有进入中小学和师范的语文教学系统,因为对汉字注音来说,注音符号已使用了十多年,似乎不需要另有一套在认读和拼写上比它复杂得多的国语罗马字。由于上面没有政府机构积极有效的支持,下面又缺乏社会基础,因之"国语罗马字推行的成绩等于零"(赵元任语)。

"国罗"公布之后不久,社会上就涌现了中国拉丁化新文字运动,上海、西安、武汉、重庆、广州、香港等地先后成立了不少研究拉丁化新文字的团体,在众多的方案中,以"北方话拉丁化新文字"(简称"北拉")为最有名,流传也最广,甚至传播到诸如法国里昂、东南亚泰国和新加坡等华侨学校。"国罗"、"北拉"以及拉丁化新文字运动中拟订的各种拼音方案,为50年代《汉语拼音方案》的制定提供了很多宝贵的经验,所以我们说,汉语拼音方案是近60年来中国人民创制拼音方案的历史经验的总结。

二、汉语拼音方案的设计和组成

现代汉语规范问题学术会议(1955)之后,为了配合推广民族共同语——普通话,中国文字改革委员会加快步伐,第二年就发表了供讨论用的《汉语拼音方案(草案)》(1956),同时发表的还有修正第一式和修正第二式两个草案,经过广泛的讨论,征集了各方面的意见,文改会认真地做了审议和修改,又提交了一个修正草案(1957.10),1958年2月第一届全国人民代表大会批准了这个方案,并正式公布实施。

汉语拼音方案采用了世界上通行范围最广的二十六个拉丁字母,方案的设计构思、字母和语音的配置关系以及拼写方法,可以根据方案内容分六个部分来介绍:1.字母表,规定字母的顺序以及字母的汉语音值;2.声母表,规定汉语音节开首的拼写单位;3.韵母表,规定声母之后的拼写单位,一声一韵,前声后韵就构成一个音节;4.从调号和标调规则,规定构成一个表义音节必要的组成成分——声调的表示方法;5.隔音规则,规定分词连写时分隔音节的规则;6.省略规则,规定声韵相伴时基本韵母拼写形式的变化。下面依次对这六个组成部分做一点理论上的说明。

(一) 汉语拼音方案的字母表及其增补字母

汉语拼音方案的字母表不包括为适应汉语需要而设计的增补字母,只指二十六个拉丁文字母。拉丁字母由于它形体简单、清晰、匀称、美观,便于阅读和书写,便于根据需要增添附加符号,或改成变体字母和合体字母,所以能适应各种语言的需要,长久以来已经成为世界上最通行的字母。整个欧美大陆、澳洲以及非洲的大部分地区、亚洲的一些地区都使用拉丁字母,不用拉丁字母作为文字的国家也大都有法定的或通用的拉丁字母拼写法。拉丁字母一旦被用来记录某种语言的语音,就成了该语言的文字或该语言的拼音方案的字母,如英文字母、德文字母、法文字母等等。所以,汉语拼音方案中的拉丁字母应该称之为汉语拼音字母。

字母表中字母的排列顺序完全按照拉丁文原有的次序,元音和辅音参差间隔混合排列,这样朗读起来比较好听,序列的应用价值也比较高,因为这是国际通用的排列顺序,便于编码、图书索引等方面的应用,便于国际间的科技、文化交流。过去,"国罗"没有采用拉丁字母的传统顺序,在字母部分只列声母表和韵母表,而"北拉"虽然列出了字母表,但在排列顺序中插入原来拉丁字母中没有的双字母(如 ch 插在 c 和 d 中间,rh 夹在 r 和 s 中间,zh 排在 z 之后),同时又在字母表中取消了在"北拉"中不采用的单字母 h、 q、v,这实际上破坏了国际通用的字母顺序。在汉语拉丁化拼音运动的历史发展中,汉语拼音方案首次完全采用了二十六个拉丁字母的传统顺序,这对增加方案的流通价值、技术价值显然是有利的。

拉丁字母的读音是以它在拉丁语中的读音为基础的,而汉语拼音方案是普通话的拼音方案,因此必须为字母确定新的包含汉语音值在内的名称音(在字母表内用注音符号加以标注):

一 字母表

字母:	Aa	Bb	Cc	Dd	Ee	Ff	Gg
名称:	ㄚ	ㄅㄝ	ㄘㄝ	ㄉㄝ	ㄜ	ㄝㄈ	ㄍㄝ
	Hh	Ii	Jj	Kk	Ll	Mm	Nn
	ㄏㄚ	ㄧ	ㄐㄧㄝ	ㄎㄝ	ㄝㄌ	ㄝㄇ	ㄋㄝ
	Oo	Pp	Qq	Rr	Ss	Tt	
	ㄛ	ㄆㄝ	ㄑㄧㄡ	ㄚㄦ	ㄝㄙ	ㄊㄝ	
	Uu	Vv	Ww	Xx	Yy	Zz	
	ㄨ	ㄪㄝ	ㄨㄚ	ㄒㄧ	ㄧㄚ	ㄗㄝ	

v只用来拼写外来语、少数民族语言和方言。字母的手写体依照拉丁字母的一般书写习惯。

从上面所列字母表的名称音来看,五个元音字 a o e i u 以它们所代表的汉语音值为名称音,如 a 和 o,一符数音者,则以其主要读音为名称音,如 i 和 e。辅音字母(包括 y 和 w)以其所代表的音值拼上元音构成名称音,因为元音是一种乐音,发音响亮,代表元音的字母是一种自鸣字母,而辅音字母是一种不鸣字母,因为它代表的是噪音,发音不响亮,必须加上一个元音,拼合在一起发音才会响亮,便于称说、朗读,如字母 b 读ㄅㄝ,h 读ㄏㄚ,j 读ㄐㄧㄝ,k 读ㄎㄝ,q 读ㄑㄧㄡ。名称音命名的原则既要遵从国际习惯,同时又要考虑它在汉语中的区别能力。例如,n 之所以不读 ên,就是因为考虑到汉语不少方言 n、l 不分,一个读 nê,另一个读 êl,便于互相区别。

汉语拼音方案在字母表之外,又在拉丁字母的基础上另行设计了若干增补字母。因为按照传统的用法,二十六个拉丁字母只能代表二十多个的音素,其中有几个字母音值相同,如 c、q 和 k,x 则不表示独立的音素。所以用二十六个拉丁字母表示汉语语音,从字母和语音的配置关系说,一方面会有多余的字母,另一方面却又会有欠缺的字母,如果不补充若干字母就不能满足表达汉语语音的需要。所以方案在二十六个基本字母之外,又用原字母组合的办法增补了四个双字母:zh ch sh ng;用在原字母上添加符号的办法增补了两个加符字母 ê 和 ü。所有的增补字母都不列入字母表,这是大多数采用拉丁字母国家的惯例,为的是共同保持拉丁字母的传统顺序,有利于国际间的科技、文化交流。

在汉语拼音方案的字母组成中,为了使音节拼写形式简短,还为 zh ch sh ng 这四个双字母分别设计简写形式 ẑ ĉ ŝ ŋ (最后一个借自国际音标)。这几个字母由于手书时影响连写,且不便于键盘和印刷中使用,实际上是不通行的。

(二) 声母表以及声母的呼读音

语音学中最小的发音单位——元音和辅音的划分是从西方音素制的拼音文字出发的,而传统的汉语音韵学根据中国文字的特点,是从方块汉字入手进行语音分析的。汉字的字音在声调部分被划分出去以后,字音的基本结构进一步被分析成声母和韵母两部分,一声一韵,前声后韵,声韵相拼再加上一个声调,就构成一个汉字的字音。所以为汉语设计一种拼写语音的拼音方案,总要分别列出一个在西方拼音文字系统所没有的声母表和韵母表,掌握了这几十个声母和韵母,也就是掌握了汉语语音系统的基本组成成分,再配上一个声调,就可以读出任何一个汉字的字音。

汉语拼音方案的声母表一共包括二十一个辅音声母,列表如下:

二 声母表

b	p	m	f	d	t	n	l
ㄅ玻	ㄆ坡	ㄇ摸	ㄈ佛	ㄉ得	ㄊ特	ㄋ讷	ㄌ勒

g	k	h		j	q	x	
ㄍ哥	ㄎ科	ㄏ喝		ㄐ基	ㄑ欺	ㄒ希	

zh	ch	sh	r	z	c	s	
ㄓ知	ㄔ蚩	ㄕ诗	ㄖ日	ㄗ资	ㄘ雌	ㄙ思	

在给汉字注音的时候，为了使拼式简短，zh ch sh 可以省作 ẑ ĉ ŝ。

声母表包括不列入字母表可以作声母用的三个增补字母 zh ch sh，声母的排列顺序也不同于字母表的元辅音混合排列法，它采用语音学中的发音部位排列法，依次为：唇音 b p m f，舌尖音 d t n l，舌根音 g k h，舌面音 j q x，舌尖后音 zh ch sh r，舌尖前音 z c s。

声母表中拉丁字母下面的注音符号，代表声母的音值，如 b 和 ㄅ 都表示双唇不送气清塞音[p]；f 和 ㄈ 都代表齿唇清擦音[f]。而注音符号右边的汉字则是声母的呼读音，例如汉字"玻 坡 摸 佛"，其中的 b p m f 或 ㄅ ㄆ ㄇ ㄈ 都是声母的本音，加元音 o 或 ㄛ 构成的读音——bo po mo fo 或 ㄅㄛ ㄆㄛ ㄇㄛ ㄈㄛ，就是声母的呼读音。汉语字音中充当声母的都是辅音，如不加上一个元音构成一个呼读音，声母本身的音值(本音)是很不容易听清楚的。

字母在字母表中要有一个名称音，在声母表中要有一个呼读音，其原因是一样的。那么为什么相同的字母，例如 b 的名称音是 bê(ㄅㄝ)，而呼读音却是 bo(ㄅㄛ，玻)呢？那是因为字母表和声母表里的字母排列顺序是不同的，添加元音的位置和加什么元音也都不一样(字母表中要考虑国际习惯)，用名称音去读声母表会感到不顺口，反之亦然。但是从拼音角度说，名称音是同样适用汉字拼音的，因为它跟声母的呼读音所含的音值是一致的。试比较 bê(ㄅㄝ)和 bo(ㄅㄛ)，ha(ㄏㄚ)和 he(ㄏㄜ)，jie(ㄐㄧㄝ)和 ji(ㄐㄧ)。但是已经使用了几十年的注音符号声母的呼读音早已成为一种牢固的社会习惯,因而事实上在拼音教学中大家都不用名称音,只用传统的注音符号的呼读音。所以名称音和呼读音的不同,我们可以看做前者只是为了称说字母,而不管它是否充当声母,后者则是作为声母以后的名称。它们可以保留各自的读法,各司其职。

(三) 韵母表及其说明

汉语拼音方案韵母表里的韵母以汉语音韵学的四呼分类为基础,列表如下:

三 韵母表

		i ㄧ 衣	u ㄨ 乌	ü ㄩ 迂
a ㄚ	啊	ia ㄧㄚ 呀	ua ㄨㄚ 蛙	
o ㄛ	喔		uo ㄨㄛ 窝	
e ㄜ	鹅	ie ㄧㄝ 耶		üe ㄩㄝ 约
ai ㄞ	哀		uai ㄨㄞ 歪	
ei ㄟ	欸		uei ㄨㄟ 威	
ao ㄠ	熬	iao ㄧㄠ 腰		
ou ㄡ	欧	iou ㄧㄡ 忧		
an ㄢ	安	ian ㄧㄢ 烟	uan ㄨㄢ 弯	üan ㄩㄢ 冤
en ㄣ	恩	in ㄧㄣ 因	uen ㄨㄣ 温	ün ㄩㄣ 晕
ang ㄤ	昂	iang ㄧㄤ 央	uang ㄨㄤ 汪	
eng ㄥ	亨的韵母	ing ㄧㄥ 英	ueng ㄨㄥ 翁	
ong (ㄨㄥ)	轰的韵母	iong ㄩㄥ 雍		

表中第一竖行的韵母统称为开口呼韵母,汉语音韵学把它们看作本韵之音,本韵之前加 i 则为齐齿呼韵母(第二竖行),本韵之前加 u 则为合口呼韵母(第三竖行),本韵之前加 ü 则为撮口呼韵母(第四竖行)。

方案根据四呼分类法,按韵头的不同大体上把韵母排成四大竖行,同时大体上也在横行的排列中显示了韵母之间韵类归属的异同,即同一横行的韵母通常总是属于同一个韵类的,例如 a ia ua 三个韵母,韵头不同,但本韵(韵腹、韵尾)相同,同属一个韵类,十三辙中叫作发花韵;从第五横行开始至第十一横行则依次分属怀来、灰堆、遥条、油求、言前、人辰、江阳各韵。但为求制表整齐起见,第四横行的三个韵母在十三辙中是分属两个韵类的,ie 和 üe 属叠雪韵,e 则与第二横行的 o 和 uo 同属梭波韵;第一横行的三个韵母也分属两个韵:i 和 ü 同属一七韵,u 则属姑苏韵。另外,字母不同于音标,它不能像语音学符号那样分得那么细,而另一方面出于阅读醒目、书写避免混同等要求,却又需要把语音上毋须区别的从字母上加以区分。例如,字母 i 实际上代表了舌面元音[i]和舌尖前元音[ɿ]、舌尖后元音[ʅ]三个不同的韵母,它们不属于同一个韵类,在韵母的四呼分类中后两个也不属于齐齿呼,而属于开口呼;韵母 ong 和 iong 从音韵系统看则与 eng、ing、ueng 同属中东韵,注音符号的标写形式就显示了它们是四呼相承的同一个韵类。

韵母表中共列出了三十五个韵母,但并没有包括普通话的全部韵母。根据韵母表下的说明:(1)"知、蚩、诗、日、资、雌、思"等七个音节的韵母用 i;(2)韵母"儿"写作 er,用作韵尾的时候写成 r;(3)韵母ㄝ单用时写成 ê,那么还应加上四个韵母(-i 代表[ɿ]、[ʅ]两个韵母),所以根据汉语拼音方案,普通话的声母是二十一个,韵母一共有三十九个。

韵母表下的说明(4)和说明(5)分别规定了由 i、u、ü 开头的韵母,在前面没有声母时的书写形式和 iou、uei、uen 三个韵母在前拼声母时的省略形式，下面第五第六两部分将作说明和讨论。

（四）调号及标调规则

声调是汉语字音不可或缺的组成成分，其区别功能的负荷量大于声母和韵母，因为调类的数量远比前二者要少，但它却是"字音之魂"，没有声调，声母和韵母就不能构成一个表义音节，这是为汉语设计拼音必须面对的事实。

在汉语拼音运动的历史上，注音字母最初采用四角点声法，圆点加主要韵母的四角，用圆点位置的不同，表示调类的不同。后来改为符号标调法：阴平不加符号，阳平为"ˊ"，上声为"ˇ"，去声为"ˋ"。国罗采用字母标调法，它混合使用加字法（如"麻"ma 和"妈"mha）、迭字法（如"离"li 和"李"lii）、变字法（如"英"ing 和"营"yng），组成一套复杂的标调规则。北拉主张不拼写四声，必要时采用迭字法作为区别因同音而造成的同形词，如"卖"写作 mai，而"买"则写作 maai，此外还有人主张采用数码 1、2、3、4 来标注不同的调类。

中国文字改革委员会总结了各种方案的标调方法，认为在三种类型的标调方法中，数码标调法（如"妈"ma^1、"麻"ma^2、"马"ma^3、"骂"ma^4），不便于拉丁字母按词连写，同时阿拉伯数字与拉丁字母夹杂在一起也显得很不协调，而且违反国际使用拉丁字母的习惯。字母标调法使音节拼写形式复杂化，并加长许多音节的拼写形式，这在学习上和书写上都是很不利的。因此，相对来说，注音字母采用的符号标调法，虽然也有"满头帽子"的缺点，但它既不改动音节的拼写形式，也不延长音节的拼写形式，又无分割词形的感觉，而且注音字母通行了几十年，符号标调法已经成为一种传统，容易被大家接受，所以最后决定还是采用符号标调法，规定每个调类都有一个专用符号，阴平为"－"，阳平为"ˊ"，上声为"ˇ"，去声为"ˋ"。声调符号标在音节的主要元音上，轻声不标。

为了减少因使用调号而带来的种种不方便，在方案的草案初稿(1955)中,曾规定(第十三条):正音教学的读物(如字典、词典、语文教学用的教材、供初学拼音人们用的读物)上,声调可以全部标出,但其他书刊、路牌、商标上就可以不标。这一条虽然在后来正式公布的方案中没有写进去,但其后在实际上使用大家都是照着做的,现在也已约定俗成了。

(五) 隔音符号,隔音字母以及隔音规则

注音符号是汉字笔画式的字母,它随汉字直排自上而下逐字注音,所以没有音节分界问题。国音字母第二式,采用了拉丁字母,它是横行按词连写的,所以必须考虑音节分界问题。汉语拼音方案也是如此,连写的多音节词,音节之间如果没有清楚的分界就会发生歧义,比如 dianmen,究竟是"电门"还是"地安门"? xian 究竟是一个音节还是两个音节("线"或是"西安")? 如果不确立分隔音节的正字法,"上午"和"山谷"的拼写形式都是 shangu,多音节的"五阿姨"跟单音节的"歪、外"等的拼写形式都是 uai。由此可见,为了阅读的正确、方便,必须在拼写上做出规定。

汉语拼音方案的隔音法可以用两条隔音规则来表述:(1) a,o,e 开头的音节连接在其他音节后面的时候,要用隔音符号(')隔开。例如"皮袄"pi'ao(以区别于"飘"),"超额"chao'e,"饥饿"ji'e(以区别于"街")。"档案"的拉丁字母注音,按规定必须使用隔音符号写成 dang'an,否则只能读成"单干"。(2) 在零声母音节中,i 和 ü 要用隔音字母 y(根据名称音读作 ia)改写,u 要用隔音字母 w(读作 ua)改写。隔音字母 y 和 w,就字母的一般性质而言,是半元音字母,就其在韵母中的地位来说是韵头字母,就其对音节分界的作用来说是隔音字母。韵母表下面的说明(4)对 y、w 的用法作了说明,看起来很复杂,其实可以简单地表述如下:

y { ü——由ü起的零声母音节,前加y,去掉两点。
例如"鱼"yu,"远"yuan。

w-u { i 由i或u起头的零声母音节中,如果只有一个元音,则i前面加y,u前面加w;如多于一个元音则i改为y,u改为w。例如"武艺"wuyi;"药丸"yaowan。

由此可见,汉语拼音方案是根据韵头来分隔音节的,之所以用隔音符号(')来分隔由a,o,e开头的零声母音节,而用隔音字母y和w来分隔由i,u,ü开头的音节,那是因为据统计,音节相连发生界限混淆的多音节词语,前者只占总数的5%,后者却占95%。因之,目前的规定显然可以最大限度地减少手书时连写中断和书面上符号过多的不美观状况。

（六）iou,uei,uen的省略形式以及省略规则

就拼写法而言,方案实际上还包含着一套省略规则,这可以分为两个方面:一是符号的省略,二是字母的省略。

关于第一方面,方案在说明(4)中规定:ü行的韵母,前面没有声母时,ü上两点省略;ü行的韵母跟声母j,q,x拼的时候,ü上两点也省略,但跟声母n,l拼的时候仍然写成nü(女),lü(吕)。这一条规定如采用排除法可以表述得更为简炼:除n,l之后,ü上两点都可省略。这一句话概括了加符字母ü的使用规则,至于n,l后面的两点,之所以不能省,那是因为在拼写中,诸如"旅长"lüzhang,"炉长"luzhang这样的词语就是完全靠有无这两点互相区别的。

另一条关于符号省略的内容,方案在文字上没有作出规定,但事实上已经广泛通行并得到了公认,即调号落在i上面时,可省略字母上的一点,如"机器"jīqì,"意义"yìyì。这可以避免直观上叠床架屋的毛病,而在使用上又带来了很大的方便。

关于拼写中省略字母的方面,方案说明(5)规定:iou、uei,uen

前面加声母的时候,写成 iu, ui, un。例如 niu(牛), gui(归), lun(论)。在韵母表的三十五个韵母中,何以惟独这三个韵母有省写形式,这一点将在下面说明。这里要提醒的是,综合说明(4)和(5)来看,韵母表中 iou, uei, uen 这三个韵母的拼写形式,在实际使用中是永远不会出现的。因为在前面有声母时,它们用省写形式拼写,当前面没有声母时韵头 i 和 u 又要根据隔音规则改写为 you, wei, wen,因之在拼音教学特别是小学语文课的拼音教学中,韵母表中这三个韵母的基本形式完全可以不教,以免将来在实际使用中反而造成干扰。

三、汉语拼音方案字母与语音的配置关系

各种拉丁字母式的拼音方案都是音素制的,因为拉丁字母本身就是音素字母。音素制把语音中最小的发音单位——音素分析出来,并归纳成音位,为之配置字母。这使表达一种语音的字母减少到最低限度,而拼写的灵活性却提高到最大限度。

拉丁字母原有的读音是以它在拉丁文中的读音为基础的,当它广泛通行被许多民族采用时,为了适应不同语言的语音特点,字母的读音必须在固有音值的基础上加以协调,以适应表达本民族语言的需要。久而久之,又形成了拉丁字母的"国际音域",其中包括拉丁字母的基本音域和引申音域。我们采用拉丁字母来拟订拼写不同于印欧语言的汉语拼音方案,一方面要使方案的字母读音尽可能地"从世界习惯",也就是为字母定音,除有特别的不便处以外,总是和多数西文的读音相近为好,这样也就使字母适应了国际音域;另一方面又务必使字母的读音充分体现汉语音值、汉语音系,并适应照顾汉语拼音的传统。如果为字母定音时,这两个方面利益相悖而又不想另行设计新字母、加符字母时,那就牺牲前者,照顾后者,为字母确定适应本国语言的读音,因为汉语拼音方案毕竟是拼写普通话的拉丁方案,应为自己"永久的应用"考虑,"不能

全顾中国人学外国语言或外国人学中国语言的便当与否"。这些道理中国现代语言学的开拓者、奠基者赵元任在《国语罗马字的研究》(1920)中早已阐述清楚了。这一节我们就介绍一下汉语拼音方案是怎样根据上述两个方面并结合汉语拼音的传统来确定字母和语音的配置关系的。

普通话声母系统有三套由不送气和送气构成对立的塞擦音,再加上每套都有一个擦音声母与之相配,所以其数目几乎占了声母总数的一半。塞擦音丰富这是汉语不同印欧语的特点之一,用拉丁字母来表示"汉语音值",在字母与语音的配置以及字母的选择和设计中所产生的问题几乎全都出在这三组辅音声母上。下面依次讨论。

(一) 舌面音声母的字母配置及其字母的选择

在汉语拉丁化拼音运动中,从威妥玛方案开始,几乎所有的拼音方案都不给[tɕ]、[tɕ']、[ɕ]这三个舌面音声母单独配置字母,因为从声韵结合关系上看,舌面音只跟齐、撮二呼的韵母相拼,而另外两套塞擦音[ts]、[ts']、[s]和[tʂ]、[tʂ']、[ʂ]以及舌根音[k]、[k']、[x],只跟开、合二呼的韵母相拼。既然舌面音跟后面这三套音是互补分布的,那么就可以把它跟其中的任何一套音在音位上加以归并,这样只需要给六个声母配置三个字母就可以了。过去,国罗就是让舌面音跟舌尖后音共用一套字母的,北拉则让舌面音与舌根音共用一套字母。列表并举例如下:

声母	音位归并	字母配置	拼音举例	
舌根音 k k' x		北拉	高 gao 考 kao 好 hao	教 giao 俏 kiao 笑 hiao
舌面音 tɕ tɕ' ɕ	/k k' x/—g k h	国罗	站 jan 产 chan 山 shan	剑 jian 欠 chian 献 shian
舌尖后音 tʂ tʂ' ʂ	/tʂ tʂ' ʂ/—j ch sh			

上面的列表和举例说明，北拉的辅音字母 g,k,h 一身兼二职，在开合二呼韵母前读舌根音，在齐撮二呼韵母前读舌面音；而国罗则用辅音字母 j,ch,sh 兼表舌面音（齐撮二呼前）和舌尖后音（开合前）。字母的条件变读在拉丁字母式的拼音设计中是常用的办法，这可以在减少字母用量的同时增加字母的信息量。

汉语拼音方案在舌面音与字母的配置关系上，不同于国罗和北拉，它跟国语注音符号一样，为之单独配置了三个字母——j[tɕ],q[tɕ'],x[ɕ]。这样处理的优点是：① 符合通行了几十年的注音符号的传统，② 便于方言区的人学习普通话，③ 提高了拉丁字母的使用率。赵元任就说过，设计一种拼音方案，应"尽字母全用"，这样可以借此增加字形"面孔"的种类，因为"认字(指音节)的工夫"只有一小部分是在认字母，而大部分工夫是在认一千多个字音(音节)。

就拉丁字母的国际音域说，字母 j 的基本读音是浊塞擦音[dʒ]（如英文）或浊擦音[ʒ]（如法文、葡文、罗马尼亚文），字母 q 的基本读音是[k]或[k']（法文、英文、德文、西班牙文等），x 只有在葡文中表示舌叶音[ʃ]，通常都表示复辅音[ks]。因之汉语拼音方案用字母 j 表示汉语中的[tɕ]，用 q 表示送气的[tɕ']都属于字母读音的引申运用，用 x 表示舌面擦音[ɕ]，是与字母原音值无关的借用。字母读音的这种引申和借用在现代采用拉丁字母的各国文字中都有例可援。

(二) 关于舌尖前音和舌尖后音的字母配置

普通话声母中的舌尖前音（平舌、靠前）和舌尖后音（翘舌、靠后）在许多汉语方言中是没有分别的，其中发音时舌尖略微上翘的那套翘舌音在许多西方语言里也是没有的，因之在拉丁字母的配置上历来也成为最有争议的难题。从汉语拼音运动中涌现出来的各种拉丁化方案来看，舌尖前音和舌尖后音的字母选择或设计可谓五花八门，各式各样。择要排列如下：

	国际音标	ts	tsʻ	s	tʂ	tʂʻ	ʂ
	注音符号	ㄗ	ㄘ	ㄙ	ㄓ	ㄔ	ㄕ
1605	利玛窦方案	c	cʻ	s	ch	chʻ	x
1867	威妥玛方案	ts	tsʻ	s	ch	chʻ	sh
1914	刘继善方案	z	c	s	j	q	w
1922	钱玄同方案	dz	ts	s	gh	ch	sh
1923	周辨明方案	z	zh	s	c	ch	sh
1928	国语罗马字	tz	ts	s	j	ch	sh
1931	拉丁化新文字	z	c	s	zh	ch	sh
1958	汉语拼音方案	z	c	s	zh	ch	sh

上面的资料排比显示，用字母 z c s 和 zh ch sh 分别表示舌尖前音和舌尖后音是在汉语拼音运动的历史发展过程中逐渐形成的。用 s 表示舌尖前清擦音，从 17 世纪利玛窦方案开始就立刻固定下来了，因为拉丁字母 s 的原有的读音正好与汉语音值是一致的。在威妥玛方案中首次出现的，用以表示跟 s 有音位对立的双字母 sh，也很快就稳定下来了。同时，用 ch 表示舌尖后送气塞擦音，在钱玄同方案中首次出现后也很快为许多拼音方案所采用，但一直没有跟表示舌尖前音的 c 对应起来。到了北拉则起了一个质的变化，这个方案一方面跟刘继善方案一样直接采用 z c s 表示舌尖前音，另一方面从周辨明方案吸收了一个在原方案中表示舌尖前送气塞擦音的 zh，用以表示舌尖后不送气塞擦音。于是汉语中舌尖前音和舌尖后音的拉丁字母表示法就从采用加符字母变为完全不采用加符字母，从单字母和双字母的不对称使用演变为系统对称使用。这是北拉方案中最精彩的一笔，而汉语拼音方案在众多的方案中对这一组字母的抉择，也可谓慧眼独具。

在方案公布实施前的讨论中，曾经有人建议把双字母中只有区别作用而没有意义的"零件"h，改为 r，与成 zr cr sr r，以表示这一组是翘舌音。这种字母设计固然比较符合语音原理，但因为得不到多数人的赞同而未见采用。可能是就汉语拉丁化拼音字母的演进来看，它缺乏历史基础和社会流通价值。方案规定 ng 的省写形式 ŋ，之所以在手写体中也见弃于公众，实际上也可能是这个原因。

上面讨论的是塞擦音声母的字母与语音配置，下面再就塞音声母中关于 ｂｄｇ 和 ｐｔｋ 的字母配置问题作一些简约的说明。

（三）关于 ｂｄｇ 和 ｐｔｋ

在二十六个拉丁字母中，ｂｄｇ 是一套表示浊塞音的字母，ｐｔｋ 是与之对应的清塞音字母。用清浊的不同构成可以区别意义的音位对立，这是印欧语的普遍特征，所以字母 ｂｄｇ 从不用于配置清辅音也就成了西方拼音文字的国际惯例，同时也被西方学者用之于汉语拼音拉丁化方案的设计中。面对汉语声母无清浊对立而只有清塞音，塞擦音送气和不送气对立的这一特点，他们仍然遵守把字母 ｐｔｋ 用于清塞音的原则，然后用加符字母 p' t' k'（如威妥玛方案）或双字母（如 pp、ph 等）来表示送气的清塞音。但中国学者刘孟扬在他设计的拼音方案中开创了用 ｂｄｇ 和 ｐｔｋ 分别表示汉语中不送气和送气这两组对立的清塞音，之后，中国人自己设计的拼音方案，如黄虚白、刘继善、钱玄同、赵元任一直到国罗、北拉，乃至美国耶鲁大学的拼音方案，都采用了这个办法。赵元任早在 1922 年写的《国语罗马字的研究》中就认定，"用浊音字母当清音不送气的音"是为汉语设计拼音方案的一个原则。他说：我们"不可以像外国人拼中国音不用 b, d, g, j, z 等字母那么办"，"ㄅ，ㄉ，ㄍ，ㄐ，ㄓ，ㄗ 在学理上是应该用 p, t, k 等不带音的辅音（清音）表示，并不是 b, d, g 等西文里带音的辅音。但是在实际上把它这样改借过来有无穷的便利，所以不能顾忌到学理上的不准确"，"不能全顾到中国人学外国言语或外国人学中国言语的便当与否"。仔细分析起来，ｂｄｇ 这种浊音字母清化的用法确实是很有道理的，它可以避开加符字母送气符号容易脱漏、拼写系统中双字母太多等等的缺点,同时又"尽字母全用"并借此"增加字形的面孔",增加阅读上的便利。所以,汉语拼音采纳这种业已为公众所熟悉并形成社会传统的用法是理所当然的。至于由此给外国人在学习汉语时带来的不便,那是应该向他们说明这种写法的历史和理由,并在教学法上多加注意多想办法的。

下面再对韵母系统中字母与语音的配置关系做几点理论上的说明。

(四)关于舌面前圆唇元音[y]的字母配置问题

普通话中圆唇元音[y]的拉丁字母写法也一直是一个难题,因为拉丁文中六个元音字母的固有音值及其变通音域都不适用于这个元音。在汉语拉丁化拼音中,[y]的字母设计虽然五花八门,但归结起来,字母的选择通常也就是在 y,i,u 之间,或者用 y 和 u,i 和 u 结合成双字母去表示。汉语拼音方案采用加符字母 ü(德文中有例可援)作为基本形式,零声母音节则因前加隔音字母而变化为 yu。这是汉语拼音方案拼写系统中唯一的加符字母,但字母上的附加符号因为在使用上总会带来一点不方便,所以这个加符字母并不很受欢迎。其实,如根据"准统计定利弊的轻重"(赵元任)的原则来分析,在实际使用中,由于声韵组合关系和隔音字母的制约,ü 上面的两点只有在 n 和 l 之后才是必不可少的,其他场合均可省略,而能和这两个声母相拼的韵母只有两个(ü 和 üe),以常用字而论总共只有二十来个,因此 ü 上面的两点在字音的拼写中出现频率是极低的。为了便于在通用键盘中使用,国家语言文字工作委员会又规定 ü 上面的两点在不能省略时可用键位 v 替代表示(《汉语拼音方案的通用键盘表示规范》,2001—02—23 发布)。这样加符字母的负面影响更进一步缩小了。

(五)舌尖元音[ɿ]和[ʅ]的字母配置

在汉语拉丁化拼音方案中,舌尖前元音[ɿ]和舌尖后元音[ʅ]的字母配置,曾经有过各式各样的设计,例如威妥玛方案中,分别用基本字母 i,加符字母 ü,双字母 ih 去表示[i]、[ɿ]、[ʅ]这三个元音。这在字母配置上显然是不经济的,因为在声韵结合关系上,它们是互补的,从音位理论上说,配置一个字母就够了。国罗把两个舌尖元音合并为一个韵母,用字母 y 表示,就汉语拼音方案说字母 y 另有多种用途,所以不能采纳这种处理办法。国语注音符号和北方拉丁化新文字都把"知、痴、诗、日","资、雌、思"这一类字的韵母,作为空韵处理,不给它设置字母,他们认为,这类字的声母"本身含有一个特别母音,故不必与母音拼合也能成一音段"。这样处理的缺点是它会破坏汉语字音结构一声一韵的原则,使音节拼写形式不统一,而且会在多音节词语中出现辅音字母连写的局面,如"知识"会拼写成 zhsh*,"支持"zhch*,"自始至终"zshzhzhong*,等。汉语拼音方案在原草案(1956)中曾为之另行设计了一个新字母 ɪ(小型大写的 i),但在讨论中遭到众多的反对,最后还是采纳了得到多数人赞同的处理办法,在国罗的基础上,进一步把[i]、[ɿ]、[ʅ]归并为一个音位,利用前接声母的不同,用同一个字母 i 的条件变读去表示三个不同的元音。这样的处理办法,就汉语拼音方案的整体格局而言,实在是顺理成章的最佳选择。这既符合音位互补归并的原则,又兼顾了历史音韵,而且符合字母使用的经济原则。至于说用字母 i 变读[ɿ]和[ʅ]是否符合拉丁字母的读音习惯,那就不能苛求了,因为这两个舌尖元音本来就是汉语特有的,无论怎样处理二十六个拉丁字母都是管不住它的。

(六)关于韵母 iou,uei,uen 的拼写形式

汉语拼音方案韵母表中何以唯独 iou,uei,uen 这三个韵母有省略中间元音的拼写形式,我们在前一部分没有说明,这里另作讨论。从汉语拼音运动的历史看,从威妥玛(1867)开始这种拼写形式就已经出现了,此后,邮政式以及钱玄同、赵元任等人设计的拼音方案都采纳这种拼写形式。这三个韵母省写中间元音的语音根据有人概括为两句话:上去不变阴阳变,舌根不变舌尖变(徐世

荣),也就是说这三个韵母的读音变化有两个条件:声调和声母。就韵母 iou 说,不管前拼什么声母,在阴平、阳平中,中间的元音都会由于音素连读而弱化为一个过渡音,所以听起来十分含混,整个韵母读音十分接近-iu;而在上声和去声中这个元音仍会显示出来,试比较:"优"和"有","修"和"朽"这两对字的读音。就 uei 和 uen 这两个韵母说,当前拼舌尖音声母(包括 d t n l, z c s, zh ch sh r)时,其读音变化同样也服从于"上去不变阴阳变"的规律,试比较"推"和"腿","春"和"蠢"这两对字的读音;但这两个韵母在前拼舌根音时,则不管哪一个声调,中间的元音一律不丢。试比较"规"和"鬼","昆"和"捆"这两对字的读音。

从威妥玛开始一直到北拉,大多数拉丁字母式的汉语拼音方案都采用了这种中间省略元音的拼写形式,这可以节省字母,使音节拼写形式简短,且贴近韵母在平声中的实际读音。但国罗却仍然采用保留中间元音的拼写形式,这使韵母系统在整体上显得整齐了,且迫近这三个韵母在仄声中的实际读音。两相比较,这两种拼写形式其实是各有长处的。汉语拼音方案在韵母表中采用了国罗的写法,在实际拼写中则继承了威妥玛和北拉的传统。由此付出的代价是在拼写法中增加了一条字母省略规则,并使韵母表中的 iou,uei,uen 成为只是一种理论上的写法,在实际拼写中这三个韵母的拼写形式是永远不会出现的。

最后,在字母与语音配置这一问题上还应该补充两点:方案把注音符号中的ㄨㄥ分为 ong 和 ueng(国罗的写法)是因为根据实际读音ㄨㄥ在前拼声母和不拼声母时的读音确实是有区别的,而在字母配置上之所以写成 ong 而不用北拉的 ung,ㄩㄥ之所以写成 iong,而不用北拉的 yng,那是因为前一种写法,在阅读醒目的程度上高于后者。同理,方案之所以把韵母[au]和[iau]写成 ao 和 iao(北拉的写法),而不采用拉丁字母 u,写成 au 和 iau(国罗的写法),也是出于字母 o 比 u 阅读醒目程度要高,且由于 u 和 n 字形相近,手写中易使 au 和 an,iau 和 ian 相混。当然从语音上说,不能由此认为普通话的元音韵尾,除[i]和[u]之外,还有一个[o]韵尾。

四、汉语拼音正词法基本规则

词语的拼写涉及词汇、语法等许多方面的问题,比较复杂,由国家教委和语委制定,国家技术监督局批准并发布的《汉语拼音正词法基本规则》(1996—07—01 实施),为此作出了统一的规范,规定了拼写现代汉语的规则。内容包括分词连写法、成语拼写法、人名地名拼写法、标调法、移行规则等,这些内容可概括为汉语拼音的拼写规范以及书写格式两个方面。这里只摘录其中应用范围最广的部分,详细规则请查阅原件并参见《中国人名汉语拼音字母拼写法》、《中国地名汉语拼音字母拼写法》、《中文书刊名称汉语拼音拼写法》等一系列文件。

《汉语拼音正词法基本规则》是建立在音节拼写规范(见汉语拼音方案)的基础之上的。总的原则是按词注音,分词连写,专有名词、句子的开头要有标记。

(一) 词语拼写规则

1. 拼写普通话基本上以词为书写单位。例如:

rén(人)　　pǎo(跑)　　hé(和)　　hěn(很)
péngyǒu(朋友)　　zhòngshì(重视)　　dànshi(但是)
túshūguǎn(图书馆)　　diànshìjī(电视机)

2. 表示一个整体概念的双音节和三音节结构,连写。

quánguó(全国)　　　　dàhuì(大会)
kāihuì(开会)　　　　　dǎpò(打破)
qiūhǎitáng(秋海棠)　　àiniǎozhōu(爱鸟周)
duìbuqǐ(对不起)　　　chīdexiāo(吃得消)

3. 四音节以上表示一个整体概念的名称,按词(或语节)分开写,不能按词(或语节)划分的,全部连写。

wúfèng gāngguǎn(无缝钢管)
huánjìng bǎohù guīhuà(环境保护规划)
zhōngguó shèhuì kēxuéyuàn(中国社会科学院)
yánjiūshēngyuàn(研究生院)
yúxīngcǎosù(鱼腥草素)
gǔshēngwùxuéjiā(古生物学家)

4. 单音节词重叠,连写;双音节词重叠,分写。

rénrén(人人)   shuōshuo(说说)   gègè(个个)
yánjiū yánjiu(研究研究)   xuěbái xuěbái(雪白雪白)

重叠并列,即 AABB 式结构,当中加短横。

shuōshuō-xiàoxiào(说说笑笑)
qīngqīng-chǔchǔ(清清楚楚)

5. 名词与单音节前加成分(副、总、非、反、超、老、阿、可、无等)和单音节后加成分(子、儿、头、性、者、员、家、手、化、们等)连写。

fùbùzhǎng(副部长)   fēijīnshǔ(非金属)
zǒnggōngchéngshī(总工程师)
fǎndàndào dǎodàn(反弹道导弹)
fēiyèwù rényuán(非业务人员)

yìshùjiā(艺术家)   xiàndàihuà(现代化)
chéngwùyuán(乘务员)   kēxuéxìng(科学性)
tuōlājīshǒu(拖拉机手)

第一章 语　音

6. 名词后面的方位词,分写。

shān shàng（山上）　　shù xià（树下）
hé li（河里）　　　　　hé lǐmian（河里面）
mén wài（门外）　　　 mén wàimian（门外面）
huǒchē shàngmian（火车上面）
xuéxiào pángbiān（学校旁边）
Huáng Hé yǐnán（黄河以南）

7. 汉语人名按姓和名分写,姓和名开头字大写。笔名、别名等,按姓名写法处理。

Lǔ Xùn（鲁迅）　　Méi Lánfāng（梅兰芳）
Zhūgé Kǒngmíng（诸葛孔明）

已经专名化的称呼,连写,开头大写。

Xīshī（西施）　　Mèngchángjūn（孟尝君）

8. 汉语地名中的专名和通名分写,每一分写部分的第一个字母大写。

Běijīng Shì（北京市）　　Héběi Shěng（河北省）
Dòngtíng Hú（洞庭湖）　　Tài Shān（泰山）
Táiwān Hǎixiá（台湾海峡）

专名和通名的附加成分,单音节的和其他相关部分连写。

Xīliáo Hé（西辽河）　　Jǐngshān Hòujiē（景山后街）
Cháoyángménnèi Nánxiǎojiē（朝阳门内南小街）

不需要区分专名和通名的地名,各音节连写。

Wángcūn（王村）　　Jiǔxiānqiáo（酒仙桥）
Zhōukǒudiàn（周口店）　Sāntányìnyuè（三潭印月）

9. 非汉语人名、地名本着"名从主人"的原则,按照罗马字母(拉丁字母)原文书写:

Neton（牛顿）　　　　Einstein（爱因斯坦）
Darwin（达尔文）　　　Paris（巴黎）
London（伦敦）　　　　Washington（华盛顿）

非罗马字母文字的人名、地名,按照该文字的罗马字母转写法拼写:

Akutagawa Ryunosuke（芥川龙之介）
Ngapoi Ngawang Jigme（阿沛·阿旺晋美）
Ürümqi（乌鲁木齐）　　Hohhot（呼和浩特）
Lhasa（拉萨）　　　　　Tokyo（东京）

汉语化的音译名词,按汉字译音拼写。

Fēizhōu（非洲）　　　　Nánměi（南美）
Déguó（德国）　　　　　Dōngnányà（东南亚）

10. 成语

四言成语可以分两个双音节来念的,中间加短横。

fēngpíng-làngjìng（风平浪静）
àizēng-fēnmíng（爱憎分明）
píngfēn-qiūsè（平分秋色）

不能按两段来念的四言成语、熟语等,全部连写。

yīyīdàishuǐ（一衣带水）　　àimònéngzhù（爱莫能助）
bùyìlèhū（不亦乐乎）　　　zǒng'éryánzhī（总而言之）
hēibuliūqiū（黑不溜秋）　　húlihútu（糊里糊涂）

(二) 大写

句子开头的字母和诗歌每行开头的字母大写。（举例略）

专有名词的第一个字母大写:

Běijīng（北京） Chángchéng（长城） Qīngmíng（清明）

由几个词组成的专有名词,每个词的第一个字母大写:

Guójì Shūdiàn（国际书店） Hépíng Bīnguǎn（和平宾馆）
Guāngmíng Rìbào（光明日报）

专有名词和普通名词连写在一起,第一个字母要大写。

Zhōngguórén（中国人） Guǎngdōnghuà（广东话）
Míngshǐ（明史）

已经专化为普通名词的,第一个字母小写。

zhōngshānzhuāng（中山装） zàngqīngguǒ（藏青果）

(三) 移行和标调

移行要按音节分开,没有写完的地方加上短横。

声调一律标原调,不标变调。

yī tiān（一天） yī wǎn（一碗）
qī wàn（七万） bā gè（八个）
bù qù（不去） bùzhìyú（不至于）

但是在语音教学时可以根据需要按变调标写。

思考与练习

一、为什么说汉语拼音方案是近六十年来中国人民创制拼音方案的历史经验的总结。

二、汉语拼音方案的字母表有什么用处?字母表和声母表有什么不同?

三、汉语拼音方案韵母表是根据什么原则排列的?是否包括了普通话的全部韵母?

四、试用音位学的观点说明普通话声母中的舌面音也可以不给它们设计独立的字母;汉语拼音方案是怎样处理这一问题的?

五、为什么有些西方人对汉语拼音方案用拉丁字母 b d g 表示不送气清塞音持有异议?你认为在字母和语音的配置上,这样处理有何不妥?

六、汉语拼音方案为什么可以用一个字母 i 去兼表[i]、[ɿ]、[ʅ]三个不同的元音?你在拼读时是怎样区别它们的?

七、汉语拼音方案韵母表中,为什么唯有 iou、uei、uen 这三个韵母有省略中间元音的拼写形式?

八、根据《汉语拼音正词法基本规则》拼写下列词语:

电脑　　　　年年　　　　说说　　　　来往　　　　红红的
电冰箱　　　复印机　　　芭蕾舞　　　超声波
中秋节　　　拖拉机手　　空中小姐　　层出不穷
光明磊落　　吊儿郎当　　长江以北　　永定河上
商量商量　　通红通红　　家家户户　　反弹道导弹
空调压缩机　　北京大学校长　　晶体管　　功率放大器
中华人民共和国

参 考 文 献

赵元任(1922)《国语罗马字的研究》,《赵元任语言学论文集》商务印书馆,2002。

罗常培(1958)《汉语拼音方案的历史渊源》,《文字改革》第 1 期。

周有光(1961)《汉字改革概论》第三章、第四章,文字改革出版社。

王理嘉(2002)《汉语拼音运动的回顾兼及通用拼音问题》之二,《中国语文》第 2 期。

尹斌庸(1988)《汉语拼音正词法的历史回顾》,《语文建设》第 4 期。

第三节 普通话的语音系统

一、语音怎样构成一种系统

我们常说不同的语言各有自己的语音系统。这句话主要包含两方面的内容：一是它们有各自不同的语音单位，二是它们有各自不同的语音组合规律。

先谈第一方面。所谓语言有各自不同的语音单位，通常指的是与这种语言的语义网络系统有直接联系的语音单位。这种单位通过改变词或语素的语音形式可以引起意义的变化。比如，普通话里"河南"hénán 这个词的声母 n，是个鼻音，如果把它换成边音 l，别人在听到这个词时就会理解成"荷兰"。所以，在普通话里 n 和 l 就是两个不同的辅音音位，也就是两个不同的语音单位。那么，普通话里一共有多少最小的语音单位？根据汉语拼音方案，一共有 22 个辅音，6 个元音，4 个声调。这些最小的发音单位进一步组成了话语（即言语、语流）中在听感上最自然的单位——音节。

音节是听觉上最容易分辨的音段。比如，我们听到 wǒqùtúshūguǎn 这样一串音流，很自然地会把这串声音分成五个音段，也就是五个音节，写出来就是五个汉字："我去图书馆"。听到英语 university(大学)这个词，不管是否懂它的意思，也会把它分成[ju: — ni — və: — si — ti]五个音段，说英语的人也都认为这个词是由五个音节组成的。可见音节可以直接凭听觉自然地划分出来，并不需要专门的语音学知识。

一般来说，一个汉字代表汉语一个音节，但汉字是书写单位，所以不能光凭书写单位给语音划分音节，因为有时一个汉字并不代表一个音节。例如"花儿、牌儿、盘儿"等等，写成两个汉字，实际上只代表一个音节。

在普通话里由元音和辅音按一定规则组成的基本音节只有四

百多个,加上声调一共组成了一千三百多个表义音节。现代汉语中的全部词汇,它们的语音形式,都是由这些音节的不同组合和排列构成的。所以,音节又被认为是最小的语音结构单位。

　　普通话的音节组成规则十分简单。辅音通常只能出现在音节的开首,只有一个前鼻音 n 既可出现在音节开首,也可出现在音节末尾,另有一个后鼻音 ng 只能出现在音节末尾。在音节结构的分析中,音节开头的辅音叫作声母,声母之后的组成部分叫作韵母。声母不能分解为更小的发音单位,但韵母则可以进一步分析,它是由元音和元音,或元音和辅音组成的。由于绝大部分韵母都可以独立充当一个表义音节(单音节的语素或词),再加上各个组成成分结合十分紧密,所以韵母无论在发音上、感知上都是一个整体的语音单位。因此,汉语的音节结构就可以概括为:一声一韵,前声后韵,声韵相拼就构成一个音节,也就是一个字音。同时,从音节结构出发,根据汉语拼音方案,我们又可以说普通话中最基本的语音单位一共有 21 个辅音声母,39 个韵母,4 个调类。

　　一种语言的语音系统的组成,在包含这种语言全部音位性的语音单位的同时,也必然包含每个音位的音位变体。为什么这么说?凡音位,代表的是一类语音,其中包含着若干处于互补分布中的音素,即音位变体。例如,英语中有一个用字母 t 来表示的辅音音位,这个语音单位实际上包含着好几个发音上并不相同的语音,如:

　　(1) table(桌子)　　　　　　送气的 $[t^{\text{‘}}]$
　　(2) stone(石头)　　　　　　不送气的 $[t]$
　　(3) twice(两次)　　　　　　圆唇化的 $[t_w]$
　　(4) eighth(第八)　　　　　　齿化的 $[t̪]$
　　(5) train(火车)　　　　　　卷舌的 $[t]$

这五个例子中字母 t 所代表的不同读音,在国际音标里都可以用不同的音标或附加符号加以区别,它们被归并在一个音位中,用同一个字母 t 去表示。我们再举一个普通话的例子,汉语拼音方案中的字母 e,代表了一个包含着四个音位变体的元音音位:在"北"bēi 这个词里,字母 e 读前、半高、不圆唇元音[e],在"街"jiē 这个词里它读前、半高和半低之间的不圆唇元音[ɛ],而在"歌"gē 这个词里它读后、半高、不圆唇元音[ɤ],在"恩"ēn 这个词里,它读央元音[ə]。脱离了这四个具体的语音实体,由字母 e 代表的这个元音音位也就不存在了。可见音位是从自然语言中归纳出来的,它和音位变体是相互依存的,它们都是语音系统的组成部分。

　　单个的音位比如/p/、/t/、/k/、/a/、/o/等不表示任何意义,在普通话里它们必须组成一个表义音节,才能跟语义系统挂上钩,才能构成词语,然后组词成句,用以表达人类的思想。而语音单位组成音节必须遵守汉语特定的组合规则,否则它们就不能构成一个可以表达意义的音节。因此,语言的语音系统还包含着语言自身特有的组合规则在内。这种组合关系,从语音单位本身是看不出来的。例如,普通话和上海话都有[f]这个语音单位,但普通话里的[f]不能跟元音[i]组合成音节,上海话却可以(如"飞"[fi])。英语也有这个[f],它不仅可以跟[i]结合,如 fish(鱼),还可以跟边音 l 结合,如 flag(旗),flower(花)等等。这种音位的组合关系在汉语里都是不许可的。

　　音位之间的组合关系不是一个一个地进行的,而是先依据某种共同的特征,把音位聚合成若干类,以"类"为单位,一类一类进行的。例如把都有翘舌特征的 zh ch sh r 聚合成一类,叫作舌尖后音,把 b p m f 聚合成一类,叫作唇音,如此这般,普通话的全部辅音声母就可以根据发音部分的特征,归并成六大类(音系学中称之为自然类)。而处于同一个类聚中的各个成员,它们的组合关系也往往是相同的。例如,唇音 b 不能跟撮口呼韵母相拼,那么其他三个成员p m f也是不能跟撮口呼韵母相拼的;舌尖后音 zh 不能跟齐、撮二呼韵母相拼,ch sh r 也如此。由此可见,音位之间的组合关系是以音位的聚合关系为基础的。

语言的音位组合关系的特点通常集中表现在音节的构造上,因为音节是语音结构最基本的单位。所以要了解一种语言的语音系统的特点,就要围绕音节构成方式弄清下列问题:

(一)在音节构成的各个位置上允许出现什么音位,不允许出现什么音位?例如,在普通话里音节末尾只能出现[-n]、[-ŋ]两个鼻辅音,不允许出现[-p]、[-t]、[-k]这样的塞辅音,但是在粤方言里是可以的,在维吾尔语里音节末尾甚至可以出现擦音和塞擦音,如[ɑz](少)、[kʻytsʻ](力量),而在缅甸语里所有的音节都是以元音收尾的,不存在以辅音收尾的音节。它是一种开音节语言。

(二)在音节里允许什么样的音位组合,不允许什么样的音位组合?例如,汉族、英语都允许元音和元音组合在一起,而法语、俄语却不允许出现这样的音位组合形式。日语、汉语都不允许辅音在音节里直接组合在一起,而英语、俄语却允许多至三四个辅音连接在一起。如英语 glad(高兴)、smile(微笑)、splash(溅)、scream(哀号),等等。

(三)音位在一个音节里的排列顺序有什么规律?以英语为例,如果三个辅音在音节开首的位置上连续出现,第一个音位必定是/s/,第二个音位必定是/p/、/t/、/k/中的一个,第三个音位必定是/l/、/r/、/w/或/j/。普通话里音位的排列顺序也是有规律的。例如三个元音音位相连,第一个如果是/i/,那么第二个只可能是/a/或/o/,第三个就必定是/u/了,因为元音/y/不能出现在音节末尾,/i/和/u/虽然都可以出现在韵尾的位置上,但是韵头既然已经是/i/,韵尾也就只能是/u/了。

就汉语说,语音系统中最重要的音位组合关系是声韵配合关系,各方言都如此。抓住了声韵配合规律,单个的音位之间的配合规律也就变成有条理可寻了。因此,这是我们学习、了解一种语音系统必须掌握的内容。

二、普通话声母系统的语音特点

与其他语言和方言相比,普通话的声母系统有以下几方面的特点:

(一) 送气和不送气构成的音位对立贯串于整个声母系统。与大部分西方语言相比,这是普通话语音系统中,也是所有的汉语方言一个很突出的特点。在普通话的声母系统中塞音和塞擦音都是送气和不送气配对的,形成六对由单项对立特征构成的音位群:(符号:表示对立)

/p/:/pʻ/　　　　　　/tɕ/:/tɕʻ/
/t/:/tʻ/　　　　　　/tʂ/:/tʂʻ/
/k/:/kʻ/　　　　　　/ts/:/tsʻ/

在六对声母中,不送气清塞音[p]、[t]、[k],发音时肌肉并不十分紧张,气流也不十分强。从肌肉紧张程度和气流强弱来看,接近于浊塞音[b]、[d]、[g],但是声带并不颤动,所以严式标音应该用浊音清化的符号[b̥]、[d̥]、[g̥]来标写。不送气清塞音[tɕ]、[tʂ]、[ts]也如此,应该标作[dʑ̥][dʐ̥][dz̥]。

送气的清塞音、塞擦音,发音肌肉紧张程度和气流都比较强,按国际音标的使用规定,强送气成分应该用符号 h 来表示,所以普通话里的送气辅音也可以写作[ph]、[th]、[kh]和[tɕh]、[tʂh]、[tsh]。

普通话里的送气音在语音学里都叫作强辅音,而不送气音则是弱辅音。这一发音上的不同特点,反映在语流音变中则是不送气音夹在元音之间,特别是在轻声中它们往往会浊化,而相对的送气音,由于是强辅音却不一定会浊化。

(二) 塞擦音丰富，而且都有同部位的擦音与之相配。这三套整齐相配的塞擦音和擦音，其中被称之为卷舌音或翘舌音的[tʂ][tʂ'][ʂ]，不仅在西方许多语言里，而且在汉语其他方言里也是不常见的。如西南官话、吴方言、粤方言都只有舌尖前音(粤方言里实际上是舌叶音[tʃ][tʃ'][ʃ])。例如，成都话、上海话里"知"和"资"，"吃"和"雌"，"诗"和"丝"，声母分别都是舌尖前音[ts][ts'][s]。在赣方言、湘方言、客家方言里，普通话里读舌尖后音的字大部分也都读成舌尖前音，另有一部分读成舌尖塞音[t][t']，如江西临川话："知"[ti]、"池"[t'i]，湖南双峰话："诸"[ty]、"昌"[t'aŋ]。即使在有舌尖后音的北方话里，这两套声母在字音的分配上与普通话也不完全相同，如天津、沈阳、长春、西安等地，把普通话里有一部分念舌尖后音的字念成了舌尖前音，而有一部分念舌尖前音字，它们又念成舌尖后音，如长春："水"[suei]，"资"[tʂɹ]。

翘舌音在汉语方言里读音的分歧，以在合口呼韵母前最为复杂，例如(并列两音的上一行是读书音，下一行是口语音)：

	普通话	沈阳	武汉	西安	苏州	福州	厦门	梅县	广州
猪	tʂ-	ts-	tɕ-	pf-	ts-	t-	t-	ts-	tʃ-
除	tʂ'-	ts'-	tɕ'-	pf'-	z-	t-	t-	ts'-	tʃ'-
书	ʂ-	s-	ɕ-	f-	s-	ts-	s-	s-	
								ts-	ts-	ʃ-

闽、粤、客家方言不但没有卷舌音这一套声母，连舌面音[tɕ][tɕ'][ɕ]这一套声母也没有，这些字分别归入了[ts][ts'][s](粤方言等一些地区读作舌叶音[tʃ][tʃ'][ʃ])和[k][k'][x]。

(三) 有舌尖后浊擦音[z]。与清擦音配对的[z]，也是许多方言里没有的，最常见是把[z]读成零声母，也有些地区读成[n]或

[l]。例如"肉",普通话[ʐou],沈阳读[iou];"然"汉口读[lan]或[nan],"如"扬州读[lu]。下面再列表多举一些例子:

	普通话	沈阳	武汉	西安	苏州	福州	厦门	梅县	广州
人	r-	j-	n-	r-	z̠-/n̠-	j-/n-		l-	ŋ-	j-
日	r-	i	ɯ	z̠-/ə	z-/n̠-		n-	l-	ŋ-	j-
如	r-	y	y	v-	z-	y	l-/n-		i	j-

上面的例子显示,普通话的浊擦音声母[ʐ]在方言里的读音分歧相当大,除零声母外,还有[l][n][z][v]等读法,跟普通话一样读[ʐ]的很少见,在上例中只有西安"人"一例。南方方言则完全没有。

在普通话的声母系统中[ʂ]和[ʐ]是惟一的一对清浊相配的辅音,从语音的系统性着眼,它的音韵地位十分特殊。另外从发音的性质分析,它的浊擦音身分也值得怀疑,因为它的摩擦很轻微,甚至可以完全没有摩擦,只是在有意强调这个音时,才产生比较明显的摩擦。就实际发音看,这个音跟英语 red(红),right(权利)等词开头的 r 很相近,是一种无擦通音,因此可以用音标[r]来标写。这样处理比较符合实际发音,而且还可以避免擦音系列中出现一个孤零零的浊音,从而更明确地显示普通话声母系统无清浊对立的特点。

(四)能分别[n]和[l]。普通话里舌尖鼻音[n]和边音[l]在字音中区别十分严格,绝不混淆,北方方言中的华北、东北地区、吴方言、客家话也都如此。但从汉语方言的全局来看,n、l 相混的地区几乎占整个地区的一半,西南官话的大部分地区、下江官话(江淮方言)、西北方言中的一部分地区,以及南方的湘、赣、闽等地,都有大片 n、l 混读的地区,粤方言中也有 n、l 不分的现象。这些方言中,有的全读成[n],有的全读成[l],有的[n]、[l]自由变读,也有的只在开口呼、合口呼韵母前不能分别,混读的情形相当复杂。下面以"南兰"(开口呼),"年、连"(齐齿呼)四字为例,列举一些不同的混读现象:

	普通话	成都	武汉	南京	扬州	兰州	南昌	长沙	厦门
南	n-	n-	n-/l-	l-	l-	n-/l-	l-	n-/l-	l-
兰	l-	l-	l-	l-	l-	l-	l-	l-	l-
年	n-	ȵ-	n-/l-	l-	l-	n-/l-	ȵ-	n-	n-
连	l-	l-	n-/l-	l-	l-	n-/l-	l-	n-/l-	l-

有的方言[n]和[l]的分合内部就有分歧,如福州话,大部分人能分,但有少部分人[n]、[l]自由变读。粤方言也是这样。

(五)[f]和[xu-]不相混。除闽方言外,绝大多数汉语方言都有唇齿擦音声母[f],但出现条件很不相同,不少方言把普通话里的[xu-],也都读成[f],"花生"和"发生","工会"和"公费"变成了同音词。

普通话的[f]和[xu]在一些方言里分合的情况举例如下:

	普通话	成都	长沙	福州	厦门	梅县	广州
夫	f-	f-	f-	xu pu-	hu p-	f-	f-
呼	xu	f-	f-	xu k'u	h- k'-	f-	f-
飞	f-	f-	f-	xi pu-	hu p-	f-	f-
灰	xu-	xu-	xu-		xu-	hu-	f-

从上面所举的例子中可以看到,不少地区如湘、赣、粤、客家等方言,舌根擦音[x]同高元音[u]是互相排斥的,[xu-]都读成了

[f-],而闽南、闽北则根本没有唇齿音[f],普通话里读[f]声母的字,闽方言多数读成[p]、[p']或[h]。另外长沙的[f]带有双唇摩擦性质,听起来有点像双唇清擦音(ɸ),赣语南昌话更是如此。

一般来说,南方方言[f-]和[xu-]分合的情况都比较复杂,闽方言和粤方言处于两个极端,福州、厦门等地根本就不用[f]做声母,广州等地相反,[f]的出现频率比普通话还要高,除了把普通话里的[xu-]也读成[f-]以外,还把一部分读[k'-]的字(如"苦、款、课、科")和少数读[øy-]的字(如"训、勋"等)也都读成[f-]。这是粤方言区人学习普通话时必须注意的。

三、普通话韵母的结构分析及其分类

(一) 普通话韵母的结构分析

普通话声母的组成都是单纯的,它不能分析为更小的发音单位,但韵母则可以进一步加以分析,它的组成成分可以分析为韵头、韵腹、韵尾三个部分。在韵头的位置上只能出现 i u ü 三个高元音,在韵腹的位置上可以出现的元音不受限制,但不能是辅音,在韵尾的位置上则可以出现元音,也可以出现辅音,元音只限于高元音 i 和 u,辅音则限于两个鼻辅音 n 和 ng。由于鼻音是乐音成分占优势的音,语音学常把它们跟元音合为一个大类,称之为响音,因此,我们可以说普通话韵母的组成成分都是乐音性的,纯粹的噪辅音(如 b d g 等)是不能出现在韵母中的。

韵母部分的结构关系应该放在整个音节中来分析,如下图:

声母	声调		
	韵母		
	韵头	韵基	
		腹	尾

上面的分析表明,音节中的各个组成成分是逐层结合在一起的。一个表义音节(字音),首先从语音四要素的角度分为音质成分(元音、辅音)和非音质成分(音高、音长、音强,如声调、轻重音等)。字音中的声调附加在整个音节之上,把各个音质成分紧密结合为一个音段。声调分离出去以后,音质部分可以分为声母和韵母两部分,声母部分的组成是单纯的,韵母部分则可以进一步分析,首先应分为韵头和韵基两部分,所谓韵基指的是组成韵母系统的基本成分。汉语传统的音韵学把它看做本韵,所有的韵母就是由本韵再加上不同的韵头组成的。汉语诗歌、戏曲中的押韵系统就是以本韵为基础建立起来,押韵不管韵头的区别,但韵基中的韵腹必须相同或相近,韵尾则一定相同。所以,韵基也就是押韵中的"韵",它由韵腹和韵尾两部分组成。这样,字音经过逐层二分就被分为最简单的组成成分了。

在韵母的各个组成成分中,韵尾跟韵腹结合得最紧,对韵腹的影响也最大。例如,低元音音位/a/的实际音值是随着前韵尾(-i, -n)和后韵尾(-u, -ng)的不同而读作前[a]或后[ɑ]的。同时,/a/音位在iao, uai的实际读音也说明韵头对韵腹的影响远远比不上韵尾,这叫逆同化胜过顺同化。而语流音变的事实也证明韵头对声母的影响是比较直接的,例如所有的辅音声母在u韵头前都呈现不同程度的圆唇化,试比较:"该"[kai]和"乖"[kʷai],"山"[ʂan]和"拴"[ʂʷuan]。同理,在i韵头前或ü韵头前,声母又往往会发生舌面抬高靠近硬腭的腭化现象,试比较"南"[nan]和"鸟"[ɲiau],"拿"(nɑ)和[nʲ]。历史音变证明普通话声母系统中的舌面音[tɕ][tɕʻ][ɕ]正是因为受韵头腭化作用的影响而从舌根音和舌尖音中分化出来的。

(二) 韵母分类的讨论

普通话的全部韵母通常分为三大类:单韵母 a o e i u ü -i(ɿ, ʅ) er;复韵母 ai ei ao ou ia ie ua uo üe iao iou uai uei;鼻音韵母:

an ian uan üan en in uen ün ang iang uang eng ing ueng ong iong。大类之下，复韵母又根据响度分为三小类：前响复音韵母，后响复音韵母以及中响复音韵母。鼻音韵母又分为舌尖鼻音韵母和舌根鼻音韵母两小类。韵母的这种分类主要是以韵母的组成成分及其性质为依据的，单韵母是单元音充当的韵母，复韵母是复合元音充当的韵母，鼻音韵母是元音和鼻辅音一起组成的。这种分类显示了韵母内部组成成分的语音特点，对方言区人学习普通话是有帮助的。

  在上述分类的基础上，普通话全部韵母又按有无韵头以及韵头的性质分成开口呼韵母（无韵头）、齐齿呼韵母（由元音 i 起头的韵母）、合口呼韵母（由 u 起头）、撮口呼韵母（由 ü 起头）四大类。韵母的四呼分类对说明汉语语音的系统性有重要意义。因为音节的两大组成部分——声母和韵母的组合关系、配合规律，主要就是由声母的发音部位和韵母开头的元音（介音）决定的，即声母的发音部位相同，则与韵母的配合关系也相同，如声母 g 只能与开、合二呼的韵母组合成音节，那么同属舌根音的 k 和 h 也如此。反过来也一样，韵母 ü 与舌尖前音、舌尖后音是不能相拼的，那么与之同属撮口呼的其他韵母也都一样。因此，有了韵母的四呼分类，声韵配合规律就可以用矩阵，简约地表示如下：

声母 \ 四呼			开	齐	合	撮
b	p	m	+	+	(u)	
f			+		(u)	
d	t		+	+	+	
n	l	ø	+	+	+	+
g	k	h	+		+	
zh	ch	sh	r	+		+	
z	c	s	+		+	
j	q	x		+		+

四呼的分类还有很重要的实践意义,因为汉语方言里某些字有无某种韵头,并不是零星孤立的现象,而是有很强的系统性的。举例来说,昆明人把"鱼"yú念成[i],把"约"yuē念成[io],正反映了昆明话的韵母系统里没有撮口呼的韵母,学习普通话时就应该注意一部分字从齐齿呼韵母中分出来改读为撮口呼。

普通话的韵母还有一种更有意义的分类方法,它根据韵尾的不同把全部韵母分成三大类:开尾韵母、元音尾韵母、鼻韵尾韵母,按四呼的不同可以列表如下:

韵母 四呼 \ 韵尾	开尾韵母				元音尾韵母				鼻音尾韵母	
	-ø				-i	-u			-n	-ng
开	-i	ɑ	o/e	ê	er	ɑi	ei	ɑo	ou	ɑn	en	ɑng	eng
齐	i	iɑ		ie				iɑo	iou	iɑn	in	iɑng	ing
合	u	uɑ	uo			uɑi	uei			uɑn	uen	uɑng	ueng ong
撮	ü			üe						üɑn	ün		iong

开尾韵母中的卷舌韵母通常是放在单元音韵这一类里的。其实这个韵母无论就元音的组合关系或就自身的发音特点说都有点特殊。它并不是一个单纯的卷舌元音,发音时起头有点开,后来有点关,是动程很小的复合元音,用国际音标做细致的描写可以标写为[ᵊɚ],大约从半开(次低)到半关(半高)。它不跟声母相拼,也不跟其他元音组合,字音负荷量很小,只有六七个常用字,如"儿、而、耳、饵、二"等,但其中作为语尾(后缀)的"儿"er,与其他韵母合成一个音节后就派生出一整套儿化韵。由于 er 韵母本来就是一个动程很小的复合元音,因此也可以从开尾韵母中分出来,为之单列一类叫作卷舌韵母,同时相应地把其中的卷舌成分[-r]看作一个辅音韵尾。

元音尾中的 ɑo 和 iɑo,前面已说过,字母 o 在语音上代表的是

[u]。鼻音尾韵母中的 ong 和 iong 之所以分别排在合口呼和撮口呼中,那是因为在传统的音韵系统和诗歌押韵中,历来都是把它们作为与 eng ing 相配,四呼相承的一套韵母(中东韵)看待的。

这种根据韵尾对韵母所做的分类,对了解和说明语音内在的系统性很有价值。例如,在儿化构词音变中,开尾韵母 a ia ua; o uo; e ie üe 等,它们的构词音变方式是相同的,都是原韵母直接附加上卷舌成分,构成一个儿化韵母。从韵尾着眼,又可以把-i 尾韵和-n 尾韵归并为一类叫作前尾韵,它们构成儿化韵的音变方式都相同：原韵母韵尾脱落,韵腹儿化,例如"牌儿"和"盘儿","辈儿"和"本儿"。而元音韵母中的-u 尾韵 ao iao ou iou 则又是自成一类的,在基本韵母中只有这四个韵母是整个韵母(韵腹和韵尾)一起儿化的。凡此种种,在单韵母、复韵母、鼻音韵母的分类中,就难以显示其内在的音变规律了,因为这种分类把各有自己儿化音变规律的三类韵母：ia ua uo ie üe(开尾韵),ai uai ei uei(-i 尾韵),ao iao ou iou 全都划分在同一个大类(复韵母)中了。

轻声、儿化中韵母读音的弱化规律,在这种韵母分类中也便于做出概括,并加以说明。例如,开尾韵央化：a ia ua→[ɐ] [iɐ] [uɐ]→[ə] [iə] [uə],如"花儿"[xuɐɹ]、"芝·麻"[mə]、"棉·花"[xuə]; e o uo→[ə] [uə],如"哥·哥"[kə]、"胳·膊"[pə]、"艾窝·窝"[uə];元音尾韵,韵母单元音化：ei uei ai uai→[ə] [ɛ],如"宝贝儿"[pəɹ]、"小柜儿"[kuəɹ]、"出·来"[lɛ]、"乖·乖"[kuɛ]; ao iao→[ɔ] [iɔ],如"热·闹"[nɔ]、"膏·药"[iɔ]。

韵母的这种分类方法在方言学界是常用的,因为它也能很好地说明方言与普通话的对应关系。例如,普通话前尾韵(-i,-n)：ai uai ei uei, an ian uan üan 在吴语上海话中分别对应为[ɛ](来)、[uɛ](筷)、[e](雷)、[ue](规),[ɛ](单)、[iɛ](念)、[uɛ](弯)、[yø](远)。这类对应性的差异,从韵尾的角度就可以概括为上海话缺乏有尾韵。

总之，以韵尾的不同为横轴，韵头的不同为竖轴，纵横相配构成的韵母分类表，对说明普通话语音的系统性，包括音节结构的构造、语流音变的规律、方言对应的差异以及诗歌押韵的特点都有高于其他分类方法的价值。

(三) 普通话韵母的特点

和汉语其他方言或西方语言相比，普通话韵母有以下几方面的特点：

1. 有舌尖韵母[ɿ]和[ʅ]。在普通话的语音系统中，这两个韵母的用处很窄，它们不能跟其他元音组合，不能自成音节，只能出现在同部位的声母之后作单韵母，如"知"[tʂʅ]、"痴"[tʂ'ʅ]、"诗"[ʂʅ]、"日"[ʐʅ]，"资"[tsɿ]、"雌"[ts'ɿ]、"思"[sɿ]。以至始终有人怀疑这个舌尖韵母的存在，但就整个汉语说，许多方言都有[ɿ]，如果有卷舌声母，那么同时也有[ʅ]，甚至还有与它们对应的圆唇舌尖韵母[ʮ]和[ʯ]。如苏州话"朱"[tsʮ]，"时"[zʯ]；陕西咸阳话"苏"[sʮ]、"书"[ʂʯ]。湖北东部有一些地方甚至把全部撮口呼韵母里的[y]都读成[ʮ]或[ʯ]，如湖北应城"鱼"[ʮ]、"说"[sʮe]，黄陂"如"[ʮ]、"水"[ʂʯei]。此外，在有的方言里这一类舌尖元音也可以出现在其他声母之后，如安徽合肥话"比"[pɿ]、"皮"[p'ɿ]、"米"[mɿ]。可见，这两个在许多西方语言里没有的舌尖元音，在汉语方言里确实是普遍存在的。

没有这两个韵母的方言主要集中在闽、粤两个方言区。例如：

	资	丝	知	汁	时	日
普通话	[tsɿ]	[sɿ]	[tʂʅ]	[tʂʅ]	[ʂʅ]	[ʐʅ]
厦 门	[tsu]	[si]	[ti]	[tsiap]	[si]	[lit]
福 州	[tsy]	[si]	[ti]	[tsaiʔ]	[si]	[niʔ]
广 州	[tʃi]	[ʃi]	[tʃi]	[tʃɐp]	[ʃi]	[jɐt]

这些方言区的人在学习普通话时应充分注意普通话有舌尖元

音韵母的这个特点。

2. 有卷舌韵母[ər]以及一整套儿化韵

卷舌韵母[ər]就其发音特点以及与其他语音单位的组合关系说,确实有点特殊,在普通话语音系统中它的字音负荷量最小,常用的只有"儿、而、耳、二"等四五个字,只能自成音节,不跟任何其他元音或辅音相拼。但却是普通话一整套儿化韵的主要来源(后缀"儿"[ər])。

北方方言中,"儿、耳、二"等字的读音,绝大部分地区都跟普通话相同,也就是说都有这个[ər]韵母。但在其他许多方言里,[ər]韵母的对应关系却相当复杂。例如:

武汉	合肥	苏州	温州	长沙	南昌	福州	厦门	梅县	广州
ər:	ɯ	a	ḷ	ŋ̍	ɤ	ə	i	li	ȵi	ji

3. 复韵母比较多。普通话的韵母可以由两个元音甚至三个元音结合在一起构成,而英语则只有二合元音,没有三合元音,所以普通话的复韵母一共有13个,占全部韵母的三分之一。就汉语方言说,大部分地区都有比较丰富的复韵母,有的方言比普通话还要多,长沙话比普通话多出[io][ya][yai][yei]四个复韵母,如"削"[ɕio]、"刷"[ɕya]、帅[ɕyai]、"水"[ɕyei]。粤方言和闽方言比普通话多出一个元音韵尾[-y],如福州话"预"[øy]、广州话"虚"[hœy]。

复韵母少的方言主要集中在粤方言和吴方言。例如广州话就没有后响复韵母,试比较下列这几个字的读音:

	家	花	街	多	岳	外	交
普通话	[tɕia]	[xua]	[tɕiɛ]	[tuo]	[yɛ]	[uai]	[tɕiau]
广州话	[ka]	[fa]	[kai]	[tɔ]	[ŋɔk]	[ŋɔi]	[kɑo]

广州话的韵母结构没有韵头,"瓜"(kwa)、"归"[kwai],"夸"

[kʻwa]、"群"[kʻwɐn]之类的字音,其中的双唇圆唇半元音[w],在音标的线性排列中看起来很像韵头,但就发音特点说,[w]与声母[k]、[kʻ]结合得很紧,实际上是[k]和[kʻ]的圆唇化,听起来不像是单独占一个发音时段的介音,严格标音应该是[k̫]和[k̫ʻ],所以可以把这两个声母看成是圆唇化的声母,其中的[w]不作为韵头看待。此外,广州话还有以[j]和[w]开头的音节,其中的[j]和[w]发音短促,带辅音性,而且结合能力不强,[j]只在零声母后出现,[w]除了上面所说的[k]、[kʻ]之外,也只能出现在零声母之后,所以在广州话的语音系统中都宜于把它们看成半元音声母,这样可以简化韵母系统(减少18个齐齿韵)。

吴方言与粤方言相反,前响复韵母很少。例如,苏州话就只有一个前响复韵母,如"多"[təu]、"歌"[kəu]、"苏"[səu]。普通话的前响复韵母苏州话都读成单韵母。这种种单元音化的倾向是吴方言的一大特点,同时在部分北方方言中也是存在的。例如:

	摆	悲	包	收
普通话	[pai]	[pei]	[pɑu]	[ʂou]
苏 州	[pɒ]	[pE]	[pæ]	[sʏ]
绍 兴	[pa]	[pE]	[pɒ]	[sʏ]
扬 州	[pɛ]	[pəi]	[pɔ]	[sʏɯ]
济 南	[pɛ]	[pei]	[pɔ]	[ʂou]
西 安	[pæ]	[pei]	[pau]	[ʂou]

属于吴方言的苏州话和绍兴话都全部变成单韵母,属于北方话的扬州话、济南话和西安话都只是部分变成单韵母。

4. 辅音韵尾只有[-n]和[ŋ]两个。综合汉语方言来看,汉语辅音韵尾有塞音韵尾([-p][t][k][ʔ]等)和鼻音韵尾([m][n][ŋ]等)两大类。粤方言和闽方言塞音韵尾最丰富,如广州话"猎"[lip]、"列"[lit]、"力"[lik],厦门话"立"[lip]、"日"[lit]、"力"[lɪk]、

"裂"[lɪʔ](口语音)。厦门话口语中共有四个塞音韵尾,可能是汉语方言中塞音韵尾最多的方言,其他方言只有一个喉塞音[-ʔ]的居大多数。有塞音韵尾的韵母发音一般都比较短促,传统称之为"入声韵"。

汉语鼻音韵尾主要有[-m]、[-n]、[-ŋ],粤方言三个全有。普通话则只有其中的两个:[-n]和[-ŋ],在历史音变中,[-m]尾字全归入了[-n]尾韵。现在普通话里韵尾读[-n]和[-ŋ]的字,在其他汉语方言中的读音对应关系很复杂。例如:

	三	森	心	山	身	新	桑	生	星
普通话	[san]	[sən]	[ɕin]	[ʂan]	[ʂən]	[ɕin]	[saŋ]	[ʂəŋ]	[ɕiŋ]
太 原	[sæ̃]	[səŋ]	[ɕiŋ]	[sæ̃]	[səŋ]	[ɕiŋ]	[sɔ̃]	[səŋ]	[ɕiŋ]
成 都	[san]	[sən]	[ɕin]	[san]	[sən]	[ɕin]	[saŋ]	[sən]	[ɕin]
扬 州	[sæ̃]	[sən]	[ɕin]	[sæ̃]	[sən]	[ɕin]	[saŋ]	[sən]	[ɕin]
苏 州	[sE]	[sən]	[sin]	[sE]	[sən]	[sin]	[sɒŋ]	*[sən]	[sin]
长 沙	[san]	[sən]	[ɕin]	[san]	[sən]	[ɕin]	[san]	[sən]	[ɕin]
南 昌	[san]	[sɛn]	[ɕin]	[san]	[sən]	[ɕin]	[sɔŋ]	*[sɛn]	*[ɕin]
福 州	[saŋ]	[seiŋ]	[siŋ]	[saŋ]	[siŋ]	[siŋ]	[souŋ]	*[seiŋ]	[siŋ]
厦 门	*[sam]	[sim]	[sim]	*[san]	*[sin]	[sin]	*[sɔŋ]	[sɪŋ]	*[sɪŋ]
梅 县	[sam]	[sɛm]	[sim]	[san]	[sən]	[sin]	[sɔŋ]	*[sɛn]	[sɛn]
广 州	[ʃam]	[ʃɐm]	[ʃɐm]	[ʃan]	[ʃɐn]	[ʃɐn]	[ʃɔŋ]	*[ʃɐŋ]	*[ʃɪŋ]

带*号的为读书音。

以上所列的各方言中,只有厦门话、梅县话和广州话有[-m]韵尾,表中第一栏这三种方言读[-m]的字其他方言都和第二栏的韵母合并了,这些方言中"心"和"新"同音,厦门等方言则是前者收[-m],后者收[-n],并不同音。大部分方言都和普通话一样,两个鼻音韵尾,也有一些方言只有一个,如长沙话只有[-n],福州话只有[-ŋ]。有的方言部分韵母变成鼻化元音(如太原话,扬州话),有的方言部分韵母鼻韵尾脱落,变成单韵母(如苏州话),情况是相当错综复杂的。

5. 四呼俱全，合口呼韵母较多。汉语大部分方言都是四呼俱全的，只有闽南方言、客家方言和西南官话中的云南、贵州一带没有撮口呼。闽南方言和客家方言把撮口呼分别归入齐齿呼和合口呼，西南一些方言则全归入齐齿呼。例如：

	普通话	昆明	厦门	梅县
驴	[ly]	[li]	[lu]	[lu]
靴	[ɕyɛ]	[ɕie]	[hia]	[hiɔ]
宣	[ɕyɛn]	[ɕiɛn]	[suan]	[siɛn]

普通话有一些合口呼韵母的字，在一些方言里并不读合口，因此合口呼韵母就显得比较多，例如：

	普通话	武汉	苏州	长沙	南昌	福州	厦门	梅县	广州
杜	[tu]	[tou]	[dəu]	[təu]	[tʻu]	[tou]	[tɔ]	[tʻu]	[tou]
多	[tuo]	[to]	[təu]	[to]	[tɔ]	[tɔ]	[to]	[tɔ]	[tɔ]
				[tɒ]					
孙	[sun]	[sən]	[sən]	[sən]	[sun]	[souŋ]	[sun]	[sun]	[ʃyn]
					[sn̩]				

在以上三个例字中，"杜"在表中只有两个方言读合口，"孙"只有三个方言读合口，"多"则没有一个方言读合口。这种读音不同实际只是部分韵母的分化，并不是普通话属于第三个韵母的字在这些方言里都不再读合口，例如"斧"[fu]，在这些方言里韵母几乎都是[u]。

四、汉语拼音方案和普通话音位系统

（一）宽式标音和严式标音

用国际音标记录语音有两种记音方法，一种叫严式标音，另一种叫宽式标音。两种记音方法各自适用于不同的目的，各有自己的用处。

自然话语中的语音由于紧密结合在一起,往往因为协同发音的需要而发生各种不同的变化。例如,普通话里的 n,在字音"拿"里是一个舌尖齿龈鼻音[n],在"鸟"里因受后接元音[i]的影响变成一个舌面抬高、靠近硬腭、带上舌面音色彩的[n̠](与 x[ɕ]同部位的鼻音),在"站长"这个词里,韵尾 n 因为夹在两个翘舌音的中间,又变成一个与 zh[tʂ]同部位的舌尖前腭鼻音[ɳ](试与 sh[ʂ]、r[ʐ]比较)。普通话的 a,在"啊、鸦、蛙"这一类字里,其音值都是一个舌位略靠前的中[A],而在"单、端、班"这一类字里,仔细听辨起来,则是舌位略偏上的前[a̝],在"钢、汤、光"这一类字里则因受后韵尾影响,实际音值可以用国际音标的后[ɑ]来标写。诸如此类的语音变化,如果我们都照实际音值细致地用不同的音标和附加符号——记录下来,那就是一种严式标音,又叫"音素记音法"。

　　严式标音要求精细地记录语音,显示其在不同字音中的细致的语音差别,是什么音就记录什么音,并不管这种差别有没有区别意义的作用。但是从音位学,也就是语言的音义之间的联系看,上面列举的这些语音差异,在普通话里显然与语义的表达并无直接关联,因为我们举不出某个词或某个语素的语音形式,由于 n 的发音部位前后变动,或前[a]和后[ɑ]的区别,因而引起了意义上的变化。这样,在普通话的语音系统中就可以只用一个音标或同一个字母,比如用 a 兼表[a]、[A]、[ɑ]等好几个元音,用一个 n 兼表[n̠]、[ɳ]、[n]等好几个辅音。这种标音就叫宽式标音,也叫音位标音。

　　严式标音中哪些语音可以归并成一类,用一个音标或同一个字母去代表,关键不在于语音之间差别的大小,而在于这种差别是否跟语义的表达有直接关联。在普通话里,前[a]和后[ɑ]的区别是随语境的不同而变化的,不会引起语义的变化,它就可以归并为一类;而在吴语、苏州话里,前 a 和后 ɑ 可以出现在同样的语境里并改变词的意义,例如[aʔ](鸭)—[ɒʔ](押),[maʔ](袜)—[mɒʔ]

(麦), [tɕiaʔ](甲)—[tɕiɒʔ](脚)。法语也如此, 如 patte[pat](爪子)—pâte[pɑt](面团)。这时, 前[a]和后[ɑ]或圆唇后[ɒ]就不能归并为一类, 用同样的音标或字母去表示。

宽式音标用一个音标兼赅几个没有区别意义作用的语音, 用为数不多的音标表达了严式记音中千变万化的语音, 显示了一种语言的基本的语音结构单位及其语音特点, 这对于学习和掌握一种语言的语音系统是十分方便的。普通话声母、韵母所用的国际音标通常就是这种宽式标音。拼写普通话的汉语拼音方案中的字母, 从整体上说也是在宽式标音的基础上建立、设置起来的, 否则二十六个拉丁字母是远远不够用的。

但是, 掌握普通话声母, 特别是韵母的严式标音也并不是毫无意义的, 尤其是对一个从事语音教学和语音研究的人来说更是如此。因为这对指导别人准确地掌握一种语言的语音或比较两种不同语言(方言)的语音是不可或缺的; 因为在宽式标音中许多读音差别从字面上是看不出来的, 例如, 如果不了解 an、ian、uan、üan 里的字母 a 所代表的实际音值并不相同, 那么在汉字的拼音教学中就不容易读准"烟、严; 园、捐"这一类字音。另外, 从语言调查和描写的程序来讲, 严式记音在前, 宽式标音在后。宽式音标是一种音位性的标音, 它是在严式标音, 即音素记音的基础上, 经过对立、互补的分析和归纳, 然后才得以建立起来。如果不懂严式记音和宽式标音之间的关系, 那就不能很好地理解音标、字母和语音实体的联系, 以及汉语拼音方案字母配置的原理。

(二) 普通话韵母的严式标音

为了说明宽式标音和严式标音的关系, 也为了让大家了解普通话韵母的读音规范以及汉语拼音方案中字母(音位)和语音(音位实体)的关系, 我们先把普通话韵母的宽式标音和严式标音列表对照, 然后再通过归纳和分析, 阐明汉语拼音方案与普通话音位系统以及字母和语音的配置关系:

普通话韵母宽式标音和严式标音对照表

四呼	韵尾 韵母 例字	开尾韵母 -ø					元音尾韵母		鼻音尾韵母	
		-i					-i	-u	-n	-ŋ
开	例字	资	啊	喔	鹅	欸	儿	哀	熬	安 恩	昂 鞥
	拼音字母	-i	a	o	e	ê	er	ai	ao	an en	ang eng
	宽式标音	[ɿ]	[a]	[o]	[ɤ]	[e]	[ər]	[ai]	[au]	[an] [ən]	[aŋ] [əŋ]
	严式标音	[ɿ]	[A]	[o̞]	[ɤ̞]	[ɛ]	[ɚ]	[aI]	[aʊ]	[an] [ən]	[ɑŋ] [ə̃ŋ]
	注音符号	帀	ㄚ	ㄛ	ㄜ	ㄝ	ㄦ	ㄞ	ㄠ	ㄢ ㄣ	ㄤ ㄥ
齐	例字	一	呀			耶			腰 优	烟 音	央 英
	拼音字母	i	ia			ie			iao iou	ian in	iang ing
	宽式标音	[i]	[ia]			[ie]			[iau] [iou]	[ian] [in]	[iaŋ] [iŋ]
	严式标音	[i]	[iA]			[iɛ]			[iɑʊ] [iəʊ]	[iɛn] [iᵊn]	[iɑŋ] [iᵊŋ]
	注音符号	ㄧ	ㄧㄚ			ㄧㄝ			ㄧㄠ ㄧㄡ	ㄧㄢ ㄧㄣ	ㄧㄤ ㄧㄥ
合	例字	乌	蛙	窝				歪 威		弯 温	汪 翁
	拼音字母	u	ua	uo				uai uei		uan uen	uang ong/ueng
	宽式标音	[u]	[ua]	[uo]				[uai] [uei]		[uan] [un]	[uaŋ] [uoŋ]
	严式标音	[u]	[uA]	[uo̞]				[uaI] [ueI]		[uan] [uᵊn]	[uɑŋ] [uəŋ]
	注音符号	ㄨ	ㄨㄚ	ㄨㄛ				ㄨㄞ ㄨㄟ		ㄨㄢ ㄨㄣ	ㄨㄤ ㄨㄥ
撮	例字	淤				约				冤 晕	拥
	拼音字母	ü				üe				üan ün	iong
	宽式标音	[y]				[ye]				[yan] [yn]	[yŋ]/[iuŋ]
	严式标音	[y]				[yɛ]				[yæn] [yᵊn]	[yʊŋ]/[iʊŋ]
	注音符号	ㄩ				ㄩㄝ				ㄩㄢ ㄩㄣ	ㄩㄥ

○ 唇形略圆　c 唇形略展　+ 舌位略前　- 舌位略后　⊥ 舌位略高　⊤ 舌位略低

由于发音人发音习惯的个性差异、记音人对客观音值的感知认识不同,以及对音标选择的不同考虑,韵母的严式记音虽不会大相径庭,但也会略有差异。例如,"冤"的读音以[yæn]为常见,但也可以听到[yεn]的读法;"拥"的读音有人用展唇的[i]开头,也有以圆唇的[y]ü起头;[u]韵头也有双唇圆唇半元音[w]和齿唇无隙通音[ʋ]两种读法;这些都是个人的读音差异。此外,为了简化音标,有人宁肯用文字作细致的描写,而不用那些不为大家熟悉的音标,或选用一些常见的通俗的符号,如根据实际读音,作韵头的 i、u、ü,严式标音应写作半元音[j]、[w]、[ɥ],但为简便起见,通常也就写作[i]、[u]、[y];韵尾-i 和-n 之前的 a,实际上舌位比前[a],还要高一点,故也可用介乎[ε]或[a]之间的音标[æ];而韵尾 u 前面的 a,实际上是圆唇化的,如果用与后[ɑ]相对的圆唇音[ɒ]其实更为贴切,但为了音标通俗起见,就选用较为常见的[a]和[ɑ]也未始不可。凡此种种,上面的韵母严式标音也都作了一些简化处理。

根据上述普通话韵母的严式记音,现在把出现在韵母表中的全部元音音素标写在一张六等分的元音舌位图上(即在高和次高,次低和低之间再作一次二等分),为简便起见,附加简号和过渡音,一概略去。

严式音标舌位区分图

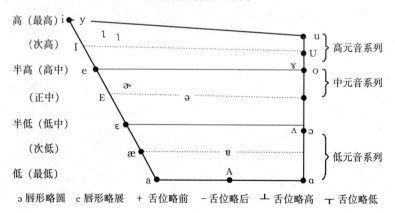

按舌位高低图上的元音可以横向分为三组：

1. [ɿʅiuuy]，这一组元音的位置都在舌位图最高到次高这一音区里，统称为高元音系列。

2. [eɛəɤoɚ]，这一组元音都出现在高中至正中这一音区里，统称为中元音系列。

3. [ɛæaʌɑ]，这一组元音都出现在半低至最低这一音区内，统称为低元音系列。表内的[ɐ]和[ɔ]分别出现在儿化韵和轻声词里，[ʌ]是 eng 的元音严式标音，一并列出，供参考。

下面依次讨论这三组元音系列中音位归纳的若干问题。我们可以看到普通话元音系统中宽式标音（音位）对严式标音（音素记音）的归并总是发生在同一音区内部，也就是说高元音之间的音位归并一般不涉及中元音和低元音，而中元音和低元音的音位归并也是分别在各自的音区里进行的。

（三）汉语拼音方案中字母与音位及音位变体的关系

宽式标音用一个音标来兼赅严式记音中几个不同的语音，如用一个/a/来表示[ɑ]、[ʌ]、[ɛ]等，实际上就是一种音位归纳。这就为汉语拼音方案用为数有限的拉丁字母去代表好几十个元音和辅音打下了基础。这是为任何一种语言设计、制定拉丁式拼音方案必须先行的准备工作，在弄清楚自己语言有哪些与区别语义有关的音位之后，还要弄清楚拉丁字母在国际上的习惯读音及其变通运用的范围，然后才能作好字母与语音的配置工作。

下面我们就来分析一下汉语拼音方案是怎样用六个元音字母来表示出现在严式记音中为数众多的元音音素的，这些元音音素又是怎样被归并为各个音位的。

1. 高元音系列中共有[ɿʅiuuy]等七个元音，其中[i]（衣）、[u]（乌）、[y]（淤）都可以单独自成音节，表示不同的意义，相互之间是一种对立关系，是独立的音位，所以必须用不同的音标或字母去表示，方案就用字母 i 和 u 去配置/i/和/u/这两个元音音位，另

用加符字母 ü 去表示汉语中才有的圆唇前元音/y/。高元音系列中的松[ɪ]，只出现在元音 a 和 ê 之后充当韵尾，如 ai、uai、ei、uei，它不能自成音节，与紧元音[i]是互补关系，可以把[ɪ]和[i]归并为一类，作为/i/音位的条件变体，用同一个字母 i 去表示。同理，松元音[ʊ]，也应跟元音音位/u/归并为一类，都用字母 u 去表示。这样高元音系列中就只剩下[ɿ]和[ʅ]这两个舌尖元音了，它们跟舌面元音[i]也处于互补分布中，列表分析如下：

分布关系\声母\元音	舌尖前音 ts ts' s	舌尖后音 tʂ tʂ' ʂ ʐ	其他声母
ɿ	+		
ʅ		+	
i			+

可见，舌尖元音[ɿ]和[ʅ]由于跟元音[i]的分布环境不同，各有自己的出现条件，因此也可以归并在/i/音位中，用同一个字母 i 去表示，利用前接声母的不同来显示不同的读音。当然，从拉丁字母的读音习惯说，用 i 兼表[ɿ]、[ʅ]，有人会觉得与字母的原有音值相去较远。但如果选择其他字母去单独表示这两个舌尖元音，同样会碰到这样的问题，因为二十六个拉丁字母中原本没有这类元音。倘若另行设计新字母，则因字母的通用价值较低，同样也不会受人欢迎的。

综上所述高元音系列中[ɿ ʅ i ɪ u ʊ y]等七个元音，根据互补原则可以归并为三个元音音位/i/、/u/、/y/，汉语拼音方案分别用 i、u、ü 三个字母去表示。

2. 中元音系列中共有[e ɛ ə ɤ o ɚ]等六个元音，它们散布在高中至正中这一音区内，其中的卷舌韵母要分开讨论，另外五个元音各有自己的分布环境，列表如下：

第一章 语　音

音素\分布关系\出现条件	声母后零韵尾前		韵头后零韵尾前			韵尾前			语境列举
	唇音	非唇音	i-	u-	y-	-i	-u	-n	-ŋ	
e						+				ei/uei
ɛ			+		+					iɛ/yɛ
ə							+	+	+	ʈʂən/ʈʂə/uən/nei/ne
ɤ		+								ɤ-/ɤø
o	+			+						-o/uo

汉语拼音方案从拉丁字母与语音的配置关系考虑,把[e]、[ɛ]、[ə]、[ɤ]归并为一个音位,用字母 e 去表示,[o]则单独成为一个音位,用字母 o 表示。但是韵母[əu](欧)和[iəu](优)里的元音[ə]也用字母 o 去表示,因为倘若写作 eu 和 ieu,则跟韵母 en 在字形上容易相混,改用拉丁字母中"个性"最强,字形最醒目的 o,对区别 eu 和 en 显然是十分有利的。这两个字母(音位)与语音(音位变体)的关系,用音系学中的表达方式可以概括如下:

(1) e → [e]/___i   (1) 例字：北 běi　伟 wěi
　　　　[ɛ]/{i,ü}___#　　　街 jiē　椰 yē
　　　　　　　　　　　　　　学 xué　约 yuē
　　　　[ə]/___{-r,-n,-ng}　耳 ěr　二 èr
　　　　　　　　　　　　　　恩 ēn　本 běn
　　　　　　　　　　　　　　耕 gēng 灯 dēng
　　　　[ɤ]/{ø,p⁻}___#　　　鹅 é　饿 è
　　　　　　　　　　　　　　德 dé　泽 zé

(p⁻表示非唇音声母,ø 为零声母,#表示终止)

(2) o → [o]/{u,p}___#　　(2) 例字：国 guó　窝 wō
　　　　[ə]/___u　　　　　　波 bō　泼 pō
　　　　　　　　　　　　　　钩 gōu　欧 ōu

(p 表示唇音)

上述表达式中的符号,箭头——→表示"读",斜线/表示"在……语境中",斜线以后的横线——表示字母e所处的位置,花括号{ }表示"括号内任何一项均可"。所以,字母e和o表示的全部语音,可概括如下:

① 字母e在i韵尾前读[e]
② 字母e在韵头i/ü之后,零韵尾前读[ɛ]
③ 字母e在韵尾n/ng和卷舌韵尾-r之前读[ə]
④ 字母e在非唇音声母之后和零韵尾之前读[ɤ]
⑤ 字母o在唇音声母或在韵头u之后读[o];在韵尾u之前读[ə]。

中元音系列中的卷舌元音[ɚ](二),只能自成音节,可以与单元音[i](亿),[u](雾),[y](遇)构成音位对立,因此国语注音符号曾为之单独设计了一个字母。汉语拼音方案从字母设计的角度考虑,分别用e和r来表示这个卷舌韵母的两个组成成分:央元音[ə]和卷舌成分[-r],如"儿童"értóng,"耳机"ěrjī。这样,就字母r来说,它出现在声母的位置上就代表舌尖后浊擦音[ʐ],如"柔软"róuruǎn[ʐouʐuan];在卷舌韵母和儿化韵中则表示卷舌成分:"儿科"érkē,"花儿"huār[xuar]。

3. 低元音系列中一共有[a ʌ ɑ ɛ æ]五个元音。每个元音都有自己出现的特定语境:前[a]出现在韵尾i和n之前,如[ai]、[an];中[ʌ]只出现在零韵尾之前,如[ʌ]、[iʌ]、[uʌ];后[ɑ]出现在后韵尾[-u]和[-ŋ]之前,如[ɑu]和[ɑŋ];前、半低、不圆唇元音[ɛ]只出现在韵头[i]和韵尾[n]之间,如"烟"[iɛn];前、次低、不圆唇元音[æ]只出现在韵头[y]和韵尾[n]之间,如"冤"[yæn],这五个元音在音节内的不同读音,受协同发音中逆同化规律的支配,各有自己的出现条件,因此可以归并为一个音类(音位),汉语拼音方案只为之配置了一个字母a,它的读音变化可以用音系学的表达方式概括如下：

$$a \rightarrow \begin{cases} [a]/\_\_\_\begin{cases}i\\n\end{cases}\\ [ɑ]/\_\_\_\#\\ [ɑ]/\_\_\_\begin{cases}u\\ng\end{cases}\\ [ɛ]/i\_\_\_n\\ [æ]/ü\_\_\_n \end{cases}$$

例字　　白 bái　　爱 ài
　　　　班 bān　　安 ān
　　　　家 jiā　　花 hua
　　　　高 gāo　　傲 ào
　　　　钢 gāng　扬 yáng
　　　　天 tiān　　燕 yàn
　　　　捐 juān　　怨 yuàn

上面用音位学的观点阐明了宽式的音位标音与严式的音素标音，以及汉语拼音方案中字母和语音的配置关系。但同时还要补充说明，字母和音位也不能完全等同起来，因为汉语拼音方案中字母和语音的配置关系虽然完全符合音位归纳原则，但方案毕竟是一种拼音字母，而不是语音学中专为记录语音而设计的音标。作为一种拼音方案，它在选择表示音位的字母时，它不能超出二十六个拉丁字母的范围，此外还应考虑字音的拼写形式要便于辨认，音节之间的界限要分隔清楚，乃至要考虑方言区人学习普通话的方便，等等。所以，对高元音[i]、[ɿ]、[ʅ]采用了合为一个音位，用一个字母去表示的办法，以避免为两个舌尖元音单独设计一个新字母。对[e]、[ɛ]、[ə]、[ɤ]、[o]则采用了把前四个合为一个音位，用字母 e 去表示，而最后一个元音则单独作为一个音位，用字母 o 去表示，这样可以使各个音位内部的音位变体读音比较接近，便于学习。另外，方案把韵母[au]、[uŋ]、[yŋ]（宽式标音）写成 ao、ong、iong，其中的 o 虽然和实际读音比较贴近，但主要是为了便于辨认和书写，因为 au 和 an 过于形似，手写体尤其容易混淆；ung 和 üng 则书写不便，又不易辨认，写成 ao、ong、iong 就可以避免这些缺点，至于[i]、[u]、[y]在零声母音节中写成 y、w、yu，主要作用是为分清音节。这些都是单纯归纳音位时所不必考虑的,和音位归纳并无直接联系,所以不能简单地根据书写形式,误以为字母 o 表示的各种读音,汉语拼音方案都是认为它们应该归入 /o/ 音位的,如此等等。总之,汉语拼音方案是在普通话音位系统的基础上建立起来的,但是我们又不能把方案中字母与语音的配置关系、字母的选择、按词连写中的音节分界等问题,都直接跟音位分析联系在一起,从音位学的角度去作出解释。这是把汉语拼音方案的设计和普通话的音位分析简单地等同起来了。

根据汉语拼音所归纳出的普通话音位,一共有 6 个元音音位,22 个辅音音位和 4 个调位,用字母和音位对照列举如下:

元音音位

i	/i/	u	/u/	ü	/y/
a	/a/	o	/o/	e	/ɤ/

辅音音位

b	/p/	p	/p'/	m	/m/	f	/f/
d	/t/	t	/t'/	n	/n/	l	/l/
g	/k/	k	/k'/	ng	/ŋ/	h	/x/
j	/tɕ/	q	/tɕ'/	x	/ɕ/		
zh	/tʂ/	ch	/tʂ'/	sh	/ʂ/	r	/ʐ/
z	/ts/	c	/ts'/	s	/s/		

调 位

调类	阴平	阳平	上声	去声
调值	/55/	/35/	/214/	/51/
调号	ˉ	´	ˇ	`

思考与练习

一、以普通话为例说明语音是怎样构成一种系统的?

二、根据普通话的音节结构说明普通话里元音和辅音在组合关系上的特点。

三、普通话里浊擦音 r 在发音上有什么特点？为什么说 r 的音韵地位有点特殊？

四、试从语流音变角度说一说普通话音节结构中各个组成成分的相互关系。

五、韵母的四呼分类有什么理论意义和实践意义？

六、根据韵尾对韵母所作的分类，对了解语音系统的内在关系有什么意义？

七、普通话的单元音韵母和复元音韵母有什么特点？

八、什么叫宽式标音？什么叫严式标音？普通话韵母的严式记音和宽式记音有什么不同？

九、普通话高元音系列中[ɿʅiɪuʊy]等七个元音，汉语拼音方案为什么可以只用三个字母去表示？

十、中元音系列中[eɛɘoɤ]等六个元音，汉语拼音方案为什么可以只用两个字母去表示？

十一、低元音系列中[aɑʌɛæ]等五个元音，汉语拼音方案为什么可以只用一个字母去表示？

参 考 文 献

林　焘、王理嘉(1992)《语音学教程》第四章、第八章，北京大学出版社。

周殿福(1997)《国际音标自学手册》，商务印书馆。

王理嘉(1991)《音系学基础》第六章，语文出版社。

北京大学中文系现代汉语教研室(1993)《现代汉语》之第二章，语音，商务印书馆。

第四节 现代汉语语音规范化问题

普通话是各方言区都要学习使用的民族共同语,在国内各兄弟民族之间以及在国际上各个国家之间,它也是汉语的代表。因此,对普通话语音、词汇和语法等方面必须加以规范化,也就是明确各方面的标准。现代汉语规范的总原则就是:以北京语音为标准音,以北方话为基础方言,以典范的现代白话文著作为语法规范。经过这样规范的民族共同语就是一种民族标准语。

普通话以北京语音为标准音,这里的北京语音指的是北京音系。它的书面表现形式就是汉语拼音方案。以北京音系作为标准音,这是语音系统方面的规范化,另一方面,就语言中有些字和词的读音来说也要加以规范化,因为在社会发展的过程中,某些字和词产生了读音分歧的现象,例如"飞跃"可以读 fēiyuè,也可以读 fēiyào;"秘密"也有 mìmì 和 bìmì 两种读法,"一会儿"可以读 yīyuìr 或 yīhuìr。又如"太阳、明天、工人、娇气、女士"这些词里的后一个字也有轻声和非轻声两种读法;"唱歌儿、写字儿、有事儿、帮忙儿、冒烟儿"也有儿化和非儿化两种读音形式。诸如此类的读音分歧现象,对学习普通话和民族共同语的统一显然是不利的。我们必须加以明确的规范,大家才有可以遵循的标准。下面我们分别谈谈语音规范化中的异读词以及轻声、儿化问题。

一、异读词的语音规范

首先应该区别异读字、异读词以及一字多音之间的区别。异读字指字形和字义没有差别,但有不止一个读音的字。有些异读字在不同的词里都可以有几种不同的读法,那么这些词就叫异读词;但有些异读字在某些词里可以有不同的读法,而在另一些词里却只有一种读法,那么就字本身说它固然是异读字,但就这些词说,它却不是异读词,因为它在这些词里只有一种固定的读音。

异读字、异读词跟一字多音也不是等同的概念。汉字一字多音现象要区别几种不同的情形:

(一) 异义异读,例如:

音乐	yīn yuè	快乐	kuài lè
率领	shuài lǐng	效率	xiào lǜ
播种	bō zhòng	品种	pǐn zhǒng
畜牧	xù mù	牲畜	shēng chù
难受	nán shòu	灾难	zāi nàn
调和	tiáo hé	唱和	chàng hè

(二) 同义异读,例如:

遍	biàn piàn	颤	chàn zhàn
呆	dāi ái	刽	guì kuài
学	xué xiáo	俊	jùn zùn
舀	yǎo kuǎi	含	hán hén
俄	é è	脓	nóng néng

(三) 部分同义异读,例如,"订"字在"预订、订单"里只有一种读法 dìng,但在"装订"这个词里有 dìng 和 dīng 两种读法;"应"字在"应该、应当"里只读平声 yīng,在"适应"里只读去声 yìng,但是在"应许"里,既可读 yīng,又可读 yìng。

第(一)类字不同的读音代表不同的意义,不能算异读字,就整个词说也不是异读词,不属于语音规范的范围。第(二)类是同一个汉字在所有不同的词里都可以有几种不同的读法,如"波浪、波涛、波动、音波、光波、电波"等,其中的"波"都有 bō 和 pō 两种读法,"波"就是异读字,这些词也都是异读词。第(三)类里的"预订、订单",就词说只有一种读法,不是异读词,但就字说,"订"却是异读字,因为在"装订"这个词里,"订"有 dìng 和 dīng 两种读法,同时这也使"装订"成了异读词。(二)、(三)两类对于汉语语音规范化和汉语语音教学显然都是不利的。这种现象是学习普通话的障碍,不加以规范,大家就会无所适从。

北京话的异读字有三百多个,构成的异读词,常用的大约有一千二百多个。从语音的角度来分析,可以分为下列四类(例词中前一个读音是普通话审音委员会初步审订的规范读音):

1. **声母不同的异读词**

波浪	bō pō	荒谬	miù niù
缔结	dì tì	玩弄	nòng lòng
包括	kuò guò	步骤	zhòu zòu
接触	chù zhù	森林	sēn shēn
秘密	mì bì	机械	xiè jiè
商埠	bù fù	溃烂	kuì huì
包庇	bì pì	乒乓	pīngpāng bīngbāng
普遍	biàn piàn	接洽	qià xià
发酵	jiào xiào	暂时	zàn zhàn
蜕化	tuì shuì	赏赐	cì sì

2. **韵母不同的异读词**

熟练	shú shóu	娇嫩	nèn nùn
琴弦	xián xuán	降落	luò lè
跳跃	yuè yào	恶劣	liè lüè
露头	lòu lù	收获	huò hù
淡薄	bó báo	剥削	bōxuē bāoxiāo
学习	xué xiáo	惊蛰	zhé zhí
烙印	lào luò	飘浮	fú fóu
盟约	méng míng	嗟叹	jiē juē

3. 声调不同的异读词

字迹	jì	jī	疾病	jí	jī
比较	jiào	jiǎo	指导	dǎo	dào
特殊	shū	shú	危险	wēi	wéi
帆船	fān	fán	亚洲	yà	yǎ
门诊	zhěn	zhēn	拥护	yōng	yǒng
侵略	qīn	qǐn	质量	zhì	zhí
复习	fù	fú	日期	qī	qí
教室	shì	shǐ	不惜	xī	xí
召集	zhào	zhāo	号召	zhào	zhāo
答复	dá	dā	答理	dā	dá
成绩	jì	jī	咆哮	xiào	xiāo
卓见	zhuó	zhāo	一会儿	huì	huǐ

4. 其他

确凿	záo	zuò	颜色	sè	shǎi
住宅	zhái	zhè	矛盾	dùn	shǔn
麻雀	què	qiǎo	傍晚	bàng	páng
沸腾	fèi	fú	芍药	sháo	shuó
畸形	jī	qí	暴露	bào	pù
供给	jǐ	gěi	巷道	hàng	xiàng
恪守	kè	què	贝壳	ké	qiào
鲜血	xuè	xiě	血淋淋	xiě	xuè

产生异读的原因很复杂，主要是以下几方面：

1. 由于文白异读造成的，即有些字在读书音里是一种读法，在口语音又有另一种读法，如"确凿"的"凿"，文读是 zuò，白读是 záo，"暴露"的"暴"读书音是 pù，口语音是 bào。其他如"摘"zhé（文）和 zhái（白）、"熟"shú（文）和 shóu（白）、"剥"bō（文）和 bāo

(白),"血"xuè(文)和 xiě(白),等。

2. 受方言读音影响产生了另一种读音。例如,由于北京话吸收了吴方言词"揩油",使"揩"产生了 kāi,kā 两种读音。此外,由于同样的原因"咖啡"的"咖"有 kā 和 qiā 两种读法,"卡片、卡车"的"卡"也有了 kǎ 和 qiǎ 两种读音。

3. 由误读造成的。例如,把"械"读作 jiè,"畸"读 qí,"酵"读"xiào",这些都是照半边字读错了字音,但是长期通行,形成了异读。

4. 在北京语音自身发展中产生的,如"危险"的"危","期望"的"期","帆船"的"帆"在北京话里都有阴平和阳平两种读法,阴平的读法是北京语音自己特殊的发展。把"含"读成 hén(口语音)也如此。

异读的成因既然是多方面的,作为语音规范化的审音标准就不能定得太简单。为了解决异读词的问题,1956 年专门成立了普通话审音委员会,经过多次讨论,拟定了异读词读音的审订原则:

(一) 审音以词为对象,不以字为对象。如果有异读的字在所有的词里都有几种读法,那就只举一两个词为例,其余的都可以类推,如"波"一律读 bō,不读 pō,"复"一律读去声,不读阳平。有的字只在某个词里发生异读,在别的词里没有异读,审音的时候,只审订有异读的词,如只审订"装订"这个词,不涉及"预订"、"订单"等词。有的字在不同的词里有不同的读法,审音也要以词为对象,分别对待,如"大厦"的"厦"读 shà,而"厦门"的"厦"读 xià;"分泌"的"泌"读 mì,而"泌阳"的"泌"读 bì。

(二) 审音的标准,根据北京音系,但这不等于是每一个字都以北京话的读法为规范。一个字的读音在北京话里非常通行而不符合北京语音的一般发展规律,这个音还是可以采用,但同时也要考虑这个音在北方方言里用得是否广泛。例如,"危、帆"在北京话里有阴平和阳平两种读法,阳平的读法是符合一般发展规律的,但是阴平的读法不但在北京话里比阳平的读法通行，就是在北方方言里用得也比较广泛，因此，应该采用阴平的读法。

但是，如果既不符合一般发展规律，又没有在北方方言里广泛通行，那就宁可放弃北京话的读法。例如，"暂"读 zhàn，"诊"读 zhēn，这些不符合发展规律的音就不采用，而把"暂"订为 zàn，"诊"订为 zhěn，因为这是符合一般发展规律并在北方方言里用得比较广泛的读音。

（三）四呼不同的异读字，原则上以符合语音发展规律的为准。例如，"淋"采用 lín，不采用 lún 或 lún。

（四）古代清声母的入声字在北京话里声调如果有异读，而其中有一个是阴平，原则就采用阴平。例如，"息"xī，"击"jī，不采用 xí 和 jí。否则就逐字考虑，采用比较通行的读法。

根据以上原则，普通话审音委员会审订了北京话常用异读词的读音，于1957年到1962年分三次发表了《普通话异读词审音表初稿》，一共审订了一千多条异读词的读音，并于1963年辑录成《普通话异读词三次审音总表初稿》。《初稿》公布后，对现代汉语的语音规范和普通话的推广起了积极作用。

1985年12月，根据《初稿》推行的实际情况，普通话审音委员会重新审订了《初稿》中原审的一些词语的读音，修订了原表41条词语的读音，增补了36条词语，删除了原表中的部分词条。例如：

（一）修订原表读音

词条	《初稿读音》	修订读音	说明
指甲	zhī	zhǐ	取消 zhī, zhí 二音，统读 zhǐ。
骨头	gú	gǔ	取消 gú 音，除"骨朵、骨碌"读 gū 外，统读 gǔ。
盟誓	míng	méng	取消 míng 音，统读 méng。

| 从容 | cōng | cóng | 取消 cōng 音,统读 cóng。 |
| 荨麻 | qián | | 文读 qián,口语读 xún。 |

(二) 增补词条

词条	字典注音	新订	附注
曝光	pù	bào	"日晒"义读 pù,如"一曝(pù)十寒"。
往	wǎng,wàng（二音辨义）	wǎng	取消 wàng 音,统读 wǎng。
沿	yán,yàn（二音辨义）	yán	取消 yàn 音,统读 yán 音。
蜇		shì	文读 shì,口语读 zhé。

(三) 删除词条,如

吵吵　忒　瘩三　显摆　雀盲眼
翘辫子　夹肢窝　归里包堆　睥睨
不奓　采撷　肯綮

修订稿对《初稿》原订读音的改动以符合普通话语音发展规律为原则,以便利广大群众学习普通话为着眼点,采取约定俗成、承认现实的态度。修订稿经有关各部门审核通过后已正式公布,今后凡涉及普通话异读词的读音或标音,都应该以普通话审音委员会 1985 年修订稿审定的语音作为规范的读音。

为了方便大家掌握异读词的规范读音,下面我们将修订稿中统读部分的异读字或词,择其较为常用的,列举如下:

| 例字 | 统读 | 例字 | 统读 |
| 癌 | ái | 糙 | cāo |

例字	统读	例字	统读
隘	ài	厕	cè
凹	āo	阐	chǎn
胞	bāo	褫	chǐ
爆	bào	赐	cì
焙	bèi	从	cóng
俾	bǐ	呆	dāi
濒	bīn	导	dǎo
醭	bú	悼	dào
哺	bǔ	订	dìng
埠	bù	法	fǎ
帆	fān	讧	hòng
藩	fān	囫	hú
防	fáng	桦	huà
沸	fèi	浣	huàn
汾	fén	诲	huì
拂	fú	贿	huì
甫	fǔ	混	hùn
缚	fù	豁	huò
隔	gé	获	huò
勾	gòu	击	jī
骨	gǔ	绩	jì
只有"～碌、～朵"读 gū		迹	jì
犷	guǎng	浃	jiā
刽	guì	歼	jiān
较	jiào	劣	liè
酵	jiào	拎	līn

例字	统读	例字	统读
嗟	jiē	榴	liú
疖	jiē	房	lǔ
浸	jìn	掳	lǔ
粳	jīng	忙	māng
鲸	jīng	虻	méng
揩	kāi	盟	méng
疴	kē	秘	mì
恪	kè	但"～鲁"读 bì	
擂	léi	谬	miù
但"～台"、"打～"读 lèi		讷	nè
羸	léi	嫩	nèn
蕾	lěi	拈	niān
酿	niàng	髓	suǐ
脓	nóng	隧	suì
湃	pài	凸	tū
蹒	pán	蜕	tuì
滂	pāng	往	wǎng
剽	piāo	危	wēi
颇	pō	癣	xuǎn
攘	rǎng	殉	xùn
绕	rào	杳	yǎo
妊	rèn	荫	yìn
娠	shēn	凿	záo
蜃	shèn	沼	zhǎo
胜	shèng	召	zhào
室	shì	织	zhī

例字	统读	例字	统读
塑	sù	脂	zhī
指	zhǐ	质	zhì
骤	zhòu	逐	zhú
卓	zhuó	灼	zhuó
组	zǔ		

(录自 1985 年《普通话异读词审音表》)

二、轻声和轻声词的规范问题

(一) 轻声的性质

一个词或一句话里的某个音节念得短而弱,失去了原有的声调,叫做轻声(轻音)。例如:"玻·璃"、"房·子"、"舌·头"、"聪·明"、"喜·欢"、"看·了"、"说·说"、"我·的书包·呢"等。读轻声的字书面上可用字前加黑点的办法来表示。

一个音节(字或词)读成轻声后,在读音的长短强弱以及声调的升降变化方面都会发生很大的变化。早先在国语发音学时期,从读音强弱的角度着眼,把它看作与重音相对的概念叫做轻音;其后从声调变化的角度着眼,字因轻读而失去原调,读成另一种调子,是一种声调变化现象,所以叫做轻声,轻声字与原字是一种本调与变调关系。轻声、轻音命名角度不同,所指则一,它正反映了这是一种复杂的音变现象。

汉语是一种有声调的语言,所以非轻读,即重读音节的语音特征,根据语音的声学实验一般都表现为音长较长,调域(音高变化幅度)较宽,调型(平升曲降的变化)也比较完整,音强往往也有所加强。相对来说,轻声音节的语音特征就表现为时长缩短、音强减弱,调型也因调幅受时长缩短而压缩的影响,变得不清晰、不完整,听起来只有依稀仿佛的高低度了。这些变化总起来说,轻声在听觉上给人的印象就是:又轻又短,失去原有调值。

轻声不同于一般声调。普通话的四个调类，阴、阳、上、去之间并无派生关系，而轻声字一般都有自己的本调，除了极少数(可以列举穷尽)在历史上早已虚化为语法成分，因而失去了原调的字(如"们"·men，"呢"·ne，"吗"·ma 等)。另外，阴、阳、上、去都有自己单独的、固定的调值，而轻声字却没有自己独立的调值，它的音高和升降变化由前面的音节决定，通常是在阴平、阳平之后是一个短促的降调，上声之后则是一个较高的短促的平调，去声之后顺势降为一个低平调。轻声字调值的变化用五度制可以表示如下：

阴平＋轻声──→[↗55·|²]　　　珠·子　灰·的　吃·了

阳平＋轻声──→[↘35·|³]　　　竹·子　红·的　拿·了

上声＋轻声──→[↘21·|⁴]　　　主子　紫·的　写·了

去声＋轻声──→[↘51·|¹]　　　柱子　绿·的　看·了

总起来说，轻声在上声之后调值最高，可以标成[·|⁴]，在阴平、阳平之后稍低，分别为[·|²]和[·|³]，去声之后最低，记作[·|]，四种轻声调值可大致上分为高、中、低三类。

轻声字的读音早在上一世纪的 20 年代就已经被指明是短而轻，失去原调。其随前字的变化的轻声调值以及两三个轻声字连用的变化规则也由赵元任作了具体描述：

1. 阴＋轻＝高＋中，好像阴＋去，例如：先·生(胜)
2. 阳＋轻＝升＋中，好像阳＋去，例如：朋·友(右)
3. 赏＋轻＝低＋高，好像赏＋阴，例如：晚·上(商)
4. 去＋轻＝降＋低，好像去＋低，例如：地·下(虾)

轻声字相连时，可以连用上面的基本规则。例如：

1. 阴轻轻＝高中低，例如：张·先(线)·生(胜)
2. 阳轻轻＝升中低，例如：拿·出(处)·来(低)

3. 赏轻轻＝低高中,例如:滚·下(虾)·来(赖)
4. 赏轻轻轻＝低高中低,例如:打·扮(班)·打(大)·扮(低)
5. 去轻轻＝降低低,例如:告·送(低)·你(低)

轻声字连用的变化规则进一步证实了轻声字本身没有固定调值,它是随前字而变化的。

轻声字的读音变化不仅表现在声调方面,也表现在声母和韵母方面。例如,声母如果是 b d g 或 j zh z 则往往会由清变浊,因为普通话里的不送气清塞音和不送气塞擦音的发音,原本是带有浊音清化特征的弱辅音:[b̥]、[d̥]、[g̊]和[dʑ̥]、[dʐ̥]、[dz̥],所以当它夹在元音之间,而且又因轻读而时长大大缩短,声带持续颤动,清声母由此变浊。例如:

哑·巴[ia·ba]　　　　试比较"淋巴"
我·的[uo·də]　　　　试比较"心得"
五·个[u·gə]　　　　　试比较"个别"
姐·姐[tɕie·dʑie]　　　试比较"大姐"
风·筝[fəŋ·dzʐəŋ]　　 试比较"斗争"
日·子[zʅ·dzɿ]　　　　试比较"原子"

轻声的读音变化在韵母方面尤其明显。这种变化,主要表现在五个方面:

1. 央化,即低元音向央元音靠拢。如:

妈·妈[ma·mə]　　　　芝·麻[tʂʅ·mə]
麻·烦[ma·fən]　　　　办·法[pan·fə]

2. 弱化,即紧化音变松,如:

姑·姑[ku·kʊ]　　　　弟·弟[ti·tɪ]
棉·花[mian·xuə]　　　富·裕[fu·ʏ]

3. 单元音化,即前响复韵母失落尾韵,甚至韵腹的读音也相应发生变化。如:

热·闹[ʐɤ·nɔ]　　明·白[miŋ·pɛ]
宝·贝[pau·pe]　　木·头[mu·t'o]

4. 元音清化,甚至失落。这种语流音变现象通常出现在舌尖元音韵母和高元音单韵母[i]、[u]、[y]上。而声母一般是发音部位相近的摩擦音或塞擦音。如:

意·思[sɿ→s̥ɿ]　　本·事[ʂʅ→ʂ̥ʅ]
东·西[ɕi→ɕi̥]　　豆·腐[fu→fu̥]
出·去[tɕ'y→tɕ'y̥]

这些例子中的元音在语速较快时实际上已经不存在,试比较"心·思"(ɕins)和英语的 since[sins](由于),"豆·腐"[touf]和英语的 doff(dɔf)(丢弃),两种语言词尾的[-s]和[-f],显然并无多大区别了。

轻声中声母和韵母的读音变化是一种自由音变,因人和语言环境而异。在书面语的口语形式中较少出现,而在日常生活较为随便的口语中就比较容易出现,特别是在地道的北京话里,轻声的这种读音变化十分明显,变化范围也更广泛,如"桌子、椅子、盘子、胖子、麻子"里的词尾"·子"往往读成[tsə],舌尖元音也变成了央元音,但这种变化就带有北京方言土语的味道了。

(二) 轻声词的规范问题

轻声词的规范问题包括两个方面,一是读音规范,二是词汇规范。所谓读音规范,指的是轻声字应按照它的发音特点来念,尤其是韵母方面。例如永远读轻声的词尾"子·头·们",语气词"呢·吗·吧",如果不按轻声的读音来念,那应该作为一种不规范的发音看待。口语中经常出现的"爸·爸"、"妈·妈"、"哥·哥"、"弟·弟"、"芝·

麻"、"玻·璃"、"月·亮"、"豆·腐"这类词,第二个轻声字如果按它的本调、本韵来念,听起来就很不自然,那就不能认为是标准的普通话了。

轻声词的词汇规范指的是,哪些轻声词是属于普通话范围之内的,哪些词只是北京话的土词俗语,方言区人可以不必学习和掌握的。在这一小节里,主要是谈这方面的问题。

北京话不等于普通话,在词汇方面尤其如此。民族共同语的词汇基础是北方方言,同时还要吸收非北方方言中新鲜、生动的词语,所以北京话的词汇不完全等同于普通话的词汇,它只是普通话词汇的核心。就轻声词来说,虽然汉语大多数方言都存在着轻声现象,但是其范围和数量有很大差别。例如,成都、昆明等西南方言里的轻声,比北京话要少得多,连语气词、助词、后缀等一般都不轻读;广州话则基本上不存在轻声现象。北京话可能是汉语方言中轻声最多的方言。据统计,在一段语流里,平均每六七个音节就可能出现一个轻声音节。轻声和儿化的频繁出现是北京话的两大特色,但是,从民族共同语的角度看,北京话里数量如此庞大的轻声词,是不是方言区人都必须学习掌握的? 从词汇规范的大原则看显然不是,那么,北京话里哪些轻声词是属于普通话范围之内的,哪些只是北京话的方言词语呢? 这就是轻声词规范所要讨论的问题。

从轻声的作用看,轻声大体上可以分为两类:一类是语法层面上的轻声词(或词缀),一类是词汇层面的轻声词。前一类可以从语法上加以确定,有很强的规律性,用字也比较固定,读不读轻声,书面上很容易辨认,如作助词用的"的"和用作词尾的"子"无例外地都读轻声,但"莲子、虾子、公子、原子"里的"子","目的、的确、一语中的"里的"的"就不读轻声,因为不是助词和词尾,不合语法条件。这一类语法轻声主要有以下几类:

1. 语气词"吧·吗·呢·啊"等;

2. 后缀"们、子、头、么"等；
3. 助词"的、地、得""了、着、过"；
4. 方位词"上、下、里、面、边"等；
5. 重叠动词的第二个音节，如"说·说"、"看·看"；
6. 趋向补语，如出·来，下·去，想·起·来。

还有量词"个"，夹在重叠动词中的数词"一"，动补结构中的"不"，等等。这些读轻声的语法成分都有比较强的规律性，只有极少数例外，如"头"在"砖头、窝窝头"里，方位词"上、里"在"楼上、城里"都不读轻声。掌握语法轻声词并不使人觉得困难，因为数量不大，又有规律可寻。

对方言区的人来说，掌握轻声最大的难点在词汇层面上的轻声词，因为它数量大，又无规律可寻。同一个字，在哪个词里要读轻声，哪个词里不读轻声，很难解释清楚。例如：

衣·服—制服　　　　干·净—洁净
道·理—定理　　　　声·音—元音
工·钱—金钱　　　　格·式—公式
学·生—新生　　　　月·亮—明亮
芝·麻—大麻　　　　蘑·菇—香菇
黄·瓜—冬瓜　　　　尾·巴—淋巴
眉·毛—汗毛　　　　膏·药—丸药
明·白—清白　　　　热·闹—胡闹

以上例词，少数几对可以用口头语或书面语、普通名词或是专门名词，使用较久的老词或是出现不久的新词等等原因去解释，但大部分词是解释不清的，因为诸如"眉·毛"和"汗毛"，"膏·药"和"丸药"，"伯·伯"和"大伯"，"热·闹"和"胡闹"之类的轻声词和非轻声词，我们很难证明读轻声的词，一定使用更久，资格更老。更何况还有大量词，在北京话里读不读轻声本身就是两可的。这就给方言区人学习普通话带来了困难,也给普通话的词汇规范化带来了难题。

从词汇规范化的大原则说,北京话里形形色色的轻声词,并不是全部都要吸收到普通话里来的。从语言的社会表达功能和约定俗成的角度看,除了那些有较强规律性的语法轻声之外,还有两类词汇轻声也应该纳入普通话范围之内。

一类是有区别词义和词性作用的轻声。例如:

地·道(纯正·够标准)——地道(地下交通坑道)
地·下(指地面之上)——地下(地面之下)
地·方(某一区域,部分)——地方(与"中央"相对,当地)
合·计(商量,盘算)——合计(总共,计算在一起)
实·在(扎实,不马虎)——实在(的确,不虚假)
眉·目(事情的头绪)——眉目(眉毛和眼睛)
兄·弟(弟弟,自称谦词)——兄弟(哥哥和弟弟)
大·爷(伯父,年长的男子)——大爷(指不好劳动,傲慢任性的男子)
对·头(对手,仇敌)——对头(正确,合得来)
买·卖(生意,商店)——买卖(指"买"和"卖")
东·西(泛指各种事物)——东西(东边和西边)
丫·头——鸭头　　铆·头——狼头
舌·头——蛇头　　码·头——马头
瞎·子——虾子　　帘·子——莲子
报·酬——报仇　　苍·蝇——苍鹰
自·然(形容词,不局促)——自然(名词,自然界)
精·神(形,有活力,活跃)——精神(名,指人的意志、思维等)
大·方(形,不吝啬,不拘束)——大方(名,内行,专家)
利·害(形,剧烈,凶猛)——利害(名,利益,害处)
横·竖(副词,反正,表示肯定)——横竖(名,平行和垂直)

大·意(形,疏忽,粗心)——大意(名,主要的意思)
花·费(名,消耗的钱)——花费(动,因使用而消耗)
对·头(名,仇敌,对手)——对头(形,正确,合得来)
灌·肠(名,一种食品)——灌肠(动宾词组,清洗肠道)

汉字不表音却有表义功能,于是在书面上往往就会掩盖轻声的辨义作用,但如果撇开文字,把轻声放在口语中来检验,那么轻声别义的功能立刻就会显示出来。比如下面几句用拼音字母标写的例句,其中的轻声,如果按非轻声的字音来读,那么就会被理解成另一种意思,或不可理解:

1. wǒ yào bào·chou 报·酬/(报仇)。
2. wǒ yào mǎi lián·zi 帘·子/(莲子)。
3. zhè shì wén·zi 蚊·子/(文字)。
4. zhè shì yī zhī cāng·ying 苍·蝇/(苍鹰)。
5. tā shì wǒ duì·tou 对·头/(对头)。

这类跟词义、词性有直接关联的轻声,没有读与不读的选择性,普通话应该作为规范的读音确定下来。

另一类普通话应该加以吸收的轻声词,是在北京话口语里只有轻声一种读法的词。例如:

巴结	巴掌	包袱	扁担
别扭	玻璃	裁缝	柴火
称呼	出息	畜生	刺激
聪明	凑合	大夫	耽搁
灯笼	嘀咕	豆腐	耳朵
分析	风筝	高粱	胳膊
工夫	功夫	姑娘	官司
规矩	闺女	含糊	核桃
狐狸	糊涂	馄饨	活泼

机灵	见识	交情	结实
戒指	口袋	困难	喇叭
老实	篱笆	粮食	啰唆
萝卜	骆驼	麻烦	马虎
棉花	明白	蘑菇	模糊
暖和	佩服	朋友	琵琶
葡萄	漂亮	亲戚	清楚
情形	认识	商量	牲口
事情	收拾	舒服	踏实
先生	消息	笑话	休息
学生	月亮	钥匙	衣服
意思	冤枉	在乎	招呼
芝麻	知识	指甲	

这一类双音节轻声词,只有"重—轻"这一种读法,第二个音节如不读轻声,虽然不会改变词义或词性,但由于破坏了这些词固有的约定俗成的语音形式,听起来会让人感到很不自然。因此,轻声的读法也应该作为普通话的规范读音固定下来,这些词也应该纳入普通话词汇范围之内。至于那些在北京话的口语里本身就是可轻读可重读的词,或虽必读轻声却是北京的土词俗语,那就不宜于确定为普通话的规范读音了。

上述两类词,前一类数量较小,后一类数量大。但不能因此认为,"轻声别义"既然只涉及为数有限的一小部分词,大部分轻声词读不读轻声并不影响语言的表达,那么就应该把轻声和轻声词的读法排斥在普通话的语音规范之外。这样的认识有必要加以澄清。因为任何语言的词汇系统中单纯凭借轻重音来区别词义词性的词语总是只占少数的。有人统计过在收词为四万多条的《英语正音词典》和收词五万多条《俄语标准发音和重音词典》中,只靠重音区别词义词性的词,英语只占其中的 1.04%(如 'object,名词,意为"物体、对象",ob'ject,重音在第二个音节则为动词,意思是"抗议、反抗");俄语也只占收词总量中的 0.94%,(如 'мукa 意思是"痛苦",мy'кa,重音挪在第二个音节则为"面粉")。

汉语仅以轻声作为最小音差而构成辨义对立的双音节词语,据粗略的统计约有三百多条,如果以四万多条词语计算,则所占比例也将近1%。可见,上面的说法不能作为把轻声排斥在普通话之外的理由。

但是,另一方面这也并不等于说上述两类属于普通话范围的轻声词全部是方言区人必须学习和掌握的,特别是第二类无规律可循、无区别作用,只是按习惯读成轻声的词。因为普通话虽然以北京话这一自然语言作为自身存在和发展的基础,但北京话毕竟不等于普通话,它本身也还是一种地区性的方言,而普通话却是一种民族共同语,它要面向全民族,面向全国各方言区。从这个角度说轻声词的规范工作还需要进一步去做,应该根据不同的对象,提出不同的要求,分别确定不同等级的必读轻声词表,对播音员、演员、语文教师可以要求高一些、严一些,对一般人员则不必过于苛求,这样才会减轻方言区人学习普通话的负担,有利于早日全面推广和普及普通话,完善民族标准语的规范化工作。

三、儿化韵和儿化词的规范问题

儿化和轻声在话语中的频繁出现是北京话听感上的两大特色,同时也是现代汉语规范工作中的两大难题。不仅如何规范儿化和轻声,意见还很不统一,甚至要不要对它们进行规范也还有人提出异议。因为至今还有人认为儿化和轻声只是北京话特有的方言土语现象,它没有实质性的作用,没有必要把它提高到民族共同语必要组成部分的地位,更不能把它作为一种语言规范形式来要求全国人民学习,乃至作为学好普通话的一条标准。因之,在讨论儿化规范之前必须先对儿化韵是否只是北京的方言土语现象,是否应该包括在普通话范围之内的问题作出回答。

(一) 汉语方言中的儿化音变

从广义的现代汉语角度看,儿化音变显然不是北京话里才有的特殊现象。汉语许多方言,包括南方的一些方言也都存在这类儿化音变。绝大多数儿化是语尾"儿"和前面音节合音形成的,这成为汉语里一种特殊的音变现象。例如北京话"花儿、歌儿、本儿"等等,虽然都写成两个汉字,实际上已经读成一个音节,"儿"只是前一音节韵母上的卷舌成分,本身不再独立发音。由儿化音变形成的卷舌韵母就是"儿化韵"。

有少数儿化音变和语尾"儿"并没有关系。例如,北京话"今儿(个)、昨儿(个)、前儿(个)、明儿(个)"里的"儿",就语源说是"日"的音变;"这儿、那儿、哪儿"里的"儿"则是"里"的音变,现在汉字虽然也都写成"儿",实际上是语素"日"和"里"的语音变体,和语尾"儿"并无关系。北京话三音节连读,所有读 er 的语素处在中间位置时,都有可能与前一音节合音成儿化韵,语速较快时更是如此。如"哈尔滨"读成 Hǎrbīn,"连二灶"(双眼灶)读成 liánr zào,"普洱茶"读成 pǔr chá,这些儿化韵和语尾"儿"也完全无关。在书面上也不会写成"儿"。就分析汉语的儿化现象来看,起儿化作用的是哪一种语素,关系不大,因为它们的音变方式是一样的。这里讨论的儿化音变,以语尾"儿"为代表,因为它在儿化现象中占绝对多数。

语尾"儿"是由实语素"儿"虚化为语法成分的,"儿"尾的指小义也是由此衍化出来的(儿,本义是孺子,小儿)。"儿"作为基本词汇核心成分的根词,它在各方言中都是存在的,但读音却不一定相同。例如:

	儿		儿		儿
北京	ɚ	长沙	ɤ	苏州	l̩(文) nʱi(白)

济南	ɚ	南昌	ə	杭州	l̩
太原	ɚ	福州	i(文)nie(日)	义乌	n̩
西安	ɚ	厦门	li	宁波	ŋ̍
成都	ɚ	建瓯	œ	温州	ŋ̍
合肥	a	广州	ji	潮州	zi
扬州	a	云南保山	æ	四川南溆	əl

语尾"儿"作为一个构词成分与前一个音节结合时,在有些地区是自成音节的,如杭州"筷儿"[ₖk'uɛ°l̩]、"帕儿"[p'a°l̩]、(手绢儿);山西交城"冰棍儿"[ₖpiɛ kuəi°·ɚr],青海西宁"花儿"[ₖxua·ɛ],枣儿[ₖtsɔ·ɛ]。但是在大多数地区,语尾"儿"跟前一个语素的音节融合为一个音节,构成一个"儿化韵"。这里所说的儿化是广义的,泛指语尾"儿"跟前一音节融为一体,结合成一个音节,因为当语尾"儿"的读音不是卷舌元音而是[-n]、[-ŋ̍]、[z̩]的时候,按读音它实际上是"n 化韵"、"ŋ 化韵",等等。

从上面的"儿"音对照表中,可以看到"儿"的读音在各方言区分歧相当大,由于它本身的读音不同,所处的音系也不同,因此儿化音变的方式和合音并韵的程度也各不相同。根据方言学界的调查,大致上有以下几种方式:

儿化音变的主要类型

(1) 元音卷舌式　　河南郑州"儿"[ɚr]、"小狗儿"[siau kor],北京,"儿"[ər]、"(有)事儿"[ʂr]

(2) 舌面元音式　　兰州,"儿"[ɯ]、"马儿"[mauɯ],云南保山"儿"[æ]、"皮儿"[p'iæ]

(3) 鼻辅音韵尾式　浙江武义"儿"[n̩](白)、"(小)鸡儿"[tɕi:n]
　　　　　　　　　金华汤溪"儿"[ŋ̍]、"(小)鸡儿"[tɕiŋ]

(4) 边音韵尾式　　四川南溆"儿"[əl]、"鱼鱼儿"[y yəl]

(5) 嵌 l 式儿化韵　　　　山西平定"儿"卷舌边音[l̩],小葱儿[ɕiɔ tsʻluɣŋ]

(6) 小称音变儿化韵　　浙江永康小称变调,狗[kəu³⁵]→小狗[ɕiau³⁵₁₁ kəu³⁵₅₂];安徽屯溪变调变韵,"椅"[i³¹]→(小称)"椅"[in²⁴]

下面分别做一些具体的论述,以增加大家对各地儿化韵的了解。

大部分北方方言都和北京话一样,"儿"读成卷舌元音[ər],一般也都存在儿化现象,但儿化的程度和方法并不完全相同。儿化以后的韵母一般都有所合并,如北京话"汁儿"zhīr 和"针儿"zhēnr 都读成[tʂər],韵母 i 和 en 合并成[ər];"鸡儿"jīr 和"今儿(今天)"jīnr 都读成[tɕiər],韵母 i 和 in 合并成[iər]。北京话大部分韵母在儿化后仍保持区别,合并的只是少数。有一些方言大部分都要合并,如重庆话韵母[au][ai]和[ən]等儿化后都读成[ər],"刀刀儿(小刀)"的"刀儿"读[tər],"盖盖儿(小盖子)"的"盖儿"读[kər],"书本儿"的"本儿"读[pər];韵母[ɑŋ]儿化后和[an]合并都读成[ar],"网网儿(小网)"的"网儿"读[war],"饭碗儿"的"碗儿"也读[war]。这些韵母在北京的儿化韵中都是不能合并的。重庆西面的荣昌话更进一步,所有韵母儿化后都合并成[ər],只保留了四呼的分别,"杯杯儿"[pei pər]"缸缸儿"(水盂)[kɑŋ kər],"(小)刀刀儿"[tɑu tər]"橘柑儿"[tɕy kər];第二音节儿化后韵母都读成[ər],"电影儿"[tien iər],"蛋黄儿"[tan xuər],"金鱼儿"[tɕin yər],第二音节韵母也是[ər],只是四呼不同而已。

大部分方言的儿化韵只是韵母产生卷舌作用,也有一些方言儿化韵的卷舌作用不仅限于韵母。山东阳谷话老派读音"兔儿"读[tʻur],"刀儿"读[tlɑor],"座儿"读[tsluɣr],"嗓儿"读[slɑr],卷舌作用从韵母之前就开始,声母后面紧跟着一个舌位略靠后近似滚音的辅音[l],很像是形成了复辅音;如果是齐齿呼和撮口呼韵母儿化,还可以被分成两个音节,"碟"[tie]、"样"[iaŋ]、"卷"[tɕyãn]儿化后读成"碟儿"[tiler]、"样儿"[ilar]、"卷儿"[tɕylɛr]。山西平定话儿化韵的韵母本身不卷舌,只是在韵母前面加上卷舌边音[l],如"豆儿"[t l˞u]、"牌儿"[p l˞ɐ]、"今儿"[ts l˞ɤŋ]。山东金乡话老派读音儿化韵在韵母之前也加卷舌作用,如"刀儿"[trər]、"兜儿"[trour]、"边儿"[priãr];如果声母是舌尖前音[ts][ts'][s],连声母也产生卷舌作用,变成舌尖后音[tʂ][tʂ'][ʂ],"子"[tsɿ]、"层"[ts'ə̃]、"三"[sã]儿化后读成"子儿"[tʂər]、"层儿"[tʂ'ə̃r]、"三儿(小名)"[ʂãr],儿化音变影响到整个音节。

有的方言"儿"并不读卷舌元音[ər],也同样可以产生儿化音变,只是不用卷舌作用来体现。洛阳话"儿、二、耳"等读[ɯ],韵母儿化是以[ɯ]作为韵尾,三十几个韵母儿化后合并成[əɯ][iu][uu][yu][ɐɯ][iɐɯ][uɐɯ][yɐɯ]八个儿化韵,如"本儿"[pəɯ]、"味儿"[viu]、"虫儿"[tʂ'uu]、"曲儿"[tɕ'yu]、"(肉)末儿"[mɐɯ]、"(一)片儿"[p'iɐɯ]、"花儿"[xuɐɯ]、"(公)园儿"[yɐɯ]。

吴语很多方言"儿"读鼻音[n]或[ŋ̍]等,也同样可以产生儿化音变。浙江义乌话"儿"读[n],儿化时,[n]成为前面音节的韵尾,同时加长前面的元音,如"兔"[t'u]、"花"[hua]儿化后读成"兔儿"[t'uːn]、"花儿"[huaːn];如果前面音节原来有韵尾,则原来的韵尾失落,如"桶"[doŋ]儿化后读成"(小水)桶儿"[doːn]、"狗"[kəu]儿化后读成"(小)狗儿"[kəːn]。浙江平阳话和温州话"儿"都读[ŋ̍],做语尾时可以自成音节,也可以儿化,儿化时也是[ŋ]成为前面音节的韵尾,同时加长前面的元音。如平阳话"刀儿"可以读成[tœ ŋ]两音节,也可以儿化读成一个音节[tœːŋ],"兔"[t'y]可以儿化成"兔儿"[t'yːŋ],"盘"[bø]可以儿化成"盘儿"[bøːŋ],"羊"[ie]

可以儿化成"(小)羊儿"[ieːŋ]。浙江平阳话语尾"儿"自成音节时调值是[˨˩3]，儿化以后和前面音节合音成一个音节，整个音节的声调也读成[˨˩3]或[˨˩24]：声母是浊音时读[˨˩13]，如"盘儿"[bøːŋ˨˩]，声母是清音时读[˨˩]，如"刀儿"[tœːn˨˩]。温州话有的儿化音节合音非常紧密，[ŋ]前面的元音并不加长，如"(笑)话儿"[ɦoŋ]儿化时不读[ɦoːŋ]而读[ɦoŋ]，和"红"同音，当地就经常有人把"笑话儿"写成了"笑红"。

儿化韵是表达小称的一种手段，词在儿化以后往往增加一层小、可爱或轻视的意义。汉语方言表示小称并不只限于儿化一种方法。西南官话常用重叠的方法表示小称，有的同时儿化，如上面所举重庆话和荣昌话的一些例子；有的并不儿化，如贵阳话"篮篮、盒盒、箱箱(抽屉)"等等，只重叠，不儿化。福州话也常用重叠的方法，"瓶瓶、柜柜、罐罐、盒盒"等等也都表示小称。吴方言和粤方言有时用调值的变化表示小称，可以称为"小称变调"。浙江永康话各调类都有自己的小称调值，如"猪"[tɕi˨˩]在"(小)猪"中读成[tɕi˨˩]，阴平[44]在小称时读成[324]，"树"[ʑy˨˩]在"(小)树"中读成[ʑy˩]，阳去[24]在小称时读成[11]。浙江温岭话平声小称时读[˨˩15]，"鸡"[tɕi˨˩]在"(小)鸡"中读成[tɕi˨˩]。广州话"麻包"的"包"[pau˥˧]调值是[53]，"荷包"的"包"[pau˨˩]调值变成[55]；"热带"的"带"[tai˨˩]调值是[33]，"鞋带"的"带"[tai˨˩]调值变成[35]，都起了小称的作用。广东信宜话小称变调比广州话要严格得多，不管原来是什么调类，小称时一律变为高升调[˨˩35]，而且调域提高。"杯"[pui˥˧]调值是[53]，小称时读成[35]，调域还要升高一些，"狗"[kɐu˨˩]调值原来就是[35]，小称时要把[35]再提高一些，并不会混淆。如果是单元音韵母，后面还要加上[-n]韵尾，"路"[lu˨˩]小称时读成[lun˨˩]，"鱼"[ɲy˨˩]小称时读成[ɲyn˨˩]，[˨˩35]调值是调域升高了的高升调。广西容县话的小称变调和信宜话很相似,只是单元音并不加[-n]韵尾,如"碗"[un ˧]小称时读成[un ˦],"鱼"[ȵy ˨]小称时读成[ȵy ˦],后面并不加[-n]。

从上面的介绍和论述中,我们可以看到儿化音变现象,在作为普通话词汇基础的北方方言乃至南方的一些方言中也都是存在的。因此不应把它看成仅仅是北京话中特殊的方音现象,从而排斥在民族共同语之外,更何况儿化音变还有与词汇、语法、语体表达方面的重要功能。

(二)普通话的儿化韵、儿化词及其规范问题

从语法上说,语尾"儿"和"子"跟其他语素结合在一起构成的词都是附加式合成词,如"桃儿"和"桃子",但在语音上,"子"是一个独立的轻声音节,"儿"却不是一个独立的发音单位,它只是附着在前字韵母上的卷舌成分,"桃儿"是一个包含着两个语素的单音节词。

普通话里的韵母,除了独立的 er 韵母("而、耳、二"等)以外,其他韵母在与语尾"儿"结合时都可以构成儿化韵。基本韵母与儿化韵母的派生关系可以综合表述如下:

基本韵母			儿化韵母	例 词			
a	ai	an	→ [ar]	把儿	盖儿	伴儿	
ia		ian	→ [iar]	芽儿		尖儿	
ua	uai	uan	→ [uar]	花儿	块儿	玩儿	
		üan	→ [yar]			圈儿	
-i	ei	en	→ [ər]	字儿	事儿	辈儿	根儿
i		in	→ [iər]	气儿		印儿	
	uei	uen	→ [uər]		味儿	棍儿	
ü		ün	→ [yər]	鱼儿		裙儿	
o	uo		→ [or],[uor]	沫儿	窝儿		
ao	iao		→ [aur],[iaur]	号儿	票儿		

e ie üe	→	[ɤr][iɛr][yɛr]	歌儿	(台)阶儿	曲儿
u ou iou	→	[ur] [our] [iour]	珠儿	钩儿	棍儿
ɑng iɑng uɑng	→	[ãr] [iãr] [uãr]	缸儿	亮儿	筐儿
eng ing ueng	→	[ə̃r] [iə̃r] [uə̃r]	绳儿	影儿	瓮儿
ong iong	→	[ũr] [iũr]	空儿	熊儿	

从上面基本韵母与儿化韵母的对应关系中,可以看到儿化涉及语音之间的同化、脱落、融合等许多语流音变现象。在儿化过程中,有些基本韵母合并为同一个儿化韵了,如"字、事、辈、根"儿化后韵母都变成了[ər],"柜"、"棍"原本不同韵,但儿化后"小柜儿"和"小棍儿"却变成了同音词。这样,三十八个基本韵母(除 er 韵母外)就合并为二十六个儿化韵母。

前面说过,语尾"儿"是在语言发展的历史过程中从实语素"儿"分化而来的,在虚化为语法成分之后,它的读音也就由[ər]逐渐变为一个依附在前字之后的轻声音节,然后又经过若即若离,"缓言为二、急言为一"的过程,最后与前字融合为一个单一的儿化音节。从语尾"儿"的历史来源的角度看,北京话儿化音变的方式大体上可以分为两类:

一类是由舌尖元音[ɿ]、[ʅ],前高元音[i]、[y]和央元音[ə]充当韵腹的韵母,儿化时以卷舌元音[ɚ]为主体,同时原韵母发生相应的不同变化,例如:

丝儿	[sɿ+ər] →	[sər]	原韵母变为[ər]
曲儿	[tɕ'y+ər] →	[tɕ'yər]	原韵母与[ər]直接拼合
(合)群儿	[tɕ'yn+ər] →	[tɕ'yər]	原韵母失落尾音,与[ər]拼合
味儿	[uei+ər] →	[uər]	原韵尾失落,[e]与[ər]溶合
根儿	[kən+ər] →	[kər]	原韵尾失落,[ə]与[ər]溶合
(小)钉儿	[tiŋ+ər] →	[tiə̃r]	[ŋ]韵尾转化为卷舌元音[ər]的鼻化成分

另一类是由低元音[a]、[ɛ]，后高元音[u]、[o]、[ɤ]充当韵腹的韵母，儿化时在原韵母的基础上加上卷舌成分[-r]，同时原韵尾发生相应的不同变化。例如：

（刀）把儿 [pa＋ər] → [par]　原韵母附加卷舌成分[-r]
（花）篮儿 [lan＋ər] → [lar]　原韵尾失落，韵腹儿化
（发）牌儿 [pʻai＋ər] → [pʻar]
（枣）核儿 [hu＋ər] → [hur]　原韵母儿化
（摘）桃儿 [tʻau＋ər] → [tʻaur]
（打）钩儿 [kou＋ər] → [kour]
（唱）歌儿 [kɤ＋ər] → [kɤr]
（台）阶儿 [tɕiɛ＋ər] → [tɕier]　原韵母韵腹儿化
（小）缸儿 [kaŋ＋ər] → [kãr]　[ŋ]韵尾转化为韵腹的鼻化成分
（没）空儿 [kʻuŋ＋ər] → [kʻũr]
（小）熊儿 [ɕiuŋ＋ər] → [ɕiũr]

这两类儿化韵中原韵母的音变都是按照"发音共存"原则进行的，凡原韵母语音结构中有与卷舌动作发生冲突，不能共存于一个音节中的成分，它就会发生相应的变化；凡原韵母中没有与卷舌动作发生冲突的成分就保持不变，只在原韵母的基础上直接儿化。

从现代汉语规范化的角度说，儿化规范和轻声一样，也包括两方面的问题：一是读音规范，二是词汇规范。前一个问题指的是如何处理儿化韵的读音分歧。因为北京话的儿化韵几十年来一直处于变动中，存在着明显的个人读音分歧，如"板儿"和"把儿"有人读得一样，有人一个读[pɐr]，另一个读[par]，并不同音，"（小）罐儿"guànr[kuɐr]和"（小）褂儿"guàir [kuar] 也如此；"歌儿"gēr[kɤr]和"根儿"gen[kər]也有人读得毫无分别；甚至于"弦儿"和"鞋儿"、"风儿"和"分儿"也有人读得没有区别了。这些读音分歧，有的是历史音变的残迹，有的却是语音变化的先兆。从共时规范

的角度说,这些读音分歧应该根据从众从简的原则有一个统一的明确的认识。比如,大多数人把来自 ɑ、ɑi、ɑn 的儿化韵都读得一样了,那就不要分为[ar]和[ɐr]两个韵了;[ɤr](歌儿)、[ər](根儿)的区别目前在多数人的读音中仍然保持着,那就不宜把它们合并在一起;[iɛr]韵在仄声中许多人已经读成[iər]了,例如"叶儿"和"印儿"变成了同音词,但在平声中这两个儿化韵并不混同,如"(台)阶儿"和"(小)鸡儿",这样[iɛr]韵在儿化韵系统中目前仍宜于让它保持统一,不要分开。总之,北京话内部的儿化韵个人读音分歧,不应该让它影响普通话儿化韵的分合,保持北京话和普通话韵类和音系的一致,对语音规范是有利的。

儿化规范中的另一个问题——儿化词的规范,这是规范的重点。因为方言区人学习普通话的难点,主要不在于学不会儿化韵,而在于不知道什么词应该儿化,什么词不应该儿化。语尾"儿"跟前字合音变为一个音节后,按照汉语一字一音(音节)的书写习惯,口语里的大部分儿化词,字面上往往就不把语尾"儿"写出来了,如bīnggùnr(冰棍儿)只写"冰棍",lǎobànr(老伴儿)只写"老伴",xiǎobiànr(小辫儿)只写"小辫"。这样,即使学会了全部汉字的标准读音,也仍然无法掌握口语里形形色色的儿化词。结果是该儿化的没有儿化,不该儿化的却儿化了。

儿化韵、儿化词的频繁使用是北京口语的特点,从词汇规范的大原则说,北京话里数量众多的儿化词,当然并不都是普通话的词汇。但有两类儿化词,从理论上说普通话是应该加以吸收的。一类是有与之对应的非儿化词,儿化与不儿化可以构成最小辨义对立,或在语法上有区别词性作用的儿化词;另一类是虽然没有与之对应的非儿化词,也无区别词义词性的作用,但是习惯上只有儿化这一种读法的词。例如:

(1) 白面儿　　毒品海洛因

　　白面　　　小麦磨成的面粉

吹风儿　故意透露消息
吹风　　用吹风机使头发干燥
台风儿　演员在舞台上表现出来的风度
台风　　猛烈的风暴
水牛儿　蜗牛
水牛　　适合于水田耕作的一种牛
火星儿　微弱的小火光
火星　　太阳系中的行星
回信儿　答复的话或消息
回信　　答复的信函
老妈儿　旧时称女仆
老妈　　老母亲
双黄儿　两个蛋黄
双簧　　一种曲艺
猫儿眼　猫眼石的通称，一种宝石
猫眼　　门镜
吃喝儿　指饮食
吃喝　　吃和喝，也指生活

吃儿——吃　　　好儿——好
扣儿——扣　　　弯儿——弯
挑儿——挑　　　尖儿——尖
滚儿——滚　　　亮儿——亮
挺儿——挺　　　零儿——零

(2) 老伴儿　杂拌儿　小辫儿
　　一点儿　打盹儿　包干儿
　　冰棍儿　小孩儿　一会儿
　　有门儿　打鸣儿　好玩儿
　　玩意儿　出气儿　唱片儿

个儿	块儿	粒儿
垫儿	味儿	馅儿
本儿	侄儿	瓢儿
竿儿	核儿	仁儿
巴儿狗	坎儿井	馅儿饼
刺儿头	份儿饭	爷儿俩

上面第(1)类例词中的儿化音变是一种构词音变，带语尾"儿"的词与不带语尾"儿"的词，词汇意义和语法功能完全不同，应作为两个不同读音的词看待，不同的读音对应于不同的意义。第(2)类例词，在北京话里只有儿化这一种读法，也就是说如果不读儿化音就是破坏了这些词固有的语音形式，比如把"小孩儿"说成"小孩"，"小辫儿"说成"小辫"。"一会儿"说成"一会"，"巴儿狗"说成"巴狗"，"坎儿井"说成"坎井"，虽然不一定会影响语意的表达，但听起来却十分别扭，因为它违反了自然语言的习惯，特别是其中有些儿化词的词干，本身是不成词语素，如"馅、棍、竿、瓢、侄、味、垫（名）、碟"等，只有加上语尾"儿"才能成为可以独立使用的词，这些词如果不读成儿化词，那更是涉及语法规范的问题了。

上述两类儿化词只要不是北京话里才通行的土词俚语，一般都可以作为普通话词汇看待，至于那些儿化与否在北京话里本身就是两可的词，就不必去确认儿化是普通话的规范读音，北京人爱怎么读也无须去干预。

为了有利于民族共同语的学习和推广，我们还应该在上述两类儿化词的基础上，像确定必读轻声词表一样，确定一份必读儿化词表。必读儿化词的选择应该根据普通话书面语言的口语形式从严掌握，因为只在北京话口语里通行而在书面语的口语形式中一般都不儿化的词，方言区的人是很难掌握的。这样做既符合读书音领导口语音的精神，也符合书面语指导口语的发展和统一的规范化原则。如果有了一份必读儿化词表，同时还对书面上"儿"字的有无做出统一规定(词形规范)。这样有了文字的提示,必读儿化词的数量又能控制在为数不多的范围内,那么,儿化韵的学习,儿化词的使用肯定不会成为学习普通话的一个大难点。

轻声和儿化的规范是比较复杂的,因为这不是单纯的语音现象,它跟词汇语法都有密切关联,所以必须结合几个方面去进行探索和研究,问题才会妥善解决。在这方面还有许多工作等着我们大家去做。

规范化将促进民族共同语的推广和使用以及民族标准语的建立。

思考与练习

一、既然普通话已经确定"以北京话音为标准音"为什么还有语音规范问题?

二、举例说明异读字的不同来源,它跟一字多音有什么区别?

三、普通话审音委员会拟定了哪些审订异读词的原则?

四、1985年普通话审音委员会对《普通话异读词三次审音总表初稿》(1963)做了哪几方面的修改?

五、什么叫轻声?轻声字在声、韵、调的读音方面有什么变化?

六、有人认为既然大部分轻声词,读不读轻声并无区别词义、辨别词性的作用,那么轻声无须包括在普通话语音规范之内,你同意这种看法吗?

七、你对轻声词的规范问题有什么看法和建议?

八、儿化音变现象是否只是北京话里才有的方言土语现象?其他汉语方言中有没有这类儿化音变现象?

九、方言区人学习儿化韵、儿化词有什么困难?你对儿化规范问题有何看法?

十、用宽式音标标注下列儿化词的读音变化(例如:没空儿

[kʻū—kʻuŋ])

豆芽儿	山坡儿
小刀儿	小车儿
台阶儿	
小盆儿	晚辈儿
小孩儿	花篮儿
麦穗儿	脚印儿
合群儿	
小鸡儿	小鱼儿
瓜子儿	有事儿
信封儿	蛋黄儿
小钉儿	小虫儿
小熊儿	

参 考 文 献

王　力(1956)《论审音原则》,《中国语文》第6期。
鲁允中(1995)《普通话的轻声和儿化》,商务印书馆。
王福堂(1999)《汉语方言语音的演变和层次》第六章儿化韵,语文出版社。
林　焘、王理嘉(1992)《语音学教程》第六章之三:汉语的儿化音变。北京大学出版社。

第二章 词　汇

第一节　词和词汇

一、确定词的一些问题

(一) 确定词的一般方法

在现代汉语中词是什么样的语言单位？如何确定词？这些问题学术界有过长期的探讨。

我国传统上学者只讲字，不讲词（指现代语言学所说的）。但字和作为在运用中有意义的单位并不相等这一事实学术界早已感觉到了。如《说文》通过词目的排列区别了一个字的单位和两个字（各字无义）的单位。清代训诂大师也指出"连语"（联绵词）不可单独解释其中字的意义。清末兴起的"国语运动"加速了民族共同语的形成过程。"国语运动"要求把"国语"作为全社会交际的工具，普及教育的工具。要求国语有语音、词汇、语法上明确的标准。于是研究国语中"词"的性质、词的划分成为学术界关注的重要问题。最初一般都从意义上划分词。以后更强调从语法特点上确定词。一般所说的"词是语言中有意义的、最小的能独立运用的语言单位"，既从语法上讲了词的特点，也照顾到了意义。一般根据对词的这种说明提出确定词的方法。在"现代汉语"课中对此有具体的讲述，我们现在在这方面做进一步的说明。

词的"能独立运用"的特点主要表现在两个方面：一是能单说，能单独回答问题；二是虽然不能单说却可以独用，即充当词组或句子的成分。根据这些特点可以进一步说明确定词的方法如

下:

1. 能单说,能单独回答问题的是词。对一个语素组成的单纯词,这个方法最有效。如:

那是什么？——水。
热不热？——热。
你喝不喝？——喝。

"水""热""喝"是一个语素组成的单纯词,能单独回答问题。对多个成分组成的语言单位,这个方法就不是充分条件。比较:

你要什么？纸。/白纸。
这种纸好不好？好。/不好。
你买不买？买。/不买。

"白纸""不好""不买"也可以跟"纸""好""买"一样单独回答问题,但"纸""好""买"是词,"白纸""不好""不买"是词组。

2. 不能单说,能充当词组、句子成分的是词。这个方法一般用来确定下面这些类别的词:

(1) 在现代汉语口语中不单说,但在一般的书面语中用作句子成分的语言单位。如:

春　问:"现在是什么季节？"不能单回答"春",要说"春天"。但在"春来了""春是一年中第一个季节"中,"春"充当主语,"春"是词。

楼　问:"那边盖的是什么？"不能单回答"楼",要说"楼房"。但在"那边在建一座十层楼""我们学校有很多教室楼"中,"楼"充当宾语部分的中心语,"楼"是词。

(2) 现代汉语中单音节的非谓形容词(区别词)。如:

棉　问:"你的大衣是棉的还是呢的？"不能单回答"棉",要说"棉的"。但在"棉大衣""棉手套""棉背心"这些词组中"棉"充当定语,"棉"是词。

金 问:"她戴的戒指是金的还是银的?"不能单回答"金",要说"金的"。但在"金戒指""金耳环""金手镯"这些词组中,"金"充当定语,"金"是词。

(3) 现代汉语的量词(如"四斤糖""五斗米""六尺布"中的"斤""斗""尺")、方位词(如"家里""门内""校外"中的"里""内""外"),也是根据数量词的组合、名词同方位词的组合是一个词组这种认识,承认它们是一个词的,它们一般不能根据能否单独回答问题这个标准来确定。

3. 扩展法 上面说过的"白纸""很好""不买"这些多个成分组成的语言单位,不能根据它们能单独回答问题就认为它们是词。对于多个成分组成的语言单位,有相当多可以用扩展法来确定它们是不是词。扩展法的要点是:在两个以上语言成分组成的语言单位中插入别的语言成分,如果得到新的语言单位可以接受,则原来的语言单位是词组;如果得到的新的语言单位不可以接受,或者意义有很大改变,则原来的语言单位是词。例如:

山峰 —→ *山的峰	山高 —→ 山很高
海带 —→ *海的带	海浪 —→ 海的浪
指明 —→ *指得明	吃饱 —→ 吃得饱
好手 —→ *好的手	好书 —→ 好的书
大家 —→ *大的家	小河 —→ 小的河

上面右列的"山高"一组语言单位,插入别的语言成分后产生的"山很高""海的浪""吃得饱""好的书""小的河"等都是正常的语言单位,而且意义同扩展前一致,所以它们是词组。而左列的"山峰""海带""指明"扩展后产生的语言单位是不存在的,是不可接受的。"好手""大家"扩展后的意义同原来不一样了。"好手"是指"善于做某事的人","好的手"不具有这个意义,也不常用,它可以

指有正常功能的手(如：这一只是好的手,那一只不是。)"大家"是一群人的总称,而"大的家"则指成员多的家庭。因此左列未扩展前的语言单位都是词。

扩展法在应用时,要使插入别的语言成分后产生的语言单位同原来的语言单位结构一致。如：

山 高 ——→ 山 很 高　　　小 河 ——→ 小 的 河
陈述　　主 谓　　　　　　限定　　定 中
吃 饱 ——→ 吃 得 饱
补充　　述 补

扩展法的作用是：能显示原来语言单位的构成成分结合的紧密程度;能插入的,结合不紧,是词组;不能插入的,结合紧,是词。

但扩展法的运用也是有限制的,不是任何情况下都可以使用。例如单音加单音的状中结构的词组(如：快走,[要迟到了。][他]才来,[就忙这忙那。]"快走""才来"就是这种词组。)不允许扩展。处所词语(如"教室里""树下")也是难以扩展的。不能说它们不能扩展就把整个单位看作一个词。此外,某个单位允许不允许扩展,不仅受语法因素制约,有时还受修辞、习惯等因素制约,因此不可夸大扩展法的作用。

4. 剩余法　这个方法主要用于虚词。它的做法是：把句子中所有可以单说、可以用做句子的主要成分的单位提开,剩下来不能单说、也不是词的一部分的,也是词。虚词主要用这个方法来确定。如：

她和她的朋友都去颐和园吗?

这个句子中能单说的有：

谁去颐和园?——她。
她去不去?——去。

有困难谁帮助你？——朋友。"朋友"不能扩展。
你们去哪儿？——颐和园。"颐和园"不能扩展。

"都去"中的"都"不能单说，"都去"是单音节加单音节的状中结构，也不能扩展。但"都去"的"都"充当状中结构的修饰语，它充当句子成分，是词。

这样，就剩下"和""的""吗"，它们既不能单说，也不是任何一个词的一部分，它们也是词。它们是虚词，有自己的功能。这里的"和"联系"她"和"她的朋友"，组成并列结构的词组，"的"联系"她"和"朋友"，表示限制关系，"吗"加在整个句子后面，使句子成为疑问句。

（二）一些疑难问题

上面阐述的是确定现代汉语的词的一般方法，由于现代汉语的语言现象很复杂，不同学者有不同的看法，所以也存在不少有争议的疑难问题。下面简要介绍几个问题。

1. 如何确定述补结构（如"吃饱、打倒"）等是不是词的问题。一般把它们分为三种情况。

（1）"吃饱""抓到"等是一种情况

它们能够扩展：

吃饱　一个馒头一个菜吃得/不饱。
抓到　这块地里抓得/不到青蛙。

它们的意义是构成成分的简单组合，"吃饱"是"吃"加"饱"意义的组合，"抓到"是"抓"加"到"意义的组合，它们是词组。

（2）"改善""扩大"等是一种情况

虽然它们的意义是构成成分的组合，"改善"是"改"和"善"意义的组合，"扩大"是"扩"和"大"意义的组合，但它们不能扩展：

改善——*他们的工作条件改得/不善。只能说"他们的工作条件改善了""他们的工作条件没有改善"。

扩大──→*他们学校的规模扩得/不大。可以说"他们学校的规模扩大了""他们学校的规模没有扩大"。所以它们是词。

(3)"打破""打倒"等是一种情况

"打破""推翻"在具体的意义上使用,能够扩展,它们的意义是构成成分的简单组合。如:

打破──→这个铁门用铁棍打得/不破。

打倒──→你一拳打得/不倒他。

但是"打破""打倒"都可以表示抽象的意义:

打破　打破旧的传统。

打倒　打倒旧的政权。

它们都可以扩展:

打破──→人民觉悟起来,打得破旧的传统。
　　　　人民不觉悟,打不破旧的传统。

打倒──→人民团结起来,打得倒旧的政权。
　　　　人民不团结,打不倒旧的政权。

因此,实际上可以区分为两个"打破",两个"打倒"。在具体意义上使用的"打破""打倒"是词组,在抽象意义上使用的"打破""打倒"虽然能扩展,但意义不是构成成分的简单组合,另有专门的意义,所以是词。

2. 如何确定"打仗""看书"等述宾结构是不是词的问题。

"打仗""睡觉""看书""写字"等都是述宾结构,它们都能扩展:

打仗──→打了三年仗

睡觉──→睡了一个觉

看书──→看了半天书

写字——→写了十个字

它们的宾语都能够提前：

仗打赢了
觉睡够了
书看完了
字写好了

它们的性质似乎是一样的。但是"打仗""睡觉"是由"能单说的语素+不能单说的语素"构成的：

还打不打？——打。"仗"却不能单说。
还睡不睡？——睡。"觉"却不能单说。

"看书""写字"是由两个都能单说的语素构成的。

还看不看？——看。看什么？——书。
还写不写？——写。写什么？——字。

因此，"看书""写字"是词组。而"打仗""睡觉"可以作这样的处理：

(1) 在它们合用时看做一个词：

人民不喜欢打仗。打仗不是好事。
他不想睡觉。睡觉太多不好。

(2) 在它们分开用时可以看做两个词：

打了三年仗 ｜
仗打赢了   ｜ "打""仗"是两个词

睡了一会觉 ｜
觉睡够了   ｜ "睡""觉"是两个词

这种词叫作离合词。

二、词汇中的固定语

（一）固定语的范围

确认词汇中除了词以外还存在固定语,它们是词汇的重要组成部分,这种认识是词汇学研究的重要成果。新中国成立后最早出版的一些现代汉语词汇著作中都只是说明：语言中所有的词组成语言的词汇。有学者分析过"中华人民共和国"作为语言单位是"固定词组",成语是定型的词组或短句。后来出版的词汇学著作,特别是20世纪80年代以后出版的词汇学著作,都明确指出词汇中既包含大量的词,也包含有可以把词作为构成成分的、作用相当于词的"语"（或称"固定词组""固定结构"等）。学者指称这些单位的命名不同,名称所指范围也不同。考虑到"熟语"一词已为多数学者用来指称成语、谚语、歇后语、惯用语,参考各家意见,我们提出下列分类：

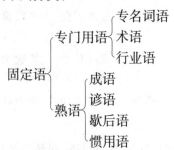

根据这个分类,固定语就是指在语言中作用相当于词、可以把词作为构成成分的独立运用的单位；它在结构、意义、作用上有自己的特点。下面先说明专门用语,熟语的研究在后面说明。

（二）专门用语

专门用语在应用中有广义狭义两种用法。广义用法指各学科各部门用的术语、行业语（某一职业领域所用的词语）,其中包括大量的词,也包括可以以词作为构成成分的短语。如：

术语

数学术语	分数	平方	比例	一元方程	曲线积分
	圆锥曲线				
物理学术语	力矩	电压	辐射	电阻定律	固体力学
	电磁波干涉				
化学术语	酸性	化合	原子价	固相反应	放射化
	分析	细胞化学			
文艺术语	形象	旋律	史诗	悲喜剧	浪漫主义
	十四行诗				
经济学术语	资本	商品	价值	固定资本	剩余价值
	级差地租				
语言学术语	辅音	形容词	本义	固定词组	及物动词
	圆唇元音				

行业语

商业用语	采购	盘货	滞销	废品损失	可比价格
	转账结算				
交通用语	晚点	吨位	轻货	交通信号	驾驶噪声
	高速公路				
印刷用语	排版	字体	套版	木刻水印	曲面印刷
	印刷原图				

专门用语的狭义用法只指上述列举词语中的短语,如数学术语中的"一元方程""曲线积分",物理学术语中的"电阻定律""固体力学",商业用语中的"废品损失""可比价格"等。一般又细分为三种:

1. 专名称(也叫专名词语)

国名　中华人民共和国　美利坚合众国　法兰西共和国
　　　南非共和国

地名	长江三角洲　云贵高原　巴尔干山脉　沙哈拉大沙漠
机关名	全国人民代表大会常务委员会　中华人民共和国外交部　北京市人民政府　北京大学

2. 术语　上面已列举,再如:

法律术语	地方性法规　司法行政　犯罪嫌疑人　有期徒刑　痕迹检验
医学术语	病理切片　立克茨体　心脏起搏器　病毒性脑膜炎　血友病

3. 行业语　上面已列举,再如:

摄影用语	曝光量　防红眼　立体摄影　多次曝光　红外线摄影
戏曲用语	跑龙套　大花脸　折子戏　刀马旦

我们这里把短语式的专名称、术语、行业语称作"专门用语",是"专门用语"的狭义用法。

下面说明专门用语的结构分析和构成成分。专门用语可以用"现代汉语"课中讲过的构词方式分析来分析它的结构。它们都属多层次结构,适用层次分析法。如:

中华 人民共和国　　　北京市 人民政府
　　　限定　　　　　　　　限定
　　　—限定　　　　　限定 限定
　　　—限定

心脏 起搏器　　　　　血管 收缩剂
　　　限定　　　　　　　　限定
　　　—限定　　　　　　　—限定

用层次分析法分析所得到的专门用语的构成成分,多数是词,如"中华人民共和国"分析后得到的构成成分是"中华""人民""共和""国",都是词,"北京市人民政府"的构成成分"北京""市"

"人民""政府",也是词。但也可以是语素,如"心脏起搏器"中的"器","血管收缩剂"中的"剂"。也可以是语素组,如"心脏起搏器"中的"起搏"。语素组至少由两个语素组成,但它只是合成词(如"向日葵"中的"向日")、固定语的构成成分,不能独立运用。

专门用语一般作为一个整体来使用,结构上中间不能加入别的语言成分,如"北京市人民政府"不能说成"北京市的人民政府","心脏起搏器"不能说成"心脏的起搏器"。

(三) 熟语研究

熟语用来指成语、谚语、歇后语、惯用语,熟语学用来指对这些固定语的研究,是新中国成立以后的事。20世纪80年代以来,熟语、熟语学的这种用法为多数学者所接受。我国古代把来源于古籍或民间的广为流传、言简意赅的固定语称为谚、俗谚、俗语、鄙语、语等。古籍中大量引述这些俗语,也出现了不少专门汇集、解释这些俗语的专书。五四前后至新中国成立以前,受西方民族学研究的影响,一些学者积极收集研究这些谚语、俗语。新中国成立以后,受苏联语言学的影响,多数学者认为成语、谚语等是词汇的一个组成部分,包括在词汇学研究的范围中。在"现代汉语"课中已说明了成语、谚语、歇后语、惯用语的性质、结构、意义和作用,下面我们简要讲述各类熟语研究中值得注意的研究成果。

1. 成语研究

(1) 关于成语性质的认识　人们对成语性质的认识有一个发展过程。清钱大昕《恒言录》的"成语"一类中,既含有今天说的成语,也包含有一些双音词、歇后语。1915年出版的《辞源》说成语是"古语也。凡流行于社会,可征引表示己意者皆是。"这代表当时对成语的一般看法,偏指习用、通行的古语。新中国成立以后,学术界对熟语中不同的类别进行了深入的研究,对各类熟语的内容、形式有了更确切的认识。《现代汉语词典》对成语的说明代表了现代人对成语的认识,成语是"人们长期以来习用的、简洁精辟的定型词组或短句。汉语的成语大多由四个字组成,一般都有出处"。在成语研究中也有不同意见。有学者认为,意义的双层性(有字面意义,又有比喻引申义等)是成语的特点,根据这个标准,"满城风雨""纲举目张"是成语,而意义无双层性的"不胜枚举""似是而非"就不是成语。多数学者认为,它们都是成语,只是表义的方式不同。

（2）关于成语"词性"的分析

吸收语法的研究成果,学者探讨了成语的"词性"问题,他们的分析简介如下：

1）名词性成语　各组成部分是并列关系的名词性成分的成语,如浑金朴玉、和风细雨,以名词为中心的偏正关系的成语,如识途老马、身外之物。

2）动词性成语　以动词为中心的偏正关系的成语,如轻描淡写、侃侃而谈。

3）形容词性成语　以形容词为中心的偏正关系的成语,如万紫千红、落落大方。

4）主谓关系、动宾关系的成语,以"谓"和"动"为中心来确定词性,如"山雨欲来"、"不识时务"是动词性成语,因为其中"欲来"的"来"、"不识"的"识"是动词性的。"四体不勤"、"襟怀坦白"是形容词性成语,因为其中"不勤"的"勤"、"坦白"是形容词性的。

5）不少成语的作用越出某一类词性的范围,更重要的是考察它们在句子中的语法作用。

对成语的这种分析,可以帮助我们更好地理解成语的作用、用法。

（3）关于成语的活用

成语在特定语境中可以活用,有学者系统地研究了成语活用的不同方式,主要有：

1）抽换　如：

广开才路,不拘一格选人才。(方毅《在全国科学大会上的报告》)
"广开才路"原作"广开财路"。

2) 增添　如：

百川殊途而归于海,水在海中总是要接近的。
(《沫若文集》41卷,186页)
"百川归海"之"归海"中增一"于"字。

3) 削减　如：

我们欲饮葡萄觥,愿祝新阳寿无疆。(《沫若文集》1卷,14页)
"寿无疆"原作"万寿无疆"。

4) 易序　如：

无论从旧道德,从新道德,只要是损己利人的,他就自己选上,背起来。　　　　　　　　　　(鲁迅《为了忘却的纪念》)
"损己利人"原作"损人利己"。

5) 拆离　如：

聊以自欺,而且欺人,那方法是：瞒和骗。
(鲁迅《论睁大了眼睛》)
这里将成语"自欺欺人"拆离使用。

6) 转用　如：

这些坚定的人,好比屹立天地的岩石。它们诞生于"水深火热"之中。　　　　　　　　　　(陶铸《革命的坚定性》)
"水深火热"原用于比喻人们的生活处境异常痛苦,这里转用于形容岩石形成的变化激烈的地质条件。

2. 谚语的研究

(1) 关于谚语的分类

谚语数量多、内容丰富。古代文献对谚语的分类比较简单,明清俗语专书中习惯上把谚语分为古谚、今谚,近代学者多据地域分类,如说吴谚、常州谚等。现代学者据谚语内容、作用的特点,提出较好的分类。主要分为:

1) 农谚　总结农业生产经验的谚语,如:

　　谷雨前后,种瓜点豆。
　　冬耕深一寸,春天省堆粪。

2) 气象谚　总结气候变化规律的谚语,如:

　　星星布满天,明日好晴天。
　　日晕三更雨,月晕午时风。

3) 讽颂谚　有歌颂或揭露内容的谚语,如:

　　红军到,百姓笑。
　　富人四季穿衣,穷人衣穿四季。

4) 规戒谚　在为人办事方面提出劝告或警戒的谚语,如:

　　众人拾柴火焰高。
　　拿人的手软,吃人的嘴软。

5) 风土谚　概括地方风土景物特点或特产的谚语,如:

　　东北有三宝:人参、貂皮、乌拉草。
　　天无三日晴,地无三尺平(贵州)。

6) 生活常识谚　总结衣食住行知识的谚语,如:

　　衣不差寸,鞋不差分。
　　饭后百步走,活到九十九。

7) 修辞谚　生动形象地表达某种含意的谚语,这种谚语不一定含有经验的总结。如:

雷声大雨点小。

横挑鼻子竖挑眼。

(2) 关于谚语的民族特点

谚语的民族特点主要表现在：

1) 材料的选择。许多谚语以中华历史上的故事传说、典章文化、动植山川作为素材。"大意失荆州""蜀中无大将，廖化作先锋"是根据三国时期的历史故事。"熟读唐诗三百首，不会吟诗也会吟"以"唐诗"作为比喻的喻体。"泰山压顶不弯腰"以五岳之首"泰山"来突出巨大的困难。

2) 许多谚语反映了民族特有的心理状态。如"挂羊头卖狗肉""狗改不了吃屎"反映了习俗对狗的贬斥。"岁寒知松柏，患难见人心"反映了对松柏赞赏的心理。"树高千大，落叶归根"表示了怀恋故土的深刻感情。"有时省一口，缺时顶一斗"表现的是居安思危的优良品质。

3) 许多谚语反映了特有的经济生活、地理环境。农谚、气象谚、风土谚在这方面是典型的代表。如"处暑萝卜白露菜，秋分种麦人不怪"，"杭州不断笋，苏州不断菜。"

4) 形式上音节配搭整齐，多对偶排比，多韵语。如"旱榜田，涝榜园""一九二九不出手，三九四九沿凌走"，全都押韵，由两句组成，前一条谚语是对偶，后一条谚语中有排比。

(3) 关于谚语和成语的区别

成语、谚语内容形式作用上的差别，可以简要说明三点。

1) 成语书面语性强，谚语口语性强。比较：

| 饮水思源
| 喝水不忘掘井人
| 见异思迁
| 一山望着一山高

上句是成语,下句是谚语;成语多文言词语,谚语是明白的现代口语。

2) 成语比谚语更定型化。如成语"众志成城"不能变换任何成分,谚语"三个臭皮匠,顶个诸葛亮"可以说成"三个臭皮匠,变成诸葛亮""三个臭皮匠,赛过诸葛亮"。成语"孤掌难鸣"也不能作任何变换,而谚语"一个巴掌拍不响"可说成"一只手拍不响""一个巴掌不响"。

3) 成语在语言运用中作用一般相当于词,谚语多数可以独立成句。如:

"声东击西",是造成敌人错觉之一法。 (毛泽东《论持久战》)
即使没有这种冠冕堂皇的心,也决不故意耍些油腔滑调。

(鲁迅《华盖集·并非闲话(三)》)
你要母鸡多生蛋,又不给它米吃,又要马儿跑得快,又要马儿不吃草,世界上哪有这样的道理。 (毛泽东《论十大关系》)
"平生不做亏心事,半夜敲门不吃惊"。乙校不自心虚,怎能给恐吓呢? (鲁迅《华盖集续编》)

以上前两句加点的是成语,都充当句子成分,后两句加点的是谚语,充当分句,或自成一句。

3. 歇后语的研究

(1) 关于歇后语名称的解释

早在20世纪二、三十年代,已有学者对歇后语的名称提出质疑。有人认为歇后语得名于两部分讲说时中间有较长的停顿,有人认为是因为讲说时后半截常常不说出来。新中国成立以后学术界对这个问题继续作了探讨。有学者对这两种说法都提出了否定意见。认为"中间停顿说"不能成立,因为不少谚语、成语也由两部构成,中间也有停顿,不能说它们是歇后语。也有不少歇后语中间停顿很短,如"兔子尾巴——长不了""秋后的高粱——红透了"。

认为"后半略去说"也难成立。据调查,许多歇后语后半并不略去,《红楼梦》、《儒林外史》等五百多部作品四千八百多条歇后语中,后半可略去的只有三百多条,不到1/12,原因是后半是意义重点所在,略去后影响意义的表达。认为歇后语的后半表示基本意义,前一部分除表示某些附加意义外,主要起引事作用,可概括为"引事""注解"关系,简称"引注"关系。(这里的说明主要据温端政《歇后语》[商务印书馆1985]中的论述。)我们认为,对"歇后语"名称的不同解释不影响名称的使用。因为名称和意义之间的关系并不都是完全合乎理据的,命名时可能只是注意到某一特征,就把这个特征作为整体的名称。

(2)歇后语结构的分析

歇后语的结构可以从不同角度分析。下面介绍上面说的把歇后语前一部分和后一部分的关系看做"引注"关系,以"引注"关系为中心从语法、意义两方面所作的分析。

从语法方面看有下列情况:

1)"引""注"之间存在主谓关系,如:墙上的草——随风倒。

2)"引""注"共有一个潜在主语,如:听评书掉眼泪——替古人担忧。

3)"引"的某个成分充当"注"的某个成分,如:"徐庶进曹营——一言不发"。"徐庶"充当"注"的主语。"床底下放风筝——飞不起来","引"中的宾语"风筝"充当"注"中的主语。

从意义方面看有下列情况:

1)"引"讲一种人物、或一件事情,"注"描绘状态、摹拟声音。如:

太平洋的警察——管得宽("注"描绘状态)

蛤蟆跳井——扑通(不懂)("注"拟声音)

2)"引"讲一种事物或一件事情,"注"做出肯定或否定的判断。如：

豆芽长上一丈高——也是菜

蒺藜子拌草——不是好料

3)"引"讲一种事物或一件事情,"注"说明性质、原因、结果。如：

蜂蜜里拌糖——甜上加甜(性质)

黄鼠狼看鸡——越看越稀(结果)

4)"引"讲一件事情,"注"发出感叹。如：

倒了油瓶不扶——懒到家了

老虎头上拍苍蝇——好大的胆子

歇后语有字面义有实际意义,其间的关系"现代汉语"课已讲过了,不再重复。

4. 惯用语的研究

惯用语作为一种语言单位的名称,有了较确定的语言学术语的意义,出现在20世纪七八十年代。但是它的指示范围,学者有不同的界定。下面说明的是较多学者的看法。

(1) 惯用语是固定词组的一种。核心部分是三音节动宾关系的固定词组,如"走后门""吃老本""唱双簧""戴高帽";也有少数是非动宾结构的,如:"空架子""鬼画符";也有少数是多于三字的动宾结构,如"吃大锅饭""摸老虎屁股"。

(2) 意义、结构上有定型性的特点。在意义上其整体义不是它的构成成分的简单相加,多以比喻表义;其整体义在正常结构、变型结构中都存在,如"穿小鞋""给他小鞋穿"中"穿小鞋"都表示受人暗中刁难、约束或限制。

(3) 有一定的灵活性。除了结构上可有一定变化外,其动词常可替换为同义、近义成分。如"放包袱"的"放"可换为扔、撂、丢、甩等。

惯用语有多种来源,有日常用语而定型化的,如"踢皮球""一锅端";有从行业语吸收的,如"翻老账""跑龙套";有来源于典故传说的,如"上西天"出自《西游记》描写的佛教故事,"借东风"来自《三国演义》描写的历史故事。

三、现代汉语词汇规范问题

(一) 词汇规范问题的学术研究

现代汉语词汇规范是现代汉语规范化工作的重要组成部分。语言文字的规范是共同语发展所要求的,是经济文化发展的重要条件,也是现代文明的重要表现。现代汉语规范化工作一直受到国家政府的重视。新中国成立不久,《人民日报》发表社论《正确使用祖国语言,为语言的纯洁健康而斗争》(1951年6月6日),社论指出:"正确运用语言表达思想,在今天,在共产党领导的各项工作中有重大的政治意义。""任何文件、报告、报纸和出版物都能用正确的语言来表现思想,使思想能为群众所正确掌握,才能产生正确的物质力量。"社论把词汇规范问题作为一个重要方面来论述。《人民日报》同时连载吕叔湘、朱德熙的《语法修辞讲话》,引导广大干部群众学习语言,纠正语言应用的错误。《讲话》也具体地分析了词汇规范中的问题。在1955年10月召开的现代汉语规范化问题学术会议上,罗常培、吕叔湘的报告《现代汉语规范化问题》全面论述了规范化问题的必要性、原则、工作内容和工作方法。报告指出:"规范化的主要对象是书面语言",词汇和语法的标准是"现代有代表性的作品的一般用例"。报告也具体分析了词汇规范问题,指出规范标准不明确的情形在词汇方面也相当严重。以后现代汉语词汇规范问题成为学术研究的重要课题。通过探讨,一般认为:普通话词汇应以"官话区"方言为基础,普通话词汇包括汉民族现在已经使用的和逐渐发展为共同使用的词;普通话词汇要不断从非官话方言、古汉语以及外语中吸收适用的、需要的词;词汇规范要依照发展的客观趋势、语言发展的内部规律,通过缜密的调查研究来确定。

"十年动乱"期间,现代汉语规范化工作陷于停顿。粉碎"四人帮"后,针对一些人对规范化工作存在的不正确认识,学者们阐述了语言发展和规范化工作的关系:规范的对象是语言发展中非主流的、病态的东西;在正确认识语言规律的基础上进行人工的调节,更有利于语言的发展。规范化并不限制语言发展中风格的多样化。在进一步的研究中有学者指出,认为规范化就是匡谬正俗的说法有片面性,规范的对象是语言的变化,规范就是对语言变化的评价和抉择,是动态的规范。这有助于加深人们对规范化工作的认识。

(二) 词汇规范中的几个具体问题

1. 方言词、文言词语、外来词的运用问题

在"现代汉语"课中,已经说明了方言词、文言词语、外来词的地位和作用,普通话吸收这些词语的一般原则。这里我们重点说明在书面语写作中应用这些词语的规范问题。

在文章和文艺写作中,根据需要,例如描写地方特色的风物、显示人物个性特点,适当运用方言词可以丰富表现力。但不能不问需要,将一般的名词、动词、形容词也换成方言词,这有碍于理解,就是不妥当的,例如:

① 我知道这部机器不是你们公司制造的,机身上有铭牌嘛。
② 从此,小两口没明没夜地下苦,创立家业。
③ 谁知王大嫂听了这话,很不悦意。
④ 老人戳根拐棍,颤颤波波,走了进来。

①中的"铭牌"可改为一般所说的"商标"。②中的"下苦"可改为普通话说的"苦干"或"辛苦劳动"。③中的"悦意"应换为通用的"高

兴"。④中的"颤颤波波",可换用普通话的"摇摇晃晃"或"颤巍巍地"。

文言词语用在某些文体中,或在一定的交际条件下使用,都有独特的作用和表现力。但在一般的写作中不宜乱用文言词语,或用文白夹杂的说法。例如:

① 他想商家做生意,是售其货,赚其钱,讲究公平交易。
② 这个地方,同东、西两个城市相距均百里。
③ 他定做了许多盒子,将好橘子置上,将小的、有斑点的橘子置下,整盒卖出。
④ 这个戏校的学生,若学会二十出戏,即为多者。

①中的"其"为文言虚词,这里意为"他的"。这里不必用"其",就说"售(卖)货赚钱",更合平常表述。②中的"均"为文言副词,可换为现代常说的"都",改成"相距都有百里"。③中的"置上""置下"也是文言的说法,可改为一般说的"放在上面""放在下面"。④中的"若""即为多者"为文言词语,整句话文白夹杂。可将文言词语换成现代人的表达。后半可改成:"如果学会二十出戏,就是学得多的了。"

在我国国际经济文化交往日益密切的条件下,大量外来词进入语言是必然的。它们丰富了现代汉语词汇,增强了我们语言的表现力。这里我们不想全面讨论外来词的运用问题,只想强调一点:我们是要吸收外国语言中于我们有用的东西,并不是要用外国语言的词语来代替祖国语言的常用词语。因此那种以外来词代替祖国语言为时髦的倾向是一种不良的倾向。例如:

① 人们正在欢呼全世界进入一个很酷的时代,欢呼现代化大潮正在征服全球。
② 文化节期间要举行歌舞会、服装骚、杂技比赛。
③ 附近有没有菲林专卖店?

④我走进路边的司多店里,买了一包香烟。

①"酷"是来自英语俚语的音译词,原指好、美等。在口语中有人偏好而常用。但这里的"酷"则不妥当,它不能代替语言中原有的"新""崭新"或者是"科技高度发展""科学"、"民主"这些含义明确,表达重要内容而显得庄重的词语,"酷"在这里含义不明、难以表示时代的特征。②"骚"也是音译词,这里可直用"服装表演"既明白又庄重。③中的"菲林"即英语"胶卷"的音译词。"胶卷"常用也为大家熟悉,不必改用音译词。④中的"司多"是英语"商店"的音译词,这里可改为"小卖店里",既明白又合平常的说法。

2. 生造词和简称不当问题

汉语原来单音词占很大分量,后来语言发展,双音合成词大量增加。它们都是用原来的词作为语素,用各种构词方式构成的。如"美"在"好看"的意义上同"丽"组成"美丽"是并列式,同"观"组成"美观"是限定式,同"审"组成"审美"是支配式等等。但语素组成合成词是在语言长期的发展、运用中定型的。作为运用者的个人,应该认真学习语言中原有的词语,并正确运用。生造词是个人临时用语素组合成的,它们要表示的意义,语言原已有通用词语表示。例如:

① 休息了好几天,我才去除了长时间坐飞机旅行所引起的疲倦。

② 这孩子父母在外地工作,全靠奶奶带挈长大。

③ 那些精心创作出来的画品,都锁在潮湿的贮藏室中。

④ 窗台上一盆文竹,几根细枝托出一片片巴掌大的叶子,翠嫩挺秀。

①中的"去除"改为"消除"。②中的"带挈"改为"抚养"或"抚育""照顾"都可以。③中的"画品"改为"画儿",或据种类称"国画""油画"。④中的"翠嫩"改为"葱翠"。

简称的形式、方法在"现代汉语"课中已经做了说明。简称由于形式简短、运用经济,得到广泛的运用。简称要注意构成是否合理,如"体育学校"可简称为"体校","外语学校"不能简称为"外校",因为它同"本校、外校"的"外校"相混。"参加试验"也不好简缩为"参试",因为"参试"也可以理解为"参加考试"。运用简称要注意范围,在北京大学学校内,用"校党委"这一简称所指明确,但在社会上谈及同一对象,就要用"北大党委"这一简称。社会各界运用的不少简称,在一定范围中可以被人们接受。下列句子中的简称有毛病:

① 在那个时期,冬天能有一套"军大"穿就算是好的了。
② 她演的电影不少,但多数是当"女配"。
③ 粮食市场放开,供应充足,黑大米价格陡落。
④ 到了武汉,你不要找湖北省委的人,你就直接去找"长办"。

①的"军大"指"军大衣",但它易同指"军政大学"之类的简称相混,"大"这个语素也难以代表所指事物,可直说"军大衣"。②的"女配"指"女配角",简称难于达意,可直用"女配角"。③中的"黑"本意是用作"黑龙江"的代表,但放在一般的语境中,"黑"可以理解为"黑色的""黑市的"。这里可改为"黑龙江产"。④中的"长办"指的是"长江流域规划办公室"。这个简称从事有关工作的人可能了解,但在一般的语境中,应该用更明确的说法,或用全称。

3. 普通话词语用法的规范问题

普通话词语一般来说意义明确,组合搭配习惯比较稳定。但在社会生活和语言运用中,也有一部分词语组合搭配习惯有变化,意义范围不很清楚,影响到运用的规范。对这种情况应多作学术探讨,通过缜密的调查研究,提出规范的意见。

例如"水平"这个词,一般的用法是:产量达到历史上最高的水平。提高思想或业务水平。"水平"同"最高""提高"等搭配,表示

"水平"一般是从高度方面来衡量的。但后来又出现了"达到历史上最好的水平"的说法,这样用,显示出"水平"可以区分"好"的等级。有人不同意这种用法。不妨采取宽容态度,根据运用的发展,在学术上多作分析,决定规范。

再如"无需""无须"两个词,《现代汉语词典》立"无须"词条,"无需"则说"同'无须'"。这样处理是把它们看作异形词(也叫异体词)。这两个词在一些语句中可以互换,如:无须(需)暗中摸索。无需(须)加上其他说明。但有学者提出,"无需"相对于"需要",是"不需要"的意思;"无须"相对于"必须",是"不必"的意思。用法上,"无须"属副词,"无需"可视为动词,后面可加上名词性宾语(无需你的帮助),也可加上谓词性宾语(无需你帮助)。所以"无须""无需"有理由区分为两个词。

又如,在语言中仿"其他"出现了用以专门指物的"其它"。但"其他"并非单纯指人,也可以指物,所以"其它"就显得多余,应该统用"其他"。

4. 异形词的规范问题

异形词指同一个词的不同书写形式。如"自序—自叙""反照—返照""风姿—丰姿",它们读音也是相同的。有少数读音有差异,但仍是一个词的不同书写形式,如"跟头—跟斗"。异形词是在语言运用中用不同的字记录同一个词的全部或部分形体造成的。异形词的规范属于汉字整理的工作,但它同词的意义也有关系,所以在这里作一个简要的说明。不少学者对异形词的规范作了大量的调查研究工作,从不同角度提出了整理的办法,下面说明一些重要的观点。

异形词的整理一般可以通过三种办法。第一是通过废除异体字来整理。根据《第一批异体字整理表》,下列各组异形词中的前一个是合乎规范的:"布告—佈告""雇工—僱工""脉搏—脈搏""灾荒—灾荒"。第二是选用,例如可以考虑选用"模拟",废"摹拟",选用"漂流",废"飘流",选用"含胡",废"含糊"。第三是分化。例如"利害"有两义。一义为利益和损害,读 lìhài。另一义是猛烈、激烈,读 lìhai,后义也可以写作"厉害"。这就可以考虑,把后义和后一种读法,写作"厉害",前义和前一种读法,写作"利害",而不必在"猛烈、激烈"的意义上有两种写法。

关于异形词的选用,可以根据几个原则来进行。一是从俗,即选用大众多用的,如选"思维",不用"思惟",选"保姆",不用"保母"。二是从简,即选用笔形简易的,如选"人才"不用"人材",选"补丁"不用"补钉"。三是义明,即语素表义清楚,如选"耽搁"不用"担搁",选"酒盅"不用"酒钟",因为"耽"比"担"、"盅"比"钟"在这里表义更明白。四是音准,即字的读音同词的读音一致,如:"吊儿郎当—吊儿浪荡",这个词读 diào·erlángdāng,故选前一个。

思考与练习

一、说明根据"能单说"来确定词和根据"能充当词组、句子成分"来确定词这两个方法应用的条件。

二、说明"扩展法"的内容及其局限性。

三、下列各组中的语言单位,哪个是词?哪个不是?为什么?

游泳—走路　　　　　理发—切菜

治安—治好　　　　　说明—说清

四、固定语都包括哪些语言单位?各举二例。

五、举例说明专门用语的特点。

六、试说明成语和谚语的不同。

七、举例说明谚语的民族特点。

八、从"引""注"关系举例说明歇后语两部分意义上的联系。

九、说明惯用语的定型性和灵活性。

十、谈谈你对语言规范是"匡谬正俗",语言规范是"对语言发展的评价和选择"这两种说法的意见。

十一、"承包"有下列用法:
1. 村里把两亩果园承包给老王。
2. 老王承包了村里的两亩果园。

有人指出:1中的"承包"运用不规范,因为"承包"中的"承"是"接受"的意思。谈谈你的看法。

十二、"首发"有下列用法:
1. 这部大词典的首发式在图书大厦举行。
2. 这趟火车的首发式在西站举行。

有人认为,1中的"首发"的用法是规范的,2中的"首发"同1混淆,不应提倡。谈谈你的看法。

参 考 文 献

吕叔湘(1979)《汉语语法分析问题》,商务印书馆。
刘叔新(1990)《汉语描写词汇学》,商务印书馆。
马国凡(1978)《成语》,内蒙古人民出版社。
武占坤、马国凡(1986)《谚语》,内蒙古人民出版社。
温端政(1985)《歇后语》,商务印书馆。
罗常培、吕叔湘(1956)《现代汉语规范化问题》,《现代汉语规范化问题学术文件汇编》,科学出版社。
郭良夫(1987)《关于词汇规范问题》,《中国语文》第1期。
陈章太(1996)《普通话词汇规范问题》,《中国语文》第3期。

第二节 构 词 研 究

一、构词法

(一) 构词法分析的基础

在"现代汉语"课中已经说明了现代汉语的词的构造情况,说明了合成词的构造类型,分为组合式、附加式、综合式三大类型。

组合式再分为并列、限定、补充、支配、陈述等类型；附加式又分前附式、后附式等类型。

汉语的构词法研究是 19 世纪末以后我国学者借鉴外国语言词语结构的分析发展起来的，它的基础是分析构词成分的意义、作用及其间的关系。下面我们在这方面做具体的分析。

喜悦　动静

"喜"意为高兴，"悦"义也为高兴，它们表示相同的意义，它们相互之间地位平等，不互相发生意义关系，所以称为"并列式"。"动"意为运动，"静"义为静止，它们表示相反的意义，它们地位平等，不互相发生意义关系，所以也称为"并列式"。

铁路　轻视

"铁"指钢铁，"路"指道路。"路"表示一种事物，"铁"表示制成这种道路的材料。它们之间的关系可以解释为前一个成分的意义限制修饰后一个成分的意义，所以叫"限定式"。"轻"这里意为不着重，"视"这里意为对待，它们之间的关系可以解释为"视"表示一种行为，"轻"表示一种态度，其间是修饰关系，所以也属"限定式"。

说明　枪支

"说"义为说话，"明"指明白。"说"表示一种行为，"明"表示这种行为的结果。它们的关系可以解释为行为和行为结果的关系，行为是主，结果是补充说明，所以叫作"补充式"。"枪"指一种武器，"支"原是可用于计量"枪"的量词，在这里它失去了量词的意义和作用。但"枪支"一词是枪的总称，不能用于单支的枪。这个词的意义主要由"枪"表示，"支"在构词中起辅助作用，所以也可以归入"补充式"。

司机　刺眼

"司"义为操纵，"机"指一种机械装置。"司"表示一种行为，"机"表示行为涉及的对象。其关系可以解释为前一成分支配后一成分，所以叫"支配式"。"刺"意为刺激，"眼"指眼睛，其间的关系也可以解释为行为和行为涉及对象的关系,也属"支配式"。

性急　目击

"性"指性情、性格,"急"指急躁,它们之间的关系可解释为"性"是被陈述的对象,"急"是对这个对象的陈述,故称为"陈述式"。"目"指眼睛,"击"这里义为碰到、见到。其间是行为主体和行为的关系,相当于主语、谓语关系,所以也归入"陈述式"。

老师　石头

"老"在这里无义,"师"指教师,"老师"的意义主要由"师"表示,"老"加上去构成了"老师"这个双音词。可以解释为"老"附加在"师"上,故称"附加式"。"老"在前,故称前附加。"石"指石头,"头"在这里无义。"石头"的意义主要由"石"表示,"头"加上去构成了一个双音词,可以解释为"头"附加在"石"上,所以也是附加式。"头"在后,故称后附式。

由此可见,构词法分析的基础是分析合成词构词成分的意义、作用及其间的关系。由于分析可以从不同角度来进行,就存在不同的解释。了解了这种情况,有助于我们对词的结构分析做进一步的思考。下面提出几个问题来讨论。

1. "现代汉语"课中把构成合成词的语素分为定位语素和非定位语素。可以出现在合成词前、中、后位置上的语素叫非定位语素(如"工人""手工业""木工"中的"工"),只出现在合成词前面或后面的位置上的语素叫定位语素(如"阿姨"中的"阿","刀子"中的"子")。也可以根据语素的表义作用把进入合成词的语素分为"词根""词缀"。词根指有实在意义的语素(如上面所说的"工",再如"人""跑""美"等),词缀指意义不实在、而且只出现在词根的前面或后面的语素(如"老师"中的"老","刀子"中的"子")。这样全部合成词构造的分析就可以分为"词根+词根"构成的,"词根+词缀"构成的,它们也可以组合起来成为多层结构。"词根+词根"类型可以根据组成成分的意义、作用及其间的关系分为限定、支配、补充、陈述等,"词根+后缀"可以进一步划分为"前缀+词根""词根+后缀"等。这同"现代汉语"课中讲过的分析是一致的。

2. 不管用哪种分析,其基础工作都是分析构词成分的意义、作用及其间的关系。抓住这一点,就可以对词的构造作出比较恰当的说明。下面举些例子做具体的分析。

苦头、石头——插头、工头

这四个词"头"都在后面,但"头"的意义、作用不一样,它同前一个语素的关系也不一样,因此词的构造也不一样。"石头"的"头"无义,它附加在"石"上构成双音词。"苦头"中的"苦"原是形容词性的,加上"头"成为"苦头",变成了名词。这两个词中"头"都读轻声。它们都是附加式。"插头"的"头"意为物的顶端,"插"指放进、挤进去。"插头"是电器导线的接头。在这个词中,"插"同"头"的关系是前一个修饰限制后一个。因此"插头"属限定式。"工头"中的"头"意为"头领","工"指工人,其间的关系也是前一个修饰限制后一个,也属限定式。"插头""工头"中的"头"都不读轻声。

信儿、画儿——孤儿、健儿

这四个词在书写形式上"儿"都位于合成词的后面,但"信儿""画儿"读一个音节,"儿"是儿化音,附加在前一个音节上;而"孤儿""健儿"的"儿"单独成一个音节。从意义作用上讲,"信儿"指信息,这个词的意义主要由"信"表示,"儿"附加上去成为儿化词。"画儿"指画成的艺术品,"画"是动词,加上"儿"它变成了一个名词。这两个词都是附加式。"孤儿"的"孤"指幼年丧失父母的,"儿"指孩子。从意义关系上讲,"孤"限制"儿",所以"孤儿"是限定式。"健儿"指体魄强壮而富有活力的人,"健"意为强健,"儿"指年轻人。从意义关系上讲,"健"是限制、修饰"儿"的,所以也是限定式。

"中性""酸性""会员""队员""农夫""渔夫"这些词,有人认为其中的"性""员""夫"常出现在后头,是定位语素,因此把这些词看作是"非定位语素+定位语素"的附加式。但是这些合成词中后置的"性""员""夫"等都是有明确、实在的意义的,《现代汉语词典》做了说明:

性　②物质所具有的性能;物质因含有某种成分而产生的性质:黏性|弹性|药性|碱性|油性。
　　③在思想、感情等方面的表现:党性|阶级性|纪律性。
员　①指工作或学习的人:教员|学员|演员|职员|炊事员……
　　②指团体或组织中的成员:党员|团员|会员|队员。
夫　②成年男子:匹夫。
　　③从事某种体力劳动的人:渔夫|农夫|轿夫。

"性""员""夫"等既然具有实在的意义,同合成词中前一个语素必然发生意义关系。很显然,上述所引的这些词,前一个语素都是限制、修饰"性""员""夫"的,它们应属于限定式。

在这里我们具体说明了合成词构造分析的基础、它的核心内容是分析构词成分的意义、作用及其间的关系。词的构造类型的说明、概括,只有在这个基础上进行,才能作出科学的、有根据的说明。

(二) 新词语的构造

1. 一般新词语

绝大多数新词语都是利用原有的语言材料,按照原有的构词方法构成的。它们的创造是以原有的语言传统为根据的。下面是改革开放以来产生的新词语举例:

并列式	打拼	点击	封杀	查控	拥堵
限定式	股民	歌厅	黑客	罚单	芯片
支配式	炒股	撤资	打黑	瘦身	上网
补充式	锁定	搞定	胜出	趋同	录入

陈述式　双赢　情变
附加式　老总　老外

值得注意的是在新词语中有些外来词中用汉字书写的音译音节，有了一定的构词能力，可能成为具有实义的语素。如"吧"在"酒吧"中只是译音音节（英语 bar），现在出现了新词"网吧""氧吧"，"吧"可指"（除经营……外），兼出售酒水的商店"。"的"在"的士"中也是译音音节（英语 taxi），但在新词"打的""面的"中，"的"可指出租小汽车。

2. 带字母的词语

在新词语中有一些是带字母的词语，如"B 超""BP 机""维生素 B"等，在专门用语中这种词语更多一些。这种词语在汉语中早已出现，如"三 K 党""α 射线"等。改革开放以来，随着我国对外经济、文化、科学交流的发展，这种词语越来越多。它们是这个时期新词语的一种类型。

这类词语，从字母出现的位置上分，可以分为：

（1）位置在前的　B 超　BP 机　T 恤　T 型人才　HSK 考试
（2）位置在后的　维生素 A(B、C…)　卡拉 OK
（3）位置在中间的　三 C 革命

带字母词语的字母来源、表义作用不一样，主要有下列几种情况：

（1）来自外语，以英语居多。如：

BP 机之"BP"是英语 beeper[发出哔哔声的东西]的缩写。

三 C 革命之"C"是英语 Computer[计算机]　Control[控制]　Communication[通讯]三个词的首字母。

（2）来自汉语词的声母　"HSK 考试"的"HSK"是汉(H-)语""水(Sh-)平""考(K-)试"三个词表第一个语素声母的字母（"水"

只用表其声母的第一个字母)的组合。

(3) 以字母的形象表义　"T 恤"的"T"表示恤衫的形状。"T 型人才"的"T"以竖线从横线生出,表示在坚实的基础上有专长的知识技能优势。

(4) 字母是编序用法　维生素 A、维生素 B、维生素 C 等中的 ABC 就是这种用法。

(5) 字母是类别的标志　AA 制、AB 角、B 超等词中的 A、B 就是代表某一人、某一方、某种类型。(4)中的 A、B 也兼表类型。

带字母的词语是指其书写形式是由字母加上汉字书写的构词成分组成的词语。因此 MTV、WTO、UFO、MBA 等不是这类词语,它们是英语词的缩写词,如:

  MTV 英 music television 音乐电视
  WTO 英 World Trade Organization 世界贸易组织
  UFO 英 unidentified flying object 不明飞行物
  MBA 英 master of business administration 工商管理硕士

可以说,它们是汉语中现在使用的英语词,由于世界许多国家都乐于使用这些词,也可以把它们叫作国际通用词。

二、造词法

按照构词法的分析,"银币""银耳"都是限定式结构,但"银币"是银制成的币,"银耳"不是银制成的耳朵。一般所说的构词法不分析这个问题,造词法则从造词方法的不同来说明它们的差别。

造词法研究用什么语言材料、什么样的造词方法创造新词。下面对此作一个简要的说明。

(一) 造词原料　造词原料主要是语素,如"骄阳""阳光"中的"骄""阳""光"都是语素。也可以是音节,如"垃圾"中的"垃""圾"。已造成的词也可以充当构词成分造成新词,如"太阳能"中的"太阳"。"太阳"单用是一个词。

(二) 造词法的类型

造词法的类型学术界有不同的分类,下面主要根据任学良《汉语造词法》(中国社会科学出版社,1981)的分类扼要说明。造词法的主要类型有五种:

1. 词法学造词　运用词法中的手段和变化形式创造新词。这些方法主要有附加、重叠、音变、转类等。如:

附加	胖──→胖子　　苦──→苦头
重叠	爸──→爸爸　　偏──→偏偏
音变	好(hǎo)──→好(hào)
	少(shǎo 多少)──→少(shào 年少)
转类	锁(门锁,名词)──→锁(锁门,动词)
	丰富(词汇丰富,形容词)──→丰富(丰富词汇,动词)

2. 句法学造词　语素按照类似于句法关系的组合构成新词。其类型同构词法中的"组合式"(或词根+词根)的分析基本一致(命名有不同),主要有:

主谓式	地震	国营	耳鸣	心悸	年青	口吃
谓宾式	主席	将军	管家	保镖	起草	观光
补充式	说明	证实	治安	推广	平定	介入
并列式	人民	朋友	攻击	答应	伟大	勇猛
主从式	皮鞋	铁路	回顾	空袭	壮观	高级
承接式	查封	投靠(两个动作连续,后一个承接前一个)				
兼语式	召集(叫人们聚集起来)					
	请示(请求上级指示)					

3. 修辞学造词　运用修辞手法来创造新词。根据修辞方法的不同来分类,主要有:

比喻式	银耳	油水	走狗	栋梁	搁浅	沸腾
借代式	须眉	巾帼	丹青	干戈	白宫	茅台
夸张式	千古	万一	绝顶	冲天		
婉言式	后事	有喜				

4. 语音学造词　利用语音模拟、变化等方式创造新词。主要有：

单纯拟声　吧嗒　咕咚　丁当　嗡嗡　咿咿呀呀
取声命名　布谷　蝈蝈　知了　乒乓（这些都是名词。这是用发出的叫声、发生的声音，作为事物的名称。）
取声表情　哎哟　哎呀　哈哈　唉（这些是模拟人表示各种感情时发出的声音造成的词。）
合音式　不用——甭　早晚——喒

5. 综合式　综合运用以上两种造词方式造成的词。主要又有：

词法—句法综合式：
急性子　"急"组合"性子"是句法造词中的主从式。"性子"是"性"附加"子"，是词法中的附加式。
洋娃娃　"洋"组合"娃娃"是句法造词中的主从式。"娃娃"是"娃"的重叠，是词法中的重叠式。

语音—句法综合式
哈哈镜　"哈哈"组合"镜"是句法造词中的主从式，"哈哈"是语音造词中的取声表情式。
打哈哈　"打"组合"哈哈"是句法造词中的谓宾式，"哈哈"是语音造词中的取声表情式。

修辞—句法综合式
板鸭　"板"组合"鸭"是句法造词中的主从式，"板"在这里不是指实际的（木的、石头的）板，而是修辞用法：（压成）

板状的。

木马 "木"组合"马"是句法造词中的主从式,"马"在这里不是指实际的动物马,而是修辞用法:像马的东西。

造词法和构词法研究的平面不同,内容不同。主要有:(1)构词法不涉及单纯词,造词法则说明一些单纯词是如何创造出来的(如上述"语音学造词"中的单纯词);(2)构词法不分析词的构成成分如何表示词义,造词法则说明构词成分表义的不同方法(如上述"修辞学造词"中的内容)。开头提出的"银币""银耳"的不同,不在于构词方式,它们都是限定式,而在于造词方式。"银币"是句法造词,"银耳"是修辞造词,是说这种食品像耳朵,其色如银(白色)。是一种比喻用法。但构词法、造词法内容也有交叉。如造词法中的句法造词,类型的划分同构词法的分析基本上是一致的,只是说明这些方式作用的角度不同。构词法说明这是一种结构方式,造词法则说明这是一种造词方式。

三、词义的理据

(一)什么是词义的理据

词义的理据通俗的说法是事物现象得名之由,例如"蝈蝈"(事物)为什么叫"蝈蝈"(名称)呢?这是因为它的叫声是"蝈蝈",是根据它的叫声来给它命名。这就是上述造词法中所说的"取声命名"。再如,"人的容貌"(事物)为什么可以叫"眉目"(名称,"眉目清秀"中的"眉目")呢?这是因为容貌中的"眉"和"目"是显示人的面容特征的重要部分,就用这两部分的名称作为整个面容的名称。这是以部分代替整体的表示方法,属上述造词法中讲的修辞造词中的借代法。

由此可以知道,词义理据的分析实际上就是分析词的语素义和词所表示的事物现象的关系。"蝈蝈"是一个语素,其语素义表示的是"蝈蝈"这种昆虫的叫声,就用这个叫声作为这个事物的名称。"眉目"是两个语素,"眉"表示眉毛,"目"表示眼睛,就用这两个语素表示的脸上部位的名称作为整个面容的名称。因此分析词义的理据的基础工作就是分析语素义和词义(词所表示的事物现象)的关系。

上面我们说明了构词法、造词法,"现代汉语"课中也讲过合成词的构造类型、说明过词义和语素义关系的不同类型,这些内容都是分析词义理据的基础知识。

(二) 词义理据的分析

由于声音和意义没有必然的联系,许多单纯词的词义是没有理据的。再由于语言发展中形音义的变化,某些在古代原来有词义理据的词,也不容易弄明白。在现代汉语中,单纯词能说明词义理据的主要是两类:

1. 拟声词 造词法部分所说明的"吧嗒""咕咚""嘀嘀""丁当",单音的如"嗖"(风声、子弹声)"砰"(碰击声)等等,其词义理据是用事物发出的声音本身作为该声音的名称。

2. 取声命名词 如"蛐蛐""布谷""乒乓"等,这些词的词义理据同我们上面分析过的"蝈蝈"是一样的。"乒乓"是一种小球,"乒乓"是打击这种小球而运动时发出的声音,就用这种声音的名称作为这种小球的名称。

此外,单纯词的引申义也可以说明理据。如"锄"有"①松土除草用的工具"义,又有"②用锄松土除草"义。①是本义,指的是一种事物;②是引申义,表示一种行为。②义的理据是:用从事这种行为必用的工具的名称来作为这种行为的名称。这是一种借代用法。"口"原来的意义是"人或动物进食发声的器官",后来生出"容器通外面的地方"的意义(如瓶口、碗口)。人、动物的口在体干的上部或前部,是一个吐纳东西的小洞,器物之口同此相似,所以把器物这个部位叫"口"。这是比喻用法。

合成词一般可以说明词义的理据。合成词是由语素作为构词成分构成的,语素的意义同词义有种种联系,语素在不同程度上、从不同方面、用不同方式表示了词义。从合成词的词义同合成词的语素义关系的角度说,词义就是有来由的,有理据的。

合成词词义的理据分析主要有下列不同情况:

1. 构成合成词的语素义直接表示词义,又有两种情况:

(1) 两个语素同义、近义,是并列结构,表示的词义同语素义相同、相近。例如(各词释义据《现代汉语词典》):

朋友　彼此有交情的人。朋,朋友。友,朋友。
道路　地面上供人或车马通行的部分。道,道路。路,道路。

以上是名词。

答应　应声回答。答,回答。应,回答。
攻打　为占领敌方阵地或据点而进攻。攻,攻打;进攻。打,攻打,殴打。

以上是动词。

昂贵　价格很高。昂,高涨。贵,价格高,价值大。
柔软　软和;不坚硬。柔,软。软,物体内部的组织疏松,受外力作用后,容易改变形状。

以上是形容词。

(2) 词义是语素义按照构词方式所确定的关系组合起来的意义。例如:

尘垢　灰尘和污垢。(尘,灰尘。垢,污垢。以下各词皆同。)
真诚　真实诚恳。
吹捧　吹嘘捧场。

以上各词是并列式,语素义按照并列关系组合就是各词的意义。

浅见　肤浅的见解。

轻信　轻易相信。
鲜红　鲜艳的红色。

以上各词是限定式,语素义按照限定关系组合就是各词的意义。

畏难　害怕困难。
保健　保护健康。
出众　超出众人。

以上各词是支配式,语素义按照支配关系组合就是各词的意义。

私营　私人经营。
年迈　年纪老。(迈,老。)
礼成　仪式结束。

以上各词是陈述式,语素义按照陈述关系组合就是各词的意义。

2. 合成词的词义是语素义的比喻用法。

各个语素都是比喻用法的,如:

风雨　风和雨,比喻艰难困苦。
搁浅　②比喻事情遭到阻碍,不能进行。
辛辣　辣,比喻语言、文章尖锐而刺激性强。

一个语素是比喻用法的,如:

帽舌　帽子前面的檐,形状像舌头,用来遮挡阳光。

后一个语素"舌"是比喻用法。

林立　像树林一样密集地竖立着,形容很多。

前一个语素"林"是比喻用法。

3. 合成词的词义是语素义的借代用法。

各个语素都是借代用法的,如:

眉目　眉毛和眼睛,泛指容貌。
丝竹　琴、瑟、箫、笛等乐器的总称。"丝"指弦乐,"竹"指管乐。

琴、瑟等的弦是用"丝"制作的,箫、笛等的管是用"竹(竹管)"制作的,用原材料的名称指代所做的乐器的名称。

一个语素是借代用法的,如:

嘴碎　说话啰嗦。

前一个语素"嘴"是借代用法。"嘴"指说话。话是嘴说出来的,就用"嘴"来指代说话。这是用身体部位名代替它的功用名。

扒手　从别人身上偷窃财物的小偷。

后一个语素"手"是借代用法。扒手从事这种活动要用手,就用从事这种活动身体部位的名称来指代这种人。

4. 合成词的语素义表示了词义的某些内容(也可以说提示了事物的某些特征)。

许多动物、植物、矿物、器具等事物往往有多方面(形状、作用、性质、构造等)的特征,用语素组成合成词给它们命名时,只能选择、抓住其中一个或某些特征来作为标志,这就使这类名称的语素义只表示了词义的某些内容,或者说提示了事物的某些特征。例如:

水牛　牛的一种。角很大,作新月形,有的长达一米多。毛灰黑色。暑天喜欢浸在水中。食物以青草为主。适于水田耕作。

名称为"水牛"的这种动物有很多特点,词典的释义作了比较具体的说明。而它的名称合成词"水牛"的"牛"表示它是牛的一种,"水"表示它喜欢浸在水中这个特点。语素"水""牛"只是表示了词义的某些内容,只是提示了"水牛"(事物)的某些特征。

绿茶　茶叶的一大类,是用高温破坏鲜茶叶中的酶,制止发酵制成的,沏出来的茶保持鲜茶叶原有绿色。种类很多,

>如龙井、大方等。

名称为"绿茶"的这种植物也有多方面的特点。它的名称合成词"绿茶"中的"茶"表示它是茶叶的一种,"绿"表示沏出的茶的颜色。因此合成词的语素义只是提示了事物的某些特征。

>飞机　飞行的工具,由机翼、机身、发动机等构成。种类很多。广泛用在交通运输、军事、农业、探矿、测量等方面。

名称为"飞机"的这种机械装置有结构、功能方面的多个特点。合成词中的"机"表示它属于机械装置,"飞"则表示它能在空中飞翔这一最突出的特点。合成词的语素义也只是表示了这种事物的某些特征。

>挂面　特制的面条,丝状或带状,一般里面搀入少量食盐,因悬挂晾干得名。

名称为"挂面"的这种面食有形状、制作上的特点。合成词"面"表示它是一种面食,"挂"表示它制作中须悬挂这种特点。合成词的语素义也是提示了这种事物的某些特征。

　　上面我们简要地说明了合成词词义理据分析的不同情况。同一事物,往往有不同的名称,或先后有不同的名称,显示出不同的词义理据。"自行车"也叫"脚踏车","车"表示是一种车辆,"自行"是指不用别的动力,(靠人力)车本身可以行动,表示了这种车动力的特征。"脚踏"表示这种车动力发生的方法,是用脚踏(有关装置)使车前进。两个名称命名的理据有差别。"长颈鹿"原来曾叫"骆驼豹",这两个名称的命名理据差别很大。"长颈鹿"的"鹿"表示它是属于鹿的,"长颈"则表示了它有长长的脖子这一体貌特征。"骆驼豹"中的"骆驼"和"豹"都是比喻用法。"豹"表示它是如豹一样身上有斑点的动物,"骆驼"则表示它体大如骆驼。现在人们只用"长颈鹿"这一名称了,当然是因为它的词义理据更加合理。

词汇中有不少包含有丰富的历史、社会内容,反映民族心理、文化特点的词语。词义的理据分析有助于说明这些词语的内容和特点。例如在书面语中月亮可称"蟾宫"(如"蟾宫折桂")。"宫"指宫殿,古人想像月亮中有大片宫殿。柳宗元《龙城录·明皇梦游广寒宫》就记下传说唐明皇于八月望日游月中,见一大宫室,题曰"广寒清虚之府"。月中宫室因称广寒宫。"蟾"指"蟾蜍",古代传说中说月中有蟾蜍,《淮南子·精神》就说"月中有蟾蜍"。把这方面的传说综合起来就出现了"蟾宫"这个词,用来指称月亮。这是用传说中月亮中存在的事物指代月亮本身。又如知己朋友又可称"知音"(如"知音难求"),"知"是了解、理解的意思,"音"这里指乐声。知心朋友互相了解、理解对方的整个思想感情,这里为什么以"音"来概括、代替呢?这里有一段动人的历史故事。《列子·汤问》记载:"伯牙善鼓琴、钟子期善听。伯牙鼓琴,志在高山,钟子期曰:'善哉,峨峨兮若泰山。'志在流水,曰:'善哉,洋洋兮若江河。'"钟子期是最了解伯牙琴声所传达的思想感情的人。这样,后人就用"知音"来称知己了。

思考与练习

一、为什么说构词法分析的基础是分析构词成分的意义作用及其间的关系?

二、试说明下列各组词构词的不同,为什么?

埋头—念头　独子—傻子　幼儿—尖儿

三、MTV、WTO等能不能看作汉语的新词语?为什么?

四、造词法主要有几种方法?各举两例说明。

五、造词法和构词法有什么不同?

六、什么是词义的理据?举例说明。

七、说明"桃李""唇齿"的词义理据。

八、说明"桑梓""干戈"的词义理据。

参考文献

陆志韦等(1960)《汉语构词法》,科学出版社。
任学良(1981)《汉语造词法》,中国社会科学出版社。
张寿康(1985)《构词法和构形法》,湖北教育出版社。
符淮青(2002)《构词法研究的一些问题》,见《词汇学理论与应用》,商务印书馆。
朱永锴、林伦伦(1999)《二十年来现代汉语新词语的特点及其产生渠道》,《语言文字应用》第2期。
黎良军(1995)《汉语词汇语义学论稿·5·词语的理据》,广西师范大学出版社。
张永言(1981)《关于词的内部形式》,《语言研究》创刊号。

第三节 词 义

一、词义的类型

词义的类型可以从不同角度来划分。例如,从派生关系上可以分为本义、引申义、比喻义等,从词义在现实的作用上可以分为基本义、常用义、生僻义等,从传达的信息内容的性质上可以分为概念义、附属色彩(主要有感情色彩、语体色彩、形象色彩等)。在"现代汉语"课中,这些不同的词义或详或略地作过说明。在这里,我们集中地讲述几种类型的词义,它们是:概念义、附属色彩、反身指代义、言语义。

(一) 概念义

概念义也叫词的理性内容。"现代汉语"课中讲的词义,就是概念义。词义反映的是客观事物现象的一般的、本质的特点,而这些特点,也是概念内容,也是概念的特征,因此一般所说的词义也叫概念义。

词的概念义是对客观事物现象的反映,不同的词概念义不同,也就是反映的客观事物现象的内容特征不同。虽然它们的差异是各式各样的,纷繁复杂的,一般也可分为三种基本类型:

1. 反映事物、性质、行为

反映事物的,如:

火　物体燃烧时所发的光和焰。

鞋子　穿在脚上、走路时着地的东西,没有高筒。

反映性质的,如:

蓝　像晴天天空的颜色。

光滑　物体表面平滑;不粗糙。

反映行为的,如:

跳　腿上用力,使身体突然离开所在的地方。

搅拌　用棍子等在混合物中转动、和弄,使均匀。

2. 反映事物现象的各种抽象关系和联系

原因　造成某种结果或引起另一件事情发生的条件。

对立　互相抵触;敌对。

包含　里边含有。

支配　对人或事物起引导和控制的作用。

3. 曲折、歪曲反映客观事物现象

鬼　迷信的人所说的人死后的灵魂。

妖怪　神话、传说、童话中所说形状奇怪可怕、有妖术、会害人的精灵。

这些词反映的事物现象在客观中是不存在的,它们是人们幻想中对客观事物加工改造、并加以夸张产生的,它们是人们对客观事物曲折、歪曲的反映。

这些不同类型的概念义内容特点不同,我们在词义分析中有进一步的说明。

(二) 附属色彩

词义内容中除概念义外,还有附属色彩,主要指感情色彩、语体色彩、形象色彩。下面分别说明。

1. 感情色彩

感情是人们的一种主观意识活动,人们认识客观世界、作用于客观世界时都有感情活动。例如工作生活中喜欢一个人、一种东西;或者讨厌一个人、一种东西,就是感情活动。感情一般分为两大类型:肯定的感情(一般叫褒)和否定的感情(一般叫贬)。人们经常不是用语言,而是用脸部表情、手势、姿势表示感情的。例如高兴时眉开眼笑,手舞足蹈;伤心时愁眉不展,无精打采。语音的高低、强弱、快慢的变化,说话时不同的语调,都可以表示不同的感情。例如看一场电影,问:"电影好不好?"答:"好。"如果回答的"好"字语音高度、强度正常或加强,语调也正常,则表示赞赏,是褒。如果语音不正常,有明显的变异,例如拉长了声音,还作鬼脸,则是反话,是贬。

语言中的词不少附着有褒贬的感情色彩,又有不同的情况。

一种情况是,词的感情色彩同概念义关系密切。词的概念义表示肯定评价的有褒的感情色彩,词的概念义表示否定评价的有贬的感情色彩,虽然词典并未标明它们"含褒(贬)意"。

下列各组词有褒的感情色彩:

(1) 对人或物作肯定评价的:

英雄　勇士　烈士　宝物　珍品　杰作

(2) 对人的外貌、品性、精神、行为作肯定评价的:

漂亮　清秀　精明　机智　珍视　贡献

(3) 对人的物质创造物、精神创造物、对自然作肯定评价的:

伟大　雄伟　精巧　鲜艳　肥沃　好

下列各组词有贬的感情色彩:
(1) 对人或物作否定评价的:

暴君　败类　财迷　赃款　私货　次品

(2) 对人的外貌、品性、精神、行为作否定评价的:

丑陋　难看　野蛮　懒惰　败露　葬身

(3) 对人的物质创造物、精神创作物,对自然作否定评价的:

渺小　低劣　笨重　冗长　荒芜　坏

另一种情况是,词的感情色彩同概念义没有明显的联系,如:

飘飘然　轻飘飘的,好像浮在空中,形容得意。(含贬意)
嘴脸　面貌,脸色(贬义)。

很多词没有附着感情色彩,如牛、车、飞机、跑、跳跃、深、重等,一般称为中性词。

2. 语体色彩

语体色彩主要分为两大类。一部分词多用于书面写作,用于学术性政治性的正式的讲话,这种词有书面语色彩。一部分词多在大众日常谈话中应用,也多用于文艺写作,这种词有口语色彩。大部分词通用于书面语和口语,是通用词。词典一般标出有鲜明语体色彩的词。例如:

压根儿　[口]根本。
料子　　[口]比喻适于做某种事情的人才。
料峭　　[书]形容微寒(多指春天):春寒料峭。
嶙峋　　[书]形容山石突兀、重叠:怪石嶙峋。

有一部分书面语词和口语词有对应关系,如:

书面语	口语
散步	蹓跶
吝啬	小气
嗜好	瘾头
惊慌	发毛

有的没有对应关系,却有语体上通用的(也叫语体上中性的)词同它对应。如:

浪头	[口]	潮流
礼数	[口]	礼貌
孀妇	[书]	寡妇
匮乏	[书]	缺乏

有的有语体色彩特征的词找不到对应的词,是独特的。如:

联袂	[书]	手拉着手。
敛衽	[书]	整理衣襟。
邋遢	[口]	不整洁。
偏疼	[口]	对晚辈中某个人或某些人特别疼爱。

3. 形象色彩

反映具体事物形貌状态的词,反映的对象有个体存在、有形貌状态特征的词一般有形象色彩。因为这些词能刺激人在脑子中产生出所反映的对象的形貌。如:

(1) 山、火、草、蛇、香蕉、牡丹
(2) 黑、红、蓝、甜、酸、辣
(3) 汪汪　嘟嘟　嘀答　叮当　稀里哗啦
(4) 热腾腾　明晃晃　红彤彤　软绵绵　光溜溜
(5) 葱翠　耀眼　昏黑　鲜艳　明媚　盘旋

有一种意见认为,上述只有后三组词有形象色彩,因为后三组词的语素或者直接表示了某种形象(如(3)"汪汪"这一组是拟声词,词的声音表示了事物的声音形象),或者以语素义描绘了某种形象(如(4)中的"热腾腾","热"表示温度高,"腾腾"表示热气上升。(5)中的"鲜艳","鲜"表示鲜明,"艳"表示色彩光泽好看)。应该说,后三组词有鲜明的形象色彩。但从形象色彩的本质是词语刺激人脑产生的表象想像活动来看,应该承认前两组词也是有形象色彩的。一般来说,前两组词在描写性的词语中同别的词语结合在一起更能产生形象感,比较下列两个句子中的"猫":

猫常被人们当作宠物饲养。

从窗口跳下一只全身洁白大眼睛的猫。

上句只是说"猫"作为一种宠物人们喜欢它,下句则具体描写了一只活动中的有形貌特征的猫。下句中的"猫"更能产生形象感。

抽象程度高的词如"规律、分析、概括、本质"这样的词,不能直接地自然地引起形象感,无形象色彩。

形象色彩在词典中不需要注释。它在人的精神生活、文学创作、及其他精神创造中起巨大作用。词无形象色彩,用语言创作形象图景、科学幻想都成为不可能,人们也无法感受语言创作的形象、语言描绘的幻想中的图画、情状。

词的附属色彩也有人叫附属义。概念义的"义"和附属义的"义"所指是不同的。概念义的"义"是指词所标志的客观事物形象一般本质特点的反映,各个词的概念义有千差万别的内容;词的概念义有特定的语音形式同它联系。附属义的"义"有不同的情况,但它们都不是客观事物现象一般本质特点的反映。形象色彩是词所标志的具体事物形貌的反映,或者是语素义表示的一种形象(如"饭桶"指无用的人。"饭桶"本身有语素义表示的形象)。感情色彩表示了词的运用者对所反映的事物现象的感情态度。语体色彩表示了词运用的交际场合。形象色彩是人的心理活动,无需用语言说明。感情色彩、语体色彩可以在词典中说明,只能分出主要的类型。

(三) 词的反身指代义

词在运用中不仅可以表示各种概念义,表示一些附属色彩,还可以指示它自身。例如:

认真这个词不难学,办事认真就不容易了。

这句话中有两个"认真",后一个"认真"是"严肃对待,不潦草"的意思,表示的是概念义。但前一个"认真"指的是"认真"这个词本身。词在运用中指代它自身的用法,叫词的反身指代作用,也可以说是词的反身指代义。

词的反身指代用法也有不同情况。例如:

铜是词

铜是单纯词

这两个句子中的"铜"反身指代它的词的身份。

铜读第二声。

铜有一个声母一个韵母。

这两个句子中的"铜(tóng)"反身指代它的音节的身份。

铜是形声字。

铜属金部。

这两个句子中的"铜"反身指代它的书写单位(字)的身份。

以下两个句子中的"铜"指示具体的客观物质,同上面反身指代用法的"铜"不同。

铜是一种金属。

铜的用途很多。

要注意把词的一般用法同它的反身指代用法区别开来。

(四) 言语义

词的概念义是固定下来的、在词典中有说明的意义。但词在运用中可以获得不固定的、临时具有的意义。词在运用中临时获得的意义就叫言语义。这种情况是相当普遍的。

词的言语义是通过各种修辞手段获得的。主要有下列情况：

1. 比喻用法产生的言语义。例如：

汽车开动，已经七点多了。月亮还没升起来，车窗外的景物都成了剪影。　　　　　　　　　　　　　　（叶圣陶《游临潼》）

"剪影"义为"照人脸或人体、物体的轮廓用纸剪成的作品"，这里的"剪影"指"景物在暗中显出的黑色轮廓"，这是言语义。言语义是"剪影"一词的比喻用法产生的，因为二者形状相似。

我爱我们祖国的土地！狂风曾来扫荡过它，冰雹曾来打击过它，霜雪曾来封锁过它……尽管受了这些磨难……一到了春天，它又苏醒过来，满怀信心地表现出盎然的生意和万卉争荣的景色。

（黄药眠《我爱我们的祖国》）

在这段文章中，许多词都通过比喻用法有了言语义。例如"狂风""冰雹""霜雪"指历史上祖国遭到的灾难。"春天"指人民解放的日子等。这种情况，多见于形象性的寓意描写中。

2. 借代用法产生言语义。例如：

不大工夫，验尸官来了。席头一揭开，我怔住了。这不是我在东直门大街上碰见的那个"大鼻子"吗？……那时候我只知道"大鼻子"就是"老毛子"，对他的来由一无所知。（《萧乾《往事三瞥》）

上例"大鼻子"指一个当时流落北平的俄国人。这是用他相貌的特征来称呼他，是借代用法产生的言语义。

"北方佬"一脸胡子拉碴，爱喝二两，染有一般老单身汉诸如此类的癖好积习。　　　　　　　　　　　　（古华《芙蓉镇》）

上例"二两"指少量的酒,这是用物的数量来指称物,是借代用法产生的言语义。

3. 比拟用法产生的言语义。例如:

炉子,成为我亲密的朋友,几十年来,它的脾气我是摸透了。它,有时爆烈,有时温柔,它伴我寂寞,给我慰安和喜悦。

(臧克家《炉火》)

"脾气"指性情,炉子为物,原无性情。这里是拟人写法,故说炉子的"脾气"。它指炉子生火的情况,给人的好处等。这是比拟用法产生的言语义。

海是这样大,这样袒露着胸怀,这样忠实而又热烈地迎接着他。来——吧,来——吧,每一排浪都这样叫着涌上沙滩,要——吧,要——吧,又这样叫着退了下去。 (王蒙《海的梦》)

上例写大海也是拟人写法。许多词由此生出言语义。"胸怀"这里是指广阔的海面,"叫着"是指海浪涌上退下翻卷的响声。

4. 双关用法产生言语义。例如:

正月十五妹穿新,
问妹真新是假新;
真新人人都看见,
假新难哄哥眼睛。

(布依民歌《假心难哄哥眼睛》)

这首民歌中所用的"新"一词,字面上是"新旧"的"新",但这里指"心",是言语义,"心""新"同音,是通过双关用法产生了言语义。

我们历史上有个著名的戏剧家关汉卿,……讽刺官僚主义者,他不敢骂台上的官,只敢骂戏台前堂上的鼓。有一段唱词说:一棵大树腹中空,两头都是皮儿绷,每天上堂敲三下,卟咚卟冬又卟冬。……

(李士非《热血男儿》)

上例中的"卟咚卟咚又卟咚",意为"不懂不懂又不懂"。"卟咚"原是拟声词,指"不懂"是言语义,二者音近,也属谐音双关产生的言语义。

5. 改换词性产生言语义。例如:

我毫不知天高地厚,一片憨直野气,土铳一样这么铳了一句:"考学问,又不是考衣服。"

(曹靖华《忆当年,穿着细事且莫等闲看》)

上例中"铳"原义即"土铳",一种土法制造的枪,"铳"原是名词,但在上例"铳了一句"中,"铳"作动词用,意为"(不客气地、勇敢地)说",是言语义,这是词临时改换词性后产生的言语义。

大约那弹性的胖绅士早在我的空处,胖开了他的右半身了。

(鲁迅《社戏》)

"胖"原是形容词,上例中的"胖开了"中的"胖"用作动词,意为胀开、伸展,是言语义。这也是改换词性产生的言语义。

语言是交际的工具,是表达、交流思想的工具,人们应该按照词的固有的意义来运用词语。但在一定条件下,词又可以产生出众多的言语义。言语义为人们接受是因为它有独特的作用,它能使语言形象生动。言语义是语言运用灵活性的表现,也是人们运用语言创造性的表现。

有些言语义在一定条件下可以发展为词的固定义,作为一个概念义在词典中记录下来。例如"东风"和"西风"原分别指"春天的风"和"秋天的风",新中国建立后"东风"常用来比喻"革命的力量和气势","西风"用来比喻"日趋没落的势力",这种用法广泛应用,为社会所接受,词典记录了这两个意义,成为固定的概念义了。

二、词义的单位

词的概念义在运用中由于上下文、语境的不同而会显出各种差别。这些差别可以简要说明如下：

（一）表名物的词在不同的上下文中指示的范围数量不同，指示的部位方面不同，指示的具体对象不同。例如"船"的概念义是"水上有舱的运输工具"，下面的例句可以显示它在不同的上下文、语境中的差别。

① 海上的船很多。
② 河面上漂着一条船。

以上两句中的"船"所指数量范围不一样。

③ 这船真大。（"船"侧重指船的体积容量）
④ 这船真漂亮。（"船"侧重指船的形式装饰）
⑤ 这船真结实。（"船"侧重指船的结构质量）

以上三句中的"船"所指部位方面不一样。

⑥ 他要坐船去欧洲。（"船"指大轮船）
⑦ 船泊在小河边树下。（"船"指小木船）

以上两句中的"船"所指具体对象不一样。

（二）表行为、性状的词同一意义在不同的上下文、语境中意义也有差异。

例如"提高"的意思是：使位置、程度、水平、数量、质量比原来高。在下列例句中"提高"意义有差异：

① 跳高的横杠提高了。（"提高"指位置向上移动）
② 他的学习成绩提高了。（"提高"指学习的分数多了，增加了）
③ 老张家的生活水平提高了。（"提高"指生活比原来好了）

再如"好"的意思是：优点多的；使人满意的。在下列例句中"好"的意思有差异：

① 这人真好。("好"指人的性情温和、品格高尚)
② 庄稼长得很好。("好"指庄稼茁壮茂盛)
③ 这件事他办得好。("好"指完满、合乎要求)

　　词的同一概念义用在不同的上下文、语境中词义出现差异这种情况不同于言语义。言语义是词通过各种修辞方式临时产生的。这里所说的这种情况是由于词义的性质决定的。词义是概括的,它在不同的上下文中、语境中会有不同的具体内容。这种情况提出了如何确定词义单位的问题。

　　应该看到,词义差异中有共同的东西,共同的特征,共同的内容。这些共同的东西、特征、内容是可以概括出来的,确定下来的。概括、确定下来词的一个意义就是一个词义单位,一般就叫一个词义义项,简称义项。

　　可以根据词在不同上下文、语境中概念义指示对象的异同来确定义项,根据概念义表示的特征的异同来确定义项。例如上面所说的"船"在不同的上下文、语境中意义有种种差异,但它们都有共同的指示对象(即作为运输工具的"船"),可以确定为一个义项。上面说的"提高"虽然在不同的例句中表示的意义有差别,但都有共同的特征:表示比原来上升,可以确定为一个义项。上面说的"好"在不同的例句中由于形容的对象不同,表示的意义有差别,但都有优点多、令人满意的共同特征,可以确定为一个义项。

　　经过概括、确定下来的词义单位——词义义项——有什么性质呢？重要的可以举出三点。

　　(一)它要以一定的语音形式作为它的物质外壳。如果是单义词,如"友爱 yǒu'ài"(友好亲爱)则语音形式"yǒu'ài"是这个意义独有的物质外壳。如果是多义词,如"友好 yǒuhǎo"(①好朋友:生前友好。②亲近和睦:团结友好/友好邻邦。),则"yǒuhǎo"这个语音形式是多个意义共有的物质外壳。因此语言中同音的义项比同音词多得多。

(二) 它们都有概括性,但其概括范围、概括程度有很大的差别。概括范围差别的例子如:

脚　　人或动物的腿的下端,接触地面支持身体的部位。
脚掌　脚接触地面的部分。
脚心　脚掌的中央部分。

这几个词的意义相对来说,"脚"的概括范围最大,是整体,后两个词概括的范围是脚的一部分。"脚掌"和"脚心"比较,"脚掌"又是整体,"脚心"又是部分。

概括程度差别的例子如:

物品　东西(多指日常生活中应用的)。
用具　日常生活、生产等使用的器具。
椅子　有靠背的坐具,主要用木头、竹子、藤子等制成。

这三个词的概括程度不一样。"物品"指的是一个大类,"用具"是其中的一类,"椅子"又是"用具"中的一类。概括程度高的词是大类,概括程度低的词是小类。

作为义项,它们的地位是相等的,都是词义的一个单位,都能使词以其代表的意义在语言中起作用。

(三) 有某种程度的相对性。有些义项在一定条件下可以合并起来,用更概括的语言来表述。例如:

矮　《现代汉语词典》作:
　　① 身材短:矮个儿
　　② 高度小的:矮墙/矮凳。
　《四角号码新词典》作:
　　不高,低。⑩矮墙/矮一头。

《现汉》把"矮"的意义区分为①②,《四角》把它们合并为一个义项,用更概括的语言来表述。

应该指出的是,我们说词义义项是词义的最小单位,但在词典中分出的义项则有不同的情况。主要有三种类型。

(一)词典经过细致分析后所确定的词义的最小单位,即词义义项。有的是单义词,即一个词只有一个词义单位,如:

年纪　(人的)年龄;岁数:年纪轻/小小年纪,懂得什么?

有的是多义词,即一个词有多个词义单位。如:

年头儿　① 年份:我到北京已经三个年头儿了。
② 多年的时间:他干这一行,有年头儿了。
③ 时代:这年头儿可不兴那一套了。
④ 年成:今年年头儿好,麦子比去年多收两三成。

(二)义项组,即几个相近的词义单位排列在一起。如:

开　① 写出(多指单据、信件等);说出(价钱):开价|开发票|开药方|开清单|开介绍信。

"开"的①义是个义项组,有两个相近的意义,一个是"写出……",一个是"说出……",所列举的词语中,"开价"的"开"是"说出(价钱)"的意思,"开发票""开药方""开介绍信""开清单"中的"开"是"写出……"的意思。词典的这种处理,可以叫义项组。

(三)义项目。将某方面的意义先作概括说明,以下再分条说明不同的意义。如:

打　②指某种动作。(例)打(捉)鱼|打(买)油|打(收)粮食|打(织)毛衣|打(画)格子|打(捆)行李|打(发出)电报|打(做)短工。　　　　　　　　(《新华词典》)

"打"的②义,先概括为"指某种动作",这就是义项目,在分条举例中,再说明它具有"捉""买""收"等不同意义。词典的这种处理,可以叫义项目。

词典义项的概括、划分是个复杂的问题,这里不再讨论。

三、词义的分析

词义分析可以在不同的层面上进行。上面讲过的词义类型的划分、词义单位的确定,都可以称为词义分析。下面要着重讲的是词的概念义内容特征的分析,这对理解词义、说明词义的异同,对词义进行解释,都有重要作用。

(一)表名物的词意义(指概念义,下同)的分析

表名物的词意义的分析主要看它表示的事物所属的类别,它表示的事物具有什么样的特征。例如:

鱼网　捕鱼的网。

人杰　杰出的人。

上述解释这两个词意义的词语是一个偏正结构,中心语分别是"网""人",它分别表示被解释的词表示的事物所属的类别,"网"表示"鱼网"的类别,"人"表示"人杰"的类别。偏正结构中的修饰语表示的是被解释的词表示的事物的特征。"捕鱼的"表示"鱼网"的功用特点,"杰出的"表示"人杰"评价、作用方面的特点。可以表示如下:

鱼网　　捕鱼的　网
人杰　　杰出的　人

被解　　定语　　中心语
释的词　表示特征　表示类别

事物现象的类别是各色各样的,事物现象的特征是千差万别的。表名物词的意义一般都可以从这两方面分析它的内容特征。例如:

公产　公共的财产。

私邸　高级官员私人的住所。

"公产"属于"财产",其特征是"公共的"。"私邸"属于"住所",其特征是"高级官员私人的"。这两个词表示的事物都有所有权方面的特征。

　　大汉　身材高大的男子。
　　肉糜　细碎的肉。

"大汉"属于"男子",其特征是"身材高大"。"肉糜"属于"肉",其特征是"细碎的"。这两个词表示的事物都有形貌方面的特征。

　　梭镖　装上长柄的两边有刃的刀。
　　吊楼　后部用支柱架在水面上的房屋。

"梭镖"属于"刀",其特征是"装上长柄两边有刃"。"吊楼"属于"房屋",其特征是"后部用支柱架在水面上"。这两个词表示的事物都有结构、构造方面的特征。

　　赤子　初生的婴儿。
　　夙诺　以前的诺言。

"赤子"属于"婴儿",其特征是"初生的"。"夙诺"属于"诺言",其特征是"以前的",这两个词表示的事物都有时间方面的特征。

　　巨祸　巨大的祸患。
　　大陆　广大的陆地。

"巨祸"属于"祸患",其特征是"巨大的"。"大陆"属于"陆地",其特征是"广大的",这两个词表示的事物都有数量方面的特征。

　　以上这些词的意义都以表示某种事物具有一个主要特征为特点。也有很多词的意义表示的事物具有多个特征。如:

　　大衣　较长的西式外衣。
　　笋鸡　做食物用的小而嫩的鸡。

"大衣"属于"外衣",它有"较长的""西式"两个特征。"笋鸡"属于"鸡",它有"做食物用的""小"和"嫩"三个特征。

我们说过,表名物词所表示的事物现象所属类别和具有的特征是多种多样的,上面只是举例分析罢了。

同义近义的表名物词意义的异同,可以从所属类别和所具有的特征方面去说明。例如:

食物　可以充饥的东西。

食品　商店出售的经过加工制作的食物。

"食物"属于"东西",它的特征是"可以充饥"。"食品"属于"食物",它的特征是"经过加工制作的",一般是"商店出售"的,"食品"既属于"食物",它当然是"可以充饥"的。可见"食物"的范围比"食品"大。又如:

侨胞　侨居国外的同胞。

侨民　侨居国外而保留本国国籍的居民。

"侨胞"属于"同胞"(原是同一国家、同一民族的人),"侨民"的类词语是"居民",单纯比较类词语不容易看出这两个词的同异。"侨民"的特征是"侨居国外""保留本国国籍",而"侨胞"的特征是"侨居国外",可以知道他们可以保留本国国籍也可以不保留本国国籍。这样可以了解"侨民"是"侨胞"中的一大类。

反义的表名物的词,也可以从特征中指出它们对立的内容。如:

上游　河流接近发源地的部分。

下游　河流接近出口的部分。

它们都属河流的一部分,对立的特征是,一个"接近发源地",一个"接近出口"。

高潮　比喻事物高度发展的阶段。

低潮　比喻事物发展过程中低落、停滞的阶段。

两个词表示的都是事物发展的一个阶段,其对立特征一是"高度发展",一是"低落、停滞"。

(二) 表动作行为的词意义的分析

这里所说的表动作行为的词,是指它们表示人或物的动作行为,而能充当谓语的那些词。对这类词,有人容易顾名思义,认为它只是表示一种动作行为。其实,这类词的内容很复杂,它当然表示一定的动作行为,但往往又包含有特定的行为主体,包含有特定的关系对象,包含有对动作行为、对动作行为的主体、对动作行为关系对象的种种限制,等等。可以择要说明如下:

1. 包含有特定的行为主体。如:

流　液体移动。
泊　船靠岸。

"流"的行为主体是"液体",其行为是"移动"。"泊"的行为主体是"船",其行为是"靠"。

2. 包含有特定的行为关系对象。如:

办公　处理公事。
备荒　防备灾荒。

"办公"的行为是"处理",其关系对象是"公事"。"备荒"的行为是"防备",其关系对象是"灾荒"。

3. 包含有对动作行为的各种限制。如:

搔　用指甲挠。

"搔"的动作行为是"挠","用指甲"是对动作行为所用身体部位的限制。

网　用网捕捉。

"网"的动作行为是"捕捉","用网"是对动作行为所用工具的限制。

揪　紧紧抓住。

"揪"的动作行为是"抓住","紧紧"是对动作行为程度的限制。

跳　一起一伏地动。

"跳"的行为是"动","一起一伏地"是对行为方式的限制。

春播　春季播种。

"春播"的行为是"播种","春季"是对行为时间方面的限制。

也有不少表动作行为的词包含有对动作行为多方面的限制。如：

挠　用手指　轻轻地　抓。
　　身体部分　程　度　动作
　　限　制　　限　制

攀　抓住东西　向上　爬。
　　工　具　　空间　动作
　　限　制　　限制

对动作行为的限制是各式各样的,以上只是举例分析罢了。

4. 包含有多个动作行为。如：

打印　打字油印。

勒　用绳等捆住或套住,再用力拉紧。

"打印"表示两个动作行为:"打字""油印"。"勒"也有两个动作行为,"捆住或套住"是一个,"拉紧"是另一个。"用绳等"是对前一个动作行为所用工具的限制,"用力"是对后一个动作行为程度的限制。

因此对表动作行为的词意义的分析,主要就是分析我们上面说明的这些特征：是否有特定的行为的主体？是否有特定的关系对象？对动作行为有什么样的限制？是否包含有多个动作行为？等等。

表动作行为同义、近义的词,其意义的异同一般可以从我们说明的这些特征去辨析。例如：

返航　（船、飞机等）驶回或飞回出发的地方。
返回　回到原来的地方。

这两个词表示的行为是相近的,主要的不同在于"返航"要求的行为主体是船、飞机,而"返回"的行为主体广泛,可以是船、飞机,也可以是车、人等。而"返航"的行为主体不能是车或人。

喂养　养幼儿或动物。
饲养　喂养动物。

这两个词表示的行为是相近的,主要的不同在于"喂养"的关系对象既可以是幼儿,也可以是动物,而"饲养"的关系对象只限于动物。

表动作行为的反义词,也可以从所含对立的特征得到说明。例如：

进口　①(船只)驶进港口。
出口　①(船只)驶出港口。

"进口""出口"的①义行为主体"船只",关系对象"港口"是一样的,只是行为的方向是对立的,一个是"驶进",一个是"驶出"。

进口　②外国或外地区的货物运进来。
出口　②本国或本地区的货物运出去。

"进口""出口"的②义主要有两方面的特征相对立,一个方面是行为的方向,一个是"运出去",一个是"运进来"。另一方面是关系对象"货物"的地区所在有对立,一个是"外国或外地区的",一个是"本国或本地区的"。

(三) 表性状的词意义的分析

表性状的词表示事物的性质、状态,它们是形容词或非谓形容词(区别词)。这类词的意义丰富,内容复杂。一般的表性状的词的意义可分解为两个方面:适用对象和性状特征。例如:

景气　经济繁荣
硬朗　(老人)身体健壮
　　　适用　　性状特征
　　　对象

"景气"一词的适用对象是"经济",它表示的性状特征是"繁荣"。"硬朗"一词的适用对象是"老人",它表示的性状特征是"身体健康"。在词典的说明里,"老人"用括号括起来,意思是表示"老人"是"硬朗"一词的搭配、组合词语。从词义特征看,这里的搭配、组合词语也就是词的适用对象。"适用对象"和"性状特征"的说明构成一个主谓结构。"适用对象"是主语,"性状特征"是谓语。在上述的释义中,"经济""(老人)"是主语,"繁荣""身体健壮"是谓语。

表性状词的意义特征,主要是从"适用对象""性状特征"两方面去分析。

从"适用对象"看,表性状词的意义特征有三种情况:

1. 适用对象只是一种或一类事物。如上面的"景气"和"硬朗"。再如:

滂沱　(雨)下得很大。
清越　(声音)清脆悠扬。

"滂沱"的适用对象只是"雨","清越"的适用对象只是"声音"。

2. 适用对象是多个或多种事物。如:

激越　(声音、情绪等)强烈、高亢。
稀朗　(灯火、星光等)稀疏而明朗。

"激越"的适用对象有"声音、情绪等"多个,"稀朗"的适用对象有"灯火、星光等"多个。

3. 适用对象广泛,词典也没有说明。如:

结实　坚固耐用。

细致　精细周密

这两个词的释义都没有说明"适用对象"(主语没有出现),只说明"性状特征"(谓语出现)。这是因为"结实"的适用对象较广泛,例如它可以形容人工制品、自然物、人等。"细致"的适用对象也较广泛,可以形容工作、文章、作风等。适用对象广泛是相对的,不是没有限制的。

从"性状特征"看,表性状词的意义特征也可分为三种情况:

1. 性状特征为一项。如上述"景气"一词的"性状特征"是"繁荣",只有一项。再如:

明亮　光线充足。

优厚　(待遇)好。

"明亮"一词的适用对象是"光线",它表示的性状特征是"充足",只一项。"优厚"一词的适用对象是"待遇",它表示的性状特征是"好",也只一项。

2. 性状特征为多项。这种词很多,上面举过的"清越",它表示的性状特征是"清脆悠扬"有两项。"稀朗"表示的性状特征是"稀疏而明朗",也是两项。再如:

轻浮　言语举动随便,不严肃不庄重。

"轻浮"的适用对象是"言语举动",它表示的性状特征是"随便、不严肃、不庄重"三项。

3. 用主谓结构说明性状特征。例如:

干巴巴　(语言文字等)内容不生动不丰富。

清通　（文章）层次清楚，文句通顺。

"干巴巴"的适用对象是"语言文字等"，它表示的性状特征用主谓结构来说明："内容不生动不丰富"，这个主谓结构的主语"内容"，可看作是对适用对象的更具体的说明，其谓语"不生动不丰富"，是对性状特征的说明，是两项。"清通"的适用对象是"文章"，它表示的性状特征用两个主谓结构来说明："层次清楚，文句通顺"，这两个主谓结构的主语"层次""文句"，仍可看作是对适用对象的更具体的说明，其中的谓语"清楚""通顺"，是对性状特征的说明。

这样，表性状词的意义特征就可以从"适用对象""性状特征"两方面去分析，看它有什么样的适用对象，是一种还是多种，看它表示什么样的性状特征，是一项还是多项。

表性状的同义、近义词，其意义的异同可以从这两方面去辨析。例如：

贴切　（措辞）恰当；确切。
确切　准确；恰当。

这两个词表示的性状特征一个是"恰当；确切"，一个是"准确；恰当"，是很接近的。"贴切"的适用对象是"措辞"，"确切"的适用对象没有说明，是比较广泛的。可以说"这个词用得很贴切（或确切）"，但只能说"这个统计数字很确切"，统计数字不能用"贴切"来形容。再如：

稳定　稳固安定；没有变动：水位稳定｜情绪稳定｜社会稳定。
稳固　安稳而巩固：基础稳固｜地位稳固。

"稳定"表示的性状特征词典说明了三项"稳固""安定""没有变动"；"稳固"表示的性状特征，词典说明了两项，"安稳""巩固"，也是很接近的。"稳定"侧重于指自身不会变化，"稳固"侧重指外力作用下不会变化。这两个词的适用对象词典没有说明，实际上也是有区别的。例如"稳定"能形容物价、思想、血压等,"稳固"不能形容。

表性状词中的反义词,也可以从表示对立的性状特征去说明。例如:

  热 温度高。
  冷 温度低。

"热""冷"都形容温度,它们表示对立的性状特征,一"高"一"低"。

  强大 (力量)坚强雄厚:强大的国家|阵容强大|国力日益强大。
  弱小 又弱又小:弱小的民族|弱小的婴儿。

这两个词都能形容力量。这两个词表示的性状特征是对立的:"坚强"和"弱"对立,"雄厚"包含量多、量大的意思,和"小"是对立的。当然这两个词的适用对象也是有区别的。例如"强大"不能形容人、植物,"弱小"可以:弱小的婴儿;弱小的麦苗。

  上面说明了表名物的词、表动作行为的词、表性状的词概念义内容特征的分析,主要是根据词典对各个词意义的解释。有时词典的释义很概括,不易看出词义的特征,如果能结合词语的应用,从众多例句中去辨析词义,就能更好地说明词义的特征。例如:

  细微 细小,微小。
  细小 很小。

从词典的释义看这两个词表示的性状特征几乎是一样的。可以结合词语的应用,从例句中对它们作进一步的辨析:

  ① 细小(细微)的变化令人难以觉察。
  ② 天上飘下细小(*细微)的雨点。
  ③ 海边有细小(*细微)的沙粒。

从例句看,"细微"表示的量比"细小"表示的量还要小(①例句所示)。"细小"能形容雨点、沙粒,而"细微"不能形容。再如:

    调集 调动使集中。

    纠集 纠合(含贬义)。纠合 集合,联合(多用于贬义)。

词典释义说明了两个词感情色彩的不同,它们的意义特征,究竟有何异同,从释义很难看出来。可以结合词语应用,根据众多例句来辨析:

    ① 首长调集(*纠集)坦克部队来了。
    ② 上级领导调集(*纠集)了大批救灾物资。
    ③ 他纠集(*调集)了他的拜把兄弟。
    ④ 这个坏头头纠集(*调集)了一帮人来闹事。

从词语的应用中可以看到:

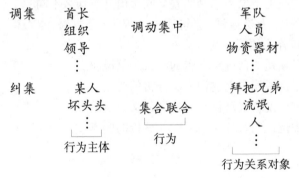

从上表的说明对比中可以知道,这两个词的行为主体、行为的关系对象有明显的差别,它们表示的行为同中有异。

    近年来,词义分析有向形式化发展的趋势。西方学者提出的"义素分析法"是这种探索的表现。具体做法是:比较一群相关的词的词义,概括出词义的共同特征和不同特征,这些特征就叫义素。词义的异同就通过排列组合这些相同、不相同的义素来说明。例如:

妇女	＋成年－男性＋人
男人	＋成年＋男性＋人
女孩	－成年－男性＋人
男孩	－成年＋男性＋人

"±成年""±男性""±人"等是义素,"＋"表肯定,就是含有,"－"表否定,就是不含有。"妇女"等四个词的词义,就用组合这些义素的方法来表示,从中可以看到它们意义的同异。这种做法有简明、形式化的特点,但难以普遍应用。这方面的研究还在发展中。

思考与练习

一、词的概念义和词的附属义(附属色彩)性质有什么不同?

二、词通过比喻、借代、词性转换等可以产生言语义,试各举一例说明。

三、词在上下文中意义的差异同言语义有什么不同?

四、在"因为是连词"这句话中,"因为"是主语,能否说连词"因为"可以作主语呢? 为什么?

五、义项是如何确定下来的? 试举例说明。

六、举例说明表名物词词义分析的要点。

七、举例说明表动作行为的词词义分析的要点。

八、举例说明表性状的词词义分析的要点。

参 考 文 献

符淮青(1996)《词义的分析和描写》,语文出版社。

张志毅(2001)《词汇语义学·第二节义位的微观结构》,商务印书馆。

贾彦德(1992)《汉语语义学》,北京大学出版社。

詹人凤(1997)《现代汉语语义学》,商务印书馆。

石安石(1993)《语义论》,商务印书馆。

王振昆、曹静(1983)《语义的义素分析》,《语言教学与研究》第3期。

第四节 词汇系统

一、对词汇系统的认识

(一) 我国学者的认识

一种语言具有什么样的音位,音位的组合情况,很有规律,因此一种语言的语音是有系统的。一种语言的词的变化、组词成句的规律也很强,因此一种语言的语法也是有系统的。那么,一种语言的词汇是不是一个系统呢?词汇的系统性表现在哪里呢?学术界的认识有一个发展过程。我国古代学者在编纂辞书时,有"以义类聚"词语的做法(如《尔雅》中的"释山""释水")反映出对词义之间的联系的一种朴素的认识。但长时间没有提出词汇系统的问题。受西方语言学思想的影响,20世纪50年代以后,有学者开始分析论述汉语词汇的系统性问题。不同学者从不同角度做了探讨。如周祖谟在《词汇和词汇学》(《语文学习》1958年9、11期)一文中论述了"词汇构成一个统一的词汇体系"的观点。它表现为:

1. 古代就有词作为词素构成了一大批词(如"工"构成了"工人""工业""工整""工致"等),这些词不仅在构词的成分上有关系,并且在词素的意义方面也有联系。如"工整""工致"中的"工"是"工巧"之意,有别于"工人""工业"中之"工"。

2. 每种语言的所有构成类型是成系统的,如汉语构词有两大类型:词根复合法(运动、展开等) 附加法(第一、麦子等),有别于俄语的改变重音、在词上加前缀后缀、词干复合,因此整个词汇构造上也就有了系统。

3. 词义的发展、词与词义方面的关系也表现出词汇是一个统一的整体。

周祖谟在这里论证词汇的体系性有三方面的表现:1. 由同一个语

素构成的同族词,不但构词成分有联系,构词成分的意义也有联系。2. 词汇的构词类型是成系统的。3. 词义的发展、词和词义的各种联系,也显示了词汇的系统性。

高名凯在《语言论》(商务印书馆,1963年)中对词汇系统从理论上作了阐述。他认为:

> 语言的词汇系统是个极复杂的系统,它可以依照不同的结构关系把各个词位以互相制约、互相影响的方式联系起来,组成各词的类聚,而这些不同的类聚之间又可以彼此互相交叉、互相制约、互相影响。

高名凯还认为词义是一个系统。各个词的意义互相联系制约;多义词各个意义的联系,同义、反义之间的联系,是词义联系的表现形式。

还有别的学者从另外的角度探讨了词汇系统性的表现。这些对词汇系统表现的初步分析和理论说明,代表了当时学者对词汇系统认识的发展。

(二) 词汇场的理论

在西方语言学中,索绪尔在《普通语言学教程》一书中首次明确论述了语言是由多个元素组织起来的系统。后来的学者进一步提出词汇是一个系统的观点。德国学者特里尔(Trier)1931年提出词汇场的理论。他认为词汇场是词汇的各个部分,在场中各个成分都同其相邻的成分相制约。他考察了高地德语中世纪(约1200年)和一个世纪后的一个表智力的词汇场的变化。这个场原来由三个词组成,但后来它们都改变了意义,其中一个词还退了出来,而增加了一个新词。变化以后,各词的意义关系也和原来的不同。新的词汇场是由社会变革引起语言词语的变化造成的。

当代英国学者莱昂斯(J. lyons)根据词汇场的理论,提出"场"的比较分析方法。他认为,一个词指示一个概念区域,一种语言的所有某方面的词组成一个词汇场,这些词指示的概念区域合起来成为一个概念场。词汇场"遮盖"(意为指示、表示)概念场。这样,进行词汇历时发展的比较,就有五种可能,并图示如下:

1.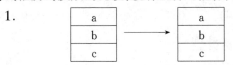

这种情况表示某一词汇场中的词及它们的意义关系都没有变化。

2.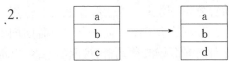

这种情况表示词汇场中部分词有变化,但它们的意义关系没有变化。

3.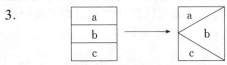

这种情况表示词汇场中的词没有变化,但词的意义关系有变化,因而概念场内部结构有某些变化。

4.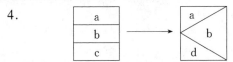

这种情况表示词汇场中一个或多个词已被更换,概念场的结构也发生了变化。

5.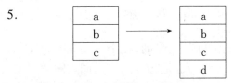

这种情况表示词汇场添加或失掉了一个或多个词,概念场的内部结构也有变化。

莱昂斯指出,传统上研究词义发展是原子主义的观点(即一个词一个词地孤立研究),这种研究处理上面所说的1、2种情况是可以的,但对于3、4、5这些情况,传统的方法就可能导致曲解了。

词汇场的理论有助于揭示词汇体系、词汇的系统性,对当代词汇学研究有重要的影响。

二、词群的主要类型

从上面我们对词汇场理论的说明中可以看到,这个理论对分析词汇、词义的历史发展,分析词汇场的发展,有很大的作用。但它必须以对词汇场的静态分析为基础,以对一个一个时期词汇场的分析为前提。现在我们把词汇场改称词群,说明静态的、共时的平面上词群的主要类型。

我们先把词群分为"层次关系词群"和"非层次关系词群",前者又分出几个重要的次类。简要说明如下:

(一) 层次关系词群

这种词群的成员呈现层级关系,因层次关系内容的不同,又可分为下面几种类型。

1. 上下位关系词群

先看一个例子:

在这个词群中,在上一层的叫上位词,在下一层的叫下位词。如"人"是"工人"的上位词,"工人"是"人"的下位词。同样,"工人"是"木工""瓦工""花匠""矿工"等的上位词,"木工"等几个词是"工人"的下位词。它们之间的关系是大类和小类的关系。上位词在相对关系上是大类,下位词在相对关系上是小类。

有严格的、科学分类中的上下位关系词群,也有非严格的、日常应用的上下位关系词群。很多学科都有对研究对象的严格的科学分类,其分类系统就是一个严格的上下位概念关系的系统。在这些分类系统中,不少类别的名称是用固定语表示的,也有相当多的类别的名称是用词表示的,因此包含有词的上下位关系。例如:

动物界
 门 脊索动物门
 亚门 脊索动物亚门
  纲 哺乳纲
  亚纲 真兽亚纲
   目 食肉目
    科 犬属
     种 家犬

这是动物界的分类系统,在上一层的是上位概念,在下一层的是下位概念。其中左列的"门""亚门""纲"等至"种",是用词表示的;右列对"家犬"的说明,从"脊索动物门"至"食肉目"是固定语,"犬属""家犬"是词。

非严格的日常运用的上下位关系词群有两种情况,一是对科学中严格的科学分类作简缩和变通。如:

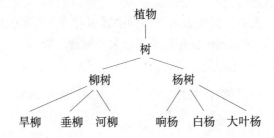

植物和树的科学分类是很严格的,上面的分类日常应用中多用,显然只是一种简缩。

另一种是没有严格的科学分类系统,由习惯运用而形成的。如:

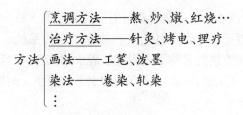

加线者为固定语或词组。
各行各业都有其制作物品、操作处理的方法,其名称是相当丰富的,它们可以形成一个成员数目可观的上下位关系词群。

一个词在不同联系、不同关系上可以有不同(多个)上位词。例如:

"马"可以以"家畜""力畜""役畜""牲畜""牲口"等任一个词为上位词,可以以"动物"甚至以"物"为上位词,这是因为在不同联系、不同关系上"马"都是这些词的下位概念。因此在表述中应该根据情况挑选恰当的上位词。

上下位关系词群在表名物的词中普遍存在,一部分表动作行为的词,表性状的词中也存在上下位关系词群。如:

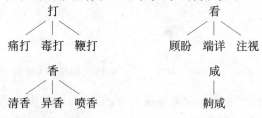

2. 整体部分关系词群

词的指示内容有整体、部分之分的词组成整体、部分关系词群。一般所说的整体、部分关系可以区分为三种情况。

(1) 大数和小数的关系,大数是整体,小数是部分。可以图示为:

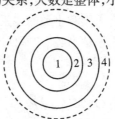

(2) 整体和构件的关系,表示事物整体的词同表示这个事物的各个构件的词组成这种词群。这种词群很普遍。例如:

物体的各个部分,在相对关系上,又可以看作一个整体,由更小的部分组成。例如"耳朵"由"耳廓""耳孔""耳根"组成,"耳廓"再由"耳轮""耳屏""耳垂"组成。

大地区和小地区的关系也属于这一种情况,它们可以构成"整体—部分(整体)—部分"关系的链条。例如:

中国—北京—海淀—中关村—北京大学

(3) 整体和它的成员的关系

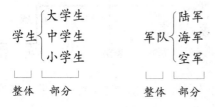

这种词群由表示整体和它的成员的词组成。从整体和成员的角度说,它们合乎"部分+部分+部分=整体"的关系。但同时,从事物的类别角度说,它们又有大类和小类的关系,"学生"是大类,"大学生""中学生""小学生"等是小类。"军队"一组的情况相同。因此它们又是具有上下位关系的词群。

3. 等级关系词群

这是指社会组织(行政、军队、学校等)上下级职位、职称的名称组成的词群。它们的层次反映的是社会认定的地位、级别的层次。如:

省长—县长—乡长—村长

军长—师长—团长—营长—连长—排长—班长

教授—副教授—讲师—助教

这种等级词群在不同的历史时期,其名称的差异可能很大。例如我国不同朝代官职的名称就有明显的差异。

4. 亲属关系词群

这个词群反映的是作为生物的人繁殖、延续中在血缘关系上个体所处的先后层次,以及亲疏关系,其中"代"的先后次序就是一种层次关系。如:

亲属关系名称的使用必须有一个"定点"。每一个男人都可以

同时是"父亲""祖父""伯父""舅父"甚至是"表哥""表弟"。每一个女人的情况也相同。"定点"确定之后,即名称的使用者确定之后,被用者的序列就秩序井然了。

不同民族的亲属词群差异较大。同一民族的不同历史时期,亲属词群中的名称也有差异。

(二) 非层次关系词群

表示某方面的事物现象、动作行为、性状特征的词,因为有共同的关系对象、关系范围而可以组成词群,其中有不少是有层次关系的,但也有一部分是没有层次关系的。

例如现代汉语中表示用嘴部、用嘴中器官活动的词,主要有吃、喝、吞、吸、咽、吮、嚼、舔、咬、吻等,它们之间没有上下位、部分和整体等层次关系,它们由于表示某一器官的活动,某一方面的行为组成一个主题(也叫题目)词群。

《普通话三千常用词表》(文字改革出版社1962)在"主要用胳膊、用手的动作"项下,收入许多词,如:拿、取、抓、握、摸、捞、摘、抹、揉、拍、掰、卷、解、提、举、推、拉、拖、托、抬、拨、捧、夹、抱、打、砍、插、扔、捆、编、装、挖、按、挂等等,它们也可以称作一个主题词群,但这些词之间一般也不存在上下位、部分与整体等层次关系,它们是非层次关系词群。

表性状的词组成的词群有不少也是非层次的。例如表示人体健壮的词可以组成一个词群,主要有:健康、强健、健旺、健壮、顽健、结实、强壮、壮实、硬实、皮实、硬朗、虎势等,它们之间也没有层次关系,是非层次关系词群。

(三) 层次词群中同位的词的关系

处在层次词群中同一层次的词叫作同位的词,它们的词义有多种联系,可以从不同角度来划分,一般讨论的关系主要有:

1. 并列关系　例如"工人"的下位词"木工""瓦工""花匠""电工""石匠""矿工"等。"房子"这个整体下表示它的各个部分的词"门""窗户""墙""房顶"等。亲属词"祖父""祖母"的下一辈"父亲""伯父""叔父""姑母"这些词,都是处于同一层次的并列关系的词。

2. 同义近义关系　同义近义词是处在同一层次上意义叠合或大部叠合的词。如"炊事员"的同义词有"厨师""厨子""大师傅"等。"女人"的同义词有"女子""女性""女士""妇女""妇道""妇人""女人家""巾帼""裙钗""半边天""娘子军"等。各组同义近义词本身可以看作一个词群。

3. 反义关系　从词群的层次关系看,反义关系是同位关系的特殊情况。词的意义有矛盾关系(如"真""假"),或者处于反对关系的两个极端(如"黑""白")就是反义关系。有反义关系的词本身也可以看作一个词群。构成反义词群成员的数量有不同情况,可以是一对一(如"君子"—"小人"),也可以是一对多(如"高"—"低""矮"),也可以是多对多(如"男人""男子"—"女人""女子")。

非层次关系词群中许多词都是同位关系(因为同在一个层次),所以也存在并列关系、同义近义关系、反义关系等。不再举例。

上面所讲的词群是从意义方面分析的。实际上词群还可以从别的角度分类。如非语义词群(将词按音序分组排列就是这种词群)、语法词群(将词按语法类、语法次类分组排列)、形态词群(按词的结构特征分类排列)。其中形态词群中的同族词(由包含有同一个语素的合成词组成,如天——天才、天赋、天分、天车、天窗、天井、天空、天气、天然、苍天、春天、蓝天、今天、飞天等等),是汉语词汇系统性的重要表现,后面还要对它作进一步的分析。

三、词群分析

上面我们说明了词群的不同类型,有了这些知识作为基础,就可以分析语言中包含成员较多的词群,了解它们的内容和构成。下面分析两个词群,一个是普通话表示人头部各个部位的词群,一个是含有语素"网"的同族词。

(一)普通话表示人头部各部位的词群分析

表示人头部各部位的名称,似乎是零散的、无序的。收集材料分析排比后发现,它是一个相当有系统的词群。它以整体—部分关系为主,整体部分关系有五个层次,可以做如下的排列(ⅠⅡⅢⅣ表示层次):

Ⅰ. 头——脸、头顶、脑勺子、头发、头皮、双鬓

"头"是整体,"脸"等是部分,共分割为六个部分。

Ⅱ.1 脸——额、眉宇、颧骨、眉毛、眉心、眉棱、眼睛、皱纹、鼻子、耳朵、嘴、腮、下巴、胡子、鬓角、太阳穴

Ⅱ.2 头顶——囟门

在第二层次中,对"脸""头顶"进行分割,"脸"的分割很细,共区分出"额""眼睛""鼻子""嘴"等16个部位,而"头顶"只分割出"囟门"一个部位。

Ⅲ.1 眼睛——眼球、眼皮、眼眶、眼窝、眼角、眼睫毛
Ⅲ.2 鼻子——鼻梁、鼻翅、鼻孔、鼻洼子
Ⅲ.3 耳朵——耳廓、耳孔、耳根
Ⅲ.4 嘴——嘴唇、牙、舌头、嘴角
Ⅲ.5 眉毛——眉头、眉梢
Ⅲ.6 额——额角

在第三层次中,对"眼睛"、"鼻子"、"耳朵"、"嘴"、"眉毛"、"额"进行了再分割,分割出的部位有多有少,"眼睛"分割出六个部位,而"额"只分割出一个部位。

Ⅳ.1 眼球——眼白

Ⅳ.2　耳廓——耳轮、耳屏、耳垂

从第四层次分割为第五层次只有两个词,"眼球"只再分割为"眼白","耳廓"则再分割为"耳轮"等三个部位。

上面同层次的词构成同位关系,同位关系中有同义关系的词可排列如下:

1. 头、头颅、脑袋、脑袋瓜子、脑瓜子、脑瓜儿、脑壳
2. 脸、脸蛋儿、脸面、脸膛、脸子、脸盆儿、脸庞儿、眉目、眉眼、嘴脸
3. 额、额头、脑门子、前额
4. 腮、腮帮子、腮颊、颊、面颊
5. 胡子、胡须
6. 嘴、嘴巴、嘴子、嘴头、口、嘴皮子
7. 囟门、头囟、囟
8. 鬓角、鬓发
9. 两鬓、双鬓
10. 颧骨、孤拐
11. 眼皮、眼皮子、眼睑
12. 眼球、眼珠子
13. 眼框、眼圈
14. 耳朵、耳
15. 耳孔、耳朵眼、外耳门
16. 耳垂、耳珠子
17. 鼻子、鼻
18. 鼻孔儿、鼻子眼儿、鼻观
19. 下巴、下巴颏、下颌、颌、颏
20. 牙、牙齿、齿
21. 舌、舌头

在这个词群中也有少数词能构成上下位关系：

1. 眼皮——眼泡(上眼皮)
2. 眼角——眼梢(小眼角)
3. 皱纹——抬头纹、鱼尾纹
4. 头发——鬓发

上面是我们对这个词群层次性、同义关系的描写。从这些语言事实中可以有如下的认识：

1. 它们并不是零散的，无序的，而是有严整的系统性。它们构成了规整的层次结构，各个词在层次中处于一定的地位。

2. 表示头部各部位的词是对头部各部位的分割。现代汉语对头部各部位的分割是相当细致的。但各部位分割的细致程度很不相同。例如对"头顶"只分割出"囟门"，对"额"只分割出"额角"，但对"眼睛""眉毛"及其周围部分分割很细。"眼睛"分割为眼皮、眼球、眼框、眼窝、眼角、眼睫毛，"眼球"的白色部分叫"眼白"，上眼皮叫"眼泡"，外端的眼角单叫"眼梢"。又整个叫"眉毛"，它的鼓起的底部叫"眉棱"，内端叫"眉头"，外端叫"眉梢"，上方叫"眉宇"，两眉之间叫"眉心"。这一部分分割细致，无疑是这一部分对传达情意、显示人的特征有重要作用。

3. 在这个词群中同义词特别丰富，我们上面列出了21组同义词，不少都超过两个，最多的"脸"有10个同义词。它们由不同来源的词、不同方式构成的词、不同语体、感情色彩的词构成。例如"头"是通用词，"头颅"是书面语，"脑袋"是口语词，"脑瓜子""脑袋瓜子""脑壳"等来自普通话的基础方言。又如"脸"是通用词，中性词，"眉目"有褒意，"嘴脸"含贬义。"面容""面貌"是由两个同义近义语素构成的词，"眉目"则是由借代法构成的词，等等。

(二)"网"的同族词分析

分析同族词的作用是，以某一个语素为基点，分析这个语素不同意义的构词情况,说明以该语素构成的同族词的意义联系和结构上的联系,从而说明现代汉语同族词词汇系统的构成和特点。

可以根据《现代汉语词典》《常用构词字典》(傅兴岭、陈章焕主编,中国人民大学出版社 1982)等工具书收集某个语素构成的同族词,按照合成词中语素的含义和构词方式将合成词分类、排列,分析说明同族词的意义联系和构词特点。

"网"的意义有(据《现汉》):

① 用绳线等结成的捕鱼捉鸟的器具:一张网/渔网/结网/撒网/张网。

② 像网的东西:发网/蜘蛛网/电网。

③ 像网一样纵横交错的组织或系统:通信网/交通网/灌溉网/宣传网。

④ 用网捕捉:网着了一条鱼。

⑤ 像网似的笼罩着:眼里网着红丝。

"网"在现代汉语中构成的合成词有:

网点　指像网一样成系统地分设在各处的商业、服务业单位。
网兜　用线绳、尼龙绳等编成装东西的兜子。
网纲　鱼网上的大绳。
网巾　用丝结成的网状的头巾,用来拢住头发。
网篮　上面有网子罩着的篮子,大多在出门的时候用来盛零星物体。
网罗　① 捕鱼的网和捕鸟的罗。
　　　② 从各方搜寻招致:网罗人才。
网络　① 网状的东西。
　　　② 指由许多互相交错的分支组成的系统。
　　　③ 在电的系统中,由若干元件组成的用来使电信号按一定要求传输的电路或其中的一部分,叫做网络。

网膜	① 复盖在大肠表面的脂肪质的薄膜,能使肠的表面滑润,减少摩擦,并有保护肠壁的作用。 ② 视网膜的简称。
网屏	照相机用的有细密网纹的玻璃屏,装在照相机的暗箱里,能使摄制成的相片上有网纹,便于翻制到铜板或锌板上去。也叫网版,网状版。
网球	① 球类运动项目之一,球场长方形,中间有一道网,双方各一面,用拍子来回打球。有单打和双打两种。 ② 网球运动使用的球,圆形,具有弹性。里面用橡皮,外面用毛织品等制成。
网状脉	叶脉互相连接交错,形成网状叫网状脉。大多数双子叶植物的叶都有网状脉。
网眼	(～儿)网上线绳纵横交织而成的孔,多呈棱形。也叫网目。
网子	像网的东西。特指妇女罩头发的小网。
法网	比喻严密的法律制度。
河网	纵横交错的许多水道所构成的整体。
火网	弹道纵横交织的密集火力。
漏网	(罪犯、敌人等)没有被逮捕或歼灭。
滤网	造纸时滤去纸浆里水分的网,用金属丝或人造纤维制成。
罗网	捕鸟的罗和捕鱼的网。
落网	指犯罪分子被捕。
情网	指不能摆脱的爱情。
水网	指纵横交错的河湖港汊。
拖网	鱼网的一种,形状像袋子,使用时抛在海底,用一只或两只渔船拖曳,兜捕底层鱼虾,如鳗鱼、小黄鱼、对虾等。

围网　鱼网的一种，形状像带子，用两只渔船或一只渔船和一只舢板拉住两端，把鱼群围住，逐渐缩小包围圈，最后抽紧网下端的绳索。主要用来捕捞浮游在水的中、上层的鱼类，如小黄鱼、带鱼、鲐鱼等。

鱼网　捕鱼用的网。也作渔网。

蛛网　蜘蛛结成的网状物。结网的丝是蜘蛛肛门尖端分泌的黏液遇空气凝结而成。蜘蛛利用蛛网捕食昆虫。

电网　① 用金属线架设的可以通电的障碍物，多用来防敌或防盗。
② 指由发电、输电系统形成的网络。

（《现代汉语词典》1996年修订本，2002年增补本）

刺网　网鱼具的一种。由网衣和纲索构成的长带形网具。以挂刺和缠络鱼类达到捕捞目的。网目大小按捕捞对象体制而定。为海洋和内陆水域的捕鱼工具。

（《辞海》）

文网　② 特指文化禁令。

（《汉语大词典》）

球网　以绳线编成的体育用品，挂在排球、羽毛球、网球比赛场地中间，用以分割场地。

（《常用构词字典》释义自拟）

上面根据《现代汉语词典》等工具书收集到"网"在现代汉语中的同族词共30个。这些词的意义、"网"在合成词中的意义从对词的释义中都能了解，可以根据合成词中"网"的意义，合成词的构造方式将"网"的同族词分类排列如下：

①义　用绳线等结成的捕鱼捉鸟的器具。
网～　并列　网罗①
　　　偏正　网纲　网眼

| ～网 | 并列 | 罗网 |
| | 偏正 | 鱼网　拖网　围网　刺网 |

②义　像网的东西。

网～	并列	网络①③
	偏正	网兜　网巾　网篮　网膜　网屏　网球①②
	附加	网子
	多层	网状脉
网～	偏正	电网①②　河网　水网　漉网　火网　球网
		蛛网

③义　像网一样的组织或系统。

网～	并列	网络②　网点
～网	偏正	法网　情网　文网
	支配	漏网　落网

④义　用网捕捉

| 网～ | 并列 | 网罗② |

⑤义　像网似的笼罩着。

　　　无

通过上面的分析,"网"同族词的系统性可以这样来说明:

1. 同族词中各个合成词意义上有联系。"网"的①义"用绳线等结成捕鱼捉鸟的器具"是本义、基本义。②义"像网的东西"从①义产生,用于具体的事物,③义"像网一样的组织系统"也从①义产生,用于抽象的事物。④义"用网捕捉"从①义产生,①原是名词义,④发展为动词义。⑤义从④义产生,是④义的比喻用法。"网"的①—④义都有构词能力,同别的语素结合,构成了不同数量的合成词。这些词看似零散,其实,如果以"网"作为基点来看,则它们都以"网"的不同意义作为联系的线索。不同的意义如同同根生出的不同枝蔓,将结成的不同果实牵连在一起。

2. 在结构平面上,"网"按照语言中原有的构词方式,同不同的语素结合,组成并列、偏正、支配、附加等结构的合成词,表现了现代汉语词汇结构平面上的规律性、系统性。它们共有"网"这一构词成分,"网"就成为连系这个同族词的形式上的标志。

3. "网"同族词的特点。"网"原是名词,它所构成的大多数合成词中,"网"都表示具体事物或抽象事物,因此,偏正式是这个同族词中出现最多的构词方式,在 30 个词 36 个义项中,属偏正式的有 22 个词的 24 个义项。其他并列、附加、支配构成的词,"网"也都是表事物。

"网"已发展出两个动词义④"用网捕捉",⑤像网似的笼罩着。其中只④义有构词能力(网罗②从各方面搜寻招致)。⑤义无构词能力。

"网"在现代有特指义"指计算机网络",这个意义已构成新词"网吧""网虫""网迷""网民""网页""网友""网站""网址""上网"等。这表明"网"仍以表示事物的意义构成新词语而发挥作用。

思考与练习

一、谈谈你对"词汇系统"的认识。

二、试解释"词汇场"的理论。

三、试说明"上下位词群"和"整体部分词群"的不同。

四、给"车"找出它的上位词、同位词、下位词,并组成层级关系。

五、分析含有"垫"的同族词。

六、分析含有"雪"的同族词。

参 考 文 献

周祖谟(1958)《词汇和词汇学》,《语文学习》第 9,11 期。

高名凯(1963)《语言论·第四章·语言中词汇系统的结构及其演变》,商务印书馆,1995 年重印。

符淮青(1988,1989)《汉语表"红"的颜色词群分析》(上、下),《语文研究》第3期,第1期。

张志毅(1995)《义位的系统性》,见《词汇学新研究》,语文出版社。

杨升初(1986)《语素"生"的义素分析报告》,见《汉语语义学论文集》,湖南人民出版社。

张　普(1991)《信息处理用现代汉语语义分析的理论与方法》,《中文信息学报》第3期。

第五节　词汇学和词典

一、词汇学和词典编纂

各种词典在社会生活、学术研究、教育工作中是得力的工具。词汇学对现代汉语各种词典的编纂有重要作用。一方面,词汇学的深入研究在不同程度上促进了现代汉语各种类型词典的产生;另一方面,词汇学的研究成果对解决词典编纂中的各个问题有参考、指导的作用。

现代汉语不同类型词典的产生有多种社会条件,词汇学研究的发展是其中重要的学术条件。现代社会政治经济文化建设的高度发展,要求语言高度规范化,这就产生了词汇学研究词汇规范的性质、范围、标准问题,提出了编纂指导语言规范词典的任务。词汇学的研究也探讨了语言中不同语言单位的性质、词语组合的规律和规范、词义的分析和解释、词汇的系统性等问题。在这样的学术条件下,新中国建立以后我们才编出了以《现代汉语词典》为代表的规范类型的词典。词汇中存在大量同义、近义词语和反义词,同义近义词的选择、反义词的运用在思想表述、交际交流中广为社会成员所关注。词汇学系统地研究了语言中的同义、近义词语和反义词,这又为编写同义词典、反义词典提供了理论说明和辨析的方法,经过学者的不断努力,我国于20世纪七八十年代终于编出了几部有一定分量的同义词典(如张志毅的《简明同义词典》、刘叔新主编的《现代汉语同义词典》)和反义词典(如张庆云、张志毅的《汉语反义词词典》)。语言的词汇组成巨大的词汇系统,可以根据词语反映的客观对象,概念内容的不同将词语分为各种类别,词汇学深入研究了词汇系统的构成和分析方法,于是义类词典的编纂得以完成。20世纪80年代编成的《同义词林》(梅家驹主编)《类义词典》(董大本主编)就是属于这种性质的词典。由于教学、科技应用的需要,社会要求对各种词语的应用作量的统计,词汇学研究了常用词和非常用词,探讨了各种类型的词频的分析统计方法,为词语频率词典的编纂创造了条件,20世纪80年代编成的《现代汉语频率词典》(北京语言学院等单位编成),是这方面工作的代表。随着社会生活、科学文化的发展,新词新语新义不断出现,词汇学对新词语形式内容的研究,对新义形成条件的研究,又促成了新词语词典的编纂。目前这类词典已有多部。如此等等。因此也可以说,随着文化科学的发展,词汇学研究的深入,人们还会自觉地编出各种适合新的要求新的需要的不同类型的词典来。

下面说明词汇学的研究成果对解决词典编纂中的各个问题有参考、指导作用。我们集中阐述不同性质词目的确立和义项划分这两个问题。

(一) 不同性质词目的确定

我国传统字典收入的是字,并不区分字所代表的不同的语言单位,对多字组成的语言单位的性质也不明确。现代语言学兴起,现代语言学中的语法、词汇研究区分了字和词,构词法的研究又越来越科学地区分了词和词组,固定词组和自由词组。这对现代词典收入的语言单位、科学地区分不同的语言单位有深刻的影响。

以《现代汉语词典》的编纂为例。《现汉》在确定收入的语言单位的性质时,致力于解决汉语字、语素和词之间,词和词组之间的联系和区别。构词法研究提出的结构分析法(扩展法)作为确定词的界限和形式的标准,摆脱了传统以"意义""概念"作为标准的束缚,这对《现汉》有重要的参考作用。

《现汉》以词为纲,从根本上打破了旧字典词典的格局,主要表现为:

1. 在单字头中,字代表的不同的词、语素分立条目。如:

白$_1$ ①像霜或雪的颜色,是物体被日光或与日光相似的光线照射,各种波长的光都被反射时呈现的颜色。

白$_2$ (字音或字形)错误:写白字|把字念白了。

白$_3$ ①说明;告诉;陈述:表白|辩白|告白。

介$_1$ ①在两者当中:介绍|媒介|这座山介于两县之间。

介$_2$ 甲:甲胄/介虫。

介$_3$ 〈书〉耿直;有骨气:耿介。

介$_4$ 古戏曲剧本中,指示角色表演动作时的用语。如笑介,饮酒介等。

这样处理,就区分了字和词,区分了同音词(或语素)和多义词(或语素)。同音词是字形可能相同,读音相同而意义无关的一组词,多义词是以一个字代表的读音相同,代表的各个意义有联系的一个词。

2. 合成词中的同音词也根据上述原则处理。如:

大白$_1$ 〈方〉粉刷墙壁用的白垩。

大白$_2$ (事情的原委)完全清楚:真相大白|大白于天下。

打尖$_1$ 旅途中休息下来吃点东西:打尖过后再赶路。

打尖$_2$ 掐去棉花等作物的顶尖儿。

3. 形体相同,读音微异、意义不相同的同形词也分立条目。如:

大意 dàyì 主要的意思:段落大意|把他讲话的大意记下

来就行了。

  大意 dà·yi 疏忽;不注意:粗心大意|他太大意了,连这样的错误都没有检查出来。

这两个"大意",一个第二个音节读轻声,一个不读轻声。

  生气 shēng//qì 因不合心意而不愉快:孩子考试成绩很差,妈妈非常生气|快去认个错吧,他还在生你的气呢。
  生气 shēngqì 生命力;活力:生气勃勃|青年是最有生气的。

上一个"生气"音节可以隔开用,下一个"生气"不能这样用。

  《现汉》也收入固定词组,一定数量的定型化短语,分立条目。这些既是词汇系统里的重要组成部分,也是人们记忆中稳定的东西,可供查考之用。

  (二)义项划分问题

  语言中许多词有多个意义,这在我国古代字书词书中已有了丰富的记录。《说文》已将一个字的不同意义分别说明。从梁·顾野王的《玉篇》到清《康熙字典》,往往把古代字书词书记录的字的意义、古代文献注疏中解释的字的意义,汇集在一起,使人们了解字所代表的多个意义,清·阮元《经籍籑诂》更是把唐以前见于古籍中字的意义汇集在一起,多者一字可有数十条近百条字义的说解材料。随着词汇学、词典学研究的深入,人们探讨了词义单位、字典词典中义项的性质问题,对划分、确定义项的原则认识更加明确,使现代人编的词典,包括描写现代语言的词典义项的归纳、划分、确定更为科学合理。

  人们认识到义项是根据语言应用中词义的共同点来确定的,它具有概括性的特点。因此不能把随文释义的说解材料都立为义项。例如,"美"形容人的相貌,是"好看"的意思,可立为一个义项,但"美"还能形容声音、味道、事物等,随文释义解释,形容声音"美"义为"优美动听",形容味道"美"义为"鲜美好吃",形容事物"美"义为"品质好"等等，但这不能构成词典义项，义项要说明"美"的一般内容，具有更大的覆盖面，《现汉》为"美"立了义项③令人满意的；好：美酒｜价廉物美｜日子过得挺美。这个义项较好地概括了这方面的意义。词的临时修辞用法生出的意义，即言语义，不同于固定下来的词义，也不能据之确定义项。如"香"可以用来形容生活："花香生活更香"，"香"比喻美好，只是临时义，不能为"香"立这个义项。

词汇学关于词的本义、引申义、比喻义的研究成为词典恰当划分义项的重要的理论根据。词的最初的意义是本义，在语言发展中逐渐产生引申义，而形成多个意义。词义引申，总是在意义上有联系。如"唱"，本义是"口中发出（乐音）；依照乐律发出声音"，但在"唱名""鸡唱三遍"这类用法中，它引申出"大声叫"的意义，这样，就要分立义项。"花卉"本义是花草，以后又引申出"以花草为题材的中国画"义，引申义和本义不同，要分立义项。有些词表示的事物现象的特征、作用、性质比较突出，用来作为比喻，产生了比喻义。约定俗成，社会成员公认接受的比喻义，词典要为它立义项。例如"动力"原指"使机械作功的作用力，如水力、风力、电力、畜力等"，人们后来也用它来"比喻推动工作事业等前进和发展的力量"，如说：为人民服务是他工作的动力。这个意义普遍使用，为社会所接受，词典为之立了义项。又如"冻结"，原指"液体遇冷凝结"，后来生出"比喻阻止流动或变动（人员、资金等）"的意义，这个意义也普遍使用，为社会所接受，固定下来，词典也立了这个义项。

词汇学根据语法学的分析，一般认为，许多词的词性发生变化，词义也会变化。例如"药"是名词，指"能防止疾病、病虫害等的物质"，但在"药老鼠""药虫子"的用法中，它带宾语，已是动词，意义就变为"用药毒死"了。又如"平定"是"平稳安定"的意思，是形容词。但在"平定叛乱"的用法中，它带宾语，变成动词，就有了"用武力镇压"的意义了。这些由词性改变产生出的意义,词典都立了义项。

词汇学还研究了在现代汉语中存在有词义和语素义的区别。在词典中区分词义和语素义,处理好这二者的关系也很重要。一般的做法是:词义和语素义一致的,词义义项也就概括了语素义的内容。如"轻"的"重量小,比重小"的意义,既是词义,又存在于合成词和固定语中(如"轻巧""轻车熟路""轻于鸿毛"中的"轻"义)。语素义出现在多个合成词、固定语中的单立义项。如"专家""政治家""艺术家""科学家"中的"家",指"掌握某种专门知识或从事某种专门活动的人",是语素义。词典一般都为这个意义立了义项。语素义只出现在极少数合成词、固定语中的,有时在解释合成词、固定语的意义中加以解释,不单立义项。如:"打拳 练拳术"。"打印 盖图章"。(均见《现汉》)有些语素义在古汉语中是重要的意义,虽然现代使用的语词包含这个意义的很少,有时也可以立义项。如"风 民歌:采风"(《现汉》)

由此可见,词汇学关于词义单位概括、划分、确定这方面的研究,对词典编纂中处理义项问题有重要作用。

词汇学关于词义解释方式的研究对词典的释义也有重要作用,这方面的内容我们将在下面说明。

二、词典的类型

一般将词典分为两大类型,一是百科辞典,一是语文词典。百科辞典又包括综合性百科辞典(即百科全书,如《大不列颠百科全书》《中国大百科全书》等)和专科性百科辞典(也叫学科性百科辞典,如《中国人名大辞典》《法学词典》等)。我们这里主要说明语文词典的分类。

语文词典是解释说明语言词语的词典。它说明词语的读音、书写形式、意义、语法特点、附属色彩等。又分单语词典(解释一种语言词语的词典,如《现代汉语词典》)和双语词典(用一种语言解释另一种语言的词典,如《新英汉词典》《俄汉大辞典》等)。下面说明单语词典的类型,并介绍现代汉语的有代表性的各种类型的词典。

(一) 现代语言规范型词典

这是为促进、指导现代语言规范化而编纂的词典。按照国家有关权威部门制订的规范标准说明词语的书写形式和读音。释义、用法的说明也力求科学、规范。社科院语言研究所词典编辑室编成的《现代汉语词典》就是这样一部词典。它是国家、政府为推广普通话,促进汉语规范化要求编成的一部中型现代汉语词典。吕叔湘、丁声树先后任主编。1958年始编,1978年商务印书馆出版。1996年出修订本。2002年出版增补本。

《现代汉语词典》收入词目五万六千余条,修订本增至六万余条,增补本又补新词新义一千二百余条。它的优点是:

1. 词形、注音规范。第一次明确地在词典中区分同音词,如叫$_1$(发出声音),叫$_2$(使;命令),区分同音语素,如乔$_1$(高)、乔$_2$(假扮),区分能隔开用的词和不能隔开用的词,如"借款 jiè//kuǎn"和"借款 jièkuǎn"。

2. 分析词的意义细致。如"理性"区分为两个义项:① 指属于判断推理活动的(跟感性相对):理性认识。② 从理智上控制行为的能力。① 义只能作修饰语,② 义是名词义。类似的例子在该词典中随处可见。

3. 对收入的全部词语的意义都作了具体的解释,如果用同义近义词注释,则一般对所用的同义近义词作了具体的解释,如:"箠,鞭子"。"鞭子 赶牲畜的用具。"避免了以一字释一字,以一词释一词的毛病。在这部词典之前,没有一部词典全面地具体解释过现代汉语词语的意义。百科性词目的释义,一般请有关专业人员撰写或审定,保证了它的科学性。

4. 释义结合说明词的用法。主要的做法是,在释义词语中加括号说明词语的配合关系。如:"凋零(草木) 凋谢零落。""戒除 改掉(不良的嗜好)。""打紧 要紧(多用于否定式)"。

(二) 用法词典

这种词典着重具体说明词语的用法,帮助非汉族的学习者学习汉语。

《现代汉语八百词》 吕叔湘主编,商务印书馆1980年出版。词典以解释虚词为主,也解释了一部分实词的意义和用法。本书仔细分析词的语法类别、不同意义、各种用法,说明前后搭配的词语,辅以丰富的例句。该书在理论和方法上对以后编写的用法词典有很大的影响。

《现代汉语实词搭配词典》 张寿康、林杏光主编,商务印书馆1992年出版。收入双音节、部分单音节的名词、动词、形容词八千多条。编者研究制定了名词、动词、形容词的搭配框架,对收入的词的各个义项,从"结构成分""词类""语义"三个层次进行描写。分析较细,用例颇丰。

《现代汉语学习词典》 孙全洲主编,上海外语教育出版社1995年出版。本书是为帮助外国汉语学习者理解掌握现代汉语词语用法而编辑的,收入词语二万三千多条。这部词典对收入的词条全面地划分了词和语素,划分了词类,又建立了词语的句型结构模式,释义时注意指示相应的句型结构模式,这些方面对学习汉语有重要作用。

(三) 同义词词典

收集、辨析语言中意义相同、相近词语,以帮助读者理解和应用的词典。

《简明同义词词典》 张志毅编,上海辞书出版社1981年出版。收词一千五百个,分成六百组,分析每组词在词性、词义、用法、附属色彩方面的同异。分析以义项为单位,引例多出自名家著作。

《现代汉语同义词词典》 刘叔新主编,天津人民出版社1987年出版,收入1640个同义词组,包含4600多个词。编者主张严格区分同义词和近义词,故选词严格。分析以义项为单位,主要从词义的同异、搭配的同异作具体辨析。多从当今书刊中选取用例。

(四) 反义词词典

收集辨析语言中意义相反、相对立的词语,以帮助读者理解和应用的词典。

《汉语反义词词典》 张庆云、张志毅编,齐鲁出版社1986年出版。全书收三千组反义词,近一万个词语。词目后有注音、词性说明,有释义、例句,有时加上词语的语体、学科说明。它是新中国成立后第一部贯穿科学精神,有分量的汉语反义词词典。

《反义词词典》 林玉山编,黑龙江人民出版社1988年出版。该词典收音节相同、词性相同、范畴相同的反义词四千零三十九组,有释义和例句。

(五) 构词词典

以字所代表的语素为单位,收集该语素所构成的词语,按词语中该语素出现的前后次序排列,或按词语中该语素意义所属义项排列。这种词典可以帮助读者了解语素的构词能力,合成词中语素的意义联系。

《常用构词字典》 傅兴岭、陈章焕主编,中国人民大学出版社1982年出版。收字3994个,词语9万个。每字除释义外,列入包含这个字的合成词、成语、其他固定语等。将词语按字出现的位置(开头、中间、末了)分组排列。

《实用解字组词词典》 周士琦编,上海辞书出版社1986年出版。收单字7千字左右,词语8万个。每字分义项释义,后列出含该义的词语。

(六) 义类词典

将一种语言词汇中的全部词语按意义分成大类、小类,全部词语都纳入这个分类系统中。词语无释义,也可以有释义。

《同义词词林》 梅家驹等编,上海辞书出版社1983年出版。收入词语7万个。按意义分类排列。共分12个大类,94个中类,1428个小类。无释义。附词语索引,据索引可以查到任何一个词的同义、近义词语。

《类义词典》 董大本主编,汉语大词典出版社1988年出版。收普通词语、百科词语、常用新词4万余条,分为17大类,143个小类,3717个词群。每词都有释义,且有例句。

(七) 新词词典

收集解释语言中新产生的词语、新出现的意义的词典。

《汉语新语新词词典》 韩明安主编,山东教育出版社1988年出版,收1945年以来的新词语7900条。后增补,收新词语一万余条,更名《新词语大词典》,黑龙江人民出版社1991年出版。有释义,每条引书刊用例。

《现代汉语新词词典》 于根元主编,北京语言学院出版社1994年出版。收1978~1990年间语词性新词新语3710条。每条注音、释义,举一至数条例句。

(八) 频率词典

从大量书籍报刊材料中统计词语出现频率的词典。现代汉语词汇频率统计的重要目的是确定常用字词,获取其他词频字频信息。

《现代汉语频率词典》 北京语言学院语言教学研究所编著,北京语言学院出版社1986年出版。该词典统计语料达200万字。分析统计确定高频词8千个,低频词2300个。常用词分为两个层次,第一层次3千个,第二层次2千个。该词典包含有词表、字表8个。重要的如"按字母音序排列的频率词表""使用度最高的前8000个词词表""频率最高的前8000个词词表""分布最广的词语频率表""汉字频率表"等。又有附录数个。

三、词的释义

解释词义是词典的重要内容,在语文教学、日常思想交流中也有重要作用。词的附属色彩只能作类型性的说明,所以词的释义主要是指对概念义的解释。解释词义的方法很多,不同的学者也有不同的分类,下面我们从便于掌握应用出发,说明常见的词的释义方式。

(一) 用同义近义词

这是一种普遍运用的释义方式,它广泛运用来解释表名物的词、表动作行为的词和表性质状态的词。它的优点是简便,易掌握。在运用中又有不同的情况:

1. 用一个词解释

鞫(jū)　　审问:鞫问/鞫讯。

俦(chóu)　伴侣:俦侣。

以上二例是用今语释古语。

发痧　(方)中暑。

番瓜　(方)南瓜。

以上二例是用普通话释方言。

师父　师傅。

剩　　剩余。

以上二例被解释的词和释义所用的词同样为人们所熟悉,它们同义,可以互相解释彼此的意义。

用一个词来解释词义,应该挑选大家熟悉的词。用大家熟悉的解释不熟悉的,这是释义的一个原则。

2. 按语素次序用同义近义词对释

枯萎　干枯萎缩。
叩拜　叩头下拜。

以上两个词的构造是并列式,用同义近义词对释的词语也是并列式。

口谈　口头述说。
夸饰　夸张地描绘。

以上两个词是偏正式,用同义近义词对释的词语也是偏正式。

备荒　防备灾荒。
受贿　接受贿赂。

以上两个词是支配式,用同义近义词对释的词语是述宾式。

心毒　心肠狠毒。
私立　私人设立。

以上两个词是陈述式,用同义近义词对释的词语是主谓式。

可以看到,用同义近义词对释合成词的语素来解释词义,解释词语的结构和合成词的结构往往保持一致。

(二) 表名物词的释义

在第三节词义的"三、词义的分析"部分我们说明过,表名物词的意义主要看它表示的事物所属的类别,看它表示的事物具有什么样的特征,并分析了词典对表名物词的解释:

鱼网	捕鱼的	网
人杰	杰出的	人
被解释的词	定语 表示特征	中心语 表示类别

这种解释词语意义的方式叫定义式释义。就是用有逻辑学上所讲的"种(被解释的词)＝种差(被解释的词反映的事物现象的特征)

+类(被解释的词所反映的事物现象所属的类)"的形式和内容的释义。上述"鱼网""人杰"两个词的释义都有这种定义式释义的内容和形式。

由于内容和语句的变化,定义式释义有各种变化,常见的有两种:

1. 解释词语为偏正词组,中心语表示类别,定语表示特征,如上述"鱼网""人杰"的释义。再如:

儒将　有读书人风度的将帅。
　　　　特　征　　类别

珊瑚岛　主要由珊瑚虫的骨骼堆成的岛屿。
　　　　　　特　　征　　　　类别

2. 解释词语是多个词组,或复合句,特征由多个词组或分句表示,类别由中心语表示或单独说明。例如

粉笔　在黑板上写字用的　条状物,用白垩、熟石膏粉等加水
　　　　特　征　　　类别
搅拌,灌入模具后凝固而成。
　　特　征

江珧(yáo)　软体动物,略呈三角形,表面黑色,生活在海岸
　　　　　 类别　　　　　　特征
的泥沙里。

可以看出,这些词表示的事物都有多个特征。如"粉笔"有功能的特征,又有制作上的特征。"江珧"有形貌的特征,又有生活习性的特征。"粉笔"的类别用中心语"条状物"表示,"江珧"的类别"软体动物"则单独说明。

(三) 表动作行为的词的释义

在第三节词义的"三、词义的分析"部分我们说明,表动作行为

的词内容很复杂。这类词的词义特征表现在：表示一定的动作行为，往往包含有特定的行为的主体，包含有特定的关系对象，包含有对动作行为的种种限制等等。因此，解释这类词的意义，就要注意把它所包含的词义特征说明清楚。常见的释义方式是：

1. 说明词义所包含的一个动作行为，以及对它的各种限制。例如：

  捏 用拇指和别的手指夹。

"夹"说明动作行为，"用拇指和别的手指"是对动作行为所用身体部位的限制。

  绑 用绳带等缠绕或捆扎。

"缠绕或捆扎"说明动作行为，"用绳带等"是对动作行为所用工具的限制。

  射 用推力或弹力送出。

"送出"说明动作行为，"用推力或弹力"是对动作行为方式的限制。

  清算 彻底地计算。

"计算"说明动作行为，"彻底地"是对动作行为程度的限制。

  永别 永远分别。

"分别"说明动作行为，"永远"是对动作行为时间方面的限制。

  长跑 长距离跑步。

"跑步"说明动作行为，"长距离"是对动作行为空间方面的限制。

  对动作行为的限制，可以同时有几个方面。例如：

  拍 用手轻轻地打。

"打"说明动作行为，"用手"是对动作行为身体部位的限制，"轻轻地"是对动作行为程度的限制。

扫 ③很快地左右移动。

"移动"说明动作行为,"很快地"是对动作行为方式的限制,"左右"是对动作行为空间的限制。

2. 说明词义包含的动作行为及其关系对象。例如:

耙 用耙平整土地

"平整"说明动作行为,"土地"是"平整"的关系对象。"用耙"是对动作行为使用工具的限制。

参谒 进见尊敬的人;瞻仰尊敬的人的遗像、陵墓等。

"进见""瞻仰"是动作行为,"尊敬的人"是"进见"的关系对象,"尊敬的人的遗像、陵墓等"是"瞻仰"的关系对象。

3. 说明词义所包含的动作行为及动作行为的主体。例如:

刺 尖的东西进入或穿过物体。

"进入或穿过"是动作行为,"尖的东西"是动作行为的主体,"物体"是动作行为的关系对象。

撞 运动着的物体跟别的物体猛然碰上。

"碰上"说明动作行为,"运动着的物体"是动作行为的主体,"别的物体"是动作行为的关系对象,用介词"跟"把它前置。"猛然"是对动作行为方式的限制。

4. 说明词义包含两个或两个以上的动作行为。

眨 (眼睛)闭上立刻又睁开。

"闭上""睁开"说明"眨"包含两个动作行为,"立刻"是对动作行为"睁开"时间上的限制。"(眼睛)"是行为的主体。

摩挲 用手轻轻地按着并一下下地移动。

"按着""移动"说明"摩挲"包含两个动作行为,"用手"是对"按着"身体部位的限制,"轻轻地"是对它的程度的限制,"一点点地"是对"移动"方式的限制。

从上面对表动作行为的词释义的分析中可以看到,表动作行为的词包含的各方面的内容并不是相互排斥的,它们可以同时出现,也可以只出现一部分内容,释义时则要注意把显示词义特征的内容说明清楚。

(四) 表性状的词的释义

在第三节词义的"三、词义分析"部分我们说明,表性状的词意义内容丰富,它们的词义特征主要表现在"适用对象"表示的"性状特征"两个方面。这类词的释义主要是要恰当说明词的"适用对象"和表示的"性状特征",但在应用中又有种种变化。主要有:

1. 说明"适用对象"和"性状特征"。例如:

条畅 (文章) 通畅而有条理。

亲善 (国家之间) 亲近而友好。

"条畅"的适用对象是"(文章)","通顺而有条理"是它表示的性状特征。亲善的适用对象是"(国家之间)",它表示的性状特征是"亲近而友好"。"适用对象"和"性状特征"的说明构成主谓关系(参看"第三节词义"的"三、词义的分析"),以下的情况都相同,不再说明。以上两个词的"适用对象"只一项。

清醇 (气味、滋味等)清而纯正。

优良 (品种、质量、成绩、作风等)十分好。

以上两词的"适用对象"是多项。

2. 说明"性状特征",而"适用对象"不出现。例如:

浑朴 浑厚朴实。

通红 十分红;很红。

这两个词的释义说明的都是词所表示的"性状特征",而"适用对象"没有说明。这可能是由于词的适用对象广泛,也可能是词有一定的适用对象而未说明。

从说明"性状特征"的方式上看,又有三种情况:

(1) 对释语素义。这种方式我们上面已经作过说明。再如:

细巧　精细灵巧。

清亮　清晰响亮。

"细巧"之"细"用"精细"对释,"巧"用"灵巧"对释。"清亮"之"清"用"清晰"对释,"亮"用"响亮"对释。

(2) 用反义词的否定式。例如:

冷落　不热闹。

自然　不勉强;不局促;不呆板。

"热闹"是"冷落"的反义词,其否定式同"冷落"同义。"自然"在不同意义上同"勉强""局促""呆板"构成反义关系,所以后三者的否定式也可说明"自然"的不同意义。

(3) 具体描述说明。

这是把词所表示的情状特征作具体的描绘、具体的说明。例如:

浪漫　富有诗意,充满幻想。

迷漫　满天遍地,茫茫一片,看不分明。

以上所说的释义方式,说明或不说明词的"适用对象",说明"性状特征"的不同方法,可以交叉组合。例如:

凉快　(天气)清凉爽快。

这个词的释义是说明"适用对象"+说明"性状特征",而后者是用对释语素义的方法。

豪华　（建筑、器物、设备或装饰）富丽堂皇,过分华丽。

这个词的释义是说明"适用对象"+说明"性状、特征",而后者是用具体描述的方法。

3. 加"形容……""……的样子"帮助说明性状特征。在说明表性状词的性状特征时,加"形容……""……的样子"等词语也是常用的释义方式。例如:

油汪汪　形容油多。
幽咽　形容低微的哭声。
蹒跚　腿脚不便,走路缓慢、摇摆的样子。
嗫嚅　形容想说话而又吞吞吐吐不敢说出来的样子。

以上我们说明了词典常用的释义方式。有了这些知识,就明白了解释词义的一般要求和规律。释义要合乎语言实际,合乎客观事实。"偏僻"一词,有的旧词典解释为"交通不便,也不热闹的荒僻地方。""偏僻"是表性状的词,这里把它解释成表名物的词,不恰当。《现汉》的解释是:离城市中心远,交通不便。"决断"有的旧词典解释为"决定的判断",不正确。"决断"是并列式,"决""断"都是"决定""断定"的意思,这里把它解释成限定式。《现汉》解释为:拿主意;做决定。"拿主意""做决定"既是"决"也是"断",也是"决断"一词的意思。对于反映某些社会历史现象的词语,释义要揭示它的本质。如"长工"一词,有的旧词典解释为"长期雇佣的工人",不够恰当。《现汉》解释为:"旧社会长年出卖劳力,受地主剥削的贫苦农民。"这个解释正确地说明了长工所处的社会地位。

释义又有语文性释义和百科性释义之分。语文性释义只对词的意义作简括的说明,多用于语文词典和小型词典。百科性释义指的是对词的概念内容(通常是术语内容),对词所反映的事物现象的各种特点作详细说明的释义,多用于百科词典。例如:

狗　哺乳动物。外形似狼,种类很多。听觉、嗅觉灵敏,易受训练,可守户或助猎、牧羊。有的还可训练成警犬。

(《新华词典》2001年修订版)

犬 ①家畜名。……亦称"狗"。哺乳纲,犬科。为人类最早驯化的家畜。耳短直立或长大下垂,听觉、嗅觉灵敏。犬齿锐利。舌长而薄、有散热功能。前肢五趾,后肢四趾,有钩爪。尾上卷或下垂,性机警,易受训练。发情多在春秋两季,持续三周,妊娠期约60天,年产二胎,每胎产仔2—8头,寿命15—20年。品种很多,按用途可分为牧羊犬,猎犬、警犬、玩赏犬以及挽曳及肉用等。

(《辞海》)

《新华词典》是小型词典,它对"狗"的解释只是用简括的语言说明了它的类别"哺乳动物",形貌"外形似狼",作为动物的特点和功用。是语文性的释义。《辞海》是规模大的百科兼语文词典,它说明了狗在动物学分类中所处的位置,"哺乳纲,犬科",除说明它作为动物的特点、功用外,还具体说明了它的耳朵、齿、舌、趾、尾巴的形貌,说明了它的繁殖和寿命。这是一种百科性的释义,提供了词所表示的对象的丰富的知识。

思考与练习

一、词汇学研究对词典编纂的作用表现在哪些方面?

二、单语词典有哪些类型?试各举一例说明。

三、用同义近义词解释词义在应用中有哪些不同的情况?它有什么局限?

四、试说明表名物词的释义同表动作行为词的释义的不同之处。

五、举例说明表性状词的释义的不同方法。

六、下列各词的释义有什么毛病:

1. 围巾　围在脖子里的东西。

2. 戏迷　对于戏剧入了迷,称为戏迷。
3. 撇　　掠取浮在液体表面的泡沫。
4. 温柔　温和而柔软,多指性情说。

参 考 文 献

拉·兹古斯塔主编(1983)《词典学概论》,商务印书馆。

郑奠等(1956)《中型现代汉语词典编纂法》,《中国语文》第7、8、9期。

张清源(1980)《论义项的建立与分合》,《词典研究丛刊》第1期,四川辞书出版社。

董　琨(1996)《试谈〈现代汉语词典〉成功的历史经验》,《〈现代汉语词典〉学术研讨会论文集》,商务印书馆。

韩敬体(1981)《同义词语及其注释》,《辞书研究》第3期。

符淮青(1992)《词的释义方式剖析》(上)(下),《辞书研究》第1,2期。

第三章 语 法

第一节 语法单位

一、语法单位和语法学习、语法研究

在说明"语法单位"之前,需要先说说语法学习与语法研究。

有人可能会说,语法有什么好学的,我从来没有学过语法,不也照样说话,写文章吗?这话对不对呢?也对,也不对。说它"也对",是因为这话部分地符合事实;说它"也不对",是因为说这个话的人忽视了人们自觉认识、掌握并运用客观规律的重要性。

学一点语法知识,自觉掌握语法规则,可以更好地用以指导我们的语言实践,特别是对我们阅读与写作会有很大帮助。大家都很熟悉鲁迅的短篇小说《祝福》,其中有这么一段话:

(1) 这一回她的变化非常大,第二天,不但眼睛窈陷下去,连精神也更不济了。而且很胆怯,不独怕暗夜,怕黑影,即使看见人,虽是自己的主人,也总惴惴的,有如在白天出穴游行的小鼠;否则呆坐着,直是一个木偶人。不半年,头发也花白起来了,记性尤其坏,甚而至于常常忘却了去淘米。

鲁迅先生这一段话是描写祥林嫂的急剧变化的。祥林嫂原是一个勤劳、质朴、能干、大胆的劳动妇女,她对生活充满了希望,但是在那吃人的封建社会里,在封建礼教这个精神枷锁的束缚下,她的希望受到了一次又一次的打击。她在土地庙捐门槛这一争取生存的最后努力被鲁四奶奶"你放着罢,祥林嫂!"一声禁令宣布了无效之

后,她的最后一线希望也破灭了,这对她来说,是个多么沉重而致命的打击啊!当时,她就"脸色变作灰黑",只是失神地站着。这一回她发生了急剧的变化。上面所引的那段话正是鲁迅先生具体刻划描绘祥林嫂的这一变化的。值得我们注意的是,在这段话里鲁迅先生一连用了好些个关联词语——"……,不但……,连……也……。而且……,不独……,即使……,虽……,也……;否则……。……,也……,尤其……,甚而至于……。"为什么要用那么多关联词语呢?如果我们有一点语法知识,就可以更好地体会鲁迅这一段对祥林嫂的描写的效果。我们知道,关联词语的作用在于显示句与句之间的逻辑联系,恰当地运用关联词语可以使句子脉络清楚,增强逻辑力量。一般说,在论说文里关联词语用得较多,平时讲话和文艺小说中很少用关联词语。譬如,公司某人向经理报告某人(如张三)没来上班,一般都说:"张三今天病了,不能来上班了。"而不会说:"张三今天因为病了,所以不能来上班了。"在文艺作品中,关联词语用多了,动不动就来个"因为""所以""虽然""但是",这不仅会使语句显得啰嗦,而且会使话语不生动,不活泼。鲁迅先生则反其道而行之,在这不长的三句话里,故意一连用了十几个关联词语。这样,不仅层次分明地描绘出了祥林嫂在封建制度和封建礼教的打击下的急剧变化,而且渲染了一种气氛,对于刻划祥林嫂越来越衰老、胆怯、呆板、麻木的神态,收到了独特的效果。这里足见鲁迅先生语文修养之高,在用词造句上真是达到了炉火纯青的地步。

  复旦大学已故著名数学家苏步青教授在《语文与数学》一文里讲到,复旦大学曾从各省市招收了一批数学拔尖的学生,准备作为重点对象来培养。可是进校没几个月,其中一些同学慢慢就落后了;有的到了二年级竟然连数学课程也要补考。什么原因呢?经过一番了解才发现,这些学生在中学时数学单科很好,但很不重视语文学习,阅读和表达能力差——有的学生考试时根本看不懂题义;有的学生回答的内容是对的,但由于语言表达不妥,而写成了错误的答案。因此苏步青教授强调指出:"数学是学习自然科学的基础,而语文则是这个基础的基础。"语文知识中当然也包括语法知识。

我们平时在写作中,常常会出现语病。如果我们有一点语法知识,就容易发现并纠正文章中的毛病。例如:

(2)﹡河北保定有位老工人,虽然已年过半百,坚持收听广播英语,然而两年下来,不但还不能会话,而且也不能自由地阅读,但可以看些外文资料了。

这是《广播电视外语讲座好》稿中的一段话。这段话很啰嗦,很不通畅,主要毛病在于不恰当地使用了许多关联词语,使意思表达得含混不清。如果作者有一点汉语语法知识,就会把这段话写得好些。如改成下面的文字:

(3)河北保定有位老工人,已年过半百,坚持收听广播英语,两年下来,虽然还不能会话,但可以看些外文资料了。

这样一改,句子无疑要明快、流畅多了。

语言表达上有语法毛病,不仅会使文章意思含糊不清;有时甚至还会造成政治性错误。例如1974年4月2日《文汇报》有一条横贯一版的副标题:

(3)﹡我国党政领导人周恩来、叶剑英、陈锡联、吴德、苏振华和西哈努克亲王、宾努首相等以及首都群众到机场欢迎

同一天的《人民日报》用的是这样两行字的标题:

(4)我国党政领导人周恩来、叶剑英、陈锡联、吴德、苏振华到机场欢迎　　西哈努克亲王、宾努首相和夫人等也到机场欢迎

两个标题一比较,前者的毛病就看得很清楚了。按《文汇报》用的

标题,西哈努克亲王、宾努首相也成了"我国党政领导人"了。这不就大错特错了吗!这种错误是会造成不良政治影响的。可见,语言表达问题,决不是无关紧要的小问题。

近年来语言污染比较严重,不仅在学生作文中,而且在我们的报刊、书籍、影视屏幕上,在广播中,都普遍存在着语句不顺、文理不通的现象。要改变这一状况,一方面要加强"纯洁祖国语言"的宣传教育,以引起各方面,特别是宣传教育部门的注意,另一方面要普遍加强语文学习,其中包括语法知识的学习,以提高语文修养,从而使语言这个交际工具更好地为我们交流思想服务。

以上说的是,学点儿语法有助于人们的交际。21世纪是一个高科技迅速发展的信息时代,信息科学技术起着龙头的作用。从发展来看,信息科技将主要包含三方面的内容:数字化、网络化、智能化,其中最难达到较为理想境地的是智能化。所谓"智能化",就是要使计算机具有一定的自学和思维的能力。信息科技的智能化,有赖于多方面知识的支持,其中语言知识是属于关键性的知识。在我国,从20世纪80年代开始,也在酝酿研制智能计算机,并已列入国家科研规划之中。中文信息处理在20世纪,较好地解决了"字处理"(汉字输入、存储和显示)和"词处理"(中文自动分词、词性标注)的问题(严格说,还是初步的,还不是很完美的)。21世纪将需要集中解决"句处理"的问题。句处理的主要内容是,怎样使计算机理解自然语言(如现代汉语,下同)的句子的意思,又怎样使计算机生成符合自然语言规则的句子。而要实现句处理,离不开汉语研究成果的支撑,最终都需要依赖可靠的汉语知识来驱动计算机正确处理自然语言(汉语)。"句处理"所需要的汉语知识,是一种涉及到语音、语义、语法、语用等诸方面的综合的知识,因为人用语言向对方表达自己的思想、看法、情感,或者从对方的话语中准确理解对方的思想、看法、情感,都需经过一个复杂的编码或解码的过程,而在这个编码或解码的过程中事实上要调动各种各样的因素,单就语言这个角度说,起码也得调动语音、语义、语法、语用等各方面的因素。目前,大家都深感现有的关于汉语的知识远远不能满足中文句处理的需要。单就句法方面的情况说,在中文信息处理过程中将会不断遇到我们所想像不到的问题。许多问题在人看来还是比较容易解决的,但机器解决不了。譬如说,

(5) 北京的公路建设得很快。

(6) 北京的公路建设很有成绩。

这两句话中,字面上有相同的部分,那就是"北京的公路建设",但这两句话的内部构造是不同的。这对我们人来说,只要稍有一点语法知识,是很容易区分的:

(5) 北京的公路　建设得很快。

(6) 北京的公路建设　很有成绩。

但让计算机来切分时,就出了问题,第(6)句它可能会切分为:

(7) 北京的公路　建设很有成绩。
　　　＊

再如:

(8) a 中国　日本　瑞士　　b 中国　山东　湖北　　c 中国　山东　济南
　　　 1　　 2　　 3　　　　 1　　 2　　　　　　　 1　　 2
　　　　　　　　　　　　　　　　　3　　 4　　　　　　 3　　 4

　　　1—2—3　　　　1—2 修饰关系　　1—2 修饰关系
　　　联合关系　　　 3—4 联合关系　　3—4 修饰关系

这 a、b、c 三个短语对人来说,不论是中国人还是留学生,都很容易

分清的。机器却很难分辨清楚。要让机器分辨清楚,就得把三个处所名词组合在一起什么条件下一定构成 a 类关系、什么条件下一定构成 b 类关系、什么条件下一定构成 c 类关系搞清楚,并将规则输入计算机。

总之,汉语语法需要研究,而对我们个人来说,学点儿汉语语法也很有好处。

在"现代汉语"课里已经说明,语法是语言中组词造句的规则。我们知道,人们说话总是一句一句说的,而句子都是由词按一定的规则组合成的,而词又是由比词小的语言成分组成的。学习、研究语法主要就是学习、研究怎么组词,组词需要遵循什么样的规则;怎么造句,造句需要遵循什么样的规则。就汉语来说,学习、研究句子的构造规则,要比学习、研究词的构造规则重要得多。从实用的角度说,学习汉语语法,主要是学习汉语的造句法。

语言中存在着大小不等的语言成分。为了语法学习和语法研究的需要,我们有必要根据大小不等的语言成分的不同性质,设立若干单位。像语素、词、词组、句子,就是语法学习和语法研究中所需要的语法单位。

二、四种语法单位——语素、词、词组、句子

语素、词、词组、句子是四种不同的语法单位,其中语素是最小的语法单位,句子是最大的语法单位,词和词组是介乎语素和句子之间的语法单位。

语素是语言中最小的音义结合体,是最小的语法单位。汉语中的语素绝大部分是单音节的,如"人、机、核、态、吃、林"等;也有少数是双音节或多音节的,这些大多是外来的音译语素或古代汉语遗留下来的所谓联绵字(旧时指双音的单纯词)。前者如"葡萄、咖啡、巧克力、奥林匹克"等,后者如"参差、伶俐、徘徊、逍遥"等。语素的功用是构成词,它是词的建筑材料。

词是比语素高一级的语法单位,是语言中最小的能独立运用的语法单位。词都是由语素构成的。就汉语来说,有的词是由一个语素构成的,这种词我们称为"单纯词",如"人、猫、糖、盐、吃、喝、红、慢、很、都"等。有的词是由两个或两个以上的语素构成的,这种词我们称为"合成词",如"人民、学生、老虎、狮子、道德、风气、已经、计算机、手榴弹"等。词是造句的单位,它是句子的建筑材料。

词组是词和词按一定句法规则组合成的比词大的语法单位,如"白猫、很慢、好孩子、学习风气"等。词组也是一种造句单位,它也是句子的一种建筑材料。

句子是语言中最大的语法单位。它是由词组或词加上一个句调形成的,换句话说,词组或词加上一个句调就形成为句子。句子都能表示相对完整的意思。因此,句子可以理解为语言中伴有一定句调、表示相对完整意义的语言成分。一句话完了,有一个较大的停顿,书面上用句号"。"、问号"?"或叹号"!"来表示。例如:

(1) 他们都去。
(2) 你喜欢看电影吗?
(3) 爸爸回来了!
(4) "谁?"
   "我。"

例(1)—(3)是由词组加上句调形成的句子,例(4)对话里的两个句子"谁?""我。"则是由词加上句调形成的。

从表述的角度看,句子是最基本的表述单位。因此,也有人认为,语素、词、词组都是静态单位,句子则是动态单位。

在汉语中,语素、词、词组、句子的关系,大致如下:由语素组成词,由词组成词组,由词或词组形成句子;语素、词、词组之间是层层组成关系,词、词组跟句子之间则是实现关系。以上所述可图示如下：

```
语素→词→词组      →表示组成关系
     ↘ ↙          ↓ 表示实现关系
      句子
```

不难发现，汉语中的语法单位可以分为四种(语素、词、词组、句子)三个级别(语素，词和词组，句子)。

三、关于语素

上面已经说了，语素是语言中最小的音义结合体。语素的特点是，不能再被分割为更小的音义结合体。例如"妹妹不吃白菜"这句话里就包含"妹""妹""不""吃""白""菜"这六个语素，每个语素都既有声音，又有意义。它们各自都不能再被分割为更小的音义结合体。拿语素"妹"来说，如果单纯从语音上说，它还可以分析为更小的单位(可分析为一个上声声调，一个声母 m 和一个韵母 ei，韵母还可以分析为元音 e 和元音 i)；如果单纯从意义上说，"妹"也还可以分析为更小的单位，譬如说可分析为"指具体事物"、"有生命的"、"属于人类"、"女性"、"在同辈中年龄小的"等这样一些不同的语义成分，一般称之为"义素"；但是从音义结合的角度说，它不能再被分割为更小的单位了，所以"妹"是汉语中的一个语素。

语素的功用是构成词，它是词的建筑材料。

四、语素和词

在进一步说清楚语素和词的关系之前，需要对词再作些说明。上面说了"词是语言中最小的能独立运用的语法单位"，这说明，词的特点就在于能独立运用，而且本身不能再被分割为更小的能独立运用的语言成分。所谓"能独立运用"，不是指能单说，不是指能单独成句，而是说能独立自主地跟别的词或比词大的单位进行组

合。例如"也",不能单说,不能单独成句,但它能独立自主地跟别的词或比词大的语言成分进行组合,如:

(我)也喜欢 　(我)也不喝酒
(她)也很聪明　(我)也爱看足球

因此"也"也属于能独立运用的语言成分,是一个词。单独一个"妹"也能表示"妹妹"的意思,但我们不把"妹"看作一个词。这为什么呢?就因为它不能独立运用。我们从来不说"＊妹不吃白菜"、"＊我有一个妹"、"＊妹很漂亮"、"＊我喜欢妹"等,我们得说成"妹妹不吃白菜"、"我有一个妹妹"、"妹妹很漂亮"、"我喜欢妹妹"等。这说明"妹"虽然是有意义的,但是在现代汉语里它不能独立运用;由"妹"字重叠以后合成的"妹妹"才能独立运用。所以"妹妹"是一个词,"妹"不是词,只是一个语素。"白"和"菜"都能独立运用,单独成为词,例如"这张纸很白"、"妈妈买了许多菜"。可是为什么说"白菜"是一个词而不是两个词呢?因为"白菜"中的"白"和"菜"结合得很紧,不容随意拆开,而且"白菜"的意义也不等于"白"和"菜"这两个字意义的简单相加。"白菜"不能说成"＊白的菜",在意思上也不等于"白的菜",所以"白菜"是一个词。这也说明,能单独成词的语素,并不是永远以词的身份出现,有时可以以语素的身份出现。"不吃"也连在一起用,为什么看作两个词而不看作一个词呢?那是因为一则"不"和"吃"都有意义,而且都能独立运用,如"不吃"、"不说"、"不去"、"不想","吃白菜"、"吃苹果"、"吃巧克力"、"吃面包"等;二则"不"和"吃"结合得不紧,可以拆开,如"不怎么吃"、"不常吃"、"不天天吃"、"不多吃"。可见,"不吃"还能分解为更小的有意义的能独立运用的单位,所以"不吃"不是词,"不"和"吃"分别是词。总之,词是语言里最小的有意义的能独立运用的语言成分。

就语素跟词的关系来说,应该说是很清楚的,那就是"语素的功用是构成词","词都是由语素构成的"。语素构成词,有两种情况,一种是两个或两个以上的语素构成一个词,如"人民、机器、友谊、感情、计算机、来得及"等;一种是一个语素单独构成一个词,如"他不吃鱼。"这句话里,"他"、"不"、"吃"、"鱼"每一个词就都是由一个语素构成的。前一种情况好理解;对于后一种情况,有人会提出这样的问题:这里的"他"、"不"、"吃"、"鱼"到底是词还是语素啊?我们的回答是,它们各自既是词,又是语素。事实上这里的"他"、"不"、"吃"、"鱼"具有语素和词的双重身份,看从哪个角度说。当我们说它们分别是语素时,我们只考虑它们各自是不是最小的音义结合体,而不考虑它们是否能独立运用;当我们说它们分别是词时,因为它们各自都能独立运用,而且它们各自都不能再被分析为更小的能独立运用的单位。从这里也可以体会到,就语素跟词的关系说,语素显然可以分为两大类,一类是可以单独成词的,如"人、狗、水、好、红、走、吃、很"等都能独立运用,这类语素一般称为"成词语素";一类是不能单独成词的,像上面举的"机器"、"友谊"里的"机"、"器"、"友"、"谊"等都不能独立运用,它们在任何场合都不能单独成词,它们必须跟别的语素组合在一起构成一个词,这类语素一般称为"不成词语素"。我们说某个语素是成词语素,只是说它可以单独成词,而不是说它在句子里出现时,总是词。像上面举过的"白"和"菜"可以成词,但在"白菜"里则是以语素的身份出现的。再如"人",也是成词语素,在"来了三个人"、"人很多"里,"人"是一个词;但在"他是人民代表"、"他是一位诗人"里,"人"只是作为一个语素出现的,"人民"、"诗人"分别是一个词。

五、词组和句子

在别的一些语言里,如在英语里,词组和句子在语法上是绝然不同的——作为句子,一定含有定式动词(finite verb),一定具有主语和谓语;而作为一个词组则正相反,决不可能有定式动词,绝对不会具有主语和谓语。二者分得清清楚楚。汉语的情况则不是这样。由于汉语缺乏形态,句子的构造规则和词组的构造规则基本是一致的,主谓词组跟其他词组(如述宾词组、述补词组、偏正词组等)在语法上地位是一样的。请看:

	单独成句	作为另一个词组的组成部分	
主谓	"他去不去?""他去。"	他去的地方我没有去过。	[作定语]
		我同意他去。	[作宾语]
述宾	"你晚上干什么?""看电视。"	看电视的人很多。	[作定语]
		我打算看电视。	[作宾语]
述补	"你洗干净了?""洗干净了。"	洗干净的衣服搁盆里。	[作定语]
		我当然想洗干净。	[作宾语]
偏正(状-中)	"你回家吗?""不回家。"	不回家的人旅游去了。	[作定语]
		我准备不回家。	[作宾语]
偏正(定-中)	"你找什么?""大衣扣子。"	大衣扣子的价钱贵了。	[作定语]
		我要买大衣扣子。	[作宾语]

事实告诉我们,在汉语中词组和句子的区别只在于前者没有句调,是个静态单位;后者一定有句调,是个动态单位,即表述单位。

我们说,在汉语里句子的构造规则和词组的构造规则基本是一致的,只是就二者的构造规则说的,这并不意味着在汉语里词组都能加上句调实现为句子,句子都能还原为词组。词组有自由的,即能处于单说地位的,如上面举的"他去、看电视、洗干净、不回家、大衣扣子"等;有黏着的,即绝对不能处于单说地位的,如"把衣服"、"被人"、"对于条件"等介词结构。只有自由的词组才能加上句调实现为句子。而有的句子由于受语用的影响,不能还原为词组,像易位句,如"快出来吧,你们!""走了,都。"就不能还原为词组。

思考与练习

一、你认为学习、研究语法有必要吗?

二、汉语里有几种语法单位？它们彼此之间是什么关系？
三、什么叫语素？语素的特点是什么？
四、指出下列各个成分是词，还是语素，还是别的什么成分，并说明理由(注意不同义项)：

机　基　鸡　及　纪　寄　记　即　圾　剂
大人　大地　徘徊　参差　大夫　蝙蝠　犹豫　蟋蟀　既然　忐忑

五、在语法学里，词是一种什么样的语法单位？它的特点是什么？

六、为什么说词和词组是属于同一级别的语法单位？

七、下面的双音节成分是词还是词组？根据什么？
杏黄　杏儿黄　白药　白猫　写信　写作　更好　更加

八、在汉语里，词组和句子的区别在哪里？

九、"谁？""我。"请问：上面这一问一答里的"谁"和"我"是语素，还是词，还是句子？为什么？

参 考 文 献

马　真(1997)《简明实用汉语语法教程》，北京大学出版社。
陆俭明(2000)《跨入新世纪后我国汉语应用研究的三个主要方面》，《中国语文》第6期。
张　斌(1996)《现代汉语》，中央广播电视大学出版社。
朱德熙(1982)《语法讲义》，商务印书馆。

第二节　汉语词类问题

一、"词类"特指"词的语法分类"

任何语言都有千千万万个词。为了有效地研究某个语言，我们就需要对该语言的词进行分类。不同的研究目的，可以对词作不同的分类。譬如说，如果我们想了解汉语词在音节结构上的特点,我们就可以将词分为单音节词、双音节词、多音节词等;如果我们想要了解汉语词汇的组成,我们可以把词分为传承词、新造词、古语词、方言词、行业词、外来词等。语法研究中所说的词类,则特指"词的语法分类",即指从语法的角度给词分类。通常我们所说的名词、动词、形容词、副词、介词、连词、语气词等,就是从语法的角度给词分出来的类。

二、划分词类的依据

由于语法研究中所需要的词类是词的语法分类,显然划分词类的依据不能是语音方面的,也不能是词汇意义方面的,而得是语法方面的。语法方面的依据可以有三种——一是词的形态,一是词的语法意义,一是词的语法功能。

根据词的形态对词进行分类,这对于像印欧语那样有形态标志和形态变化的语言来说,是可行的,划分起来也十分简单明了。俄语、英语等语言划分词类根据的就是词的形态。可是,这个依据虽好,但不适合于汉语,因为汉语没有严格意义的形态标志和形态变化。

根据词的语法意义进行词的语法分类,从理论上来说,是可行的。但是,由于语法意义极为复杂,具体划分时难以操作。譬如说,谁都知道,名词的语法意义是表示事物,按说我们就可以倒过来,根据一个词是否表示事物,来确定这个词是不是名词。然而实际操作起来是很难做到的,那是因为即使就语法意义来说也还有不同层次的"事物"。除名词的语法意义表示事物外,在汉族人的心目中,"什么"用来询问事物,"怎么样"用来询问非事物,这里所说的"事物"也是一种语法意义。然而这里所说的"事物"跟上面所说的"名词表示事物"里的"事物"二者外延不同。明显的例证是,当我们问"你在看什么?"时,既可以用名词来回答,说"我在看小说",也可以用动词来回答,说"我在看比赛/游泳/下棋"。那我们是不是可以认为上面答话里的"比赛/游泳/下棋"就是名词？如果采取这种看法，那么相当数量的动词同时就兼名词了。再有，在汉人的心目中，主语是话题，表示事物，可是这里所说的"事物"，跟"'什么'询问事物"这说法里的事物又不一样，因为汉语事实告诉我们，"什么"可以作主语，"怎么样"也可以作主语。例如：

(1) 什么才算是合理的？
(2) 怎么样才算是合理的？

显然，这里所说的"事物"，其外延比前面说的还大。过去有人认为动词、形容词一作主语就转成名词了，就"名物化了"。这种看法正是混淆了不同层次的"事物"意义，错把"主语表示事物"里的事物当作"名词表示事物"里的事物了。因此，按词类所表示的语法意义来给词分类，虽然从理论上说似乎是可行的，但是事实上是难以做到的。

看来，我们只能根据词的语法功能来给词分类。然而必须指出的是，根据词的语法功能给词分类，这决不是无可奈何的做法，而是完全科学的。

第一，从划分词类的目的看。划分词类是为了研究和讲解语句组织，而每个语句组织实际上都是一种词类序列，因此划分词类依据词的语法功能，那是理所当然的。

第二，从词的组合关系和聚合关系看。任何语言，词和词之间都存在着两种关系——组合关系和聚合关系。词和词按一定的句法规则构成词组，这体现了词的组合关系；将同一组合关系的若干实例中处于相同位置上的词归为一类，这体现了词的聚合关系。例如：

(3)

```
           组 合 关 系  →
     ┌─────────────────
     │  吃  三  个  苹果
  聚  │  喝  两  杯  啤酒
  合  │  看  四  本  小说
  关  │  洗  五  件  衣服
  系  │  买  三  双  袜子
     │  采  一  朵  菊花
     │  ············
     ↓   ①  ②  ③  ④
```

横行"吃三个苹果""喝两杯啤酒"等就都是由词组合成的词组;竖行①、②、③、④里的词就分别是动词、数词、量词、名词。不难发现,具有相同语法功能的词总是聚合成类,供词组合时选择,而词的聚合关系又总是以词的组合关系为前提的。事实上,词组就是词的组合关系的产物,词类就是词的聚合关系的产物。可见,划分词类依据词的语法功能,那是无可非议的。

第三,根据词的形态进行词的分类,实质上是根据词的语法功能进行词的分类,词的形态只是词的语法功能的外在表现,如同海、陆、空军的服饰各异,我们可以从服饰上来判断一个士兵是海军士兵、陆军士兵、还是空军士兵;服饰只是不同兵种的外在表现。

第四,事实告诉我们,根据词的语法功能划分出来的每一类词,其各个词都能表示某种相同的语法意义。如通常我们说"名词表示事物","形容词表示性质","动词表示行为动作",那"表示事物"就是名词都具有的语法意义,"表示性质"就是形容词都具有的语法意义,"表示行为动作"就是动词都具有的语法意义。

三、形容词的范围

过去,一般把下面三种词都归入形容词:

(a) 好、红、快、慢、大、小、干净、漂亮、大方、简单、危险、安静……

(b) 雪白、通红、冰凉、白花花、绿油油、红通通、黑不溜秋、脏里吧唧……

(c) 男(～宿舍)、女(～教师)、金(～项链)、大型、微型、急性、慢性……

朱德熙先生在《语法讲义》里首次将(c)种形容词单立为一类,称为"区别词"。而北京大学中文系现代汉语教研室新编的《现代汉语》(1993,商务印书馆)和马真的《简明实用汉语语法教程》(1997,北京大学出版社)则先后进一步将(b)种词也单独立为一类,称为"状态词"。这样,到目前为止,对上面所列出的三种词,在分类处理上,存在这三种不同的意见:

(一) 一个大类,内部再分小类—— 一般下分为三小类:性质形容词(含 a 种)、状态形容词(含 b 种)、非谓形容词(含 c 种)。

(二) 分为并列的两类——形容词(含 a 种和 b 种)和区别词(含 c 种);形容词下面再分两个小类:性质形容词(含 a 种)、状态形容词(含 b 种)。

(三) 分为并列的三类——形容词(含 a 种)、状态词(含 b 种)、区别词(含 c 种)。

上述三种意见,各自考虑的出发点不同。第一种意见,主要从它们所表示的语法意义上来考虑的,这些词都表示性质、状态。第二种意见,考虑到了语法功能问题,(c)种词在语法功能上跟(a)、(b)两种词太不一样了。但认为(a)、(b)两种词在意义上密不可分,所以仍把(a)、(b)两种词归为一类。第三种意见纯粹从它们各自的语法功能来考虑的。语言事实告诉我们,(a)、(b)、(c)三种词的语法功能是截然不同的,而这三种词的惟一共同点,只有一条:作名词的定语。试以(a)、(b)、(c)三种词里的"干净"、"通红"、"微型"为例进行比较:

	(a) 干净	(b) 通红	(c) 微型
主 语	干净才好	—	—
谓 语	这件衣服干净	她的脸通红	—
补 语	洗得干净	手冻得通红	—
带补语	干净得不得了	—	—
定 语	干净手绢儿	通红的炉火	微型电脑
很~	很干净	—	—
不~	不干净	—	—
~的	挑两件干净的	—	(买)微型的

然而,在汉语里"作定语"这一语法功能并非形容词所特有的,名词和部分动词也都具有这一功能。请看:

木头桌子 学校房子 钢材质量 语文水平 [名词修饰名词]
研究课题 调查提纲 侦察方式 考试办法 [动词修饰名词]

因此,如果把(a)、(b)、(c)三种词合为一类,或者把(a)、(b)两种词合为一类,这从语法功能角度看,都会导致违反下列分类原则:

在同一个分类系统中,所有"划分子项"的共性必须只有"划分母项"所有,而不能与"划分母项"同级的其他项(实际上就是与"划分母项"处于同一层面的不同"划分子项")也具有。如果违反这一原则就会造成"划分母项无区别性特征"的错误。

考虑到不同方面的用途,也可以灵活采取不同的分类意见。目前一般倾向于这样的处理意见:从理论语法角度说,采用第三种分类意见,即将这些词并列分为形容词、状态词、区别词三类;从教学语法(含对外汉语教学用的参考语法)角度说,采用第二种分类意见,即将(a)、(b)两种词合为一类,称为形容词,将(c)种词称为区别词。

四、动词的不同分类

在具体各类词的研究中,都把动词放在一个非常重要的位置上。这是因为从语法研究的角度说,在句子的框架中动词是关键,是核心。在一个句子中,需要由几个名词、需要由什么样的名词与动词相配合?这取决于动词。在动词前后需要带上些什么样的修饰、补充性成分,这在很大程度上也取决于动词。而从表达的角度说,选择好谓语动词也是最要紧的事。例如朱自清的《背影》里有这么一段:

他给我拣定了靠车门的一张椅子,我将他给我做的紫毛大衣铺好坐位。他嘱我路上小心,夜里要警觉些,不要受凉。

这里没有华丽的辞藻,"拣定"、"嘱"、"警觉",都是很普通的词语,但用在这里都很到位,让人感到质朴而有神韵,字字传情,真切地表现了父爱。再如朱自清的《荷塘月色》里有这么一句:

月光如流水一般,静静地泻在这一片叶子和花上。

作者把月光比作流水,因此后面用了个"泻"字。如果把"泻"换成"照",那就变得平淡无奇了。由此可知,句子中动词是关键,能用上一个贴切的动词,就能起到画龙点睛的作用,增强文章的感染力。这里的"泻",以及上面讲到的"拣定"、"嘱"就都起到了这种作用。

动词研究的一个重要内容,就是根据不同的需要对动词加以进一步的分类。最常见的有以下两种分类:

(一)根据动词能不能带宾语、能带什么样的宾语,将动词分类。

首先根据动词能不能带宾语,将动词分为及物动词与不及物动词。及物动词是指能带宾语的动词。如"吃、喝、参观、访问、打算、企图、进行、给以"等就是及物动词,它们后面都能带上宾语。例如:

  吃馒头 喝啤酒 参观高科技展览会 访问非洲国家
  打算去 企图逃跑 进行调查   给以严厉批评

不及物动词是指在任何情况下不能带宾语的动词。如"游泳、发火、咳嗽"等就不能带宾语,属于不及物动词。

动词后面最多能带两个宾语。一般及物动词只能带一个宾语,如上面所举的动词,一般将只能带一个宾语的动词称为"单宾动词"。而有少部分动词可以同时带上两个宾语,如"给小王一本词典"里的"给"就同时带了两个宾语"小王"和"一本词典"。像"给"这样的动词一般称为"双宾动词"。类似"给"的双宾动词如:

  送、卖、还(huán)、递、付(~钱)、赏、交、让、教、赔、
  退、输、补、拨、赠、赐、发、传(chuán)、找(~钱)、
  分配、转交、移交、转送、赠送、退还、送还、转卖……

有的单宾动词,只能带名词性宾语(也称"体词性宾语"),如上面举的"吃、喝、参观、访问"等就只能带体词性宾语。有的单宾动词只能带动词性宾语(也称"谓词性宾语"),如上面举的"打算、企图、进行"等就只能带动词性宾语。而还有一些动词,如"看、同意"等,既能带名词性宾语,也能带动词性宾语,例如:

	名词性宾语	动词性宾语
看	看巴金的小说	看他们下象棋
同意	同意这个改革方案	同意加大资本的投入
知道	知道这个情况	知道不可能取胜

根据上面的情况,我们又可以进一步将单宾动词分为体宾动词、谓

宾动词两小类。体宾动词是指只能带体词性宾语的动词;谓宾动词是指能带谓词性宾语的动词。

在谓宾动词中,有的所带的宾语是货真价实的谓词性宾语,如"打算、企图"所带的宾语。而有的所带的宾语,表面看是由动词充任的,但这些充任宾语的动词一旦作了宾语,就丧失了不少动词的语法功能,某些方面倒还获得了一些名词的性质。试比较"打算"和"进行"(都以"调查"为宾语):

	打算调查	进行调查
前加副词	打算马上调查	＊进行马上调查
后带宾语	打算调查这件事	＊进行调查这件事
后带补语	打算调查得细一些	＊进行调查得细一些
变成连动结构	打算下了班去调查	＊进行下了班去调查
变成递系结构	打算让他调查	＊进行让他调查
前加名词成偏正	＊打算方言调查	进行方言调查

("连动结构"、"递系结构"是一般的称呼,张斌《现代汉语》称为"连述短语")我们把"打算"一类谓宾动词称为"真谓宾动词",把"进行"一类谓宾动词称为"准谓宾动词"。

以上对动词的分类,可以列如下表:

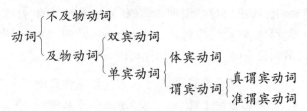

上述分类有助于发现、了解、纠正某些语法错误。请看下面的病句:

(1) ＊黄教授带着怎样防治棉铃虫,怎样提高棉花产量,深入棉区进行调查研究。

(2) *这些问题难道还不值得领导的重视吗？

这两个句子的毛病就出在动词所带的宾语在性质上不合动词对宾语的要求。例(1)"带着"后面只能跟名词性宾语,而"怎样防治棉铃虫,怎样提高棉花产量"是个动词性词组,显然不合要求。在"……产量"后面加上"的问题"三个字,转化成名词性词组就行了。例(2)则相反,"值得"后面要求带谓词性宾语,而"领导的重视"是名词性词组,不合要求。将"领导的重视"里的"的"去掉,变为主谓词组"领导重视",句子就通了。

(二) 根据动词所表示的行为动作的性质给动词分类。

有一部分动词,表示的是某种具体的行为动作,包括某些心理感觉活动。如"吃、喝、玩儿、参观、休息"和"爱、想、看见、听见"等,这种动词称为"动作动词"。而有些动词并不表示实在的、具体的行为动作,如"是、姓、有、具有、从事、称为"等,这种动词称为"非动作动词"。

在动作动词里,有的动词所表示的行为动作能受动作者自主控制,这种动词称为"自主动词",如"看、吃、喝、走、跑、休息、学习"等。有的动作动词所表示的行为动作则不能受动作者自主控制,这种动词就称为"非自主动词",如"看见、醒"等。

以上对动词的分类,可以列如下表:

```
         ┌ 非动作动词
动词 ┤
         └ 动作动词 ┬ 自主动词
                    └ 非自主动词
```

自主动词和非自主动词的区分,有助于解释某些语法现象。例如"看"跟"看见","听"跟"听见",意思似乎差不多。但是,我们可以说"别看"、"别听",却不能说"*别看见"、"*别听见",这为什么？就因为副词"别"只能修饰自主动词,不能修饰非自主动词,

"看、听"都是自主动词,所以能受"别"修饰;而"看见、听见"都是非自主动词,所以不能受"别"的修饰。

五、关于副词

在现代汉语中,副词可以定义为"只能做状语的词"。这里要特别注意"只能"这两个字。为什么在给现代汉语的副词定义时要用"只能"两个字?那是因为在现代汉语里能做状语的词不限于副词。

副词都能做状语,这不用再举例说明。在现代汉语里,相当一部分形容词也能做状语。例如:

(1) 你呀,该重打50大板。
(2) 远看像座山,近看像个人。打一物。
(3) 他又仔细检查了一遍。
(4) 这件事怎么处理,还需认真考虑考虑。
(5) 这起交通事故必须严肃处理。

处所名词、时间名词也能做状语。例如:

(6) 咱们深圳见。
(7) 等我跑去,图书馆已经关门,她要的书只好明天再借了。

现在,一般名词做状语的情况越来越多,有发展的趋势。例如:

(8) 咱们可以电话联系。
(9) 我天天凉水洗脸。
(10) 别动不动就武力解决,还得讲点文明礼貌。

少数动词也能做状语。例如:

(11) 她挖苦说:"你有出息,奋斗了十年终于当上了个大科长。"
(12) 阿瑛跪在地上哀求说:"他不懂事,你就放了他吧。"

这里的"挖苦说"、"哀求说"都不能分析为连动结构,因为中间都能插入"地(de)"而意思不变。

从上可知,就汉语说,不能认为做状语的词就是副词,一定得严格规定,只能做状语的词才是副词。

有些副词在语句里除了做状语,同时还能起一定的连接作用。例如:

(13) 你只有刻苦学习,才有可能实现你的美好理想。

(14) 既然来了,就留下跟我痛痛快快喝几盅。

个别副词,如程度副词"很"、"极",还能做补语,如"热得很"、"热极了"。这可以看做一种例外用法,实际上"A得很"、"A极了"(A代表形容词)已几乎成为一种凝固的格式。

关于副词,不少人在语法学习中对于某些副词跟与之同义或近义的属于其他类词的一些词的划界问题,常常分辨不清楚。有代表性的是下面这样几组词:

忽然——突然　公然——公开　时常——经常　索性——干脆
必须——必需　匆匆——匆忙　的确——确实　偶尔——偶然
尤其——特别　仓皇——仓促　肆意——放肆　刚刚——刚才

这12组词,左边的是副词,右边的不是副词。怎么区分呢? 只要牢记这样一条:只能做状语的才是副词。拿"忽然—突然"来说,"忽然"只能做状语,"突然"除了做状语外,还能受"很"、"不"的修饰,还能做谓语、补语、定语,还能带补语。试比较:

	做状语	"很~""不~"	做谓语	做补语	做定语	带补语
忽然	~下雨了	—	—	—	—	—
突然	~下雨了	很~　不~	事情~	来得~	~事件	~得来不及准备

不难断定,"忽然"是副词,"突然"是形容词。与之类似的如"公然—公开"、"时常—经常"、"索性—干脆"、"必须—必需"、"匆匆—匆

忙"、"的确—确实"、"偶尔—偶然"、"尤其—特别"、"仓皇—仓促"、"肆意—放肆"等10组,前一个是副词,后一个是形容词,我们也都可以用这样的办法来加以区分。再看最后一组"刚刚—刚才"。"刚刚"是副词,因为它只能做状语;"刚才"的情况则不一样。"刚才"除了能做状语外,还能做其他句法成分。请看:

(15) 我刚才还跟她说过话,一转眼就不见了。［做状语］
(16) 刚才是刚才,现在是现在。　　　　　　［做主语/宾语］
(17) 刚才的事情先别告诉你妈。　　　　　　［带"的"做定语］
(18) 到刚才为止,已经有12个人晕倒了。

　　　　　　　　　　　　　　　　　［做介词"到"的宾语］

总之一句话,"副词是只能做状语的词"记住这一点,就很容易将副词跟别的词类区分开来。

关于副词,人们还常常讨论这样一个问题:它到底该归入实词还是该归入虚词?关于这个问题,我们将在第三节"现代汉语虚词"中去讨论。

六、介词与动词

现代汉语里的介词都是从动词虚化来的。如最典型的介词"把"、"被"、"对",原都是动词。"把"原是"握,执,拿"的意思。《战国策·燕策三》:"臣左手把其袖,右手揕其胸。"这里的"把"就是执、拽的意思。宋苏轼《水调歌头》:"明月几时有,把酒问青天。"这里的"把酒"就是"手拿酒杯"的意思。后逐渐虚化为现在所用的介词。"被"原是覆盖的意思,《楚辞·招魂》"皋兰被径兮斯路渐"里的"被"就是"覆盖"的意思;后引申为遭受的意思,《后汉书·逸民传·逢萌》:"吏被伤流血,奔而还。"这里的"被"就是遭受的意思。后逐渐虚化为现在所用的的介词。"对"原是朝着、相对的意思,做动词用。《史记·万石张叔列传》:"子孙有过失,不谯让,为便坐,对案不食。"这里的"对"就是朝着的意思。后虚化为现在的介词。

介词是从动词虚化来的。但一旦虚化为介词后,只在带宾语这一点上相同,在其他语法功能上都跟动词不一样。试比较动词"拿"和介词"把":

	动词"拿"	介词"把"
带宾语	～那本书	～那本书
做谓语或谓语动词	你～还是我～?	*你～还是我～?
带补语	～得动	*～得动
单独受副词修饰	已经～了/刚～	*已经～了/刚～
受"不"修饰	不～	*不～
带上宾语后单独成句	"你在干嘛?""～书。"	"你在干嘛?"" *～书。"
带上宾语后单独做谓语	我～报纸	*我～报纸

介词是从动词虚化来的。有的已经彻底虚化,如"把"和"被"。"把"在现代汉语里虽然还有做动词用的,如"他把着门不让我进去",但二者意思相差甚大,不会混淆。有的还未彻底虚化,如"在、到、用、比"等,它们做动词用时跟做介词用时,意思差不多。例如:

(1) a."他在哪儿啊?""在床上。"
    b."他在哪儿啊?""他在床上躺着呢。"
(2) a."那剪刀让我用一下,好吗?""你用。"
    b."她在干嘛?""用剪刀剪窗花呢。"
(3) a."我跟你比力气,好吗?""比就比。"
    b."她比你高多少?""她比我高一个头呢。"

一般将 a 里的"在"、"用"和"比"看做动词,将 b 里的"在"、"用"和"比"看做介词,而意思上很难说有多大差别。那么"在、到、用、比"等在具体的语句里怎么区分它们是动词还是介词呢? 考虑到介词结构都能做状语,而且一般只能做状语,有的还能直接做补语,而述宾结构不能直接做状语,也不能直接做补语,所以就采取一种简

单化的区分办法:

第一,"在、到、用、比"等如果处于单说地位,或单独做谓语(如"她在不在?""在。"),是动词,不是介词。

第二,"在、到、用、比"等带上宾语后,如果处于单说地位,或单独做谓语(如"你们用什么教材?""用自编教材。"),其中的"在、到、用、比"等是动词,不是介词。

第三,"在、到、用、比"等带上宾语后,如果处于另一个动词前或后(如"在床上看书"、"用洗衣机洗衣服"、"她坐在床上"、"走到学校"),其中的"在、到、用、比"等是介词,不是动词。

七、关于兼类词

任何分类都有一定的相对性,语法研究中词的分类,也不例外。词类划分的相对性表现在以下两个方面:

一是将词分为几类,有一定的相对性。这是因为,说是给词分类,实质上是给一个个词归类。严格说,很少有两个词在语法功能上是绝对相同的,就这个意义上看,可以说一个词一个类。一个词一个类,不利于语法研究与学习,得归归类。但习惯上不说归类,而说分类。分多少类合适?并没有一个精确的标准。够用好用就行。有人觉得汉语的词分 13 类合适,有人觉得分 9 类就够了,而有人认为得分 15 类才能更好地说明汉语语法现象。所以各家分的词类数目并不一致。

二是某些词到底归入哪类,有一定的相对性。这是因为,不管采用什么样的标准,很难把词分得干干净净,总有那么一些词,既有这一类词的语法性质,又有那一类词的语法性质;把它分到这一类词也不很合适,把它分到那一类词也不很合适。解决的办法是让这些词兼属不同的类。这样,在词类划分中就出现某些词的兼类现象;兼属两个或多个词类的词就叫做"**兼类词**"。

不过,对于兼类词在不同的研究和应用领域有不同的理解。

第一种理解是目前一般的理解,那就是将语音相同、字形相同而且在意义上有联系而分属不同词类的词才看做兼类词。例如:

(1) 这些文件由你保管$_1$。
(2) 他是我们仓库的保管$_2$,很尽职的。
(3) 只要好好复习,你今年保管$_3$能考上大学。

例(1)"保管$_1$"是动词;例(2)"保管$_2$"是名词,指人;例(3)"保管$_3$"是副词,表示肯定语气。按第一种理解,"保管$_1$"和"保管$_2$"是兼类词,因为虽然意义不同,但有明显联系;"保管$_3$"则看做另一个词,跟"保管$_1$"、"保管$_2$"不兼类。

第二种理解,这是最狭义的一种理解,同音同义而兼有两种或多种词类的词才算兼类词。按照这种理解,例(1)、(2)里的"保管$_1$"和"保管$_2$"不属于兼类词,因为它们只是语音和字形相同,意义上虽然二者有联系,但并不相同,前者表示行为动作,后者表示事物(指人),所以不处理为兼类词,而看做同音词。下面句子里的,才是兼类词:

(4) 一按钮,那门就会自动$_1$关闭。
(5) 他新买了一把自动$_2$遮阳伞。
(6) 必须高速$_1$发展信息科技。
(7) 今年江苏省又新建了一条高速$_2$公路。

"自动$_1$"和"自动$_2$"意义相同,语法功能不同;"高速$_1$"和"高速$_2$"也是意义相同,语法功能不同。而"自动$_1$"和"高速$_1$"只能做状语,"自动$_2$"和"高速$_2$"则只能做定语。现代汉语里没有一种只能做定语和状语的词类。而像"自动"、"高速"那样的词又不多,没法单立一类。怎么处理呢?正好现代汉语里有副词一类,它只能做状语;又正好有区别词一类,它只能做定语。于是就把"自动"、"高速"这些词处理为兼类词,它们兼副词和区别词。

第三种理解,是最广义的理解,那就是只要是语音相同、字形相同而分属不同词类的词都看做兼类词。上面举的例(1)—(3)里的"保管$_1$"、"保管$_2$"和"保管$_3$"都看做兼类词。下面句子里不同意义的"花"也都看做是兼类词:

(8) 她摘了一朵花$_1$。

(9) 我今天花$_2$了五块钱。

(10) 这衣服太花$_3$了,我不要。

(11) 还没到50岁,眼睛就花$_4$了。

这种意见只在中文信息处理中采用,那是为了有助于电脑处理和理解每一个词。

上述三种理解,按第二种理解,兼类词的范围最窄;按第三种理解,兼类词的范围最宽;按第一种理解,兼类词的范围介于第二、第三两种理解之间。不同理解所涵盖的兼类词的范围的大小可表示如下:

(12) 第三种理解>第一种理解>第二种理解

思考与练习

一、语法学里所说的"词类"是什么含义?

二、为什么一定要划分词类?

三、划分词类得依据什么?你认为划分词类能否单纯依据词的意义?为什么?

四、为什么说,词的语法功能是划分词类最本质的依据?

五、上面讲到的以下三种词,你认为合为一类好呢,还是分为两类好呢,还是分为三类比较合适?为什么?

(a) 好、红、快、慢、大、小、干净、漂亮、大方、简单、危险、安静……

(b) 雪白、通红、冰凉、白花花、绿油油、红通通、黑不溜秋、脏里吧唧……

(c) 男(～宿舍)、女(～教师)、金(～项链)、大型、微型、急性、慢性……

六、"她经常来"和"她常常来",其中的"经常"和"常常"是属于同一类词呢,还是属于不同类词? 根据是什么?

七、名词解释:

1. 谓宾动词
2. 体宾动词
3. 真谓宾动词
4. 准谓宾动词
5. 双宾动词

八、在现代汉语里,能做状语的有哪些类词? 请举出实例。

九、怎么区分现代汉语里的动词和介词? 请举例说明。

十、什么叫兼类词?"自动"、"高速"你觉得该归入哪类词比较合适?

参 考 文 献

北京大学中文系现代汉语教研室编(1993)现代汉语,商务印书馆。

陆俭明(1994)关于词的兼类问题,载《中国语文》第1期。

——(1999)关于汉语词类的划分,见吕叔湘等著《语法研究入门》,商务印书馆。

——(2003)关于分类,载首都师范大学语言研究中心、首都师范大学中国语言文学系主办,刘利民、周建设主编《语言》第三卷。

马庆株(1988)自主动词和非自主动词,载《中国语言学报》第三期,商务印书馆。

马 真(1997)简明实用汉语语法教程,北京大学出版社。

朱德熙(1982)语法讲义,商务印书馆。

第三节　句子分析(上)

一、句子的不同分类

从语法的角度说,句子是最大的语法单位;从表达的角度说,句子是最小的表述单位。对于句子,我们可以从不同的角度对它进行分类。

(一)从句子的表达,或者说从句子所传递的信息角度给句子分类。

从句子的表达,或者说从句子所传递的信息说,句子可以分为以下四类:

1. 陈述句,其功用是用来报道或说明事实,陈述意见。例如:

(1) 张三昨天已经从上海回来了。
(2) 听说九寨沟的风景很美。
(3) 2002年世界杯足球赛巴西队获得冠军。
(4) 我觉得一个人应该讲信用。

陈述句表示陈述语气,其句调是一个降调。在书面上陈述句末尾都用句号(。)。

2. 祈使句,其功用是用来向听话者传递命令、警告、请求、劝阻或商量的信息。例如:

(5) 举起手来!
(6) 你不准离开!
(7) 你再给我点时间。
(8) 今天的事你别告诉她。
(9) 这次你去吧。

祈使句表示祈使语气,其句调有的是一个急促的高降调,有的是一个降调。在书面上祈使句末尾或用叹号(!),或用句号(。)。

3. 疑问句,其功用是用来提出问题或疑问。在书面上疑问句末尾用问号(?)。疑问句内部又可细分为四小类:

a. 是非问句。从句法形式上看,是非问句跟陈述句、祈使句没有什么区别,不同的是句调用升调。例如:

(10) 小琴也回来了?
(11) 你们已经开学了?
(12) 你不愿意她在这里住?
(13) 你现在走?
(14) 你不回去?

回答是非问句时,可以只用"是"、"不是"或点头、摇头来作答。

b. 特指问句。问句中一定有疑问代词,以表示疑问。特指问句的句调可以用升调,也可以用降调。例如:

(15) 今天谁没有交作业?
(16) 你还想买些什么?
(17) 你昨天去哪儿玩儿啦?
(18) 今天我们花了多少钱?
(19) 你近来身体怎么样?

回答特指问句时,不能用"是"、"不是"或点头、摇头来回答,而要作出具体回答。

c. 选择问句。问话人提出两种或多种可供选择的情况,要听话人作出回答,其基本的询问方式是"X 还是 Y",其中 X 和 Y 均为选择项。选择问句的句调可以用升调,也可以用降调。例如:

(20) 他是今天来还是明天来?
(21) 你想喝饮料还是啤酒还是葡萄酒?
(22) 我们到底是去杭州,厦门,还是广州?

(23) 她个儿高,还是矮,还是不高不矮?

回答选择问句时,所作的回答可以在问话人提供的选择项中选取,也可以是问话人所提供的选择项以外的。如对例(20)的回答可以是a,也可以是b:

(24) a. 他明天来。[所作的回答是问话人所提供的选择项以内的]
b. 他可能后天才来。[所作的回答是问话人所提供的选择项以外的]

d. 反复问句。问话人只提出肯定与否定两项,要求听话人在肯定与否定之中作出回答,所以反复问句又称"正反问句"。基本询问方式是"V不V"或"V没(有)V"。反复问句的句调可以用升调,也可以用降调。例如:

(25) 你明天去不去?
(26) 那复印机还买不买?
(27) 那地方远不远?
(28) 你看没有看今天的报纸?
(29) 昨天她去没去你家?

口语中也可以只在句末用一个否定副词"不"或"没有"(注意,不能用"没")来表示反复问。例如:

(30) 明天去不?
(31) 地方远不?
(32) 你看今天的报纸没有?
(33) 昨天她去你家没有?

疑问句末尾常常用疑问语气词"吗"、"吧"或"呢",来增强疑问语气。句末疑问语气词在使用上有分工:在是非问句末尾,用"吗"或"吧",不用"呢";在特指问句、选择问句、反复问句末尾则用

"呢",不用"吗"或"吧"。例如:

(34) 小琴也回来了吗／吧？　　（*小琴也回来了呢？）
(35) 今天谁没有交作业呢？　　（*今天谁没有交作业吗？）
(36) 他是今天来还是明天来呢？（*他是今天来还是明天来吗？）
(37) 你明天去不去呢？　　　　（*你明天去不去吗？）

例(34)括号里的"小琴也回来了呢？"在实际话语里也存在,但这不属于是非问句了,这实际是特指问句的一种省略形式,可以补出疑问代词。请看:

(38) 小琴也回来了怎么办呢？

例(34)作为是非问句,后面是绝对不能加"呢"的。

4. 感叹句,其功用是用来抒发某种强烈的感情（如惊叹、喜悦、愤怒、惊讶或悲哀等）。表示喜悦、愤怒、惊讶的感叹句一般用高而平的句调,表示悲哀的感叹句一般用低而趋降的句调。书面上感叹句末尾多用感叹号(!)。例如:

(39) 这风景多美啊!
(40) 我猜中了! 我获大奖了!
(41) 你给我滚!
(42) 蛇!
(43) 敬爱的周爷爷,您安息吧!

5. 呼应句,其功用是用来呼唤或应答。呼唤时可以用高平调,应答时用降调。例如:

(44) 淑英! 淑英!（你快来啊!）
(45) ("你们明天就走,越快越好。")"是／好。"
(46) ("明天我们去天坛玩,怎么样？")"行。"

(二) 从句子结构的角度给句子分类

从句子的结构看,首先可以把句子分为单句和复句两大类。单句是由一个词组(不管多复杂)或一个词加上一定的句调形成的;复句,从某种意义说,它是由两个或两个以上的单句形式按某种逻辑联系组合而成的。先请看两个实例:

(47)"非语言交际"是指在一定交际环境中,语言因素之外的、对于交际双方都有信息价值的那些刺激因素。

(48)你去,我也去;你不去,我也不去。

例(47)很长,但从结构上看,它只是一个单句,它所以长,只是因为句中作为宾语中心的"刺激因素"前有多个较长的修饰语——(1)"在一定交际环境中",(2)"语言因素之外的",(3)"对于交际双方都有信息价值的"。那宾语成分具体分析如下:

```
在…中,…之外的、对于…都有…价值  的  那些  刺激  因素
───────────────────────────────
       1                2
       ─────────────────────────
              3        ( )      4
       ──────  ──────  ─────  ─────
         5       6       7      8
                              ─────
                               9  10
```

1—2 "定-中"偏正关系   3—4 "定-中"偏正关系   5—6 联合关系
7—8 "定-中"偏正关系   9—10 "定-中"偏正关系

例(48)比例(47)短多了,但它是一个复句,而且还是一个包含四个分句的多重复句,四个分句是按一定的逻辑关系组合在一起的;它之所以短,是因为每个分句都很短。例(48)可分析如下:

```
你去, 我也去; 你不去, 我也不去。
─────  ─────  ─────  ─────        1—2 联合复句
  1      2      
─────  ─────  ─────  ─────        3—4/5—6 假设复句
  3      4      5      6
```

可见,单句与复句的区分,不在句子长短,而在于句子本身只

是一个单句形式呢,还是包含两个或两个以上的单句形式。

单句可以进一步分为主谓句和非主谓句两类。具备主语和谓语两部分的句子,即由主谓词组形成的句子叫"主谓句"。例如:

(49) 爸爸上班去了。
(50) 衣服都晾在阳台上。
(51) 外面下着大雨呢。
(52) 那小伙子很帅。
(53) 今天星期六。

但是句子不一定总是由主谓词组形成,不一定总是包含主语和谓语。例如:

(54) 出太阳了。　　　　　　　[述宾结构(带"了")]
(55) 请你们安静点儿!　　　　[递系结构]
(56) 疼得他都要掉眼泪了。　　[述补结构]
(57) ("哥哥去吗?")"去。"　　　[单词]
(58) ("他们在干吗?")"在打扑克呢。"　["状-中"偏正结构]

从结构上看,上面这五个句子又可以分两种情况:例(54)—(56)是一种情况,它们可以不依赖上下文而表达比较明确、完整的意思,一般称这种句子为"无主句";例(57)、(58)是另一种情况,它们得在一定上下文里才能表达一个比较明确、完整的意思,一般称这种句子为"不完全主谓句",即看作是承前省略了主语的主谓句。

无主句和不完全主谓句的区别主要有两点:

第一,无主句不必依赖一定的上下文,它可以独立存在;不完全主谓句则必须依赖一定的上下文,离开了一定的上下文不能存在,也就是说不完全主谓句离开了一定的上下文,不能表示清晰的意思。

第二,从表面看,无主句似乎是一种省略了主语的句子,事实上这种句子是补不出或无需补出明确的主语的。而不完全主谓句里被省略的主语都可以补出来，上面举的例(57)、(58)也可以说成：

(59) "哥哥去吗？"
　　"哥哥去。"
(60) "他们在干吗？"
　　"他们在打扑克呢。"

有的句子是由一个单词形成的。请看下面的对话：

(61) "谁？"
　　"我。"
　　"进来！"
(62) ("晚饭我们吃什么？") "饺子。"

这种句子一般称为"独词句"，是一种特殊的非主谓句。例(61)独词句属于无主句，例(62)独词句属于不完全主谓句。

综上所述，句子的结构分类可图示如下：

$$
句子\begin{cases}单句\begin{cases}主谓句\\ 非主谓句\begin{cases}无主句（包括独词句）\\ 不完全主谓句（包括独词句）\end{cases}\end{cases}\\ 复句（还可以进一步分类，但根据的是分句间的逻辑关系）\end{cases}
$$

（三）主谓句中，可以进一步根据谓语的不同语法性质给以分类

主谓句按谓语的不同语法性质，又可以细分为：

1. 动词谓语句，其谓语由动词性词语充任。例如：

(63) 她今天又买了两条裙子。
(64) 他的叔叔在加拿大工作。

2. 形容词谓语句，其谓语由形容词性词语充任。例如：

(65) 他很刻苦。
(66) 那影星漂亮极了。
(67) 周围静悄悄的。
(68) 他的脸红红的。

3. 名词谓语句,其谓语由名词性词语充任。例如:

(69) 明天中秋节。
(70) 那家伙三角眼。
(71) 今天下午全校大会。

4. 主谓谓语句,其谓语由主谓词组充任。例如:

(72) 他个儿很高。
(73) 妈妈耳朵都聋了。
(74) 白菜一块钱一斤。
(75) 那房子他给卖了!
(76) 他一个字都不认得。

(四) 主谓句中,可以根据主语不同的语义性质给以分类。主谓句按主语的不同语义性质,又可以细分为:

1. 施事主语句,主语所指为谓语动词所表示的行为动作的施事。例如:

(77) 他还在玩儿。
(78) 你得再找些资料。

2. 受事主语句,主语所指为谓语动词所表示的行为动作的受事。例如:

(79) 那花瓶给打了。
(80) 所有房间都重新粉刷了一遍。

3. 工具主语句,主语所指为谓语动词所表示的行为动作凭借

的工具。例如:

(81) 那把刀切熟肉。
(82) 那微波炉也可以焖饭。

4. 处所主语句,主语指明行为动作进行的场所,或指明事物存在的处所,或指明事物位移的起点或终点等。例如:

(83) 台上在演京戏《空城计》。
(84) 墙上挂着一幅画。
(85) 路旁突然跳出两个人。
(86) 县里来了一位中央农业部派来的水稻专家。

(五) 根据句中谓语部分的某些特殊成分给句子分类

严格说,这不能算是对句子的一种分类,只能说是根据句中某些特殊的语言成分给句子进行特别的命名。常见的如:

1. "是"字句。谓语动词为"是"的句子。例如:

(87) 他是劳动模范。
(88) 科技也是生产力。
(89) 北京大学是中国最高学府。
(90) 今天买的花都是红玫瑰。

2. "有"字句。谓语动词为"有"的句子。例如:

(91) 她有两个孩子。
(92) 门上有一副对联。

3. "递系句"。也称兼语句,指谓语由递系结构充任的句子。例如:

(93) 她请我看了一幅宋人的画。
(94) 教育部派王司长来我校检查工作。

4. "双宾句"。指谓语动词后面带上两个宾语的句子。例如:

(95) 她送我一幅画。
(96) 我给了他一些钱。

与双宾句相对的,是"单宾句",即谓语动词只带而且也只能带一个宾语的句子,如一般所谓的"主—动—宾"句就都是单宾句。

5. "把"字句。谓语动词前的状语是由介词"把"形成的介词结构的句子。例如:

(97) 她把电脑修好了。
(98) 谭教授把阿基米德原理讲得清清楚楚。

6. "被"字句。谓语动词前的状语是由介词"被"形成的介词结构的句子。例如:

(99) 杯子被弟弟打破了。
(100) 她仅存的10块钱也被小偷偷走了。

7. "比"字句。谓语动词前的状语是由介词"比"形成的介词结构的句子。例如:

(101) 北方比南方干燥。
(102) 她个儿比我高多了。

8. "是……的"句。专指谓语为"是……的"的句子。例如:

(103) 陈校长是昨天回来的,
(104) 她这样做是合情合理的。

二、句子的结构分析

对于句子的结构,可以从不同的角度去加以分析。

(一) 从句法的角度加以分析

上面我们对单句从句法的角度所作的结构分类,实际就是从句法的角度对句子加以分析所获得的一种结果。从句法的角度来分析句子结构,先前,特别是在中学教学语法中,一直采用句子成分分析法。按句子成分分析法,认定一个句子有六大句子成分——主语、谓语、宾语、补语、定语、状语。在这六大句子成分中,认定主语、谓语、宾语是句子的主干,其中宾语被认为是谓语的连带成分;定语、状语、补语只是句子的枝叶,定语被认为是主语或宾语的附加成分,状语、补语被认为是谓语的附加成分。分析时,先抓主干,一举找出全句的主要成分主语和谓语以及谓语的连带成分宾语;再确定主语和宾语前的修饰成分定语以及谓语前后的附加成分状语和补语。像"那几个年青铁路工人出色地提前铺完了最后一节钢轨"这个句子,分析时先找出全句的主要成分主语、谓语以及谓语的连带成分宾语,在确认了"工人"是主语、"铺"是谓语、"钢轨"是宾语之后,再分别找出并确认主语"工人"前的定语"那"、"几个"、"年青"、"铁路",谓语"铺"前的状语"出色"、"提前",谓语"铺"后的附加成分补语"完",以及宾语"钢轨"前的定语"最后"、"一节"。以上分析可以用图解法图解如下:

(1)

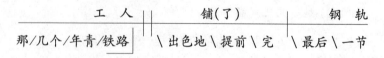

也可以用划线法、加括号法表示如下:

(2) [那][几个][年青][铁路]工人‖{出色地}{提前}铺＜完＞了[最后][一节]钢轨

(双竖线表示在它前面的是主语部分,在它后面的是谓语部分;双横线表示在它之上的词是主语或谓语,单横线表示在它之上的词是宾语;方括号表示其中的词为定语,大括号表示其中的词为状语,尖括号表示其中的词为补语)从上我们也可以发现句子成分分析法有一个精神,那就是作句子成分的基本是单词,而作为句子的重要成分的主语、谓语、宾语,实际就都是偏正结构里的中心词。所谓找主语、谓语、宾语等主干成分,实际就是找中心词。所以这种分析法有人又称它为"中心词分析法"。

句子成分分析法符合语言递归性和扩展、紧缩的原理,能让人一下子抓住一个句子的脉络,有助于明白句子的意思。像上面举的那个句子,虽然很长,句子成分分析法能帮你一下子抓住句子的基本脉络:"工人——铺——钢轨",其他剩下的成分都分别是主语、谓语、宾语的附加成分。这样,对这个句子的意思就比较容易明白了。正因为这样,所以句子成分分析法在中学教学语法中,一直受到重视。但句子成分分析法存在着致命的弱点,那就是不讲层次,或者说严重忽视语法构造的层次性。因此在使用中会出现这样那样的问题。譬如说,有的句子离了枝叶,主干不成立或站不住。例如:"白领阶层一时都很难适应这里的工作状况。"按句子成分分析法,这个句子的主干是"阶层—适应—状况",而"阶层适应状况"在现代汉语里根本不成立,也没有意思。有的句子,离了枝叶,主干虽能成立或站得住,但意思完全变了。例如:"所有人都不懂。"主干是"人—懂",虽勉强成立,意思跟原句大不相同了。

现在,分析句子结构一般都采用层次分析法,特别是在句法研究中。层次分析的基本精神是,承认句法构造有层次性,并在句法分析中严格按照句法结构内部的构造层次层层进行分析。每一层分析,都要明确说出这一构造层面的直接组成成分(Immediate Constituents,简称 IC)。按层次分析法,前面举过的那个句子"白领阶层一时都很难适应这里的工作状况",该分析如下:

(3) 白领 阶层 一时 都 很 难 适应 这里的 工作 状况
　　　1　　　　　　　　　　2
　　3　　4　　5　　　　　　6
　　　　　　　　7　　　　　8
　　　　　　　　　9　　　10
　　　　　　　11　12　13　　14
　　　　　　　　　　　　　15　　16
　　　　　　　　　　　　　　　　17　18

1—2 主谓， 　3—4 "定-中"偏正， 　5—6 "状-中"偏正，
7—8 "状-中"偏正， 　　　9—10 "状-中"偏正，
11—12 "状-中"偏正， 　　13—14 述宾，
15—16 "定-中"偏正， 　　17—18 "定-中"偏正

不难体会，层次分析实际包括两部分内容：一是"切分"，二是"定性"。"切分"考虑的是，每一层面应该在哪儿切分最合理；"定性"考虑的是，每一层面切分所得到的直接组成成分之间是什么语法关系。

层次分析法不会出现句子成分分析法所碰到的问题。但是，层次分析法也有一定的局限性。它只能揭示句法结构的构造层次和直接组成成分之间的语法结构关系，不能揭示句法结构内部隐性的实词与实词之间的语义结构关系。举例来说，"对厂长的意见我并不了解"，这句话是有歧义的，主要是"对厂长的意见"是个歧义结构，既可以理解为(a)"那意见是针对厂长提出的"，也可以理解为(b)"那意见是由厂长提出来的"。这种歧义是由于内部构造层次和语法关系可以作不同分析造成的，所以通过层次分析就很容易将这个句子的歧义加以分化。请看：

(4) 对 厂长 的 意见 我并不了解
  a. ____1____ ____2____ 1—2 主谓
   __3__ __4__   3—4 "定-中"偏正
   对 厂长 的 意见 我并不了解
  b. ____1____ ____2____ 1—2 "状-中"偏正
   __3__ __4__   3—4 介词结构

可是,"县里来了一位胸外科大夫",这句话也有歧义——可以理解为(a)"有一位胸外科大夫来到了县里",也可以理解为(b)"从县里来了一位胸外科大夫"。这种歧义,无法通过层次分析来加以分化,因为无论表示哪个意思,这句话都只能做如下的层次分析:

(5) 县里 来了 一位 胸外科 大夫
  __1__ _____2_____ 1—2 主谓
     __3__ ____4____   3—4 述宾
       __5__ __6__   5—6 "定-中"偏正
         __7__ __8__ 7—8 "定-中"偏正

这是因为这句话的歧义是由结构内部的语义结构关系的不同——既可以把"县里"理解为"胸外科大夫"位移的终点,也可以把"县里"理解为"胸外科大夫"位移的起点——造成的。这种歧义,层次分析就没法分化了。

(二) 从语义的角度加以分析

所谓从语义的角度来分析句子结构,这包含两方面的内容:

一是分析句子的语义框架,下面各例的语义框架(写在句子之后的方括号内)各不相同:

(6) 张三吃了那个苹果。 [施事—动作—受事]
(7) 那个苹果张三吃了。 [受事—施事—动作]
(8) 张三把那个苹果吃了。 [施事—(把)受事—动作]

(9) 那个苹果被张三吃了。　　［受事—(被)施事—动作］
(10) 他在排电影票。　　　　［施事—动作—目的］
(11) 我们跳迪斯科吧。　　　［施事—动作—方式］
(12) 桌上放着一盆花。　　　［处所—动作—受事(存在物)］
(13) 监狱里跑了个犯人。　　［起点—位移动作—施事(位移者)］
(14) 村里来了位县里的干部。［终点—位移动作—施事(位移者)］
(15) 衣服你搁柜子里好了。　［受事(位移物)—施事—位移动作—终点］
(16) 张三送她一件衣服。　　［施事—动作—与事—受事(转移物)］

前面我们说,"县里来了一位胸外科大夫"是有歧义的。这实际就是说这个句子可以有不同的语义框架:

(17) 县里来了一位胸外科大夫。
　　a. ［起点—位移动作—施事(位移者)］
　　b. ［终点—位移动作—施事(位移者)］

二是分析句子的歧义现象。句子的歧义现象是由各种因素造成的。

1. 由同音词造成的。例如:

(18) a. 你能不能给我一张 yóupiào(邮票)。
　　b. 你能不能给我一张 yóupiào(油票)。

2. 由多义词造成的。例如:

(19) a. 我就管他。［就:只］
　　b. 我就管他。［就:偏］

a 句,"就"做范围副词理解,全句是"我只管他"的意思。b 句,"就"做语气副词理解,全句是"我偏管他"的意思。句子的歧义是由多义词"就"造成的。

3. 由构造层次造成的。如前面曾经举过的"对厂长的意见"

的歧义现象就是由于构造层次不同而造成的。再如：

(20) a. 我们 两个人分一个西瓜。
        ——   ——————

b. 我们两个人 分一个西瓜。
   ————— ————

例(20)，按 a 切分，全句是"我们每两个人分一个西瓜"的意思；按 b 切分，全句是"我们两个人合分一个西瓜"的意思。

4. 由句法结构关系的不同造成的。例如：

(21) a. 我们需要进口设备。["进口设备"理解、分析为述宾关系]

b. 我们需要进口设备。["进口设备"理解、分析为修饰关系]

例(21)，a 句和 b 句所包含的词、内部的层次构造一样，所不同的就是"进口设备"可以作两种句法关系来分析：分析为述宾关系，全句是"我们需要从国外进口设备"的意思；分析为修饰关系，全句是"我们需要进口的设备"的意思。

5. 由语义结构关系的不同造成的。上面举过的"县里来了一位胸外科大夫"就属于这种歧义类型。再如：

(22) a. 反对的是他。["反对"和"他"之间是"动作—施事"关系]

b. 反对的是他。["反对"和"他"之间是"动作—受事"关系]

例(22)，按 a 的语义关系理解，全句的意思是"反对某个人或某种意见的是他"；按 b 的语义关系理解，全句的意思是"某人所反对的是他"。

通常所说的句子歧义现象分析，只关注上述第 3、第 4、第 5 种歧义现象。

　　对于第 3 和第 4 种歧义现象,只需用层次分析就能加以分化。这无须在这里再作具体说明。这里需要关注的是,第 5 种歧义现象该如何加以分化。上面我们曾介绍过句子成分分析法和层次分析法,这两种分析法都不能用来分化第 5 种歧义现象。分化第 5 种歧义现象,需要运用新的分析手段,那就是变换分析法。

　　变换分析法是一种什么样的分析法呢?不妨先举实例。上面说了,"反对的是他。"这是个歧义句。我们发现,当句中的"他"是"反对"的施事时,"反对"后可以加上个宾语成分,说成:"反对这一治疗方案的是他。"从某个角度说,也就是"反对的是他"可以变换为"反对……的是他"。同样,我们发现,当"他"为"反对"的受事时,可以有"反对他"的说法。从某个角度说,"反对的是他"可以变换为"反对他"。"反对的是他"的词类序列可以写成:

　　(23) 动词[及物] + 的 + 是 + 名词语

我们假设,名词语为动词的施事时的"动词[及物] + 的 + 是 + 名词语"为[A]式,名词语为动词的受事时的"动词[及物] + 的 + 是 + 名词语"为[B]式。那么[A]式可以有如下的变换:

　　(24) [A]式:动词[及物] + 的 + 是 + 名词语 ⇒ [C]式:动词[及物] + 实词语 + 的 + 是 + 名词语

　　　　　　反对的是他　　⇒　反对这一治疗方案的是他
　　　　　　苦练的是她　　⇒　苦练基本功的是她
　　　　　　遵守的是他　　⇒　遵守交通规则的是他
　　　　　　喝过的是老李　⇒　喝过燕窝汤的是老李
　　　　　　演唱的是王兰　⇒　演唱青衣的是王兰
　　　　　　……

[B]式则可以有如下的变换:

(25) [B]式:动词$_{[及物]}$+的+是+名词语⇒[D]式:动词$_{[及物]}$+名词语

  反对的是他　　⇒　反对他
  吃的是馒头　　⇒　吃馒头
  看的是电影　　⇒　看电影
  学的是英语　　⇒　学英语
  惩罚的是他　　⇒　惩罚他
  ……

值得注意的是,[A]式只能变换为[C]式,不能变换为[D]式,例如:

(26) [A]式:苦练的是她 ⇒ [C]式:苦练基本功的是她
　　 [A]式:苦练的是她 ⇏ [D]式：*苦练她

反之,[B]式只能变换为[D]式,不能变换为[C]式,例如:

(27) [B]式:吃的是馒头 ⇒ [D]式:吃馒头
　　 [B]式:吃的是馒头 ⇏ [C]式：*吃××的是馒头

很显然,"反对的是他"这样一种层次分析所无法分化的歧义句式,变换分析给以分化了。

从上面这个实例我们可以初步认识到,变换,是指句式的变换。所以,作为一个变换一定形成一个矩阵——箭头的左边,是原句式及其实例;箭头的右边,是变换式及其实例。如果说层次分析只着眼于所分析、研究的结构的内部构造情况,那么变换分析则注重句法结构与句法结构之间的联系。这种分析手段可以更好地分化歧义句式。

思考与练习

一、为什么说"句子是最大的语法单位"? 又为什么说"句子是最小的表述单位"?

二、是非问句跟其他问句的根本区别在哪儿?"她明天回来呢?"是不是属于是非问句?为什么?

三、复句和单句的根本区别在哪里?请举例说明。

四、无主句和不完全主谓句的区别在哪里?请举例说明。

五、名词解释:

    1. 主谓谓语句

    2. 受事主语句

    3. "把"字句

六、什么叫"层次分析法"?"不适当地教育孩子对孩子成长不利。"这个句子有歧义,请运用层次分析法加以分化。

七、什么叫"变换分析法"?变换分析法跟层次分析法的区别在哪里?

八、"山上架着炮。"有歧义——既可以表示"山上有炮"的意思,又可以表示"山上正在架炮"的意思。请运用变换分析法加以分化。

参 考 文 献

陆俭明(1981)分析方法刍议,载《中国语文》第3期。

——(1997)关于语义指向分析,载《中国语言学论丛》总第一辑。

朱德熙(1982)语法讲义,商务印书馆。

第四节 句子分析(下)

三、关于双宾结构和递系结构

双宾结构和递系结构是在构造上比较特别的两种句法结构。双宾结构几乎各种语言里都有,并不是汉语所特有的;递系结构则可以说是汉语所特有的一种句法结构。

(一)关于双宾结构

关于双宾结构,需要讨论两个问题:一是双宾结构到底有哪些类型;二是用层次分析法分析的话,双宾结构该怎么分析。

1. 双宾结构到底有哪些类型?

双宾结构到底有哪些类型?现在也没有一个定论,以下几种类型一般都认为是双宾结构:

(a) 给予类双宾结构。例如"送她一本书"。
(b) 取得类双宾结构。例如"偷了人家一只鸡"。
(c) 表称类双宾结构。例如"称他书呆子"。
(d) 结果类双宾结构。例如"烫了我一个泡"。
(e) 原因类双宾结构。例如"讨厌他皮笑肉不笑的样子"。

关于这个问题,马庆株(1983)在《现代汉语的双宾语构造》一文有详细的讨论,可以参考。这里不想再作细致的讨论。这里只想具体讨论这样两个问题:第一,"拿了哥哥一支笔",到底该分析为单宾结构,还是该分析为双宾结构?第二,动词后带上量词为动量词或时量词的数量成分,由此形成的结构,如"看一次(电影)"、"看一天(电影)",是分析为述补结构呢,还是分析为述宾结构呢?"看一次"、"看一天"本身不是双宾结构,但这个问题关涉到双宾语的类型问题。下面逐一来谈。

先谈第一个问题。"拿了哥哥一支笔",其词类序列是:

(1) 动词 + 名词语$_1$ + 名词语$_2$

张斌主编的《现代汉语》(1996)将"拿了哥哥一支笔"分析为双宾结构,称之为"承受类"双宾结构,不过没有说明理由。而不少人不同意这样分析,认为应该分析为单宾结构,理由是:

第一,"哥哥一支笔"是典型的领属性偏正结构,中间还能插入"的"(哥哥的一支笔)。

第二,如果是双宾结构,那么它应该像"给了哥哥一支笔"那样,可以变换成"把"字句(把笔给了哥哥),可是"拿了哥哥一支笔"

并不能变换为"把"字句,我们绝对不能说"*把笔拿了哥哥"。

第三,典型的双宾结构"给了哥哥一支笔",其中的"一支笔"可以省去不说(给哥哥/给了哥哥了),这是因为"一支笔"是独立的宾语成分;可是"拿了哥哥一支笔"里的"一支笔"绝对不能省去,那是因为"一支笔"是定语成分,不是独立的宾语成分。

持"双宾结构"说的学者是这样反驳单宾说的:

第一,"偷了农民一只鸡"、"抢了银行100万元"大多已认为是跟表示"给予"义双宾结构相对的、表示"取得"义(即张斌先生所说的"承受"义)的双宾结构。所不同的只是,表示"给予"义的双宾结构中,"名词语$_1$"是得者,表示"取得"义的双宾结构中,"名词语$_1$"是失者;表示"给予"义的双宾结构,在"给予"义动作实现之后"名词语$_1$"和"名词语$_2$"之间有领属关系;而表示"取得"义的双宾结构,在"取得"义动作实现之前"名词语$_1$"和"名词语$_2$"之间有领属关系。

第二,"拿了哥哥一支笔"跟"偷了人家一只鸡"、"抢了银行100万元"显然属于同一类句子——彼此在语义、句法上存在着一系列的平行现象:(a)"名词语$_1$"和"名词语$_2$"之间都一定有领属关系;(b),在语义上,都可以看作动词的与事(dative)——"给予"义双宾结构里的"名词语$_1$"是得者,"取得"义双宾结构里的"名词语$_1$"是失者;(c)"名词语$_2$"通常得是个数量名结构,在语义上都为动词的受事。

第三,"哥哥"和"一支笔"之间确有领属关系,但这不足以说明它们之间就非得有句法上的修饰关系,因而"他三个苹果"就非得是偏正结构。这正如"他眼镜打破了"里的"他"和"眼镜"之间的关系一样,彼此虽存在着语义上的领属关系,但并不非得在句法上有修饰关系,大家都认为"他眼镜打破了"也可以分析为主谓谓语句。

第四,表示"取得"义的双宾结构确实不能变换为"把"字句,但我们不能依据这一点就来断定表示"取得"义的句子就一定不是双宾结构;正如并不是所有的"主—动—宾"句都能变换为"把"字句,却从没有人就此认为不能变换为"把"字句的"名词语—动—名词语"句就一定不能分析为"主—动—宾"句。

总之,两种意见,各执一端,都能说出一大堆理由。

陆俭明在《关于语义指向分析》(1997)一文中运用语义指向分析为"双宾"说提供了一种新的分析角度——利用"总共"、"一共"一类副词在语义指向上的特点,说明把"吃了他三个苹果"分析为双宾结构也是可取的。他的具体论证过程是:

a."总共"、"一共"在语义指向上有一个特点,那就是它作状语时所指向的成分一定是个数量成分,而在这个数量成分之前,不能带有限定性定语成分,包括表示领属关系的定语。例如:

(2) 总共/一共三个苹果
　　(＊总共/一共红的三个苹果)
　　(总共/一共三个红的苹果)
(3) 墙上总共/一共贴了三幅画
　　(＊墙上总共/一共贴了齐白石(的)三幅画)
　　(墙上总共/一共贴了三幅齐白石的画)

b."给了哥哥一支笔"这是大家都公认的、最典型的双宾结构,而"总共/一共"可以修饰这种双宾结构。例如:

(4) 总共/一共给了哥哥三支笔

这是因为其中的"哥哥"跟"三支笔"没有直接的句法关系,换句话说,"哥哥"并不是"三支笔"的定语成分,而是一个独立的宾语成分。

c."总共/一共"同样能修饰有争议的"拿了哥哥三支笔"。例如:

(5) 总共/一共拿了哥哥三支笔

这说明,"拿了哥哥三支笔"里的"哥哥"和"三支笔",虽然从语义上看彼此有领属关系,但从句法上看彼此没有直接的句法关系。因此,"哥哥三支笔"可以不看作偏正结构,"拿了哥哥三支笔"有理由可以分析为双宾结构。这种分析,我们觉得还是具有一定的说服力的。

现在谈第二个问题。上面说了,"看一次"、"看一天"本身不是双宾结构,但是这关涉到某些结构是不是双宾结构的问题。举例来说,"看过三回电影"、"等了她一天"算不算双宾结构?如果我们把其中的"三回"、"一天"看作宾语,那么"看过三回电影"、"等了她一天"就是双宾结构,否则就是单宾结构。下面就来讨论一下"看一次"、"看一天"到底该分析为述宾结构还是应该分析为述补结构。

请先看实例:

(6) a. 看三本
    b. 看三次
    c. 看三天

a例,大家都认为数量词"三本"是宾语。b例和c例以往都分析为补语,从丁声树等编的《现代汉语语法讲话》开始,后来朱德熙先生的《语法讲义》、北大的《现代汉语》等都分析为宾语。说它们是补语,这主要是从意义上看的。补语是补充说明述语动词的,拿b例和c例来说,"三次"、"三天"实际都是来补充说明述语动词"看"的量。说它们是宾语,这主要是从形式上看的。"看三次"、"看三天"在形式上跟"看三本"有一系列平行现象。请看:

(7)	动词后加 "了/过"	数量词 前移	"一+量+也/都 +没+动"	后加动词 的受事
a. 看三本	看了/过三本	三本都看了	一本也/都没看	看(了)三本书
b. 看三次	看了/过三次	三次都看了	一次也/都没看	看(了)三次书
c. 看三天	看了/过三天	三天都看了	一天也/都没看	看(了)三天书

从理论上来说,把 b 类和 c 类归入补语也可以,归入宾语也可以。但有一点必须明白:归入补语,也得承认他们跟典型的补语不一样,有人专门给他们起了个名字,叫"数量补语";归入宾语,也得承认他们跟典型的宾语不一样,因此朱德熙先生将他们称之为"准宾语",与之相对的,将一般人认为的宾语称之为"真宾语"。研究语法要考虑意义,但毕竟不能以语义分析来代替句法分析;再说补语从语义上看,也并不都一定补充说明述语动词本身的,像"砍累了"、"砍钝了",其补语在语义上都不是直接说明述语动词的。前者补语"累"是说明"砍"的施事的,后者补语"钝"是说明"砍"的工具的。因此我们倾向于采纳丁声树、朱德熙先生他们的意见,把它们看作宾语,称它们为准宾语,也有人称为"数量宾语"。

把 b 类和 c 类归入宾语,双宾语里就得增加一种类型,那就是由真宾语和准宾语组成的双宾结构。例如:

(8) 等他一下　瞅了小凤一眼　等了她三年　[真宾语+准宾语]

(9) 等一下他　看了三次电视　看了一天书　[准宾语+真宾语]

2. 双宾结构该怎么进行层次分析?

关于双宾结构的层次切分问题,20 世纪 80 年代初,在《中国语文》组织的析句方法大讨论中,有人认为层次分析不适用于双宾结构。这实际上是对层次分析的一种误解。应该说只要是一个有规则的结构体,都能运用层次分析法来加以分析。双宾结构该怎么进行层次分析,这是值得讨论的问题。我们同意这样一种观点:鉴于汉语句法结构存在着一系列的套叠现象,双宾结构可以分析为述宾结构带宾语(参看陆俭明《汉语句法成分特有的套叠现象》一文,1990),即:

(10) 动词　　宾语$_1$　　宾语$_2$

　　　　1　　　　2　　　1—2 述宾

　　3　　4　　　　　　　3—4 述宾

(二) 关于递系结构(或称"递系式")

所谓递系结构,或者说递系式,是指下面这样的句子格式:

(11) 你请他来。

在张斌先生的《现代汉语》里称为"连述短语"。

关于递系结构,需要考虑两个问题:第一个问题是到底怎么看待递系结构,第二个问题是对于这种递系结构怎样进行层次切分。下面分别说明。

1. 到底怎么看待递系结构?

像"你请他来"这种结构,是由于汉语缺乏形态而造成的。其中的主语"你"可以不出现,所以这种结构的词类序列可以表示为:

(名词语) + 动词 + 名词语 + 动词语

过去语法学界对这种结构有过不少讨论。关于汉语语法学界对这类结构的讨论,孙德坤在《"兼语式"研究述评》(1987)一文中、宋玉柱在《连谓式和兼语式》(1991)一文中都已有较全面的介绍与分析,这里不再赘述。这里我们只想指出,递系结构实际上只是复谓结构里的一个小类。

什么叫复谓结构呢? 复谓结构是指两个谓词性词语之间彼此不构成主谓、述宾、述补、偏正、联合关系的谓词性结构。请看:

(12) 游泳有好处　　　[主谓]
　　　打算种棉花　　　[述宾]
　　　整理完毕　　　　[述补]
　　　参观访问　　　　[联合]
(13) 开着窗子睡觉
　　　下了课打球
　　　派小王去上海

例(12)各例不是复谓结构,例(13)各例都是复谓结构。

上面说了,递系结构实际只是复谓结构里的一个小类。我们首先可以根据复谓结构的前一部分谓词性词语(用 VP_1 表示)是不是述宾关系将这种复谓结构分为甲、乙两大类:

甲类,VP_1 为非述宾结构。例如:

(14) 去上课
　　 来玩儿
(15) 游泳去
　　 玩儿来了
(16) 买了没有看
　　 站着不动

乙类,VP_1 为述宾结构,可表示为"V + NP",NP 指名词性词语。例如:

(17) 开着窗子睡觉
　　 下了课打球
(18) 请大夫看病
　　 派小王去上海

乙类又可以根据 VP_1 这个述宾结构里的宾语跟复谓结构的后一部分 VP_2 是否有直接的语义联系而分为两小类:

$乙_1$ 类,VP_1 这个述宾结构里的宾语 NP 跟 VP_2 没有直接的语义联系。如上面举的例(17)里的"开着窗子睡觉"、"下了课打球"。

$乙_2$ 类,VP_1 这个述宾结构里的宾语 NP,跟 VP_2 有直接的语义联系。如上面举的例(18)里的"请大夫看病"、"派小王去上海"。

$乙_2$ 类又可以根据 VP_1 这个述宾词组里的宾语 NP 跟 VP_2 在语义上的不同联系,分成若干小类。譬如说可以分出以下一些小类:

乙$_{2a}$小类，NP 跟 VP$_2$ 在语义上是施事与动作的关系。例如：

(19) 请老王看京戏
(20) 嘱咐他好好学习
(21)（我）有个弟弟参军了

乙$_{2b}$小类，NP 跟 VP$_2$ 在语义上是受事与动作的关系。例如：

(22) 煮点面吃吧
(23) 给点儿水喝

乙$_{2c}$小类，NP 跟 VP$_2$ 在语义上是工具与动作的关系。例如：

(24) 买把刀切肉
(25) 烧水洗了个澡

乙$_{2d}$小类，NP 是 VP$_2$ 里 V 的受事的材料。例如：

(26) 买块毛料做西服
(27) 要点儿报纸糊窗户

乙$_{2e}$小类，NP 跟 VP$_2$ 在语义上是方式与动作的关系。例如：

(28) 选用定期存钱
(29) 模仿仿宋体写字

乙$_{2f}$小类，NP 跟 VP$_2$ 在语义上是处所与动作的关系。例如：

(30) 躺床上睡
(31) 跳马背上站着

乙$_{2g}$小类，NP 跟 VP$_2$ 在语义上是时间与动作的关系。例如：

(32) 挑中秋节结婚
(33) 选星期五值班

…………

目前一般所说的递系式实际只是指乙 2a 小类的结构,即 VP_1 中的动词的宾语成分跟 VP_2 在语义上有施事与动作关系的复谓结构。例如:"请老王看京戏"、"嘱咐他好好学习"、"(我)有个弟弟参军了"。

有人把这种递系结构称为"兼语式"。我们觉得,"兼语"这个说法并不好。为什么?

首先,所谓兼语,是说 VP_1 里 V 的宾语 NP 兼作 VP_2 的主语。不错,像"请老王看京戏"、"嘱咐他好好学习"、"(我)有个弟弟参军了"等,从语义上看,都可以认为是由两个主谓结构组合成的,请看:

(34) 请老王看京戏←某人请老王,老王看京戏
　　 嘱咐他好好学习←某人嘱咐他,他好好学习
　　 (我)有个弟弟参军了←(我)有个弟弟,弟弟参军

但是从理论上来说,一个名词性成分既然作了 VP_1 里动词 V 的宾语,不可能同时成为 VP_2 的主语,因为在同一个结构里,同一个名词性成分不能同时被指派分别担任其中的两个动词结构里的两个不同的语义角色。

其次,乙 2a 小类"VP_1VP_2"结构,其中作为 VP_1 中的 V 的宾语成分有两种类型,一种是表示定指的名词性词语,如专有名词、人称代词、带有限定定语的偏正词组等,不妨称为 A 类,例如:

(35) 请张大夫来|请他吃饭|请你们的班主任来一下

另一种是非定指的名词性词语,不妨称为 B 类,例如:

(36) 请(一)个人来帮帮忙|(可以)叫(一)个工人修理一下|派几个人去

对于 A 类,认为其中作为 VP_1 中的 V 的宾语成分(如张大夫、他、你们的班主任等),兼作后面 VP_2 的主语,还说得过去;但是对

于 B 类,就不能认为其中作为 VP_1 中的 V 的宾语成分(如(一)个人、(一)个工人、几个人等)兼作后面 VP_2 的主语了,因为汉语里的主语一般要求是定指的。所谓"定指的",是说在说话人心目中,所说的事物在听话者心目中是已知的,或是带有周遍意义不说自明的。举例来说,我去书店买书,我的朋友小张,知道我要买什么书,我把书买来了,回来见到小张,我通常得说:

(37) 小张,书我买了。

而不会说"小张,我买了本书"。如果我上街买书,而小张不知道我要买什么书,那么我买了书回来见到小张,我得说:

(38) 小张,我买了一本书。

而不会说"小张,书我买了"。

可见,硬要说作为 VP_1 中的 V 的宾语成分兼作后面 VP_2 的主语,不太符合汉语的语言事实。

还有,汉语某些方言里,第一和第三人称代词可以有不同的语音形式。例如:

浙江海盐通园话(胡明扬 1957,1987)

人称代词(单数)	Ⅰ式	Ⅱ式
我	[ɦoʔ no]	[u]
他	[jiʔ ne]	[i]

Ⅰ式和Ⅱ式的区别在于,Ⅰ式只出现于动词前(相当于主语的位置),Ⅱ式只出现于动词后(相当于宾语的位置)。值得注意的是,在通园话里,所谓"兼语式"里的 VP_1 的宾语成分,如果是第一或第三人称代词,则只能采用Ⅱ式,决不采用Ⅰ式。这一方言材料有力地说明了,上述乙 2a 类复谓结构里作为 VP_1 中的 V 后面的名词性成分,确实只居宾语位置,而不可能同时居主语位置。青海循化话里的人称代词,更有明显的格的区别,请看:

青海循化话(尹龙 1985)

人称代词(单数)	主格	宾格
我	[ŋə]	[ŋa]
你	[ni]	[nia]
他	[thA]	[tɕie]

青海循化话也不支持"兼语"说。

根据以上所说的理由,对于"请张大夫来"、"请他吃饭"、"请你们的班主任来一下"和上面所列的"请(一)个人来帮帮忙"、"叫(一)个工人修理一下"、"派几个人去"等乙 2a 小类复谓结构,还是采用王力先生的说法,称之为"递系式"比较好。

2. 对于"递系式"这种句式怎样进行层次切分?

上面我们已经指出,"你请他来"里的"他"从语法上来说,只是"请"的宾语,不能分析为"来"的主语。如果大家同意这种看法,那么像这样的递系结构就很容易进行层次分析了,即可以分析为:

```
你 请 他 来
1   2         1—2 主谓关系
    3   4     3—4 复谓关系
    5   6     5—6 述宾关系
```

四、多重复句的分析

什么叫多重复句? 一个复句如果包含三个或三个以上的分句,而且这些分句不在同一个构造层面上,这样的复句就称为多重复句。试比较:

(1) ① 他胸怀宽大,② 他心地坦白,③ 他无私无畏。
(2) ① 江水很深,② 水流又急,③ 只身游过去是很危险的。

例(1)和例(2)都包含三个分句,但是,例(1)的三个分句是处于同

一个构造层面上,它的内部构造是:

(1) ①他胸怀宽大,②他心地坦白,③他无私无畏。
　　　　 1　　　　　　 2　　　　　　 3
　　　　　　　　　　　　　　　1—2—3 并列关系

所以例(1)不是多重复句。而例(2)的三个分句则不在同一个构造层面上,它的内部构造是:

(2) ①江水很深,②水流又急,③只身游过去是很危险的。

例(2)就属于多重复句。在语言里,特别在书面上,大多数复句都是多重复句。事实上,无论在口语中或是书面语中,常常是一个复句包含许多个分句,以表达一个较为复杂的意思。例如:

(3) ①国家富强,②人民就安乐;③国家衰弱,④人民就痛苦。

例(3)是论说文里的一段,它包含四个分句,那四个分句不在一个层面上。例(3)应分析为:

　　①……,②……,③……,④……。
　　　　1　　　　　　 2　　　 1—2 并列关系
　　　3　　4　　　5　　6　　3—4 假设关系 5—6 假设关系

总之,所谓多重复句是指包含三个或三个以上的分句而各分句不处于同一构造层面的复句。

分析多重复句的基本方法也还是层次分析法。下面列举的都是多重复句:

(4) ①有些适婚女子找不到老公,②原因之一是过于保守,③因此缺少社交机会。

(5) ①你比我先走,②是你的福;③要是我先死啊,④你才惨呢!

(6) ①孟子相信人性是善的,②所以要人发展善性,③以达到至善;④荀子相信人性是恶的,⑤所以要人节制恶性,⑥以由恶变善。

对于例(4)—(6),我们可以用层次分析法将各复句的组合情况分别分析如下:

```
(4) ①……,②……,③……。      (5) ①……,②……,③……,④……。
      1        2                    1        2
         3    4                  3    4    5    6
    1—2 因果关系                  1—2 并列关系
    3—4 因果关系                  3—4 和 5—6 假设关系

(6) ①……,②……,③……;④……,⑤……,⑥……。
              1                           2
        3         4              5             6
        7    8                   9     10
1—2 并列关系,3—4 和 5—6 因果关系,7—8 和 9—10 目的关系
```

学会分析多重复句对正确理解文章内容很有帮助。分析多重复句时,需要注意以下三点:

第一,复句里的各个分句总是按一定的逻辑联系组织起来的,因此在分析复句时,一定要充分注意并把握好分句之间的逻辑关系。

第二,复句里各分句在组合上是有层次的,所以我们在分析一个复句时一定要有层次观念,以便看清复句的脉络。

第三,复句里往往含有像"因为"、"所以"、"虽然"、"但是"、"不但"、"而且"、"即使"、"也"等一类关联词语,它们是分句间逻辑关

系的一种标志,我们在分析复句时就要充分利用句中所包含的关联词语。例如:

(7)①由于石油大幅度涨价,②因此各国为了解决经济衰退、工业生产萎缩和失业率高等难题,③只好采取各种措施,④限制外国货物进口,⑤以扶助本国的工商业,⑥于是贸易保护主义也就应运而生了。(报)

例(7)这个多重复句一共包含六个分句,这六个分句的组合层次比较复杂。好在前后分句中使用了六个关联词语——"由于"、"因此"、"为了"、"只好"、"以"、"于是",这对我们分析这个复句有帮助,但还是要注意这个复句内各分句之间的逻辑联系。第①分句用了表示原因的连词"由于",这说明后面有表示结果的分句。可是,后面第②句和第⑥句都使用了表示因果关系中的结果的连词——第②分句用了"因此",第⑥分句用了"于是"。那么直接与"由于"呼应的到底是哪一个呢?由于在第②个分句前没有另外的表示原因的分句,所以与"由于"呼应的只能是"因此"。下面需要考虑的是"因此"一直管到哪里。值得注意的是,在用"因此"的第②分句里又用了表示目的的连词"为了",后面第③分句紧接着有关联词语"只好"与"为了"呼应。就"只好"这个关联词语来说,只管到第③分句,但第④、第⑤这两个分句跟第②分句有联系,它们又层层说明目的——第④分句是来说明第③分句"采取各种措施"的目的的,而第⑤分句又是来说明"采取各种措施,限制外国货物进口"的目的的。这就是说,由"因此"带起的结果是通过一个表示目的关系的复句形式来表示的。由"于是"引出的第⑥分句是说明最终的结果,它是以它前面五个分句所谈的内容作为它的原因。以上所说可图示如下:

(7) ①……，②……，③……，④……，⑤……，⑥……。

```
        _____1_____        ___2___
   __3__        ____4____
         __5__       __6__
                __7__   __8__
                _9_ _10_
```

1—2 因果关系，3—4 因果关系，5—6、7—8 和 9—10 目的关系

上面说了，在语言里，特别在书面上，大多数复句都是多重复句。这也就是说，我们在写文章时会常常使用多重复句。组织好多重复句，这是写好一篇文章最起码的一个条件。怎么组织好复句呢？上面谈的分析多重复句的三点意见也同样适用于组织多重复句。如果不注意多重复句的各个分句之间的逻辑联系，句子的脉络就不清楚，意思也就会表达得不明白。例如：

(8) ＊汪明辉身为饭店副经理，经常在总经理面前说经理搞行贿，还常常讨好服务员，是为了能向上爬，这完全是诬陷。

这个复句只包含五个分句，但分句之间的关系弄得很不清楚。第一，"还常常讨好服务员"，这是文章作者说汪明辉的行为呢，还是汪明辉在总经理面前说经理的行为呢？第二，"是为了能向上爬"这一分句，是"汪明辉"对"经理"的诬陷之词呢，还是作者用以指出"汪明辉""说经理搞行贿"的目的呢？这也不清楚。第三，"这完全是诬陷"里的"这"是复指什么？从全篇文章看，"还常常讨好服务员"，是文章作者说汪明辉的行为；"是为了能向上爬"这一句，也是作者用来说汪明辉的；而"这完全是诬陷"里的"这"，作者的用意是想用来复指"说经理搞行贿"；可是按现在的句子组织，意思全拧了。这个复句应重新组织，可改为：

(9) 汪明辉身为饭店副经理，经常在总经理面前说经理搞行贿，这完全是诬陷；他还常常故意讨好服务员；这一切都是为了自

己能向上爬。

一个复句脉络是否清楚,分句之间是否有严密的逻辑联系,这跟说话人自己对所要谈的问题、所要说的意思是否想得很清楚有关。因此,自觉地注意分句之间的逻辑联系,注意使复句脉络清楚,从某种意义上说,也是在促使自己把问题想得清楚些、透彻些。

关联词语在复句中起着重要作用,它可以使分句之间的逻辑联系清楚地显示出来,因此,在组织复句时用还是不用关联词语,用什么样的关联词语,都得认真推敲、斟酌,以使文章语言能具有很强的表现力。例如:

(10) 眼看火车就要撞上战马和钢炮了,欧阳海马上跑过去,用全身力气使劲推开战马。车上的人们得救了,国家财产保住了,可是,欧阳海叔叔英勇地牺牲了。

例(10)包含两个句子,前后句子之间是因果关系。这里作者并没有用关联词语。后一个句子是一个包含三个分句的多重复句,前两个分句是并列关系,它们跟后一个分句之间是让步转折关系。这里值得注意的是,在含有让步内容的分句前作者没有用表示让步的"虽然"、"尽管"之类的连词,而在含转折内容的分句前用了个表示转折的"可是",而且在"可是"之后用了个逗号。作者这样使用关联词语是非常恰当的。例(10)描写的是一个非常急切、紧张的场面,不宜插入任何表示因果关系的关联词语;再说后一个句子,作者急切需要告诉读者的是"车上的人们得救了,国家财产保住了",同时,以崇敬沉痛的心情告诉读者,我们的英雄欧阳海正是为了人民为了国家财产牺牲了自己的生命。如果在前两个分句用了"虽然"一类表让步的连词,这将冲淡从句的意思,削弱使车上的人们得救、使国家财产免受损失的意义,这样一来,将反会有损英雄的高大形象,所以例(10)决不能用"虽然";而怎么突出我们的英雄欧阳海为了人民为了国家而献出了自己的生命这一事实呢?作者在使用转折连词"可是"之后加用逗号,正起到了这种表达作用。关联词语该用不用,不该用而用,都会影响句子意思的准确表达。请看:

(11) *由于选本(指《古文观止》——引者注)具有特色,自问世以来三百年中,广为流布,经久不衰,至今仍不失为一部有参考价值的书。(刊)

(12) *虽然大半个学期过去了,但是食堂吃饭拥挤的问题仍然没有解决,因此学生意见很大,于是校长责令学校后勤部门召开专门会议,为的是讨论解决这个问题。(作文)

例(11)"由于"管到哪里?是只管到第一个分句"……具有特色",还是管到第二个分句"广为流布",还是管到第三个分句"经久不衰"?从前后上下文看,应该只管到第一个分句。宜在"自问世以来……"之前加连词"所以"或"因此"。例(12)里的关联词语则最好都删去,删去后句子反倒干净利落。例(11)是该用关联词语而不用的病例,例(12)则是不该用关联词语而用了的病例。

思考与练习

一、复句和单句的根本区别在哪里?请举例说明。

二、"他藏在他看得见你,你看不见他的地方。"这是个单句还是复句?

三、名词解释:

1. 递系结构
2. 双宾结构
3. 多重复句

四、"住了两天",你觉得归入述宾结构好呢,还是归入述补结构好?为什么?

五、对递系结构该怎么进行层次切分?请举例说明。

六、组织多重复句,要注意什么问题?请举实例说明。

参 考 文 献

胡明扬(1957),海盐通园方言的代词,《中国语文》第9期。
——(1987),海盐方言的人称代词,《中国语文》第1期。
陆俭明(1990)汉语句法成分特有的套叠现象,载《中国语文》第2期。
——(2002)再谈"吃了他三个苹果"一类结构的性质,《中国语文》第4期。
——(2002)关于递系式,见《纪念王力先生百年诞辰学术论文集》,商务印书馆。
马庆株(1983)现代汉语的双宾语构造,见《语言学论丛》第十辑,商务印书馆。
宋玉柱(1986),连谓式和兼语式,见《现代汉语语法十讲》,南开大学出版社。
——(1991),现代汉语特殊句式,山西教育出版社。
孙德坤(1987),"兼语式"研究述评,见朱一之、王正刚选编《现代汉语语法研究的现状和回顾》,语文出版社,北京。
尹 龙(1985),循化话中人称代词的变格范畴,《青海民族学院学报(社科)》第4期。

第五节 现代汉语虚词(上)

一、虚词的性质和类别

关于虚词,在张斌先生主编的电大教材《现代汉语》里已经谈了一些,这里我们还想作两点补充说明。

(一)虚词到底具有什么样的性质?为什么在汉语语法教学中要强调重视汉语虚词?

这个问题过去已有不少人谈过,这里我们想从一个新的角度谈些意见。

大家都说虚词是语言中比较特殊的词,它到底特殊在什么地方呢?

第一,它不像名词、动词、形容词那样能表示比较实在、具体的词汇意义,它一般只表示抽象的语法意义。譬如,说到"鱼",一般人就会想到在水里游动的、有腥味儿的但人们很爱吃的那东西;说到"走",就会在脑子里浮现走路的样子;说到"红",就会想到血那样的颜色。即使是比较抽象的一些词,如"道德",人们也会想到这是一种社会行为的规范;"考虑",人们也就会联想到人想问题的情景;即使像"深奥"那样的词,也会马上让人想到那是指某种理论、道理深不可测。可是,说到"的"、"得(de)"、"了(le)"、"把"、"啊",人们难以体会到底表示什么意思。虚词所表示的语法意义主要有三个方面,一是帮助表达实词之间某种语法关系,如"爸爸和妈妈"中的"和",表示"爸爸"、"妈妈"之间是联合关系;"洗得干净"中的"得",表示"洗"和"干净"之间是述补关系;二是帮助实词添加某种语法意义,如"吃了"里的"了(le)"给动词"吃"添加了"实现"、"完成"这样的语法意义。三是给整个句式添加某种语法意义,如"你把车修一修"里的介词"把",不止帮助指明了动词"修"与名词"车"之间的某种关系(动作和受事的关系),而且为句子增添了"处置"的意思。

第二,都是黏着的,即不能单说。为了语法研究和语法学习的需要,我们通常把词、词组等区分为自由的和黏着的两大类。所谓自由的,是指在一定条件下能处于单说地位的语言成分。就拿上面说到的几个词,都能在一定的上下文里单独成句:

(1)"你想吃什么?""鱼。"

(2)"她走不走?""走。"

(3)"你看,那花红不红?""红。"

(4)"一个生活在社会上的人,最需要的是金钱?权势?都不是。你们想想,最需要的是什么?""道德!"

(5)"买房子的事,你到底考虑不考虑?""考虑。"

例(1)—(5)各个答话就都是一个词单独成句。可是上面所举的"的"、"得(de)"、"了(le)"、"把"、"啊",都不能单独成句,也就是说都是黏着的。

第三,都不能充任核心的句法成分,具体说,都不能做主语、谓语、述语(即带宾语或补语)、中心语(即前带定语或状语)。

每种语言都有虚词,在各种语言中虚词都是表达语法意义所常用的一种语法手段。但是,它在各种语言的语法中所占的地位、所起的作用是不一样的。在形态或格助词比较丰富的语言中,前者如英语、俄语,后者如日语、韩语等,形态或格助词在这些语言的语法中便占有重要的地位,甚至成为主要的语法手段,而词序和虚词的地位与作用相对说来就不那么突出;反之,在形态或格助词不丰富或者说很少的语言中,如汉语、越南语等,词序、虚词则就成为主要的语法手段。而词序和虚词两相比较,汉语中的词序规则不算复杂,容易掌握,如主语在谓语前,宾语或补语在述语后边,修饰语(包括定语和状语)在中心语之前,学了现代汉语语法以后,就很容易了解和掌握。像"干净衣服"和"衣服干净"二者的差别,一般都了解——前者属于偏正词组,后者就属于主谓词组了。

在汉语语法教学中,人们之所以强调汉语虚词的重要性,还有两个原因。

第一,汉语虚词数量大,而且使用频率高。现代汉语里通用的虚词大约有七八百。这个数量在整个汉语词汇中是微不足道的,但是,跟其它语言比较,汉语虚词的数量是可观的。更值得注意的是使用频率高。一篇文章中虚词占总用词数的20%强,光"的"就占5%。虚词在语言中起着"经络"的作用,用不用虚词,用哪一个虚词,往往会对整个句子的结构和意义有着很大的影响。请看下

面两个例子:

(6) a. 他喝酒。
   b. 他喝了酒。
   c. 他喝的酒。

(7) a. 他不喝酒。
   b. 他喝酒不?(北京话更习惯说"喝酒不喝?")

例(6),a句不包含虚词,意思是说"他"有喝酒的习性;b句"喝"后用了个虚词"了",是说在说话人心目中,"他喝酒"已是事实;而c句呢,"喝"和"酒"之间用了个虚词"的",句子的意思和内部构造就都变了——或可以理解为"他所喝的酒"(区别于别人所喝的酒),整个是个偏正结构;或可以理解为"他喝的是酒"(言下之意,不是喝了饮料或别的什么),整个是个主谓结构。例(7),a句在动词"喝"前用了个"不",是说"他没有喝酒的习性";b句也用了"不",但放在句末,全句成了一个疑问句了。从上可以看到,句中用不用虚词,用什么虚词,虚词放在什么位置上,都有可能影响句子的意思和结构。

第二,虚词的个性很强,运用复杂。就是属于同一类的虚词,即使意义用法相近,也仍有不同。如连词"或者"和"还是"都是表示选择关系,但它们在句中不能互换。例如:

(8) 今年暑假,他们去昆明,还是去桂林?(询问)
(9) 今年暑假,他们去昆明,或者去桂林。(陈述一件事)

又如副词"都"和"全"都是表示总括的范围副词,可以说"我们都去""这些书我都看完了",也可以说"我们全去""这些书我全看完了";但是下面的例(10)、(11)里的"都"就不能换说成"全":

(10) 这个星期他都没来上班。
   * 这个星期他全没来上班。

(11) 我在上海、杭州、广州都遇见了我的老同学。
＊我在上海、杭州、广州全遇见了我的老同学。

这是因为"都"不仅可以用来总括动作行为的主体、对象,还可以用来总括动作行为发生的时间、处所,而"全"一般不用来总括动作行为发生的时间、处所。

(二) 现代汉语里到底有哪些类虚词?

在这个问题上,汉语语法学界的看法有一致的地方,也有不一致的地方。看法一致的地方是,汉语中的介词、连词、助词、语气词,大家都认为是虚词。看法不一致的地方主要是在对副词处理上。归纳起来有三种意见:第一种意见,把副词归入实词,如张斌先生主编的电大《现代汉语》(1996)教材就是这样处理的;第二种意见,把副词归入虚词,如朱德熙先生的《语法讲义》(1982)、北京大学的《现代汉语》(1993)教材就是这样处理的;第三种意见,认为副词是半虚半实的词,先前张志公先生主编的电大教材就这样处理的。

这里我们不想花太多的时间去讨论这个问题。只想指出这样三点:

第一,分类本身有一定的相对性。对上面三种意见,我们不能简单地用"对"或"错"去评判。应该说,这三种处理意见都有一定的道理——可以根据"副词可以做句法成分"这一点,将副词归入实词;也可以根据"副词不能做核心句法成分"这一点,将副词归入虚词;也可以根据"副词可以做句法成分但又不能做核心句法成分"这一点将副词看作半虚半实的词。很显然,到底将副词归入实词还是虚词,就看我们用什么标准来划分实词和虚词。

第二,我们更应该看到的是,如果把副词归入实词,也得承认它与一般实词不一样——它的语法功能相当窄,只能做状语;如果把副词归入虚词,也该看到它跟一般的虚词确实有所不同——它能充任句法成分,而其他虚词都不能充任句法成分。

第三,上面我们曾谈到虚词的三个特点,用这三个特点来衡量,我们觉得将副词归入虚词可能更好一些,因为它符合那三个特点——意义虚灵,是黏着的,不能充任核心句法成分。再说相当一部分副词,如"也、才、就、又、都、只、难道、简直"等,意思相当虚灵,胜过某些介词和连词。更值得注意的是,副词的个性也特别强,对副词,也必须一个一个进行具体的分析、研究和描写。就这一点说,将副词归入虚词可能更有利于汉语语法研究与教学。

二、分析一些最常用的虚词

现代汉语里常用的虚词也在 100 个左右,这里不可能一一介绍,即使是最常用的虚词。这里只介绍、分析八组虚词,从中大致可以了解怎样研究、学习现代汉语虚词。

1. 把

"把"是现代汉语里使用频率很高的一个介词。使用介词"把"的基本格式是:

(1) 甲把乙怎么样

或表示为:

(2) X + 把 + Y + VP

(VP 表示动词性词语)例如:

(3) 妈妈已经把饭菜都做好了。

(4) 弟弟把杯子打破了。

这种句子一般称为"把"字句。书面语中的实际例子如:

(5) 小宝帮着把灯芯草剪成细末子,又把采来的野花揉碎。(茅盾《春蚕》)

(6) 战士们已经把打捞出来的战利品,全装在他们的小船上,

准备转移。(孙犁《荷花淀》)

无论从介词研究看或是从句式研究看,对介词"把"或者说对"把"字句是研究得最多的。据有人统计,仅20世纪后50年,国内外汉语学界谈论"'把'字句的专著、文章、章节乃至学位论文不下500项"(参看郑定欧《现代汉语把字句工作单的设计:原则与实践》,见袁毓林、郭锐主编《现代汉语配价语法研究(第二辑)》,北京大学出版社,1998)。有关"把"字句的一些最基本的情况,想来大家已经从"现代汉语"课里知道了,诸如"把"后的宾语,即乙(或Y),通常是后面动词的受事,而且是有定的;"把"后的动词部分VP,要求是复杂的,即不能只是一个单个儿动词,其中所出现的动词还得是表示动作的及物动词,而且在意念上能够支配"把"字的宾语;整个"把"字句式表示一种处置意义;等等。这里我们需要作进一步的补充。

(一)关于"把"字句所表示的语法意义。

自王力先生在上个世纪40年代将"甲把乙怎么样"称为"处置式"以来,一般认为"把"字句就是表示处置意义的。这种认识对多数"把"字句来说,是不成问题的,但有些"把"字句就很难用"处置"来解释。例如:

(7) 过了三个月,他竟把那事儿给忘了。
(8) 那孩子真把我累坏了。
(9) 就在这节骨眼儿上,把个李大婶儿病了。

像例(7)—(9)的"把"字句就很难让人体会"处置"的意思了。有人为维护"处置"的说法,称这种"把"字句为"处置的活用"。先前我们也是这样认识的,认为"所谓'处置',不能只理解为对人或事物的处理,甲对乙主动施加某种直接的影响,或甲的行为动作使乙发生某种变化或处于某种状态,都可看作是一种处置。"(参看马真《简明实用汉语语法》1981,1987,或《简明实用汉语语法教程》

1997)经过这几年的思考,并参考一些学者的意见,觉得将"把"字句的语法意义定为"表示因果致使",可能更合适一些。"'处置'只是致使的一种,是一种有意志力参与的致使"。(参看叶向阳《"把"字句的致使性解释》,1999)将"把"字句的语法意义定为"表示因果致使",这样,典型的表示处置意义的"把"字句和非典型的表示致使义的"把"字句都能概括进去。

(二) 关于"把"的宾语成分

关于"把"的宾语成分,以往讨论"把"字句的论著中已经谈得很多了。这里想进一步指出这样三点:

1. "把"的宾语还可以是后面动词的工具。

早期语法著作中,都认为"把"的宾语是后面动词的受事(或称目的语)。后来大家逐渐注意到,"把"的宾语也可以是后面动词的施事、系事(或称当事者)或处所。例如:

(1) 在这节骨眼儿上,偏偏把二叔病了。[施事]
(2) 她把我当成技术员了。　　　　　[系事]
(3) 她把北京城跑了个遍。　　　　　[处所]

这里需要进一步指出的是,"把"的宾语也可以是后面动词的工具。例如:

(4) 正翁把手捂在耳朵上,学着小贩的吆喝……(老舍《正红旗下》)
(5) 何必把火烧到你身上去?(谌容《永远是春天》)
(6) 她一不小心把刀砍在了脚背上,顿时鲜血直流。

在早期白话中,"把"有跟"用"相同的用法。例如:

(7) 时把文章供戏谑,不知此体误人多。(宋·戴复古《论诗》)
(8) 只因忘却当年约,空把朱弦写断肠。(清平山堂话本·风月相思引诗)

《红楼梦》中这类例子不少:

(9) 还把手在划开的地方乱抓。(第八十二回)
(10) 他赶着问是谁,那里把一根绳子往他脖子上一套,他便叫起人来。(第八十八回)
(11) 宝玉正把眼瞅着那"海棠春睡图"……(第十一回)

前面举的例(4)—(6)可能是由早期的那种用法衍化来的,但已不同于早期的那种用法,明显的是例(4)—(6)里的"把"一般已不能换成"用"。这就是说,例(4)—(6)不能再理解为"把"作为"用"来用的例子了,而应看做是现代汉语"把"字句中的一个小类,其特点是"把"字的宾语是后面动词的工具。

2. "把"的宾语为处所成分时值得注意的一个现象

"把"的宾语可以是后面动词的处所,这一点已成为共识。这里我们要具体介绍这样一种"把"的宾语为处所成分的"把"字句,因为它有些特点。这种"把"字句句式是:

把 + N_L + V + 满 + 了 + N

N_L 是表示处所的名词性成分,V 是动词,N 是表示动词 V 的受事的名词性成分。例如:

(12) 不到一天的时间,大家把十二华里长的引水渠两岸都种满了白杨树。
(13) 嘉陵把房间四周空墙上贴满了各式各样的年画。
(14) 她们故意把自己的脸上涂满了煤烟灰。
(15) 一夜的功夫他们把大街小巷都刷满了欢迎红军的标语。

这种"把"字句格式有两点值得注意:

第一,句中的"把"都可以换成"在"。例如:

(12′) 不到一天的时间,大家在十二华里长的引水渠两岸都种满了白杨树。

(13′) 嘉陵在房间四周空墙上贴满了各式各样的年画。

(14′) 她们故意在自己的脸上涂满了煤烟灰。

(15′) 一夜的功夫他们在大街小巷都刷满了抗日的标语。

不过用"把"用"在"有所不同。首先,从意思上说,用"把"字,含"处置"意义,更突出表示句中所说的行为、动作是有意识、有目的地进行的;用"在"字则不包含这一层意思了。其次,用"把"字,在其后面可以只跟一个本身不表示处所的普通名词。例如:

(16) 每到麦收季节,各生产队把**附近的公路**堆满了麦子。

(17) 他把**黑板**都写满了字,叫我再往哪儿写啊!

(18) 他故意把**两个抽屉**都塞满了书。

用"在"字,则在其后不能只跟"公路、黑板、抽屉"那样的名词,一定得在那名词后再带上个方位词。因此例(16)—(18)其中的"把"字如要换用"在"字的话,得分别在"公路""黑板"后加上"上",在"抽屉"后加上"里"。请看:

(16′) 每到麦收季节,各生产队在**附近的公路上**堆满了麦子。

(17′) 他在**黑板上**都写满了字,叫我再往哪儿写啊!

(18′) 他故意在**两个抽屉里**都塞满了书。

第二,这种"把"字句里的动词 V 都具有 [+添加]、[+附着] 的语义特征。因此,句中的"满"都可以换用"上"(句中用"[满→]"表示,为保留原先"满"的意思,如果动词 V 前原先没有范围副词"都",换用"上"时,得同时在动词前加上"都")。例如:

(12″) 不到一天的时间,大家把十二华里长的引水渠两岸都种(满→)上了白杨树。

(13″) 嘉陵把房间四周空墙上都贴[满→]上各式各样的年画。

(14″) 她们故意把自己的脸上都涂[满→]上了煤烟灰。
(15″) 一夜的功夫他们把大街小巷都刷[满→]上了抗日的标语。
(16″) 每到麦收季节,各生产队把附近的公路都堆[满→]上了麦子。
(17″) 他把黑板都写[满→]上了字,叫我再往哪儿写啊!
(18″) 他故意把两个抽屉都塞[满→]上了书。

3. 介词"把"的宾语成分不一定都是有定的

自吕叔湘先生指出"把"字的宾语必须是有定的,不能是无定的之后,各种语法论著在谈到"把"字句时都把这一点看作是"把"字句的重要特点之一。近来开始有人对此提出异议。

应该承认,绝大多数的"把"字句,其"把"的宾语是有定的。但同时也应该承认,在口语中也确有"把"的宾语是无定的那种"把"字句。根据我们的考察,"把"的宾语为无定成分的"把"字句有以下三种情况:

第一种情况,全句为复句,"把"字句用做后一分句,全句表示乙应甲的要求做了某件事,而乙所处置的对象并非是甲所要求的;前一分句指明甲原先对乙的要求。例如:

(19) 我要向她借支钢笔,她却把一支铅笔递给了我。
(20) 我要他去买件衬衣,他却心不在焉,把条裤子给买来了。
(21) 叫你去请外科大夫,你怎么把个牙科大夫请来了?
(22) 我说要打酱油,你怎么把醋打瓶里了?

第二种情况,全句为复句,"把"字句也用在后一分句,全句表示从突然发出的声响判断,像是毁了什么东西;在前一分句里一定包含有象声词。例如:

(23) 只听见隔壁房里乓啷一声,像是把个什么玻璃瓶给打了。

(24) 忽然,哐当一声,不知是谁把个凳子给撞翻了。

第三种情况,全句为复句,"把"字句用做后一分句,全句表示由于不留神、不小心,做了不该做的事。例如:

(25) 他只顾低着头想事,一不留神,把个孩子给撞倒了。

(26) 他一不小心,把个什么瓶子踢着了,发出的响声立即惊动了岗楼里的敌人。

不难看出,这些"把"字句,无论属于哪种情况,都含有出乎意外的意思。这兴许可以看作"把"字宾语为无定成分的这类"把"字句所共有的特殊表达作用。

4. 为什么不能说"把篱笆跨过去"?

"把篱笆跨过去"是出现在外国留学生作文中的病句。母语为汉语的人似乎不会出这种错误。其实不然,请看一个实例:

(27) *对解决这个问题,地委非常关心,多次指示我们将占用的校舍尽早搬出。(《光明日报》1978年6月14日第三版)

"将占用的校舍搬出"跟"把篱笆跨过去"表面看似不怎么相同,其实是同一种类型的格式——介词"将"就是"把"的意思,"把/将"的宾语都是处所成分,谓语动词后面都带有趋向补语;所不同的仅仅是"篱笆"是动作者位移时所经过的处所,"校舍"是动作者位移的起点(等于说"从校舍搬出")。"将占用的校舍搬出"跟"把篱笆跨过去"的"病因"在哪里呢?

上面说了,"把"的宾语可以是行为动作的处所。因此,造成"将占用的校舍搬出"跟"把篱笆跨过去"的毛病不会仅仅是因为"把"的宾语是处所成分。那么是不是"把"字句里的动词不能是表示位移的动词,补语不能是表示实指趋向的趋向补语呢? 看来也不是。下面"把"字句里的谓语动词都是表示位移的动词,而且都带上了表示实指趋向的趋向补语:

(28) 一把将瓦罐接过来,……(老舍《骆驼祥子》)
(29) 宋占魁把床拉出来,……(老舍《上任》)
(30) 俸银一下来,就把它拿回来!(老舍《正红旗下》)
(31) 把大绿瓦盆搬进来,……(同上)

那么问题出在哪儿呢？原来表示行为动作处所的宾语成分、表示位移的谓语动词和实指的趋向补语这三者不能同时在一个"把"字句里出现。一个表示位移的动词带上实指的趋向补语，意味着跟动词相关的事物发生位移，如"走出来"，意味着"走"的施事发生位移，"扔出来"，意味着"扔"的受事发生位移；如果那个表示位移的动词带上实指的趋向补语后作"把"字句的谓语动词，那么"把"的宾语成分只能是动词的受事，不能是处所。"把篱笆跨过去"和"将占用的校舍搬出"正是违反了这一组合规则，所以成了有毛病的说法。

2. 被

"被"也是介词。下面是由介词"被"构成的"被"字句：

(1) 敌人一个排被我们消灭了。
(2) 我被一阵急促的敲门声惊醒了。

"被"字句的基本格式是：

乙被甲怎么样

一般以为"被"字句是跟主动句相对的。其实，在汉语中，"被"字句只是被动句中一种。"被"字句是跟表示处置义的"把"字句相对立的。上面这两句话的意思也可以用"把"字句来表示：

(3) 我们把敌人一个排消灭了。
(4) 一阵急促的敲门声把我惊醒了。

两相比较，区别是明显的。"把"字句的主语是施事(发出动作的)，

"把"字的宾语是受事(接受动作的);"被"字句正好相反,主语是受事,"被"字的宾语是施事。从表达的角度看,"把"字句强调主动性,说明主语把这个受事怎么处置;"被"字句强调被动性,说明主语受到什么遭遇。所以在强调主动者的主动精神时用"把"字句,在强调遭遇时用"被"字句。例如:

(5) 在"文革"期间,大中小学都"停课闹革命",许多学生把教师当作"造反的对象",有的教师也把学生视为"危险的对手",关系很不正常。这样一来,和谐的师生关系被破坏了,正常的教学秩序被冲击了,合理的规章制度也被取消了,党的领导也被削弱了,教育战线一片混乱,给我国的教育事业造成了极大的损失。

这段话前一复句里连用两个"把"字,写出了在"文革"期间学校师生的对立情绪;后一复句里连用了四个"被"字,写出了在"文革"期间教育事业所遭受的不幸和破坏。如果把前面的"把"字句换用成"被"字句,把后面的"被"字句换用为"把"字句,就不合适了。

"被"字句表示被动,但表示被动意义的句子不一定用"被"字,这是汉语语法的特点之一。例如:

(6) 电影票买着了。
(7) 文章写好了。
(8) 信发了。
(9) 衣服洗得干干净净。

这些句子都含有被动意义,但都不宜用"被"字;用了反倒别扭了。这是因为在汉语里"被"字句多用来表示不如意的事情。比较下面两组句子:

A	B
衣服被他撕破了	*衣服被姐姐做好了。
饭被我煮糊了。	*饭被我煮好了。

自行车被小偷偷走了。　　＊自行车被我领回来了。
　　麦子被雨淋了。　　　　　＊麦子被太阳晒干了。

A、B两组都表示被动意思，A组能用"被"字，因为所表示的是不如意的事情；B组不能用"被"字，因为表示的是所希望的、如意的事情。有的句子似乎可以用"被"字，也可以不用"被"字，但是用不用"被"字，句子的感情色彩不一样。试比较：

　　（10）a. 麦子被他们运走了。
　　　　　b. 麦子他们运走了。

a.句用"被"，含有说话人不乐意的感情色彩；b.句没有用"被"，只是客观地报道一个事实。

　　从结构上来说，"被"字句里的动词也必须是一个及物动词，而且它的前后一般也总要有一些别的成分（除非那动词是双音节动词）；助动词、否定词也要放在"被"字前面，不能放在后面。例如：

　　（11）弟弟被妈妈批评了一顿。　　（述宾词组）
　　（12）杯子被他丢了一个。　　　　（述宾词组）
　　（13）可能被他认出来了。　　　　（述补词组）
　　（14）这个办法没有被他采纳。　　（双音节动词）

以上各例动词都是及物动词。除例（14）外，其余各句的动词性成分都是复杂的，例（14）的动词是个双音节动词。例（13）的助动词"可能"，例（14）的否定词"没有"都在"被"字之前。

　　"被"字的宾语（即施事）有时不必说出。例如：

　　（15）他被驳得体无完肤。
　　（16）不一会儿，火势被控制住了。

3. 因为　由于

　　"因为"和"由于"都是在表示因果关系的复句中用以引出原因

的连词,后面常有用来引出结果的连词"所以"、"因而"或"因此"等跟它们相配。例如:

(1) 因为这几天实在事情太多,所以你来了以后我没能及时来看你。

(2) 由于问题复杂,对问题的看法又各不相同,因而一时很难取得一致的意见。

(3) 由于他一贯软弱,委屈求全,因此他仅有的一次发怒一直留在我的记忆里。

"因为"和"由于"虽然都表示原因,但在用法上仍有不同。

(一)"因为"在口语和书面语中都用,"由于"一般用于书面语,不用于口语。

(二)"由于"既可以同"所以"配合,又可以同"因而"、"因此"配合;"因为"只同"所以"配合,不能同"因而""因此"配合。如前面例(1)的"所以"不能换成"因而"或"因此",而例(2)的"因而"、例(3)的"因此"倒都能换成"所以"。请看:

(1′) *因为这几天实在事情太多,因此/因而你来了以后我没能及时来看你。

(2′) 由于问题复杂,对问题的看法又各不相同,所以一时很难取得一致的意见。

(3′) 由于他一贯软弱,委屈求全,所以他仅有的一次发怒一直留在我的记忆里。

4. 以至 以致

"以至""以致"都是连词,而且读音相同,字形相近,因此常常有人用错。其实这两个词的意义和用法是很不相同的。

"以至"的意思相当于"直到""甚至",表示由小到大、由少到多、由低到高、由浅到深、由近到远、由轻到重的递进关系(也可用

于相反的方向)。连接的成分如不止两项,"以至"一般用在最后一项之前。例如:

(1) 一石居是在的,狭小阴湿的店面和破旧的招牌都依旧;但从掌柜以至堂倌却已没有一个熟人,我在这一石居中也完全成了生客。(鲁迅《在酒楼上》)

(2) 搞城市建设不能只看眼前,要考虑到明年、后年以至十年、二十年。

(3) 这项工艺改革成功的话,生产效率将会提高几倍以至十几倍。

(4) 实践、认识、再实践、再认识,这种形式,循环往复以至无穷,而实践和认识之每一循环的内容,都比较地进到了高一级的程度。(毛泽东《实践论》)

"以至"还可以说成"以至于"。例如:

(5) 许多美的人和美的事,错综起来像一天云锦,而且万颗奔星似的飞动着,同时又展开去,以至于无穷。(鲁迅《好的故事》)

(6) 对群众的批评采取抵触以至于压制的态度,那是十分错误的。

"以致"则表示"因果致使"的意思,用在因果复句的主句开头,表示下文所说的是上述原因所造成的结果。这种结果大多是不好的,或说话人所不希望的。例如:

(7) 对于非本质和非主流方面的问题,不能忽视,而且要认真对待,很好解决,但是,不应当将这种问题看成为本质和主流,以致迷惑了自己的方向。

(8) 所查考的资料记载,解放前蒋家沟的泥石流曾经十多次隔断小江、堵塞河道,以致洪水四处泛滥,淹没了许多农田、房屋。

(9) 由于他不听从劝告,以致上了别人的当。

"以至"和"以致",二者的区别应该说是明显的。可是有时似乎在同一个句子里,既可以用"以至",也可以用"以致",其实意思是不同的。例如:

(10) 在一片赞扬声中,他变得飘飘然起来,以至看不到自己工作中的缺点。

(11) 在一片赞扬声中,他变得飘飘然起来,以致看不到自己工作中的缺点。

例(10)用"以至",例(11)用"以致"。例(10)表示递进关系,强调程度的加深,意思是"在一片赞扬声中,他变得不仅飘飘然起来,而且发展到了看不到自己工作中缺点的程度"。这里的"以至"可换成"甚至"。例(11)表示因果关系,强调由于上述原因而造成的结果,意思是"他在一片赞扬声中由于变得飘飘然起来,因此连自己工作中的缺点也看不到了"。这里的"以致"可换成"因此"。

5. 否则

连词"否则"的作用在于对上文的意思直接作假设性的否定,接着引出根据这假设性否定所推出的结果,由此来反衬、强调上文的意思。"否则"引出的分句可以用陈述句式,也可以用反问句式。例如:

(1) 对错误不能迁就,更不能隐瞒,否则,以后会犯大错误的。

(2) 他是从不失约的,看来一定是出现了什么新的情况,否则,他怎么会不按时来呢?

例(1)"否则"是对"对错误不能迁就,更不能隐瞒"这一意思直接作假设性的否定(意思大致相当于"如果对错误迁就、隐瞒"),"否则"所引出的分句"以后会犯大错误的",就是根据这假设性否定所推出的结论。例(2)"否则"是对"(他)一定是出现了什么新的情况"这一意思直接作假设性的否定(意思大致相当于"如果不是出现了什么新的情况"），"否则"所引出的分句"他怎么会不按时来呢？"就是根据这假设性否定所推出的结论。

例(1)、(2)的"否则"都可以用大白话"如果不是这样"来替换，句子意思不变。例如：

(1′) 对错误不能迁就，更不能隐瞒，如果不是这样，以后会犯大错误的。

(2′) 他是从不失约的，看来一定是出现了什么新的情况，如果不是这样，他怎么会不按时来呢？

这样看来，"否则"就相当于"如果不是这样"的意思，其实二者并不等同，它们在用法上存在着明显的差异。突出的一点是，用"如果不是这样"，它后面还可以出现一个与之平行的意思上跟它一致的假设分句，例如：

(3) 领导班子内部必须搞好团结，如果不是这样，如果领导班子内部闹不团结，工作肯定搞不好。

"否则"则没有这种用法，因此例(3)里的"如果不是这样"决不能用"否则"去替换，即例(3)不能说成：

(3′) *领导班子内部必须搞好团结，否则，如果领导班子内部闹不团结，工作肯定搞不好。

这里需要注意两点：

第一，"否则"实际上不是相当于"如果不是这样"的意思，而是相当于"如果不是这样，那么"的意思。这也正是例(3)不能换说成例(3')的原因。

第二，"否则"前和"否则"后的分句(不包括"否则"在内)之间在意思上不能构成一个推论关系。例如："你一定得去，否则他会生气的。"这个句子的前一分句"你一定得去"跟后一个分句"他会生气的"之间不存在推论关系，所以这里的"否则"是用得恰当的。

下面的例子里的"否则"就用得不合适：

(4) ＊要不是老师及时提醒了我,否则我准会犯错误。(刊)

例(4)"否则"前后的分句存在着明显的推论关系——"要不是老师及时提醒了我,我准会犯错误"。其实,例(4)里的"否则"完全没有必要,应该删去。所以会出现这样的毛病,多半是因为对"否则"的意义、用法缺乏准确的了解。

6．不管　尽管

"不管"跟"尽管"都是连词,又都有一个"管"字,有些人就常常把它们搞混。其实二者很不一样。

"不管"跟"不论""无论"意思相同,表示无条件,即表示某人某事物在任何条件下都是如此。例如：

(1) 不管困难有多大,我们都要克服。
(2) 不管什么人,都要遵守国家的法令。
(3) 不管怎么样,你必须在上课前赶到。
(4) 十多年来,不管夏天还是冬天,她都天天游泳。
(5) 不管我同意不同意,喜欢不喜欢,他就自作主张把那衣服买下来了。
(6) 不管是刮风和下雨,他都坚持锻炼。
(7) 不管是大汉族主义或者地方民族主义,都不利于各族人民的团结。

这些句子里的"不管"都可以用"不论""无论"去替换。例如：

(1′) 不论/无论困难有多大,我们都要克服。
(2′) 不论/无论什么人,都要遵守国家的法令。
(3′) 不论/无论怎么样,你必须在上课前赶到。
(4′) 十多年来,不论/无论夏天还是冬天,她都天天游泳。

(5′) 不论/无论我同意不同意,喜欢不喜欢,她就自作主张把那衣服买下来了。

(6′) 不论/无论是刮风和下雨,他都坚持锻炼。

(7′) 不论/无论是大汉族主义或者地方民族主义,都不利于各族人民的团结。

这些句子用"不论/无论"替换后,句子仍然都表示无条件。

"尽管"则跟"虽然"意思相同,表示让步转折,即先让步,承认某件事是如此,然后,再转过来指出相反的一面。例如:

(8) 尽管困难很大,但一定要完成任务。

(9) 尽管风很大,雨很大,他们还是按时赶到了。

(10) 这部电影尽管有缺点,但从总体看,还是一部好电影。

(11) 尽管一连去了两封信,也还是没有消息。

这些句子里的"尽管"都可以用"虽然"来替换。请看:

(8′) 虽然困难很大,但一定要完成任务。

(9′) 虽然风很大,雨很大,他们还是按时赶到了。

(10′) 这部电影虽然有缺点,但从总体看,还是一部好电影。

(11′) 虽然一连去了两封信,也还是没有消息。

替换后句子仍都表示让步转折。

"不管"和"尽管"不仅所表示的语法意义有明显的差别,在用法上也有明显的不同。

"不管"后面的词语,或者是一个疑问形式,如例(1)—(3)含有疑问代词,是特指问疑问形式,例(4)是选择问疑问形式,例(5)是反复问疑问形式;或者是个联合结构,如例(6)、(7)里的"刮风和下雨"、"大汉族主义或者地方民族主义"都是联合结构。"尽管"则相反,后面的词语,不能是个疑问格式,不能有选择性。例如,我们只能说"尽管这样",不能说"*尽管怎么样";只能说"尽管刮风下雨",不能说"＊尽管刮风还是下雨"。

7. 而且　况且　何况

"而且"、"况且"、"何况"这三个都是表示递进关系的连词,但意义和用法并不完全相同。请看下面的例子:

(1) 我们进行科学研究的目的,不仅在于认识世界,而且在于改造世界。

(2) 我想,不告诉他,他一定会着急,况且这事终究是要告诉他的。

(3) 这件事连小孩子都知道了,何况大人呢?

例(1)、(2)、(3)都是表示递进关系的复句,但所用的连接词不同。例(1)表示一般的递进关系,所以用"不仅……而且",这里的"而且"不能用"况且""何况"来替换。例(2)用"况且"表示进一步申述理由,即在已经说出的理由之外,再追加补充一层理由,相当于口语中说的"再说"。这里的"况且"可以换成"何况";似乎也可以换成"而且",但用了"而且","追加理由"这一层意思就不那么显著了,因此在表示进一步申述理由时不宜用"而且"。例(3)用"何况",有"逼进一层"的意思,一浅一深的两件事,浅的如此,深的更不用说了,相当于口语中的"甭说"。这里的"何况"既不能用"而且"替换,也不能用"况且"替换。这说明:"而且"多用来表示一般的递进;"况且"只能用来表示进一步申述理由;"何况"主要用来表示"逼进一层"的意思,也可用来表示进一步申述理由。以上所述可列如下表:

	表示一般的递进	表示进一步申述理由	表示逼进一层
而　且	＋	—	—
况　且	—	＋	—
何　况	—	＋	＋

8. 曾经　已经

"曾经"和"已经"都是表示时间的副词，都能用于过去时，例如：

(1) 他去年曾经看过这本书。
(2) 我前年已经去过杭州。

但是，"曾经"只能用于过去，"已经"还可以用于未来，例如：

(3) 明天这个时候，他大概已经走了。
(4) 明天晚上六点半你先去他那儿，如果他已经走了，那你就直接去学校。

这两句话中的"已经"都不能换成"曾经"。

"曾经"和"已经"，即使用于过去时，在意思上也有区别。"曾经"着重表示在说话之前有过某种行为或现象，而"已经"是强调某种行为动作或现象在说话前就发生、完成了。因此，用"曾经"往往暗含着"过去一度如此，现在不如此了"的意思，或"那是以前的事了，现在又另当别论"的意思，而"已经"则与此相反，用"已经"强调过去的事至今有效。试比较：

(5) a. 我曾经决定不再抽烟了。
　　b. 我已经决定不再抽烟了。
(6) a. 我曾经去过上海，不过那已是十年前的事，所以我现在很想再去看看。
　　b. 我已经去过上海，这次我想去广州看看。

(a) 用"曾经"，表示"决定不再抽烟"和"去过上海"这是过去的事，现在又当别论了。(b) 用"已经"，则强调这件事到现在仍然有效。

另外，用"已经"，动词后常用"了"，也可以用"过"，例如，可以说"这个电影我已经看了"，也可以说"这个电影我已经看过"；但用

"曾经",动词后一般用"过",不用"了",例如,"这个电影我曾经看过",但不能说"＊这个电影我曾经看了",除非动词后面有数量宾语,如"这个电影我曾经看了三次""我曾经学了三年英语"。

思考与练习

一、按你自己的理解说说,虚词是一种什么样的词？虚词有什么特点？虚词和实词的根本区别在哪里？

二、为什么要重视对虚词的研究与学习？

三、副词,有人把它归入虚词,有人把它归入实词,你怎么看？为什么？

四、使用介词"把"需要注意那些问题？请举实例说明。

五、现代汉语里的"被"字句有什么特点？请举实例说明。

六、"既"和"即"意义和用法一样吗？如果不一样,那么它们的差别在哪里？请举例说明。

七、"以至"和"以致"意义和用法一样吗？如果不一样,那么它们的差别在哪里？请举例说明。

八、"南京、苏州我_____游览过了,这次旅行想去昆明。"在上面这个句子里,动词"游览"前该用"已经"还是"曾经"？为什么？

参 考 文 献

北京大学中文系现代汉语教研室编(1993)《现代汉语》,商务印书馆。

陆俭明、马真(1985)《虚词研究浅论》,见《现代汉语虚词散论》,北京大学出版社;语文出版社,1999。

马　真(1985)《"把"字句补议》,见《现代汉语虚词散论》,北京大学出版社;语文出版社,1999。

——(1997)《简明实用汉语语法教程》,北京大学出版社。

薛凤生(1987)《试论"把"字句的语义特性》,载《语言教学与研究》第1期。

——(1989)《"把"字句和"被"字句的结构意义——真的表示"处置"和"被动"?》见戴浩一、薛凤生编《功能主义和汉语语法》(沈家煊译,1994,北京语言学院出版社)。

叶向阳(1999)《"把"字句的致使性解释》,在"第六届世界汉语教学讨论会"(德国,汉诺威)上发表。

张　斌(1996)《现代汉语》,中央广播电视大学出版社。

朱德熙(1982)《语法讲义》,商务印书馆。

第六节　现代汉语虚词(下)

三、辨析虚词的方法

辨析虚词的最基本的方法是比较。俗话说"因比而显",只有通过比较才能把一组意义上或形式上近似的虚词分辨清楚。比较,可以有多种比较。常见的如:

1. 把彼此同义或近义的虚词放在一起,进行比较辨析。这是使用最多的一种比较,上文举到的"因为"和"由于","而且"、"况且"和"何况","曾经"和"已经"的比较就属于这一种。

2. 把说明同一方面问题的虚词放在一起进行比较辨析,以显示这些虚词各自所表示的语法意义。例如马真在《修饰数量词的副词》(1981)一文中,把能用来说明数量的副词,如"刚五个"、"已经五个了"、"才五个"、"至少五个"、"一共五个"等里的副词"刚"、"已经"、"才"、"至少"、"一共"等,放到一起进行比较辨析,这就属于这一种比较。

3. 把意义相对的虚词放在一起进行对比分析,以辨明各自表示的语法意义。譬如上文提到的介词"把"和"被"的比较就属于这一种比较。

4. 把使用了某虚词的句子跟不用该虚词的句子拿来比较,即作有无某虚词的比较,以显示出这个虚词的语法意义。试以"好了"为例。"好了"是现代汉语里用在句末表示语气的一个词,例如:

(1)"师傅,没米饭了。""没米饭吃面条好了。"
(2)既然他不愿意带我们去,我们自己去好了。
(3)"这水能喝吗?""你喝好了,准保没事儿。"

这个词已有的工具书都未收录。它到底表示什么语法意义？表示什么语气？为了把握这个词所表示的语法意义,所表示的语气,我们就可以采用比较包含"好了"和不包含"好了"这两种句子的方法。例如:

(4)没米饭吃面条好了～没米饭吃面条
　　我们自己去好了～我们自己去
　　你喝好了～你喝
　　你吃好了,不会中毒。～? 你吃,不会中毒。

通过比较,我们就可以发现,"好了"表示"不介意,不在乎,尽管放心"的语法意义。

5. 也可以将形似实不同的虚词放在一起进行辨析,以区辨貌似一样实质不同的虚词。如第五节里所讲到的"不管"与"尽管"、"以至"与"以致",就属于这种比较。

通过比较来辨析虚词,具体说来可以从两方面进行,一是辨析虚词的语法意义,一是辨析虚词的用法。下面分别说明。

四、辨析虚词的语法意义

辨析虚词的语法意义,重要的是要考察、比较虚词使用的语义背景。所谓虚词使用的语义背景就是指某个虚词能在什么样的上下文,或者说语境里出现或使用,不能在什么样的上下文,或者说语境里出现或使用。例如前面已经谈到过的连词"况且",有些工具书只是一般地说"表示更进一层"。这样,有些人以为"况且"跟"而且"在意义和用法上是差不多的,因而常常用错。例如:

(5) *陈老师很欢迎大家提问题,况且鼓励大家多提问题。

(6) *雨来很勇敢,况且也很机智。

(7) *我很早就知道中国不但有光辉灿烂的文化,勤劳勇敢的人民,况且有许多游览胜地,所以我一直希望能到中国来,这个愿望今天终于实现了。

如果我们能考察一下"况且"出现的语义背景,就能比较好地掌握"况且"的意义和用法,并能跟"而且"相区别。

"况且"在句中使用的语义背景是:

1. 说话人是在申述理由(或叙述原委);
2. 说话人已将主要理由摆出来;
3. 说话人为使理由更充分而需要进一步追加或补充某些理由。

"况且"一词就用在追加、补充理由的分句或句子里。例如:

(8) 拉车的方法,以他干过的那些推,拉,扛,挑的经验来领会,也不算十分难,况且他有他的主意:多留神,少争胜,大概总不会出了毛病。(老舍《骆驼祥子》)

(9) 糊涂涂虽然心里有事睡不着,只是上了几岁年纪,半夜三更不想磕磕撞撞出来活动,况且使唤惯了孩子们,也有点懒,只是坐在炕沿上叫有翼。(赵树理《三里湾》)

(10) ……无论如何,我明天决计要走了。况且,一想到昨天遇见祥林嫂的事,也就使我不能安住。(鲁迅《祝福》)

可见,说"况且"表示递进关系,这虽不能说不对,但未免太笼统;而说它表示"更进一层的意思",未免有些不确切——第一,它不是一般地表示递进;第二,没有"更"的含义在里边。确切地说,"况且"

表示进一步申述理由——在主要理由之外再追加或补充某些理由。因此,"况且"只用在申述理由的句子里,一般表示递进关系时不能用"况且",只能用"而且"。"况且"出现的语义背景也决定了"况且"不能与连词"不仅/不但"连用。这是因为"况且"引出的只是次要理由,而用"不仅/不但"意味着后面说的理由与前面说的同等重要,甚至比前面的更重要些。例如:

(11) 这个钢铁厂被誉为全国先进单位,是当之无愧的。他们不仅炼出了优质钢材,而且培养了一大批出色的炼钢人才。

(12) 为了把我国建设成为一个伟大的社会主义国家,我们不但要团结国内一切可能团结的力量,而且要争取国际上的一切有利条件,团结国际上一切可能团结的力量。(刘少奇《中国共产党中央委员会向第八次全国代表大会的政治报告》)

例(11)、(12)里的"而且"都不能换用"况且"。

再拿语气副词"并"来说,一般都认为它表示"加强否定的语气",可是下面两句话,如想要加强一点否定语气,决不能在否定词前面加上"并"字:

(13)"老师,今天王信平病了,不能来上学了。"

(14)"你今天一定得去。""我不去!"

要加强否定语气的话,例(13)得在"不能……"前加"确实"或"是"(重读)等那样一些词,例(14)得在"不去"前加上"决"或"就(是)"等那样一些词。可见,说"并"表示加强否定语气,这并不确切。我们要正确把握住"并"这个副词的语法意义,最好也先考虑一下它在句中使用的语义背景。原来这个"并"只有当说话者为强调说明事实真相或实际情况而否定或反驳某种看法时才用。例如:

(15)"我们本来住在一处,何必这样的客气。""我并不客气,但是你每天当我回来的时候,总站起来让我,我却觉得对不起得

很。"(郁达夫《春风沉醉的晚上》)

(16) 这可见这事知道的人很多,报纸上并非乱载。(叶圣陶《校长》)

(17) 吃亏不小是真,但并未全军覆没。(姚雪垠《李自成》)

因此,"并"所表示的语法意义应该是:强调说明事实不是对方或一般人所想的或者自己原先所认为的那样。"并"在句中出现的语义背景也决定了它总是用在否定词语的前边。(详细参考马真《表加强否定语气的副词"并"和"又"》,2001)

在辨析、把握虚词的意义时,还要注意防止这样一点:把本来不属于某个虚词的语法意义硬加到这个虚词的身上去。我们知道,一个虚词在话语中的使用频率越高,它的用法也就越复杂,它表示的语法意义也就越不易为人们所把握。这可以说是一个普遍规律。因此,这样的虚词也就容易让人把本来不属于它的语法意义误认为是它的语法意义。这种弊病在虚词研究中是常有的。譬如副词"也"使用频率就很高,用法很纷繁,然而它的基本作用,也就是说它的语法意义,是表示类同。但是,过去不少语法论著对于"也"的意义,除指出表示类同(有的说"表示相同")外,还列了好多条,如表示并列关系、假设关系、递进关系、转折关系、条件关系,等等。其实,这些都不是"也"的语法意义,而是含有"也"的句子格式所具备的语法意义。举例来说,有人认为"他吃了一个苹果,我也吃了一个苹果"里的"也"表示并列。真是这样吗?不妨比较下面两个例句:

(18) 他吃了一个苹果,我吃了一个苹果。

(19) 他吃了一个苹果,我也吃了一个苹果。

例(18)没用"也",例(19)用了"也"。这两个句子大家都认为是并列复句;因为不管是例(18)还是例(19),都是把"他吃了一个苹果"和"我吃了一个苹果"这两件事并列起来说的。这样说来,一个复句是不是并列复句,不取决于是否用了副词"也"。那么例(19)里的"也"到底起什么作用呢？细细地比较、分析,我们可以发现,例(18)、例(19)这两句话虽然都是把"他吃了一个苹果"和"我吃了一个苹果"这两件事并列起来说,但是有区别：例(19)用"也",强调后者(我吃了一个苹果)与前者(他吃了一个苹果)类同；而例(18)没有用"也",就不含有"强调类同"的意味。事实告诉我们,如果并列复句的两个分句所说的意思根本无类同之处,或者虽有类同之处,但无需强调,那么都不用"也"。例如：

(20) 他是法国人,我是中国人。

(21) ("你们考了多少分？")"他考了六十分,我考了六十三分。"

例(20)和例(21)都是并列复句。例(20)"他是法国人"和"我是中国人"之间没有类同之处,这里根本就不能用"也"。例(21)"他考了六十分"和"我考了六十三分"之间虽有类同之处,但在这一问一答中没有必要强调他们之间的类同性,所以也不用"也"。如果所说的两件事或两种情况之间有类同关系,而且需要强调这种类同关系,那么就要用"也"。请看：

(22) 他是法国人,我也是法国人。

(23) ("你们考得好吗？")"他只考了六十分,我也只考了六十三分。"

这里请大家注意比较一下例(21)和例(23)的答话。所说的两种情况是一样的,都是"他考了六十分"和"我考了六十三分",但是因为例(21)的语境决定这里无需强调二者的类同性,所以没有用"也"；而例(23)的语境决定这里需要强调二者的类同性——都考得不太好,所以用了"也"。其实,不管并列复句、假设复句、递进复句或条件复句、转折复句,其中的"也"都表示类同。至于什么并列关系、假设关系、递进关系、条件关系、转折关系等,都是"也"所在的复句

格式所表示的,而并不是"也"所表示的。"也"的基本语法意义是"表示类同"。(详细参考马真《说"也"》,1982)

五、辨析虚词的用法

虚词的用法比起实词来要复杂得多,虚词的个性比实词强得多。虚词词类所揭示的特点,对于了解该类各虚词的用法是远远不够的。同一类,甚至是同一小类里的虚词在用法上可以差别很大。辨析虚词用法主要也是用比较的方法。那么,具体从那些方面去比较呢?大致可以从以下八个方面去进行比较、辨析:

1. 句类

这里所说的句类,既指按句子的语气和内容所分的大类(如陈述句、疑问句、祈使句等),也指按句中所包含的特定的虚词所分出来的类(如"比"字句、"把"字句、"被"字句等),也指某个大类下面的小类(如疑问句下面的是非问句、非是非问句等)。

拿"或者"和"还是"这两个连词来说,它们都表示选择关系,例如"你或者他""你还是他"都表示在"你"和"他"这两项中选择一项。但"还是"带疑问语气,一般用于疑问句,"或者"则不能用于疑问句,只能用于陈述句。例如:

(1) 今天晚上我们或者看电影,或者看戏。
(2) 今天晚上我们看电影还是看戏?

例(1)是陈述句,用"或者";例(2)是疑问句,用"还是"。这两个句子里的"或者"和"还是"不能互换。

再拿语气词"吗"和"呢"来说,它们所适用的疑问句的小类不同:"吗"只能用于"是非问句","呢"则正相反,只能用于"非是非问句"(即除是非问句以外的其他问句)。例如:

(3) a. 你是昨天回来的?
   你是昨天回来的吗?　　　　　　　　　[句末加"吗"]

＊你是昨天回来的呢？　　　　　　　［句末加"呢"］
　b. 你是什么时候回来的？
　　＊你是什么时候回来的吗？　　　　　［句末加"吗"］
　　你是什么时候回来的呢？　　　　　　［句末加"呢"］
　c. 你是昨天还是今天回来的？
　　＊你是昨天还是今天回来的吗？　　　［句末加"吗"］
　　你是昨天还是今天回来的呢？　　　　［句末加"呢"］
　d. 你是不是昨天回来的？
　　＊你是不是昨天回来的吗？　　　　　［句末加"吗"］
　　你是不是昨天回来的呢？　　　　　　［句末加"呢"］

例（3）a 句是"是非问句"，句末可以加"吗"，不能加"呢"；b 句、c 句、d 句都是"非是非问句"，它们分别是特指问句、选择问句、反复问句，它们句末只能加"呢"，不能加"吗"。（参看陆俭明《现代汉语里的疑问语气词》，1984）

　　又如程度副词"更"和"最"，都能用于比较，但是"更"可以用在"比"字句里（小张的成绩比我们更好），而"最"则不能（＊小张的成绩比我们最好）。

2. 词类

　　这里所说的词类，也是既指名词、动词这样的大类，也指大类下面的小类。作为连词，"和"跟"并"都表示并列关系，而且都能用来连接词或词组，但是"和"主要用来连接名词性词语，例如：

　　（4）中国有四个直辖市：北京、上海、天津和重庆。
　　（5）我没有哥哥和姐姐。

也可以连接动词、形容词性词语，但有条件，所形成的联合结构不能直接作谓语。例如：

　　（6）唱歌和跳舞对他来说都没有什么兴趣。
　　（7）他就喜欢唱歌和跳舞。

(8) 他经常唱歌和跳舞。

(9) *他唱歌和跳舞。

例(6)—(9)"和"连接的是动词性词语,其中例(6)—(8)联合结构"唱歌和跳舞"分别作主语、宾语、谓语中心语,都不是直接作谓语,所以可以说;而例(9)联合结构"唱歌和跳舞"是直接作谓语,就不能说,例(9)一般得说成"他又唱歌又跳舞"。连词"并"则只能用来连接动词性词语。例如:

(10) 关于住房问题他们已经研究并讨论过了。

(11) 他经常抽烟并喝酒。

现在,在普通话里不能用来连接名词,我们不说"*我有爷爷并奶奶"。再如,作为程度副词的"老",在意思上跟"很"相当,但是在普通话里"很"可以修饰动词性成分(如"很喜欢""很想去""很有办法"等),"老"不能修饰动词性成分。注意:"老喜欢哭""老想去"里的"老"不是程度副词,是时间副词,是"常常"的意思。即使在修饰形容词这一点上也有区别——"老"只能用来修饰往大的方面说的有限的几个表量度的单音节形容词,如"大、长、沉、重、肥、高、粗、厚、宽、远、多、硬"等;"很"则没有这种限制。

3. 音节

在汉语用词造句中,常常需要注意音节问题,这是汉语的一个很重要的特点。副词在这一点上表现得特别突出。有的副词要求所修饰的成分必须是个单音节词,如"过",只能说"过静"、"过难"、"过密",不能说"过安静""过困难""过密切";而与之同义的"过于"则不受此限,既可以说"过于静"、"过于难"、"过于密",也可以说"过于安静"、"过于困难"、"过于密切"。跟"过/过于"相类似的,还有"屡/屡次"、"互/互相"等。有的副词可以修饰一个词组,但是要求紧跟在它后面的动词必须是个单音节词,如"足",只能说"足等了两个小时",不能说"*足等候了两个小时";与之同义的"足足"

就不受此限,既可以说"足足等了两个小时",也可以说"足足等候了两个小时"。有的副词跟上述情况正相反,要求所修饰的必须是个双音节成分。如"大力",只能说"大力帮助""大力支援",决不能说"大力帮"。与"大力"类似的,如"行将"、"万分"等。另外,由"为"构成的双音节副词,如"大为、最为、甚为、颇为、极为"等,也都要求所修饰的必须是个双音节成分,不能修饰单音节词。其他类虚词,有的对音节也有特殊要求,例如助词"与否"只能跟在一个双音节成分后面,决不跟在一个单音节成分后面,如只能说"正确与否"、"考虑与否"、"录取与否",不能说"＊对与否"、"＊想与否"、"＊取与否"。

4. 轻重音

一个虚词往往可以表示多种不同的语法意义,而这又往往是通过轻重音来表示的。这一点在副词身上表现得特别明显。譬如"都",试比较:

(12) 我们'都看完了。

(13) '我们都看完了。

(14) 我们都看'完了。

例(12)重音在"都"上,"都"总括主语所指的全范围;例(13)重音在"我"上,"都"虽然仍表示总括,但全句含有"甚至"的意思(甚至连我们都看完了);例(14)重音在"完"上,"都"是"已经"的意思。"已经"修饰数量词时,既可言够,也可言多,其区别就在轻重音上。如"已经三个了",如果重音在"已经"上('已经三个了),是言够;如果重音在"三"上(已经'三个了),是言多(详细参看马真《修饰数量词的副词》,1981)。再如,"再"表示重复时,可以表示两种不同的重复:一是实在的重复,例如:"这个电影太好了,明天再看一遍,怎么样?"这是说已经看过一遍,准备第二天看第二遍;二是空缺的重复,例如:"票卖完了?没关系,我们明天再看好了。"这是说想要看,但票没买着,准备第二天实现计划。"再"表示这两种重复,就是通过轻重音的不同来实现的。表示实在的重复,重音只能在"再"或"再"后面的某个音节上,如"明天'再看一遍","明天再'买一双",决不能在"再"之前;表示空缺的重复,重音则一定在"再"之前,如"'明天再看吧","星期'天再买好了"。

5. 肯定与否定

多数虚词既可以同肯定形式发生关系,也可以同否定形式发生关系,但有些虚词在这方面有特殊要求。这有多种情况——有的只能同否定形式直接发生关系,如副词"从"就要求后面必须跟一个否定形式(从不说谎|从没有听说过|＊从就很规矩),而与之同义的"从来"就没有这种限制(从来不说谎 | 从来就很规矩);副词"万万"只能修饰一个否定形式(万万不可粗心大意|万万没有想到|＊万万小心),而与之同义的"千万"则不是这样(千万不可粗心大意|千万要注意);副词"毫、决、断"等也只能修饰一个否定形式(毫不犹豫 | 决不屈服 | 断不可轻信这种谣言)。有的则只能同肯定形式直接发生关系,如副词"万分"和"分外"就只能用于肯定(万分愉快|分外高兴|＊万分不愉快|＊分外不高兴),分别跟它们同义的"十分"、"非常"和"格外"就既能用于肯定(十分满意|非常愉快|格外高兴),也能用于否定(十分不满意|非常不愉快|格外不高兴);我们常说在"把"字句中否定词要放在"把"字之前,从另一个角度说,也就是由"把"组成的介词结构不能修饰一个否定形式。有些虚词有两种不同的意义或用法,而这在肯定、否定的要求上也正好形成对立,如"绝",当它表示程度时,只能用于肯定(绝好机会|绝妙的计策),而当它表示加强语气时,则只能用于否定(绝不妥协|绝没有好下场);再如程度副词"太",当它表示赞叹时,一般用于肯定(太棒了|太精彩了),而当它表示过分时,则既可用于肯定(太浅了| 太短了),也可用于否定(太不懂事了| 太没有经验了)。有的既能用于肯定,也能用于否定,意思却一样,如"难免不犯错

误"和"难免要犯错误"意思一样,"自行车别是他骑走了"跟"自行车别不是他骑走了"意思一样。

6. 简单与复杂

"简单",全称为"简单形式",是指只是单个儿一个词;"复杂",全称"复杂形式",是指不止一个词,是一个词组。由"把"组成的介词结构后面一定得跟一个复杂形式,这是众所周知的了。副词"终究、往往、白白、恐怕、略微"也要求所修饰的成分必须是个复杂形式,分别跟它们同义或近义的"必将、常常、白、也许、较为"则没有这种要求。试比较:

(39) a. 终究:终究要灭亡|终究会取得胜利|＊终究灭亡|＊终究胜利

  b. 必将:必将要灭亡|必将取得胜利|必将灭亡|必将胜利

(40) a. 往往:每到星期天,他往往去颐和园|＊故宫他往往去

  b. 常常:他常常去颐和园|故宫他常常去

(41) a. 白白:白白劳动了一天|难道这钱就这样白白丢了|＊算我白白干,行不行?

  b. 白:白劳动了一天|不能白吃|算我白干,行不行?

(42) a. 略微:略微高些|略微清静些|＊略微整洁

  b. 较为:较为清静一些|较为雅致|较为整洁

再如,由"对于"组成的介词结构作状语时,一般要求中心语是个复杂形式,而由"对"组成的介词结构作状语时,没有这种要求。例如用"对"时,我们可以说"对他要好好帮助""对他能不能批评",也可以说"对他帮助""对他批评";可是用"对于"时,我们可以说"对于他要好好帮助""对于他能不能批评",但不能说"对于他帮助""对于他批评"。与上述情况相反,有的则要求所修饰的成分得是个简单形式,如"万分",可以说"万分思念",但不能说"＊万分思念她"。

7. 位置

一般在讲到"把"字句和"被"字句时,都会指出这样一点:否定副词和能愿动词只能放在"把"或"被"的前面。这实际就涉及位置问题。介词结构"关于……"只能放在主语前面,不能放在主语后面,例如我们只能说"关于鲁迅的杂文,我没有什么研究",但不能说"＊我关于鲁迅的杂文没有什么研究"。而介词结构"对于……"就没有这种限制,我们既可以说"对于鲁迅的杂文,我没有什么研究",也可以说"我对于鲁迅的杂文没有什么研究"。这实际也涉及到位置问题。一个虚词在句中有比较固定的位置,这固然需要注意,但更要引起重视的是另一种现象,即有些虚词在句子中的位置比较灵活,它可以在某种成分之前,也可以在某种成分之后,而在前在后,句子的意思就不一样。例如:

他幸亏回来了,……	≠	幸亏他回来了,……
(主句指出避免了于"他"不利的事情)		(主句指出在"他"的作用下避免了一起不如意的事情)
没有全听懂	≠	全没有听懂
(部分不懂)		(全部不懂)
光他吃米饭	≠	他光吃米饭
(别人不吃米饭)		(他别的不吃)
很不习惯	≠	不很习惯
(强调不习惯,程度深,语气重)		(表示不习惯,程度浅,语气委婉)

8. 跟其他词语的配搭

"只有"要求由"才"与之相配,"只要"要求由"就"与之相配,这是大家所熟知的。复句中常犯的一种毛病,就是前后的连接成分配搭不当。需要指出的是,不光连词存在着配搭问题,别类虚词有的也有这方面的特殊要求。程度副词"怪",除了风格、色彩跟"很"不同外,很重要的一点,"怪"一般要求后面有"的"与之配合(怪可

爱的|怪心疼的| ＊怪可爱| ＊怪心疼),"很"的后面则可以有"的",也可以没有"的"(很可爱的|很可爱)。再如,"恐怕"后面常有语气词"吧"与之相配;"本来"后面常用语气词"嘛"与之相配;而语气词"罢了"、"而已",前面常有副词"不过"、"只"与之相配;助词"不成",前面常用"难道"、"莫非"与之相配。

以上所谈的八个方面,也只是列举性的,并不是说虚词的用法只表现在这八个方面;而每一方面所包含、涉及的内容,也不限于上面所说的。譬如说,某些虚词,如表示程度浅的"还"、"有点儿"等,它们对与之发生直接关系的成分在意义色彩上(褒义和贬义,积极和消极)还有所选择(她这个人还大方| ＊这个人还小气;有点儿骄傲| ＊有点儿谦虚),这一点上文就没提到。至于具体到某个虚词,对上述诸方面的要求也各不相同,而正是这种不同,造成了各虚词用法上的千差万别。

六、比较——需要层层深入

从上面所讲的内容,我们可以清楚地认识到,学习、研究虚词,重要的是要注意辨析虚词的意义和用法;而辨析虚词的意义和用法,最根本的方法是比较。这里我们需要进一步指出,进行比较需要层层深入,不要轻易下结论。这里试以"常常"和"往往"的比较为例来说明这一点。

"常常"和"往往",这是现代汉语里很常用的两个副词。一般认为,它们的意思用法差不多;一些工具书用"常常"来注释"往往",如《新华字典》442页:

往往:常常。

这样容易给人造成一种错觉:"往往"和"常常"的意义和用法一样,只是"往往"的书面语色彩浓一些罢了。

到底"往往"和"常常"在意义和用法上是不是一样的呢? 如果

不一样,区别在哪儿呢?这就需要对"常常"和"往往"从意义到用法作一番比较。请先看一些实例:

(1) 北方冬季常常／往往会有一些人不注意煤气而不幸身亡。
(2) 星期天他常常／往往去姥姥家玩儿。
(3) 每当跳高运动员越过横杆时,观看的人常常／往往会下意识地抬一下腿。

单就例(1)—(3)说,我们很容易得出结论:"常常"和"往往"似乎意思、用法一样,都表示某种事情或行为动作经常出现或发生。上面这个看法怎么样?是不是就把"常常"和"往往"的异同说清楚了呢?我们还需回到语料中去检验。多看一些实例,我们就会发现,用"往往",前面一定得先说出某种前提条件,说明在某种条件下,某种事情或行为动作经常出现或发生。"常常"则没有这个限制。下面的例(4)—(6),句中都没有说明条件,所以只能用"常常",不能用"往往":

(4) 他呀,常常开夜车。
　　(＊他呀,往往开夜车。)
(5) 听说他常常赌博。
　　(＊听说他往往赌博。)
(6) 这种水果我们那儿很多,我们常常吃。
　　(＊这种水果我们那儿很多,我们往往吃。)

上面所得的结论是不是就把"往往"和"常常"在意义和用法上的差别都说清楚了呢?结果发现上述结论还不能说明下面的语言现象:

(7) 每到星期六晚上,我常常／往往去姥姥家玩儿。
(8) 去年周末我们常常／往往去钓鱼。
(9) 以后周末,你要是没事儿,常常去看看姥姥。
　　(＊以后周末,你要是没事儿,往往去看看姥姥。)

(10) 明年回上海,你得常常去看看她。

（＊明年回上海,你得往往去看看她。）

例(7)—(10)在"常常/往往"前都说出了前提条件,可是例(7)、(8)可以换用"往往",而例(9)、(10)却不能换用"往往"。这又为什么呢？比较例(7)、(8)和例(9)、(10)我们会发现,例(7)、(8)说的是过去的事,例(9)、(10)说的是未来的事。这样,我们又可以得出这样一个新的结论:在交待前提条件的情况下,"往往"只用来说过去的事,即过去在某种条件下某种事情或行为动作经常出现或发生。"常常"则不受这个限制。

上面新得出的结论怎么样呢？请再看下面的实例：

(11) 去年冬天我常常去滑雪。

（＊去年冬天我往往去滑雪。）

(12) 上个星期我常常接到匿名电话。

（＊上个星期我往往接到匿名电话。）

(13) 今年夏天我住在北京姥姥家,姥姥常常带我去看京戏。

（＊今年夏天我住在北京姥姥家,姥姥往往带我去看京戏。）

例(11)—(13)说的是过去的事,也交代了条件,但还是不能用"往往"。可见,如果我们在这三个句子里加上某些词语,就可以说了,请看：

(14) 去年冬天每到周末我往往去滑雪。

(15) 上个星期晚上9点我往往接到匿名电话。

(16) 今年夏天我住在北京姥姥家,星期天姥姥往往带我去看京戏。

对比例(14)—(16)和例(11)—(13),我们不难明了,前面所作的结论还不能准确揭示"往往"与"常常"的差异。"往往"与"常常"的差异似应重新描写、说明如下：

"往往"只用来说明根据以往的经验所总结出的带规律性的情况(多用于过去或经常性的事情)，"常常"不受此限。

例(11)—(13)之所以不能用"往往"，就在于句子所说的情况不属于"根据以往经验所总结得出的带有规律性的情况"。

总之，"往往"不等于"常常"，它们所表示的语法意义、它们的用法是有区别的："常常"强调事情或行为动作发生的经常性、频繁性，"往往"则强调按经验，在某种条件下，情况通常是这样。在实际话语里，"常常"能不能用"往往"替换，就取决于所说的事情是不是属于"按经验在某种条件下通常是这样"的事情。

我们为什么要强调比较一定要步步深入，为什么每当获得一个新的看法后，一定要反复地问自己："这样行不行？"目的有二：

一是为了使自己的结论经得起推敲，更符合语言实际。须知这样不断地反复地否定自己正是为了更好地肯定自己。

二是为了使自己养成反复思考的良好习惯，而这种习惯是科学研究所必须的。

思考与练习

一、辨析虚词主要运用什么方法？请举例说明。

二、把握虚词的语法意义，有哪些有效的方法？请举例说明。

三、什么叫"语义背景"？请举例说明分析虚词使用的语义背景的重要性。

四、怎么把握虚词的用法？同义或近义的虚词在用法上的差异会表现在哪些方面？请举例说明。

五、请先看实例：

(a) 今年夏天北京比上海还热。

(b) 你这房间比新疆火焰山还热。

这两句话里的"还",在意义和用法上是一样的还是不一样的?理由是什么?

六、在现代汉语中,只能说"他有点儿笨"、"他有点儿小气",不能说"＊他有点儿聪明"、"＊他有点儿大方"。请再举些实例,并从中概括出能受程度副词"有点儿"修饰的形容词的特点。

七、"相比之下,这个房间＿＿＿＿＿干净。"在上面这个句子里,形容词"干净"前该用"最"还是"挺"?为什么?

参 考 文 献

北京大学中文系现代汉语教研室编(1993)现代汉语,商务印书馆。
陆俭明(1984)现代汉语里的疑问语气词,载《中国语文》第 5 期。
陆俭明、马真(1985)虚词研究浅论,见《现代汉语虚词散论》,北京
　　大学出版社;语文出版社,1999。
马　真(1981)修饰数量词的副词,载《语言教学与研究》第 1 期。
——(1982)说"也",载《中国语文》第 4 期。又见《现代汉语虚词散
　　论》,北京大学出版社;语文出版社,1999。
——(1983)说"反而",载《中国语文》第 3 期。又见《现代汉语虚词
　　散论》,北京大学出版社;语文出版社,1999。
——(1985)"把"字句补议,见《现代汉语虚词散论》,北京大学出版
　　社;语文出版社 1999。
——(1991)普通话里的程度副词"很、挺、怪、老",载《汉语学习》
　　1991 年 2 期。
——(1994)关于"反而"的语法意义,载《世界汉语教学》1994 年 1
　　期。又见《现代汉语虚词散论》,语文出版社,1999。
——(2001)表加强否定语气的副词"并"和"又",载《世界汉语教
　　学》第 3 期。

第四章 方　　言

第一节　方言的基本概念

一、语言和方言

　　语言是人类最重要的交际工具和思维工具,是文化的载体和重要组成部分。语言是由语音形式和语义内容约定俗成的语言符号按语法规则构造而成的复杂的多层开放系统。语言系统由语音、词汇、语法三个子系统构成。

　　方言是语言的变体。语言和语言变体的关系既不是衍生关系,也不是亲属关系,而是一般与个别的关系。一般是抽象的,个别才是具体的,一般存在于个别之中。平常说中国人使用汉语,而汉语是一般的语言,因此,这个说法并不准确。准确地说,中国人日常使用的并非抽象的语言——汉语,而是具体的语言变体——汉语方言,例如北京话、上海话、广州话、厦门话等等。反过来说,无论是讲北京话,还是讲上海话、广州话、厦门话,全都是讲的汉语。

　　语言变体具备语言的一切基本要素,因此,每个方言都有自己的语音系统、词汇系统和语法系统。不同方言之间,这些系统分别存在着程度不同的差异。汉语方言之间最明显的差异是字音和词语,这种差异可以大到互相不能通话,这在世界语言中是不多见的。例如,苏州人说[hou^{44}tsı^{44}kən^{44}iɪ^{44}],北京人可能听成"呼资根衣(hū zī gēn yī)",因而不知所云。因此,正如美国语言学家罗杰瑞的《汉语概说》所说,在一些西方学者看来,"汉语更像一个语系,而不像有几种方言的单一语言,汉语方言的复杂程度很像欧洲的罗马语系"。

能不能通话是区别语言与方言的一个经验性标准,但它并未经过科学论证,也不是惟一的标准。判断是不是方言还要看有没有共同的书面语和标准音。汉语各方言自古以来就有统一的书面语和以"正音"为标准的读书音。汉语有些方言之间虽然用日常口语难以直接通话,但通过书面语和读书音是可以沟通的。即使是完全不会书面语和读书音的山野村夫,一旦有了用异方言交际的生活需要,无论该异方言与自己的母方言差异有多大,也能在不太长的时间里无师自通地学会该异方言或既能与母方言又能与该异方言通话的另一种方言,至少也可以参照异方言来对应转换母方言,直到能够通话。这与学习外语完全不同,它无需另起炉灶、从头学起,而是在两个同质的系统间自然转换。这种转换只存在于方言之间,不同的语言就不能这样轻而易举地转换。一般说来,相邻方言间的转换要比互相隔离的方言更为简易、自然。综上所述,在区别语言与方言时,能否对应转换是比能否直接通话更为深刻的判断标准。和语言习得一样,方言的对应转换也是人类的一种潜在的语言能力。

汉语方言的差异性虽然很大,但都可以对应转换,这反映了各方言之间存在着比差异性更多更深刻的共同性。例如,上面那句北京人不知所云的苏州话[hou^{44} tsๅ^{44} kən^{44} iː^{44}]写成书面语是:"呼仔根烟",相当于北京话的"吸了支烟"。不难比较,两个方言的差异在于字音和用词。这句话的4个音节写成4个字,同时也是4个词。其中有3个字不同音:"呼"、"烟"是韵母不同,"仔"是声调不同;有3个词不同形:苏州话的动词"呼"包括了"吸"的义项,词义外延大于北京话;表完成义的助词苏州用"仔",北京用"了";苏州话用量词"根"修饰名词"烟",北京话则用量词"支"来修饰。除此之外,每个音节对应1个字和1个词、每个字的音节构造、每个词的顺序、词性、以及句式等都是一致的。

综上所述,汉语各方言有着公认的标准音、统一的书面语和潜在的对应转换关系,无疑是同一种语言的不同方言。

语言不仅是交际工具,而且是文化的载体,方言也不仅是语言的地域变体,而且是地域文化的标志。因此,区别语言与方言不仅要依据其语言学属性,同时还要依据其历史文化传统。这两种判断标准通常是一致的,但偶尔也有不一致的情况,此时常常是历史文化标准更容易被政府和民众所接受。在这种情况下,语言学标准只能退居其次。就汉语和汉语方言来说,两种标准基本上是一致的。

二、地域方言和社会方言

作为现代语言学的术语,"方言"一词具有双重含义,由此可以划分当代方言学的两大研究领域。

中国古代很早就有了"方言"这个词,指的是各地用语。两千多年前,西汉扬雄就著有《輶轩使者绝代语释别国方言》,东汉应劭将该书简称为《方言》,并在《风俗通义序》中将"方言"作为一个特定的词语来使用:"周秦常以岁八月遣輶轩之使,求异代方言,还奏籍之,藏于秘室。"古希腊也有 dialektos 一词,指一个地方的居民所说的话。英语 dialect 一词本义也指地域方言。可见,"方言"本来是与地域联系在一起的。

现代语言学将方言定义为语言的变体,主要也是指地域变体。语言是为整个社会的全体成员服务的。作为语言的地域变体,方言则为生活在某一地域的所有社会成员服务。因此,方言和语言一样,具有全民性。同一地域的社会成员存在着职业、阶层、年龄、性别、文化教养等社会差异,这些语言社群往往会形成另一种语言变体。这种变体不是由地域,而是由上述种种社会因素造成的,可以称为语言的社会变体。地域变体和社会变体都是语言在不同人群中通行而发生变异的产物。正是在这个意义上,地域方言的说法移用于语言的社会变体,后者也就被称为社会方言。其实,二者的性质并不相同,社会方言不具有全民性,也没有另外一套自足的语音、词汇、语法系统,因而只能依附于地域方言而存在。社会方言之间的差异不在于语言系统,而在于某些特别的口音、措辞、谈吐风格和某些数量有限的特殊用语。因此,社会方言实际上只是地域方言的语用变体。下面举几个社会方言的实例。

山西以长子县人为主体的理发行业作为一种传统的民间手艺已有几百年历史。地位低下的理发社群为了防备外人抢走自己的谋生饭碗,使用一种外人听不懂的行话,直到"文化大革命"时才消失。该行业的徒弟在学手艺的同时还要学行话,否则不能入行从业。山西理发社群行话采用二三百条浅显、形象的特殊词语,但语音上可以用各自的乡音。例如:苗儿(头发)、条儿(毛巾)、长条细(面条;路)、气轮儿(女性乳房)、顶盖儿(帽子)、气筒(鼻子)、车轴(脖子)、咯咯儿(鸡:引申为吹风机)、割不断(连:姓)、滴水儿(兵:谐"冰"音)、不透风(盐:谐"严"音)、圪*[1] 针(胡子)、圪*桩(躯干)、箩筐儿(腿:不包括脚)、老灵山(母亲)、一奶同(兄弟姐妹)、老昌*(中老年男性)、昌*灰*(中老年已婚女性)、灰子(媳妇)、龙棍儿(水)、水上飘(茶叶)、臭腿儿(袜子)、亮子(窗)、咬牙(锁)、溜*甘*(一个)、岳*甘*(两个)、汪*甘*(三个)、则*甘*(四个)、总甘*(五个)、省*甘*(六个)、星*甘*(七个)、张*甘*(八个)、矮甘*(九个)、泡*甘*(十个)、溜*干*溜*(一毛一)、溜*丈儿溜*(一万一)。

20世纪初,江苏常州方言有街谈和绅谈的区别,街谈为城里普通人所使用,绅谈则限于文人或官吏家庭。二者的一项差异是连读变调有所不同。例如,"好佬"一词绅谈读作[hau^{55}lau^2],街谈

---

[1] 右上角加星号的字是用来代替本字不明或无本字的字音的方言同音字,下同。

则为[hau³⁵lau⁵],而本地人并不察觉这两种连读变调有什么不同。

近几十年来,北京话某些儿化韵的读音按年龄的老少分为老派和新派,例如:

老派
小褂儿[ɕiao²¹⁴kuar⁵¹]≠小罐儿[ɕiao²¹⁴kuɐr⁵¹]
歌儿[kɤr⁴⁴]≠根儿[kər⁴⁴]
姐儿[tɕiər²¹]≠几儿[tɕir²¹]

新派
小褂儿=小罐儿[ɕiao²¹⁴kuɐr⁵¹]
歌儿=根儿[kər⁴⁴]
姐儿=几儿[tɕiər²¹]

社会方言的概念产生于20世纪60年代初。美国语言学家拉波夫(W. Labov)用包含fourth这个词的句子对纽约中上等级百货公司的职员进行测试,发现该词中的r发音与否实际上代表了不同的社会阶层:上层职员发r音者达62%,中层次之,为51%,下层职员发r音者仅占20%。于是,发r音成为上层口音的标志,不发r音则为下层口音的标志。下层职员出于一种怕被人看不起的社会心理,在回答顾客提问等非随意性场合会下意识地多发r音。这种阶层口音就是一种社会方言(sociolect)。这项研究推动了从社会方言和个人言语特征(ideolect)入手研究语言变异的社会语言学(sociolinguistics)的发展。在社会语言学家看来,由阶层、个人、职业等因素引起的语言变异(deviance)所形成的语言变体(variant)与地域变体类同,于是就用dialect(方言)的后四个字母lect为词根类推出一整套社会语言学术语,翻译成中文就成了"社会方言、阶级方言、个人方言",等等。

地域方言和社会方言不但性质上不尽相同,二者的研究内容、角度和方法也大相径庭。随着社会语言学的兴起,西方一些国家方言研究的重点正在从传统的地域方言转向社会方言。而汉语方言的研究,无论从其历史传统看,还是从其纳入现代语言学的起点看,都是以地域方言为研究对象的。汉语的地域方言极其丰富,蕴藏着大量宝贵的语言财富,对于我们认识汉语乃至世界语言的规律有着重要意义,而目前一方面是大量有价值的方言事实尚未发掘出来,另一方面许多已知的方言现象也还没有得到令人满意的理论解释。因此,中国地域方言的研究目前正方兴未艾,还大有用武之地,今后一个时期仍将是汉语方言学的主要研究领域。同时,社会方言的研究也不应该被拒之门外,随着地域方言研究的不断深入,社会方言的研究也将逐渐走向成熟,成为汉语方言学新的广阔天地。

除了在语言学上具有双重意义之外,"方言"在文化人类学上也有重要意义。方言是族群、民俗和地域文化的重要特征和标志,方言的演变与人类社会的发展密切相关。因此,方言研究与文学、史学、民族学、社会学、民俗学、地理学的研究都有密切关系。汉语方言的研究与中国移民史、文化史、文化地理、地名学、民俗文化、地方曲艺的研究更有着互相参考和补充的重要价值。当前,汉语方言的研究对国家语文政策的制定和推行,以至于对祖国统一大业也起着独特的作用。

汉语方言学吸收古今中外各种有价值的研究方法。以基于现代语音学的田野调查为出发点,以结构主义的共时描写为基本方法,同时采用中国传统语文学的文献考证方法、历史比较语言学的历史比较法、方言地理学的方言地图绘制法。随着科学技术的发展,实验语音学的语图分析法将成为方言语音研究的基本方法。近年来,借助于计算机、数据库的计量研究法和综合比较法正在兴起并逐渐走向成熟,必将在方言研究中发挥重要作用。

三、方言和共同语

汉语各方言都是汉语的地域变体,地位是平等的。但是,各方言的使用人口和通行区域不同,在全国政治、经济、文化生活中所发挥的作用也不同。北方方言因其分布地域广、使用人口多,以及历史文化传统等原因,在各方言中最具优势,自古以来一直是汉民族共同语的基础。先秦《论语》所谓"诗书执礼,皆雅言也"的"雅言",汉代扬雄《方言》所称的"通语",晋代郭璞《方言注》的"北方通语",隋唐宋《切韵》《广韵》《集韵》等韵书所代表的"正音",元代周德清《中原音韵》的"天下通语"都属北方方言。北方方言分布的地域很广,其中心随着政治文化中心的转移而逐渐东移,由关中长安到中原汴洛,再到江南金陵、华北燕京。元以后,北京作为全国政治、文化中心的地位逐渐形成并巩固下来,从而使北方方言继续保持并进一步强化了作为官方办事和社会交际通用语言的地位,并最终成为小说、戏曲创作的文学语言。明代张位《问奇集》已将这种官方用语称为"官话"。20世纪初,京师大学堂总教习吴汝纶提出,资政院议员江谦正式提议将"官话"正名为"国语"。辛亥革命后,中央政府将经过审定的"国语"正式颁布为国家标准语。"五四"新文化运动中,胡适倡导以白话文学为文学之正宗,钱玄同提出应用文也要采用白话。新中国成立后,将"国语"及其书面语"白话文"统称为"普通话",并从语音、词汇、语法各方面进一步对作为国家标准语的普通话进行规范,继而在全国推广普及。

普通话和各方言一样,是日常生活中具体使用的语言变体,因而不同于抽象的汉语。它与各方言是兄弟姐妹关系而非一般与个别的关系。但是,普通话又不同于一般的方言,它是以北方方言为基础同时适当吸收其他方言成分的特殊方言。例如,普通话虽然以北京音系为标准音,但北京口音并不等于普通话。北京人口头常将代词"我们[uo^{214}·mən]"说成[m^{214}·mə],将介词"在[$tsai^{51}$]"说成[$tsai^{214}$]或[tai^{214}]。北京人常用的词"捏咕(撮合)、拧(倔强,固执)、没治(程度极甚)、盖(超乎寻常的好)、猫儿匿(指隐蔽的或暧昧的事,花招)"等也都未被吸收进普通话词汇。另一方面,普通话又吸收了一些其他方言的成分来丰富自己。例如,从吴语吸收了"尴尬、瘪三"等词,从粤语吸收了"打的、买单"等说法。"烂掉了三只梨"这种述宾结构的述语后既带结果补语"掉",又带完成体助词"了"的句式也来自吴语。例如,"烂掉了三只梨"在苏州话里说成"烂脱仔三只梨",其中,"脱"是相当于普通话"掉"的结果补语,"仔"是相当于普通话"了"的完成体助词。而北京话通常只说"烂了三只梨"或"烂掉三只梨"。

共同语经过规范即为标准语。作为标准语,普通话高于方言,对方言起示范作用,规定方言的发展方向;方言则从属于普通话,向普通话集中、靠拢。普通话的口语与统一的书面语相一致,方言则因没有与口语相应的独立的书面语而只能采用统一的共同书面语。各方言的通行区域、使用人口和使用场合都受到一定的限制,普通话的通行区域和使用人口则覆盖各个方言,使用场合也几乎不受限制。因此,普通话是具有全民通用性和权威性的特殊方言。在国际上,普通话就代表现代汉语。

近半个世纪以来,随着国家的统一和现代化,普通话对方言的影响日益加深,方言向普通话靠拢的趋势日益加强。普通话对方言的强大影响力可以从渗透和覆盖两方面来观察。

渗透即普通话的语言成分直接进入方言,在方言的语言系统中形成新派和老派的不同层次,老派保持方言固有的语言特点,新派则向普通话靠拢。新派形成后先是与老派并存,然后逐步取代老派。这种情况20世纪70年代以前主要见于各方言区的大中城市。例如,上海话在吴方言里新老更替最快,目前有老、中、新三派,老派代表20世纪50年代以前的上海话,中派形成于50—60年代,此后仅隔20年,到80年代又形成了新派。老派的某些特点从中派便开始消失,而变得与普通话相同或相近,例如,老派尖音和团音不混,尖音为舌尖音声母 ts、ts'、s,团音为舌面音声母 tɕ、tɕ'、ɕ,中派尖音团音已混为一类,全都成了舌面声母,例如,老派"酒[tsiɤ^{55}]"和"九[tɕiɤ^{55}]"、"青[ts'iŋ^{55}]"和"轻[tɕ'iŋ^{55}]"声母各不相同,中派和新派则分别同音。又如,老派"府分仿发饭文房罚"

分别与"火昏谎豁还魂黄滑"同音,新派则两组字的声母有别,前者为 f,后者为 h。比起中派来,新派进一步向普通话靠拢,例如,老派、中派"浜[pã⁵³]"和"帮[pɑ̃⁵³]"、"张[tsã⁵³]"和"章[tsɑ̃⁵³]"韵母主元音分别为 a 和 ɑ,新派则都变成 A,两组字因此变成同音。又如,老派、中派使用的一些常用词新派已换用普通话的说法:昨日——昨天、好一眼——好一点、假使——如果、日逐——天天、常桩——经常、险介乎——差一点、葛咾——所以、定规——一定。再如,相当于普通话"你是不是学生?"或"你是学生吗?"的问句,老派、中派有 5 种说法:(1) 侬是勿是学生子?(2) 侬是学生子哦?(3) 侬阿是学生子?(4) 侬阿是学生子哦?(5) 侬是勿是学生子哦?而新派则基本上只用前两种说法,直接对应于普通话的"你是不是学生?""你是学生吗?"20 世纪 80 年代以来,随着义务教育和现代传媒的普及,随着市场经济带来的空前的城乡流动,普通话通过新老更替对方言的渗透已迅速扩展到广大农村。今天,已经很难找到完全没有新老派差别、丝毫未经普通话渗透的高度"纯洁"的方言了。

覆盖即普通话与方言以双语方式在同一地区并用,二者在使用范围、场合上有所分工。在这种情况下,普通话不是渗入方言固有的语言系统,而是挤占方言原有的使用领域。近半个世纪以来,这种覆盖的广度和厚度都达到了空前的程度。先看广度,若将全国的汉语区大略分为以下三类:(1) 普通话独用区,(2) 方言独用区,(3) 普通话与方言双语并用区,那么,宏观地看,随着香港、澳门的回归,目前,2 类地区可以说已全部变成了 3 类地区。再看厚度,为了便于分析,我们将普通话与方言并用地区的语言交际环境大分为两类,一是会说方言者不能确定交际对方会不会说方言,二是确知对方也会说方言。在前一种情况下,除非出于某种特殊原因,一般使用普通话而不用方言。即使在后一种情况下,相当多的公众场合也并不使用方言,如办公、教育、等等。只有私下场合才是方言的主要领域,其中又以方言家庭使用方言最为坚定。但是,即便在方言家庭内部,即便夫妻之间坚定不移地说方言,但他们和子女之间却大有方言与普通话并用甚至以普通话为主的趋势,并且愈演愈烈。于是出现了夫妻共同的方言却未能成为子女的母方言,子女可以听懂却不能运用父母方言的情况。这似乎不可思议,却是今天司空见惯的事实。

尽管方言向普通话集中是当前和今后汉语发展的主流,但这并不意味着方言很快就会消亡。因为,从普通话对方言的渗透来看,新老派更替的对象只是某些语言特征而远非整个语言系统,即使不排除所有特征都将被逐一更替的可能性,所需时间将是十分漫长的。从普通话对方言的覆盖来看,双语并用,既有普通话挤占方言使用领域的一面,又有维持方言的语言系统不被逐渐更替的一面。此外,方言不仅是某个地域的交际工具,而且是该地域的文化标志,只要地域文化还有存在的价值,方言就不会也不应该最终消失。

四、方言差异的成因

语言和世界上万事万物一样,在时间的长河中永恒地运动着。语言的运动形式就是被众多社会成员所使用,一旦无人使用,这个语言的生命也就结束了。既然每天都要被人使用,并且是被不同地区的不同人群所使用,语言自然会发生变化,变化到一定程度就会产生差异,形成不同的语言变体。因此,从根本上说,语言差异是由语言的运动,即被不同人群所使用而造成的,差异积累到一定程度便形成方言。

欧洲历史比较语言学认为,人群的迁徙带来语言的分化,方言是语言分化的产物。原始语(parent language)随着人口的迁移传播到不同地域,分化成同一语系(family of languages)的不同语言(language),语言进一步分化便形成不同的方言(dialect)。19世纪德国语言学家施莱歇尔(A. Schleicher 1821~1868)将这种从语系到方言层层分化的模式用"谱系树(family tree)"加以概括。后来，新语法学派(Neogrammar)在此基础上进一步提出了"音变无例外"的假说。

"谱系树"的语言分化模式只看到单个语言系统的内部演变会产生差异，尚未认识到不同语言系统的互相接触是语言运动的另一种形式，它同样会使语言产生差异。后来，施莱歇尔的学生施密特(J. Schmidt 1843~1901)用"波浪说(wave theory)"对"谱系树"说加以修正，认为原始印欧语(proto-Indo-European)本身就包含若干方言，方言特点是从各自的中心区逐渐向四周作波浪式扩散的，若干个波浪可以叠加在一起，这就使毗邻地区的方言发生混杂，从而失去截然划一的方言界限。

语言系统的内部演变和外部接触是语言发展的两条基本途径。内部演变可以引起语言的分化，外部接触则导致语言混杂。分化和混杂都表现为方言差异，这种差异积累到一定程度就可能形成不同的方言。基于印欧语的西方语言学过去较多地注意语言的分化，但从世界范围来看，语言的混杂也很普遍，而且情况更为复杂。通常认为印欧语各方言是由内部演变分化出来的，但即便在印欧语里也很难找到方言之间截然划一的分界线。例如，德国方言地理学家温克尔(G. Wenker 1852~1911)依据新语法学派音变无例外的假说试图确定高地德语(High German)与低地德语(Low German)的分界线，对这两大方言交界处的杜塞尔多夫地区进行了30个语言项目的通信调查，但绘制成方言地图后却发现每一条同言线都不重合。汉语各方言互相渗透、逐渐扩散，分界线难以确定的情况更是远甚于印欧语。

内部演变是从旧的语言形式异化出新形式，造成语言系统内部新旧语言形式此消彼长的绝对差异，这种差异积累到一定程度就会发生语言的分化。例如，汉语里有一批字的声母本来是浊的塞音或塞擦音,中古时期这些声母发音时声带动作发生了变异,导致浊音全部消失而代之以清音。这项内部演变涉及的不是一两个而是一整套声母,并且在不同的地域有不同的表现,因而造成了系统性的差异。于是,以这条差异为基础,加上其他一些差异,使汉语分化成几个大方言。

外部接触并不从本系统内异化出新形式,而是从外系统吸纳本系统原来没有的语言形式,造成不同语言系统的成分由此及彼、叠置并存的相对差异。外部接触造成的语言混杂既可能分化出新的语言系统,在一定条件下也可能最终消除互相接触的语言系统之间的差异,达到语言的融合。前者如,皖南一带的徽州方言历史上曾经是吴方言的一部分,由于地处几大方言的包围之中,北与江淮官话、南与赣方言相接触,在今天的共时语言系统中就出现了几大方言的特征混杂共现的局面:韵母系统有较多的吴方言特征,声母系统有赣方言的主要特征,同时又有江淮官话的若干语言特征。这就使得徽州方言的归属长期以来举棋不定,最近的《中国语言地图集》则将其处理成一个独立的方言。后者如近半个世纪以来普通话对各方言的渗透,从所渗透的语言特征之多、速度之快来看,某些方言与普通话的完全融合不是不可能的。

语言的内部演变和外部接触往往同时发生。例如,历史上北方汉人的南迁使北方汉语向南扩散,同时自身也不断地发生异化,闽人向潮汕、海南移民也使闽语发生分化,这都是内部演变。但移民所到之地原先就有本地汉人和土著居民,移民的方言又会与当地居民的方言甚至异族语言互相接触并发生混杂,这就是外部接触了。系统内的异化和系统间的混杂有时甚至可以针对同一个语言项目。例如,清末吴方言小说《海上花列传》的语料表明,早期苏州方言选择问句的并列选择项之间使用语气词"呢",如该书第四回的例句:"包房间呢?做伙计?"这句话目前有两种说法:一是"包房间勒做伙计?"二是"包房间还是做伙计?"这两种说法采用同样的选择问句式,只是并列选择项之间的连词有异,前者为"勒",后者为"还是",它们都替换了早期苏州话并列选择项之间的语气词"呢"。不难分析,前者是内部演变:语气词"呢[nəʔ]"的鼻音声母先变成同部位的边音声母[ləʔ],字形随之被同音字"勒"替换,最后在句法上被重新分析为连词。后者是外部接触:苏州话从官话直接借入选择问句式包括连词"还是"来替换语气词"呢"。以上内部演变和外部接触两条路线殊途同归,于是产生了"包房间勒还是做伙计?"两个连词叠床架屋,从而导致了更大的差异和混杂。

语言的分化和融合是对立统一的。就结局而言,分与合是对立的;就过程而言,异化和混杂都造成差异,因此,二者又是一致的。在不同的历史时期,语言的分化与融合有主次之分。建国以来,随着普通话的推广普及,汉语进入了一个以融合为主的发展时期,方言差异正以空前的速度消亡。但这并不意味着所有方言很快就会彻底消亡,也不意味着新的方言差异(包括相对差异和绝对差异)就不会再产生。

内部演变和外部接触、异化和渗透、分化和融合,这些都是语言内部因素。内因决定了产生方言差异的可能性和必然性,而可能变成必然还需要作为外部条件的社会因素,如人口繁衍导致的社会拓展、居民迁移引起的社会分化、地理屏障造成的社会隔离,等等。

语言作为社会的交际工具,产生于原始氏族社会。随着生产力的提高和人口的增长,先民的分布空间不断扩展,居住地区的距离日益增大。距今6000年前氏族公社鼎盛时期的仰韶文化,分布范围已达50万平方公里,此后1000年左右的龙山文化达到150万平方公里。这么遥远的空间距离,不要说远古时代,就是在交通发达、信息畅通的今天也不能不使人们之间的交往受到阻碍。语言在不同地区为不同人群所使用,自然会发生不同的变异。

在以农牧业自然经济为基础的奴隶社会和封建社会,大规模的自然灾害、社会动乱、战争，以及戍边、屯垦、迁都、流放等行政举措常常使大批居民从一个地区长途迁徙到另一个地区，使原先同一地域的统一社会分割成若干分离的社群。我国黄河中下游的中原地区，开发历史久，人口和生态压力随之增大，自然灾害相对频繁，又是兵家争战之地，历史上西晋"永嘉丧乱"、唐"安史之乱"、宋"靖康之难"，以及汉末、明末的历次社会大动乱期间，这一带居民多次大规模南迁。移民运动造成的社会分化自然会导致方言的分化。

大山、大河、森林、沼泽作为地理障碍，可以阻断交通，阻隔社会交往，易于造成方言分歧。山西的太行、吕梁山区和陕北黄土高原海拔都在1000～2000米，通行的是北方话中最为保守，因而与其他北方话有明显差异的晋陕官话；而紧挨黄土高原的关中平原和夹在太行山、吕梁山之间的临汾盆地、运城盆地，海拔都不足500米，与中原交通障碍较小，通行的便是中原官话。长江下游的开阔江面将现代吴语和官话分隔于大江南北。福建的山地占全省总面积90％以上，遂使闽语的内部分歧大于其他各方言。"七山一水二分田"的浙江，"二分田"主要集中在与苏南太湖平原毗连的浙北杭嘉湖平原和宁绍平原，浙南则为山地，因此，南部吴语的内部分歧远远大于北部吴语。但是，地理因素对交通既可以造成阻碍，也可带来便利。例如，大江大河在一定程度上会阻隔两岸的交通，同时又给上下游之间带来舟楫之便。因此，长江虽然分隔了官话和吴语，却又沟通了江淮官话。

思考与练习

一、什么是语言？什么是语言变体？二者的关系如何？

二、中国台湾海峡两岸人说的话是不同的语言还是不同的方言？理由何在？

三、社会方言和地域方言有何异同？

四、民族共同语、标准语、普通话、国语这四个概念有何异同？

五、"上海话是方言,北京话是共同语。"这句话正确与否？为什么？

六、语言演变的内因是什么？

七、地理因素对方言有什么影响？

参 考 文 献

侯精一(1989)《山西理发社群的行话》,《中国语文》第 2 期。

林　焘(1982)《北京话儿化韵个人读音差异问题》,《语文研究》第 2 辑。

罗杰瑞著,张慧英译(1995)《汉语概说》,语文出版社。

王福堂(1999)《汉语方言语音的演变和层次》,语文出版社。

许宝华、陶寰(1997)《上海方言辞典》,江苏教育出版社。

游汝杰(2000)《汉语方言学导论》(修订本),上海教育出版社。

袁家骅等(2001)《汉语方言概要》(第二版)重排本,语文出版社。

赵元任(1982)《常州话里两种变调的方言性》,(台湾)《清华学报》新 14 卷。

第二节　汉语方言的分布

一、汉语方言的分区和划界

人类具有认识世界和改造世界的本能,对世界上的各种事物进行分类是人类认识世界的必由之路。分类的根本依据在于事物之间的共同性和差异性,没有共同性的事物不可能归为一类,没有差异性的事物不可能划分为种属。方言作为语言的变体,相互之间既有共性,又有差异,这就有可能进行分类,而地域方言的分类必然伴随着地理区域的划分,可以简称为方言分区。方言分区既是语言学研究的一个重要环节,又是文化事业的一项基本建设,也是现代社会的一种公众需求。

从学术研究的角度看,方言分区既是目的又是手段,因为它既是以往研究成果的综合体现,又是今后进一步深入研究的出发点。随着研究水平的提高,方言分区的水平也会随之提高。因此,方言分区方案既不是一成不变的终极真理,也不是可有可无的徒劳之举。学术史表明,方言分区的研究伴随着现代方言学的始终,分区方案迄今已经有过多次修正,而每一次修正都有力地推动了方言研究水平的提高。除了认识水平和研究水平的局限外,语言自身运动变化的本性和方言演变的不同步性也决定了方言的类别和区划不会是一成不变的。

汉语方言的分区始于现代方言学建立前夕的 20 世纪初叶。1901 年,章炳麟在《訄书》中将汉语方言分为 10 区,1915 年又在《检论·方言》中改为 9 区。他的分区只是大略描述了各类方言通行的省区范围,并未给它们命名。稍晚,西洋传教士在《中华归主——中国基督教事业统计(1901~1920)》中绘制了第一幅《中国语言区域分划图》,将汉语方言分为 5 区,分别命名为官话(Mandarin)、吴语(Wu dialect)、闽语(Fukien dialect)、粤语(Cantonese)、客家话(Hakka)。不过,该图的文字说明将客家话视为官话的变种,列在官话大类之下。以上几种早期的汉语方言分区方案均未说明依据的是什么标准,恐怕当时主要是凭对各地区之间通话难易程度的感性认识来分的。

1933~1948 年,赵元任主持的前中央研究院历史语言研究所第一次在用现代语言学方法对若干省区进行方言调查的基础上进行方言分区,分区结果绘制成语言区域图,并数次加以修订。1933 年分 7 区:华北官话、华南官话、吴方言、客家方言、粤方言、闽方言、海南方言。1939 年分 9 区:北方官话、上江官话、下江官话、吴、客、粤、闽、皖、潮汕;1948 年《国语入门》分 9 区:北方官话、西南官话、下江官话、粤、赣客、闽南、闽北、吴、湘。同年的《中国分省新图·语言区域图》分11区：北方官话、西南官话、下江官话、湘语、赣语、吴语、客家语、粤语、闽南语、闽北语、徽州方言。同一时期，李方桂在英文《中国年鉴(1936)》中将汉语方言分为8区，与赵元任11区的不同之处是：闽南闽北合一、客赣合一、徽州方言不独立。这一时期的方言分区都以语音特征为标准，这是符合汉语方言语音差异明显大于词汇和语法差异的实际情况的。

1955年，丁声树、李荣将赵元任所分11区中的北方官话、西南官话、下江官话合并为统一的官话，同时取消徽州方言，从而将汉语方言分为以下8区：官话、吴方言、湘方言、赣方言、客家话、闽南话、闽北话、粤方言。1963年，潘茂鼎等根据方言普查的材料将福建省内的闽方言分为闽东、闽南、闽中、闽北、莆仙五个小区，从而使闽方言重新合并为一个大方言。汉语方言至此划分为七区，这一观点被学术界普遍接受。

1987年，《中国语言地图集》用新的分区标准从官话中分出晋语、徽语和平话，使汉语方言增为10区，成为与原有的7区方案同时并行的另一方案。新方案引发了学术界对方言分区问题的热烈讨论，目前，讨论仍在不断深入，并逐渐集中到关于汉语方言分区的方法论上。

方言的分区与划界是相关而又不同的两项工作，分区是从语言学角度划分出几类特征鲜明的典型方言，划界是从地理学角度划定每一个区域的方言归属。分区必须先行，划界则以分区方案为出发点和归宿。方言分区是以汉语为类，根据各方言的差异穷尽性地划分出类下面的属，这就必须采用具有普遍性的统一标准。划界是从方言点（属下面的种）出发，在分区方案的框架中根据各方言点的共性将它们一一对号入座，归入某个属，这就允许不同的方言有不同的归类标准。分区标准应具有科学性，要力求反映本质；划界标准应具有实用性，要力求简捷有效。上述科学性和实用性两种标准有时并不一致。

方言分区是从方言的共时状况出发的，分区标准应从共时特征中选择，在众多特征中，越是具有系统性、规律性的标准就越接近本质。系统性标准是在语言结构的共时构造上控制面较广的语言条件，规律性标准是在语言项目的历时演变中解释力较强的语言条件，既具系统性又具规律性的标准显然更接近本质。科学分类的基本要求是穷尽性和一致性，为了满足上述要求，分类的标准越少越好，但由于语言现象的复杂性和研究水平的局限性，汉语方言的分区目前还提不出一条单一标准，只能采用尽可能少的一组同质标准。学术界对语音系统和音变规律的研究明显领先于词汇和语法，因此，采用语音标准进行方言分区最具合理性。实践也表明，用一组语音标准给汉语方言分区是行之有效的。

目前用来给汉语方言分区的语音标准主要有：(1) 有无浊声母和清声母的系统对立以及中古全浊声母的演变规律。(2) 有无塞音韵尾以及中古入声韵的演变规律。(3) 有几种鼻音韵尾以及中古阳声韵的演变规律。(4) 有几套塞擦音声母以及中古精、知、庄、章组声母和见组细音声母的演变规律。以上 4 条标准皆具系统性和规律性，其中第一条标准的系统性和规律性最强。就系统性而言，辅音带音与不带音的对立涉及所有发音部位，控制范围最广；就规律性而言，全浊声母演变的条例最为明晰，而且历史最久，覆盖最广。采用此条标准，基本上已能完成汉语方言的分区，若再加一项或几项辅助标准，便可以对汉语方言作一次性的穷尽性划分。下面是采用上述标准划分出 7 大方言的一览表：

	浊声母	塞音韵尾	鼻音韵尾	塞擦音声母
官话	清化后平声送气仄声不送气	一般都消失，少数地区有？	m 消失，n 与 ŋ 对立	精组洪音 ts、知照组洪音 tʂ，精见组细音 tɕ
吴方言	保留全浊声母	一般合并为 ʔ，个别地区消失	m 消失，ŋ 与 n 一般不对立	精知组、照组开口 ts，见组细音 tɕ
湘方言	保留全浊声母或清化为不送气音	全部消失	m 消失，n 与 ŋ 一般不对立	精组洪音、知照组 ts，精见组细音 tɕ

续表

	浊声母	塞音韵尾	鼻音韵尾	塞擦音声母
赣方言	清化为送气音	变为 t ʔ，或 t k ʔ，或 p t ʔ	m 消失，n 与 ŋ 一般不对立	精组洪音、知照组 ts, 精见组细音 tɕ
客家话	清化为送气音	全部保留	全部保留	精知照组 ts, 见组细音 k
粤方言	清化后平上声送气，去入声不送气	全部保留	全部保留	精知照组 tʃ, 见组细音 k
闽方言	清化后多数不送气音，少数送气	闽北消失，闽南 p t k ʔ，闽东 ʔ	闽南全部保留，闽东闽北合并为 ŋ	精照组 ts, 知组 t, 见组细音 k

方言是一个地区历史文化的标记，没有方言就没有独立的地域文化。反过来，一个地区如果没有历史文化传统和特点，也就不能形成稳定的方言。因此，根据语言特征划分出来的方言区应符合该地区的人文历史，还必须得到该方言大多数使用者的认同。

在一个方言内部，不同地区间也存在语言差异，这就需要在方言之下再分次方言。次方言内部还可以再分土语。一个市或一个县的主体方言称为地点方言。地点方言仍可能有内部分歧。因此，方言分区是多层次的。《中国语言地图集》将汉语方言分为五个层次：大区、区、片、小片、点。官话是一个大区，内部又分 8 区：北京官话、东北官话、冀鲁官话、胶辽官话、兰银官话、中原官话、江淮官话、西南官话。吴语是一个区，内部又分 5 片：太湖片、台州片（天台、温岭）、东瓯片（温州）、婺州片（金华、永康）、处衢片（丽水、衢州）。太湖片又分为常州、苏沪嘉、湖州、杭州、临绍、宁波等 6 个小片。

二、汉语方言的共时分布

根据学术界较为普遍的观点，现代汉语可以分为官话方言、吴方言、湘方言、赣方言、客家方言、粤方言、闽方言等 7 个大方言区。其地域分布如下图所示。

汉语七大方言分布区域示意图

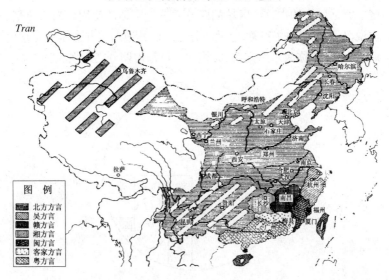

官话方言，也叫北方话或北方方言。长江以北的汉语方言除皖北怀宁、岳西、潜山、太湖等9县以及湖北监利县属赣语，苏北海门、启东和靖江、通州部分地区属吴语外，其他均属官话。四川省和重庆市无论江南江北都是官话区。长江以南的官话区包括云南、贵州二省；广西自治区除东北部与湖南毗连的全州地区属湘语、东南部与广东毗连的梧州、玉林、钦州地区属粤语外，大部分地区属官话；皖南沿江马鞍山、芜湖、铜陵、贵池一带，东部广德、郎溪、宁国、宣城、青阳、南陵等北方移民县市也属官话区，此外还有苏南南京、镇江二市，赣北九江、瑞昌、景德镇、婺源、德兴等市县，赣南赣州市和信丰县城，湖北鄂州、武昌、石首等市县以及恩施、宜昌地区，湘北常德地区，湘南郴州地区，湘西怀化、芷江、新晃、凤凰、靖县、通道等市县。整个官话区共辖1700县。若在中国地图上以长江中游洞庭湖西侧的湖南常德为圆心，以常德至台湾岛最南端的距离为半径画圆,大体可以圈划除新疆和东北三省外的整个汉语区。官话区大约占这个区域的四分之三。官话的使用人口7.1亿,占说汉语总人数的73%,也近四分之三。其他六大方言集中在东南地区,可以统称为东南方言,面积和人口都占四分之一强。

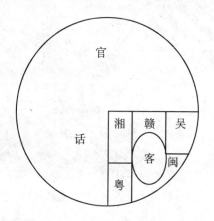

吴方言,也叫吴语,分布在上海市、浙江省和苏南,以及苏北海门、启东、通州、靖江等市县的部分地区,赣东北玉山、广丰、上饶等市县,闽北浦城,共135个市县。使用人口约7000万,占7.2%,仅次于官话。代表方言早期为苏州话,现为上海话和苏州话。

湘方言,也叫湘语,分布在湖南省中部、南部和广西东北部的全州、灌阳、资源、兴安等市县。共61个市县,使用人口约3085万,占3.2%。以长沙话为代表的北片湘语受西南官话影响较深,以邵阳话为代表的南片湘语则较多地保持了原有特点。

赣方言,也叫赣语,分布在赣北、赣中以及毗连的湘东平江、浏阳、醴陵、攸县、茶陵、酃县、临湘、岳阳、华容、洞口、绥宁、隆回等市县,鄂东南大冶、咸宁、嘉鱼、蒲圻、崇阳、通城、通山、阳新、监利等市县,皖西南怀宁、岳西、潜山、太湖、望江、宿松、东至、石台、贵池等市县,闽西建宁、泰宁等地区。共101个市县,使用人口约3127

万,占3.2%。代表方言为南昌话。

客家方言,也叫客家话,分布在七个省区:广东省东部和中部及其毗连的赣南、闽西和湘东南地区,台湾西北部的桃园、新竹、苗栗和南部屏东、高雄等市县,广西、四川还有一批不成片的分布。客家话分布的200多个市县中,有41个纯客市县。使用人口共约3500万,占3.6%。海外华人社区也有客家话分布。代表方言为梅县话。

粤方言,也叫粤语,分布在广东省珠江三角洲和茂名地区、广西自治区东南部梧州、玉林、钦州地区,香港、澳门特别行政区。共90个市县和特别行政区,使用人口约4000万,占4.1%。粤方言在美洲、澳洲华人社区也有广泛分布。代表方言为广州话。

闽方言,也叫闽语,分布在福建省、海南省、台湾省、广东潮汕地区和雷州半岛,以及浙南苍南、平阳二县和广西平南、桂平等县部分地区。共107个市县,使用人口约5500万,占5.7%。闽方言在东南亚一带华人社区分布广泛。

以上是从行政地理角度来描述汉语方言共时分布的,从自然地理角度看,汉语方言大体按水系和平原分布,这是由汉民族的农耕特点决定的。官话分布在东北平原、黄河流域、长江流域上游以及中下游之北岸。吴方言分布在长江下游以太湖流域为中心的地区。湘方言和赣方言分布在长江中游以洞庭湖为中心和以鄱阳湖为中心的地区。粤方言分布在珠江流域。闽方言分布在东南丘陵与瓯江、闽江、独龙江分割交错地区。客家话分布在南岭到武夷山南端的山地。

汉语方言的分布有一种特殊情况,即操某种方言的人群居住的不太大的区域被周围大片其他方言所包围,就像汪洋大海中的一个孤岛。这种现象称为方言岛。现存的方言岛多源于明清两朝的移民。移民有军事、政治、经济等种种原因。方言岛多由军事移民形成。明朝的卫所军事制度具有屯垦、世袭的性质。据《明史·

兵制》记载:"系一郡者设所,连郡者设卫。大率五千六百人为一卫,千一百二十人为千户所,百十有二人为百户所。"卫所军士有三个来源:"从征者,诸将所部兵,既定其地,因以留戍;归附,则胜国及僭伪诸降卒;谪发,以罪迁隶为兵者。其军籍皆世籍。"由这种军屯形成的方言岛称为"军话",分布于广东、福建、海南三省,较集中的军话方言岛有七处:福建武平军家话(8000人)、海南儋县军话(3000人)、海南崖城军话(4000人)、广东平海军声(10000人)、广东陆丰青塘军话(8000人)、广东陆丰坎石潭军话(500人)、广东海丰龙吟塘军话(400人)。军话都分布在双方言区,讲军话的人都能说双方言或多方言。军事移民的另一种情况是居民为躲避战乱而大批迁移。政治移民包括政治迫害、官吏贬谪、罪犯流放。如郑成功的亲属遭到清廷迫害,其中一支潜回大陆,隐居闽南漳蒲县沿海,被发现后星夜迁逃闽侯县西台村,至今仍说"下南话"。经济移民或为自然灾害所迫,或为优惠的经济政策或优良的自然资源所吸引。四川官话区中分布着几十个客家方言岛,人口多达百万以上。清雍正年间,广东旱涝连年,平民背井离乡以求生,恰逢清政府鼓励外省人入川垦荒,据《甘庄洛公全集》卷七记载,"惠潮二府嘉应一州所属各县,或系层岩叠嶂之区,或系边海斥卤之地,而此两府一州所属生齿最繁,田畴甚少,耕佃资生之民,终岁劳苦,止供输租,不敷口食,所以一闻川省田地肥美,欣然欲往。"

汉语方言分布的另一特点是有150个海外方言社区。亚、美、欧、澳、非各大洲均有分布,总人口达2400万。海外使用汉语方言的人口超过100万的有6个国家:印度尼西亚、马来西亚、泰国、新加坡、菲律宾、美国,20世纪70年代以前还有越南。汉语方言不是通过征服性的殖民手段散布到海外,而是闽粤沿海地区居民远渡重洋去谋生计所形成的。因此,海外汉语方言主要是东南沿海地区的闽方言、粤方言,还有少量客家话。海外使用官话的人口反而不及闽方言和粤方言。海外各方言的使用人口分别为:粤方言

1100万、闽方言856万、官话350万、客家话75万。海外汉语方言只在华人社区通行,其中,客家话大都是母语使用者,官话、粤方言、闽方言的母语使用者分别占5%、45.45%、58.2%,另有大量的非母语使用者。这表明粤方言和闽方言在许多海外华人社区具有通用语的地位。普通话是联合国的工作语言,随着中国国际地位迅速上升,普通话在海外华人社区的影响将日趋重要。

三、汉语方言的历史鸟瞰

由于历史语料的欠缺,方言史的研究是一件十分困难的工作。我们现在还不清楚汉语各方言形成、发展、演变的具体环节。不过,汉语是随着汉民族的发展而发展的,汉语方言是随着该地区汉族居民的历史发展而发展的。以汉民族的发展史和地方史为线索,参照文献中关于汉语方言的零星记载和出土文献资料,还是可以粗略地勾勒汉语方言形成和发展的历史轮廓。

1. 史前汉语的多源性

汉民族形成之初就是一个多民族共同体,其文化也有诸多源头。已发现的7000余处新石器时代文化遗址遍布全国,其中重要遗址不仅有黄河流域中游的仰韶文化——龙山文化,还有下游的大汶口文化——山东龙山文化,以及长江流域中游的大溪文化——湖北龙山文化、下游的河姆渡文化——良渚文化,等等。

汉民族的主源是发源于黄河流域的华夏族。华夏文明分布广阔,人口稠密,部族众多。这在世界古代文明中是独一无二的。距今5000年前的龙山文化分布范围已达150万平方公里,而同期的美索不达米亚文明分布范围不超过20万平方公里,古埃及文明不到10万平方公里,晚于龙山文化几百年的印度河文明鼎盛时也不过130万平方公里,更晚的古希腊文明、古罗马文明分布范围则更为狭小。龙山文化分布区的人口十分稠密。6000年前陕西沣水一段长20公里的河岸旁就有氏族村落十几处,一个村落有几万至十几万平方米的面积、四百到五百人口。5000年前河南洹水一段长七公里的区域内,村落更多达19个。公元前21世纪夏朝建立时,地域囊括黄河中游广大的中原地区,人口据晋代皇甫谧《帝王世纪》提供的参考数字,已达13,553,923。商周两代在夏的基础上向东西两侧融合了黄河下游和关中一带的部族,逐渐形成庞大的华夏共同体,春秋战国进一步向南融合了长江流域中游的楚族和下游的越族,到秦汉时期最终建立起封建大一统的国家体制,从此称为汉族。此时的分布面积已达到650万平方公里,人口近6000万。

华夏族是由夷羌苗黎诸部族融化而成的。据《国语》等书记载,华夏族祖先是同出于少典氏的炎帝与黄帝。炎黄等血缘性部落和部落联盟结成地缘性的部族,征服了蚩尤。黄帝又战胜了炎帝,成为黄河流域的最高部族首领,后来禅让至尧舜禹。舜和禹以及后来的夏商周诸王都以黄帝为祖先,却并非都出自黄帝部族。《孟子·离娄下》称:"舜生于诸冯,迁于负夏,卒于鸣条,东夷之人也"。《史记·六国年表序》称"禹兴于西羌",后终结禅让制,传位于子,建立夏朝。《尚书序》称,商灭夏之前已经历了"自契至于成汤八迁"的长期发展历史,其祖先是活动于渤海沿岸的东夷。《孟子·离娄下》称周文王"生于岐周,卒于毕郢,西夷人也"。周与羌关系密切,古公亶父娶羌人姜女为妻,周太王与周武王娶的也都是姜姓女子。在以黄帝部族为核心的华夏族不断融合其他部族的过程中,华夏族的方言"夏言"逐渐成为各部族的共同语,也就是汉语的前身。显然,和华夏族、华夏文化一样,夏言也有多个源头。

原始社会是汉语发展的史前期。语言产生于氏族社会的部落之中,恩格斯在《家庭、私有制和国家的起源》中指出,"部落和方言在本质上是一致的",每一个部落都"有独特的、仅为这个部落所有的方言"。人口的繁衍导致部落不断分化,部落方言也随之分化。随着社会的发展,不同的部落又联合成部落联盟,而"只有基本方言相同的部落才结合成为一个大的整体"。相传黄帝时中原有"万国",相应也就有上万种部落方言。但是,血缘性的部落方言还不是地域方言,部族共同语才开始具有地域性,而部落方言与部族共同语的关系则是后来地域方言与民族共同语关系的雏形。

2. 上古汉语的共同语和方言

从奴隶社会到封建社会初期的秦汉时期,是汉语发展的上古期。这一时期,地缘性部族的兼并、联合取代血缘性氏族的分化而成为社会发展的主流。黄帝时的万国到夏时已并为三千,西周则为八百诸侯,春秋战国进一步兼并为秦楚齐燕赵魏韩等少数强国。与此相适应,上古期汉语的发展也出现了互相渗透和融合的潮流。强国的方言逐渐取得优势,形成了若干方言区域。秦灭六国,建立中央集权的大一统封建帝国后,推行统一书面语的"书同文"政策,一方面推动了部族方言的融合和汉族共同语的形成,另一方面也为方言口语可以跟书面语分道扬镳提供了可能性。

先秦文献中已有关于部族及其语言差异的记载,例如:

中国夷蛮戎狄,皆有安居。和味、宜服、利用备器,五方之民,言语不通,嗜欲不同。达其志,通其欲,东方曰寄,南方曰象,西方曰狄鞮,北方曰译。(《礼记·王制》)

我诸戎饮食衣服不与华同,贽币不通,言语不达。(《左传·襄公十六年》)

今也南蛮鴃舌之人,非先王之道,子倍之师而学之,亦异于曾子矣。(《孟子·滕文公上》)

此非君子也,齐东野人之语也。(《孟子·万章上》)

"五方"即中原华夏族以及毗邻的部族集团居住地区。其中,东夷、西戎与华夏同处黄河流域,首先开始融合。黄河下游的东夷是商的发源地,周时进一步与黄河中游的华夏族融合,周初姬姓各族被封为中原"诸夏之国"的诸侯,异姓功臣姜太公吕望被封为东夷故地的齐国诸侯。黄河上游、秦岭西北的西戎,春秋战国时被秦国征服,一部分向漠北迁移,大部分融入秦,进而随秦与华夏融合。长江流域以南广大地区为南蛮之地。其中,中游汉水流域的楚为荆蛮,下游太湖流域的吴越为蛮夷。

先秦文献中还有一些更为具体的关于方言差异的记载。例如:

秦伯师于河西,魏人在东。寿余曰:"请东人之能与夫二三有司言者,吾与之先。"使士会。(《左传·文公十三年》)

孟子谓戴不胜曰;"子欲子之王之善与?我明告子。有楚大夫于此,欲其子之齐语也,则使齐人傅诸?使楚人傅诸?"曰:"一齐人傅之,众楚人咻之,虽日挞而求其齐也,不可得矣;引而置之庄岳之间,数年,虽日挞而求其楚,亦不可得矣。"(《孟子·滕文公下》)

周人谓鼠未腊者朴,郑人谓玉未理者朴。周人过郑贾曰:欲买朴乎?郑贾曰:欲之。出其朴,乃死鼠也。因谢不取。(《战国策·秦策》)

由此可见,当时秦魏(晋)之间、齐楚之间,甚至同处中原腹地的周郑之间都存在方言差异,但同时也有带共同语性质的雅言,又称夏言,即黄河中游诸夏之国的语言。荀子是赵国人,操雅言,先后到过东方的齐国、西方的秦国、南方的楚国。鲁国人孔子也曾周游列国,据《论语·述而》记载,即使在鲁国境内,凡是教书、接待宾客、出席礼仪,孔子也都使用雅言:"子所雅言,诗、书、执礼,皆雅言也。"。

"夏(雅)、楚、越"是三个不同朝代、不同行政等级的概念,荀子却习惯于将它们相提并论,例如,《儒效篇》:"居楚而楚,居越而越,居夏而夏,非天性也,积靡使然也。"《荣辱篇》:"越人安越,楚人安楚,君子安雅。"显然,荀子是把它们作为一组人文历史地理概念使用的。"夏"即"诸夏",代表北方黄河流域的部族和文化,

"楚"、"越"分别代表南方长江流域中游和下游的部族和文化。战国时代，黄河流域的诸夏与东夷西戎进一步融合，语言也更趋一致，尽管存在秦、晋、齐等方言差异，但用雅言可以互相沟通。长江流域的习俗语言则与黄河流域有较大差别。这是因为南方的居民构成不同于北方，南方是少数汉族先民与多数百越人杂居。《史记》、《汉书》、《吴越春秋》都记载夏王少康封其庶子於越于会稽，以主禹祠，因此，越王勾践是汉族祖先大禹的后代。《汉书·地理志》则进一步说："自交趾（今广东广西和越南北部）至会稽（今苏南、浙江）七八千里，百粤杂处，各有种姓，不得尽云少康之后也。"土著越人的习俗语言与汉族先民迥然不同，《史记·越世家》称："越人纹身断发，披草莱而邑。"西汉刘向《说苑·善说》有一则关于越人语言的记载：

君独不闻夫鄂君子晳之泛舟于新波中也？……榜枻越人拥楫而歌，歌词曰："滥兮抃草滥予昌枑泽予昌州州鍖州焉乎秦胥胥缦予乎昭澶秦踰渗惿随河湖。"鄂君子晳曰："吾不知越歌，子试为我楚说之。"于是乃招越译而楚说之。曰："今夕何夕兮搴中洲流，今日何日兮，得与王子同舟。蒙羞被好兮，不訾诟耻，心几烦而不绝兮得知王子。山有木兮木有枝，心说君兮君不知！"

越人歌词显然是语音转写，其与楚辞差异之大，与上引秦与魏、齐与楚的差异绝不能同日而语。土著越人的语言是异族语言，不属于汉语方言。早期南迁汉族先民的方言与土著越人的语言双语并存，在互相接触的过程中逐渐取得优势，最终形成了作为南方汉语方言的楚语和越语。综上所述，夏言是当时的北方方言，楚语、越语则是南方方言。那时南北汉语的界限大体在秦岭淮河一线。这就是先秦汉语方言地理的基本格局。

秦、汉、魏晋时期的汉语方言地理大体沿袭了这种南北分野的局面。林语堂1927年在《前汉方音区域考》中根据扬雄《方言》的记录,分出13个方言区:秦晋、西秦、郑韩周、齐鲁、燕代、赵魏之西北和燕代之南部、魏卫宋、陈郑之东部和楚之中部、东齐与徐、吴扬越、荆楚、南楚、梁和西楚。吴扬越大体相当于先秦的越,荆楚、南楚相当于楚,梁和西楚为巴蜀一带,其他九处相当于夏。西汉时北方诸夏的方言进一步趋于混同。《方言》106次提到秦,其中与晋并列82次。可见,秦方言与晋(魏)方言已合为秦晋方言。先秦文献中较为突出的齐方言则已淡化,常与鲁、宋并列,单列仅14次。据《方言》记载,吴扬越与其西边的楚有不少通用词,与北边的东齐则少有通用词。可见越与楚相近,而与夏仍呈南北对立。《方言》将楚分为三区,北区荆楚与诸夏之国陈宋魏乃至齐已经产生了一批通用词。《方言》有时甚至直接用"夏"称代"荆楚"。《三国志·魏书·卫觊传》记载,三国时"关中膏腴之地,顷遭荒乱,人民流入荆州者十余万家。"西晋郭璞在《方言注》中常常将东齐、北燕、关西等方域的词改为通语,其中尤以楚语变通语者为多。可见楚语北区已开始与夏言混同,这表明北方汉语在长江中游已开始向南扩散。秦灭巴蜀(今四川)后建立巴郡,与中原交通,北方汉语随之向长江上游一带扩展。

3. 中古以来汉语方言基本格局的形成

晋隋唐宋是汉语发展的中古期。

秦以后强有力的中央集权抑制了北方各方言的发展,而以京畿方言为中心的统一趋势则进一步加强。中国封建社会改朝换代、天灾人祸以及异族入侵联绵不断,京城几度迁移,京畿方言随之发生变化。这就加速了北方汉语的演变和融合,以及与北方少数民族语言的接触。西周便已存在的以东都成周(今洛阳附近)方言为基础的共同语"雅言",到西汉变成以京畿长安(今西安)的秦晋方言为基础的"通语"。东汉西晋建都洛阳,又变成以洛阳话为基础的"北方通语"。三国时,以洛阳、长安两京为中心的中原地区和关中地区发生了大规模的人口流动。《后汉书·董卓传》记载:

"迁天子西都长安……尽徙洛阳人数百万口于长安。""天子东归后,长安城空四十余日。强者四散,羸者相食。二三年间,关中无复人迹。"大规模的人口流动使中原、关中一带的方言进一步混化。隋唐建都长安,北宋建都开封,均在中原、关中地区。古都洛阳唐为东都,宋为西京,长期保持着独特的文化地位,其语音被尊为"正音"。即使东晋、南宋偏安江南期间,人们仍以洛阳音为正宗。因此,东晋名士流行"洛生咏"。《南齐书·张融传》记载:"张融,吴郡吴人也。出为封溪令。广越嶂岭,獠贼执融,将杀食之,融神色不动,方作'洛生咏',贼异之而不害也。"《世说新语·雅量》也有此类记载:"桓公伏甲设馔,广延朝士,因此欲诛谢安、王坦之……王之恐状转见于色,谢之宽容逾表于貌,望阶趋席,方作'洛生咏'浩浩洪流,桓惮其旷远,乃趣解兵。"此处注引宋明帝《文章志》:"(谢)安能作洛下书生咏,而少有鼻疾,语音浊,后名流多学其咏,弗能及,手掩鼻而吟焉。"南宋绍兴籍诗人陆游《老学庵笔记》称:"中原惟洛阳得天地之中,语音最正。"唐宋盛行科举,并以诗词为重。因此,以中原之音为基础的《广韵》、《集韵》等韵书的正音系统对历代读书人产生了深远影响。唐以后开始出现话本等以北方口语为基础的文学作品,逐渐形成了共同语的词汇语法基础。这些都使北方汉语更趋统一,从而最终奠定了其汉民族共同语基础方言的地位。另一方面,北方汉语随着大规模的北人南迁而不断向南扩展。中古时期南北汉语的界限已从淮河、秦岭一线向南推进到长江一线。并进一步向江南推进。东晋时京城一度迁至江南健康(今南京),使长江下游原属吴语的南京镇江地区纳入北方话系统。南宋建都临安(今杭州),又使位于吴语腹地的杭州话打上了北方话的深刻烙印。安史之乱后,北方移民大批涌入长江中游洞庭湖以北地区,《旧唐书·地理志》有明确记载:"自至德后,中原多故,襄邓(今豫南鄂北)百姓、两京(长安、洛阳)衣冠,尽投江湘,故荆南井邑,十倍其初,乃置荆南节度使。"随着北人南迁,这一带也被纳入北方话的范围。

南方受中央政权统治的力度相对较弱,社会动乱也少于北方,经济发展后来居上。魏晋南北朝时期,南方汉语和北方汉语的差异已十分明显,时人颜之推、陆法言、陆德明等对此多有记述:

南方水土和柔,其音清举而切诣,失在浮浅,其辞多鄙俗。北方山川深厚,其音沉浊而讹钝,得其质直,其辞多古语。然冠冕君子,南方为优,闾里小人,北方为逾。易服而与之谈,南方士庶,数言可辨。隔垣而听其语,北方朝野,终日难分。(《颜氏家训·音辞篇》)

吕静《韵集》、夏侯该《韵略》、阳休之《韵略》、李季节《音谱》、杜台卿《韵略》等,各有乖互。江东取韵与河北复殊。因论南北是非,古今通塞,欲更捃选精切,除削疏缓。(《切韵序》)

方言差别,故自不同,河北江南最为巨异,或失在清浅或滞于重浊。(《经典释文·叙录》)

西晋永嘉丧乱导致晋室南迁,形成南北分裂局面,北方汉人大批南迁。此后,中唐安史之乱、北宋靖康之难再度引起北人南迁的移民浪潮。移民沿东、中、西三条路线南下。东路经江淮至江南、皖南,再至江西、福建、粤东、粤北;中路经湖北至湖南,再至两广;西路由陕西至四川,再至云贵。南迁人数之多、规模之大、时间之长,为世界所罕见。其结果是使全国人口地理发生了重大改变,北方人口在总人口中的比重从秦汉时的80%以上下降到唐宋时的40%。北方汉语随着长达千年的移民运动一波一波地向南扩散,深刻地影响了南方汉语方言的形成和发展,最终奠定了南方六大方言与北方方言并存的汉语方言方言地理格局。

吴语源自北方姬姓部族,吴国的始祖与周王室有直接的亲属关系,有史籍可证:

吴太伯、太伯弟仲雍,皆周太王之子,而王季历之兄也。季历贤,而有圣子昌,太王欲立季历以及昌,于是太伯、仲雍二人乃奔荆蛮,文身断发,示不可用,以避季历。季历果立,是为王季,而昌为文王。太伯之奔荆蛮,自号句吴。荆蛮义之,从而归之千余家,立为吴太伯。(《史记·吴太伯世家》)

春秋时吴国臣服于楚国,后来逐渐强盛,曾破楚、亡越、称霸中原,最后被越国所灭,吴越遂合为一体。吴越两国诸侯本来都是华夏后裔,两国的土著居民同为越族,习俗语言都无大的差异。吴国名相、楚国人伍子胥深知此情,并藉以制定攻伐战略:

夫齐之与吴也,习俗不同言语不通。……夫吴之与越也,接土邻境,壤交通属,习俗同,言语通。(《吕氏春秋·贵直篇》)

吴语和越语随吴越合一而合流,成为现代吴语的前身。古吴语的范围比今天大,包括今苏北、安徽和江西的部分地区。这可以根据某些史实来判断,例如,吴王夫差曾在苏北扬州一带筑邗沟以争霸中原,伍子胥弃楚奔吴之地在安徽昭关。也可以从文献中找到旁证:

卫侯会吴于郧(今江苏如皋东),公及卫侯、宋皇瑗盟,而卒辞吴盟。吴人藩卫侯之舍。……乃舍卫侯,卫侯归,效夷言。(《左传·哀公十二年》)

三国时期,东吴以京口(今镇江)、建业(今南京)为都城,江淮一带居民大批涌入江南,安徽、江西一带居民则向江东迁移,吴语北界遂开始由淮河向长江退缩,西界则向江浙东移。此次吴语边缘地区向中心区的移民史籍多有记载:

江淮间十余万众皆惊走吴。(《三国志·蒋济传》)

初,曹公恐江滨郡县为权所略,徵令内移,民转相惊,自庐江、九江、蕲春、广陵户十余万皆东渡江,江西遂虚。(《三国志·吴主传》)

古吴语还包括闽越(今福建闽语地区)。闽越一带周时归越国统治,秦初属会稽郡,秦征服东瓯(今温州一带)、闽越后,析置闽中郡,汉时分封为东海国、闽越国,闽越后来仍属会稽管辖。以上史实均有文献记载:

闽越王无诸及东海王摇者,其先皆越王勾践之后也。(《史记·东越列传》)

汉武帝世,闽越反,灭之,徙其民于江淮间,虚其地。后有遁逃山谷者颇出,立为冶县,属会稽。(《宋书·州郡志》)

三国时闽为东吴属地,吴人大批入闽,吴语对这一带语言的影响是显而易见的。东吴时期,江东经济显著发展,土著山越居民大批降服出山,吴语与山越语言进一步接触。东吴辖地及于豫章(今江西)乃至荆州(今湖北、湖南)。吴语和楚语也就连成一片。《水浒》中山东好汉宋江在江州(今九江)浔阳楼题反诗称"心在山东身在吴",可见宋时仍视江州为吴地。

从语言特点来看,江淮官话里至今留有吴语的底层,例如,"环"字今声母官话区一般为擦音[x],苏北扬州、泰州、如皋、南通等地则为塞音[k'],与吴语"环"字今声母为浊塞音[g]相对应。又如,官话区不用表示"支流"的"港"字作水名或聚落名,江淮官话区则有大量"港"字地名,也与吴语区相同。

吴语区靠近北方话,不断受到北方话的蚕食。永嘉丧乱后,北人纷纷南迁。长江两岸今江苏境内设侨郡23,侨县75,其中原青徐二州(今山东、江苏淮河以北)占18郡60县。东晋定都建业,吴音与北音一时并重,后来北音占了上风,南京一带终被纳入北方话范围。唐朝安史之乱,又有大批北人南迁入吴。唐代顾况《送宣歙李衙推序》称:"天宝末,安禄山反,天子去蜀,多士南奔,吴为人海。"《李太白全集》卷二十六称:"天下衣冠世庶,避地东吴,永嘉南迁,未盛于此。"宋室南渡,北人三度入吴。《建炎以来系年要录》卷一百五十八称："四方之民云集两浙,百倍常时。"南宋偏居临安,杭州吴语因此受到北方话深刻影响,至今与别处吴语不同。

吴语最晚到三国魏晋时已完全形成,晋以后流行以婉约细腻著称的吴歌,歌中女性以"侬"自称,"吴侬"即成为吴人、吴语的别称。

扬雄《方言》已提及湘语,但尚未独立,只能附属于荆楚,如称南楚江湘、荆汝江湘。《方言》卷十有一个条目为:"曾、訾,何也。湘潭之原荆之南鄙谓何为曾,或谓之訾,若中夏言何为也。"由此可见,湘语的前身是楚语中的南楚。楚源自华夏集团祝融八姓之一的芈姓部族。南楚开发较晚,东汉时,中原汉人沿汉水经湖北南下湖南,这一带经济才得到发展,人口迅速增加。据《汉书·地理志》和《后汉书·郡国志》记载,从元始二年至永和五年138年间,长沙郡(今湘北)人口从23万增至105万,零陵郡(今湘南、桂北)从14万增至100万。三国时期该地区在东吴治理下得到进一步开发。永嘉之乱后,秦雍(今陕西)一带北人纷纷沿汉水南下荆州,继而进入洞庭湖流域,这一带人口和经济进一步增长。东晋、南朝将长沙、零陵等郡从荆州析出设立湘州。随着湘地的逐步开发,以及楚语北区逐渐融入北方话,湘语终于同楚语分道扬镳,自成一系。江西一带介于南楚和吴之间,是所谓"吴头楚尾"的过渡地带,汉时属豫章郡,与湘地开发大体同步,其人口同一时期也从35万增至166万。安史之乱后,长安、洛阳士族及鄂北、豫南一带百姓又大批涌入湖南、江西。古楚语和吴语差异不大,据《吴越春秋》记载,楚人伍子胥奔吴至江中遇渔夫,所唱吴歌与楚辞很接近:"日已昔兮,余心忧悲,月已迟兮,何以渡为,事寝急兮将奈何!"三国时东吴辖区及于湘地,吴语和湘语更趋混同。

西晋永嘉丧乱后,中原并司豫州(今山西、河南)汉人为躲避战乱,纷纷南迁,沿颖水至江淮、皖南和太湖地区,继而进入鄱阳湖流域的赣北、赣中。唐中叶安史之乱后又有大批豫南鄂北移民迁入这一带。唐末黄巢起义的战火则迫使已客居皖南、赣北、赣中的汉人再度迁移到幸免于战火的闽西、赣南。这两次南迁过后都有四百年左右休养生息的安定期,但这些客居南方的中原汉人始终未与当地汉人融为一体,反而不乏与畲族通婚者。值得注意的是,这些移民的方言虽未与当地汉语方言融为一体,却对所到之处的方言产生了深刻影响。第一次南迁所到之处,江淮一带的方言受其影响日后与江南吴语分道扬镳,成为江淮官话;赣北赣中一带的方言受其影响则拦腰切断其东西两翼的吴语、湘语;最终在吴头楚尾之地逐渐形成自成一系的赣语。第二次南迁到达赣南、闽西,移民语言仍未融入当地方言,日后独自形成了客家方言。宋末蒙古元人南下,客家人三度南迁,到达粤东、粤北,客家话随之扩散到那一带。"客家"之称也许是相对于当地有田地的"主户"而言,抑或是相对于当地少数民族"土家"而言。源自中原的客家人三次南迁长达千年,深刻地影响了所到之处的方言,至今仍能观察到某些痕迹。例如,客家方言、赣方言、苏北南通、泰州、如皋一带的江淮官话,以及晋南、关中一带的西北官话虽然地域并不相连,但都具有中古全浊声母今音一律为送气清音的特征,这种现象很难解释,从客家几度移民的观点看就顺理成章了:中古全浊声母清化后一律变成送气清音本是晋南、关中方言的特征,永嘉丧乱后的移民将其带到今天的江淮官话地区,后来又进入赣语地区,唐末的战乱迫使江西移民再度南迁,又将这一特征带到了客家地区。

粤语未见于上古文献。西周以前,岭南一带土著居民基本上是越族。春秋战国时,楚人逐渐进入岭南。《左传·襄公十三年》记载:"赫赫楚国,抚有夷蛮,以属诸夏。"《后汉书·南蛮西南夷列传》记载:"及楚子称霸,朝贡百越。"楚悼王还派吴起发兵平定百越,使楚文化近一步渗入岭南。秦统一六国后即派50万大军平岭南,家眷随军就地驻扎,并设南海郡,郡治番禺(今广州),北方汉语从此进入岭南。古粤语当由楚语、越语和北方汉语融合而成。唐时常将名臣仕宦贬往岭南,推动了中原文化对岭南的教化。北宋靖康之难,大批北方汉人南迁入粤,广东人口激增,经济有较大发展。唐宋移民的语言对粤语的形成影响很深,《朱子语类》卷一百三十八的一条语录反映了这种情形:"却是广中人说得声音尚好,盖彼中地尚中正。自洛中脊来,只是太南边去,故有些热。"今天的粤语音系在各方言中仍然最接近《广韵》。

闽方言保留了上古轻唇归重唇,舌上归舌头的现象,其形成应早于客赣方言。早期入闽的汉人多为吴越人士,因此闽语至今仍留有吴语的底层。秦时从会稽郡析出闽中郡,治所东冶(今福州)。这是最早入闽的北方汉人。西晋"永嘉丧乱"后,青徐和司豫一带的北方汉人纷纷南下,大批北方士族涌入江东,后因与江东士族利益发生矛盾,遂转而向南开发。《闽书》有此记载:"衣冠始入闽者八族,所谓林、黄、陈、郑、詹、丘、何、胡是也。"他们的方言"北夹夷虏,南染吴越",与古闽语交融后逐渐脱胎形成新闽语。唐开科举,文教盛行,以中原之音为基础的《广韵》音系作为文读系统进入闽语。因此,闽语以音韵层次复杂著称。唐以后称闽人为"福佬",标志着闽语的形成。

元明清是汉语发展的近代时期。这一时期,七大方言各自独立发展,同时又互相接触。其中,北方汉语发展较快,东南六大方言则相对保守。北方汉语的发展有两个特点,一是基础方言东移,二是继续向西南、西北、东北等地广人稀之处扩张。自元朝起,北京成为全国的政治中心。同时,随着新兴文学样式元曲的兴盛,北京也渐渐成为文化中心。北曲主要用北京口语写作,周德清特地为元曲创作编写了《中原音韵》,称该书所依据的语言为"天下通语"。这表明北京音取代了中原正音长达千年的通语地位。明代推行移民和屯垦戍边的政策,《明史·食货志》记载:"太祖时徙民最多","于时,东自辽左,北抵宣大,西至甘肃,南尽滇蜀,极于交趾,中原则大河南北,在兴屯矣。"清代除继续向西北、西南移民外,还向东北大批移民。历史上东北人口较少,满清入关后筑"柳条边"严禁关内居民越界垦殖。19世纪初,黄河下游连年遭灾,大批破产农民铤而走险"闯关东",清廷被迫开禁,遂形成移民狂潮。明清移民主体是北方居民,他们将官话扩散到青海、四川、广西、云贵、东北等地。东南地区唐宋时已经开发,人口密度超过中原,在此基础上形成的宋代行政区划也就比较稳定而得以长期延续。人口地理和行政地理的稳定对方言地理影响深刻,因此,东南地区六大方言相对比较稳定。

思考与练习

一、为什么要进行方言分区?

二、学术界对汉语方言分区主要有哪些不同观点?你持何种看法?

三、方言分区和划界的性质和标准有何异同?

四、怎样利用汉民族的发展史来考察汉语方言的形成和发展?

五、什么是方言岛?方言岛是怎样形成的?

六、汉语方言在海外有哪些分布?

七、现代汉语方言区域与行政区域为什么不完全吻合?

八、"云南省的汉语方言主要是北方话",这句话对吗?为什么?

参 考 文 献

丁邦新(1982)《汉语方言分区的条件》,《丁邦新语言学论文集》,商务印书馆(1998)。

丁文江、翁文灏、曾世英主编(1933)《中华民国新地图·语言区域图》,上海申报馆。

李如龙、辛世彪(1999)《晋南、关中的"全浊送气"与唐宋西北方音》,《中国语文》第3期。

潘家懿(1998)《军话与广东平海"军声"》,《方言》第1期。

潘茂鼎等(1963)《福建汉语方言分区略说》,《中国语文》第6期。
袁家骅等(2001)《汉语方言概要》(第二版重排本),语文出版社。
中国大百科全书总编辑委员会(1988)《中国大百科全书》语言文字
　　卷,大百科全书出版社。
中国社会科学院、澳大利亚人文科学院(1987、1988)《中国语言地
　　图集》,香港朗文出版(有限)公司。

第三节　汉语方言的语言特点

汉语方言的语言特点极其丰富多彩,本节只能举例性地择要介绍。事物的特点或者相对于一般情况而言,或者相对于某个特定对象而言。由于初学者对汉语方言的一般情况还不太了解,本节主要以大家都熟悉的特殊方言——普通话为特定参照对象来介绍汉语方言的若干特点。其中,方言语音特点在"普通话的语音系统"一节中已经有所介绍,可以参照学习。

一、语音特点

1. 音节结构

音素按某种结构规则构造而成的最自然的基本语音单位是音节。母语的音节是最容易听辨的,普通人无须经过语音训练就可以轻而易举地从语流中切分出音节。汉语的音节就是字音。一个音节与一个汉字相对应,只有极少数例外。例如普通话的儿化词"花儿"写出来是两个字,读起来则是一个音节[xuar^{55}]。又如"洇"字要读成两个音节[xai$^{214}_{35}$li^{214}]①。音素构成音节的结构规则是最基本的语音特征,不同语言的音节结构规则往往不同,甚至差异很大。由于受母语音节结构规则的制约,听辨非母语的音节就不那

---

① 国际音标右上角的数字表示本调,右下角的数字表示连读变调。下同。

么轻而易举了。例如，英语 golf 是一个音节[gɔlf]，中国人一般则听成三个音节[kau⁵⁵er²¹⁴fu⁵⁵]，因而写成三个汉字——高尔夫。这是因为现代汉语的音节结构规则不允许擦音出现在音节末尾，也不允许辅音在一个音节内连续排列，而英语则无此限制。

　　汉语各方言的音节结构规则基本上是一致的，但有些方言也有一些不同的特点。若用字母 C 代表辅音音素，V 代表元音音素，对音节的音段成份进行线性分析，普通话的音节不超过 4 个音素，其线性结构有以下几种类型：CV、CVV、CVVV、CVC、CVVC、VVV、VV、VC、V。例如，"泥[ni³⁵]"是 CV 型，"该[kai⁵⁵]"是 CVV 型，"挑[tʻiau⁵⁵]"是 CVVV 型，"感[kan²¹⁴]"是 CVC 型，"亮[liaŋ⁵¹]"是 CVVC 型，"外[uai⁵¹]"是 VVV 型，"我[uo²¹⁴]"是 VV 型，"安[an⁵⁵]"是 VC 型，"一[i⁵⁵]"是 V 型。音节线性结构一般可以分析为音首、音核、音尾三段。音核是必不可少的，音首和音尾则可有可无。普通话的音节结构规则不允许辅音充当音核，因此不能构成 C 型和 CC 型音节，但有些方言的鼻音、边音等浊辅音则可以充当音核，即声化韵，从而构成 C 型和 CC 型音节。例如：

苏州：	姆m̩⁴⁴	亩m̩²³¹	唔n̩⁴⁴	鱼ŋ̍²²³	五ŋ̍²³¹	而l̩²²³	儿l̩²²³
厦门：	媒m̩³⁵	怀m̩¹¹	黄ŋ̍³⁵	向ŋ̍²¹	毛mŋ̍³⁵	饭pŋ̍¹¹	哼hŋ̍²⁶
娄底：	姆m̩¹¹	你n̩⁴²	那n̩³⁵	我ŋ̍⁴²	黄ŋ̍¹³	蕹ŋ̍⁴⁴	雍ŋ̍³⁵
西宁：	姆m̩⁴⁴	犁l̩²⁴	里l̩⁵³	利l̩²¹³	力l̩⁴⁴	礼l̩⁵³	例l̩²¹³
南昌：	姆m̩⁴²	你n̩²¹³	五ŋ̍²¹³				
长沙：	姆m̩³³	你n̩⁴¹					
广州：	唔m̩²¹	五ŋ̍²³					

　　中国传统音韵学将汉语的音节分析为声韵调三部分，韵母又可以分为韵头、韵腹、韵尾三部分。在普通话的音节结构中，声母、韵头、韵腹、韵尾都只能由一个音素充当，而有的方言的音节结构则允许韵尾由两个音素充当，因而可以构成有 5 个音素的

CVVVC型音节。例如：

建瓯：返 xuaiŋ²¹　　成 ts'eiŋ²¹　　班 paiŋ⁵⁴　　然 ieiŋ²¹　　中 tœyŋ⁵⁴
福州：双 søyŋ⁴⁴　　朋 peiŋ⁵²　　仓 ts'ouŋ⁴⁴　　十 sei^{2}⁴　　各 kau^{23}
厦门：雹 p'au⁵　　暴 pau^{2}¹¹　　拔 pui⁵　　挖 ui^{23}　　血 hui⁵
潮州：八 poi^{21}　　乐 gau²⁴　　节 ts'ouŋ⁴⁴

汉语的音节，声母可以为零形式，韵母则不能为零。就韵母而言，韵腹是必有成分，韵头、韵尾则可有可无。普通话的韵母，若韵头、韵腹、韵尾俱全，韵头和韵尾不能是同一个音素，但有些方言则没有这样的限制。例如：

成都：孩 ɕiɛi³¹　　戒 tɕiɛi¹³　　界 tɕiɛi¹³　　介 tɕiɛi¹³　　皆 tɕiɛi¹³
温州：吃 tɕ'iai³²³　　吸 ɕiai³²³　　翼 jiai²¹²　　液 jiai²¹²　　击 tɕiai³²³
梅县：解 kiai³¹　　界 kiai⁵²　　锐 iui⁵²　　皆 kiai⁴⁴　　阶 kiai⁴⁴

2. 声母

从发音方法看，吴方言和湘方言有成套的浊音声母，这个特点是普通话和其他方言所不具备的。吴方言和湘方言有成套浊声母的特点来源于中古音，其他方言的浊声母则按不同的规律演变成了送气或不送气的清声母。官话方言逢中古平声字都变成不送气清声母，仄声（包括上声、去声、入声）字则变成送气清声母；粤方言逢中古平声字、上声字都变成送气清声母，逢去声字、入声字都变成不送气清声母；赣方言和客家方言一律变成送气清声母；闽方言多数变不送气清声母，少数变送气清声母，规则不明显。字例如下：

	包	袍	宝	抱	报	暴	剥	薄
北京：	pau⁵⁵	p'au³⁵	pau²¹⁴	pau⁵¹	pau⁵¹	pau⁵¹	pau⁵⁵	pau³⁵
太原：	pau¹¹	p'au¹¹	pau⁵³	pau⁴⁵	pau⁴⁵	pau⁴⁵	paʔ²	paʔ⁵⁴
成都：	pau⁴⁴	p'au³¹	pau⁵³	pau¹³	pau¹³	pau¹³	po³¹	po³¹
合肥：	pɔ²¹²	p'ɔ⁵⁵	pɔ²⁴	pɔ⁵³	pɔ⁵³	pɔ⁵³	pɐʔ⁴	pɐʔ⁴

苏州：pæ⁴⁴　bæ²²³　pæ⁵²　bæ²³¹　pæ⁵²³　bæ²³¹　poʔ⁵　poʔ²³

娄底：pɤ⁴⁴　bɤ¹³　pɤ⁴²　bɤ¹¹　pɤ³⁵　bɤ¹¹　po¹³　b'o³⁵

南昌：pau⁴²　p'au²⁴　pau²¹³　p'au²¹　pau⁴⁵　p'au²¹　pɔk⁵　p'ɔk²¹

梅县：pau⁴²　p'au¹¹　pau³¹　p'au⁵²　pau⁵²　p'au⁵²　pɔk¹　p'ɔk¹

广州：pau⁵　p'au²¹　pou³⁵　p'ou²³　pou³³　pou²²　mɔk⁵　pɔk²

厦门：pau⁵⁵　pau²⁴　po⁵¹　p'o³³　po¹¹　po¹¹　pɔk³²　pauk⁵

从发音部位看，各方言都有双唇、舌尖、舌根三套塞音，但有几套塞擦音和擦音则因方言而异。普通话有舌尖、舌面、翘舌三套塞擦音和擦音：ts ts' s, tɕ tɕ' ɕ, tʂ tʂ' ʂ, 不少方言则缺少翘舌音，有的方言甚至只有一套塞擦音和擦音声母。吴方言、湘方言、赣方言一般只有舌尖和舌面两套塞擦音和擦音 ts ts' s, tɕ tɕ' ɕ, 客家方言和闽方言一般只有一套舌尖塞擦音和擦音 ts ts' s, 粤方言则只有一套舌叶塞擦音和擦音 tʃ tʃ' ʃ。请看字例：

	资	雌	司	鸡	期	西	之	痴	师
北京：	tsɿ⁵⁵	ts'ɿ⁵⁵	sɿ⁵⁵	tɕi⁵⁵	tɕ'i⁵⁵	ɕi⁵⁵	tʂʅ⁵⁵	tʂ'ʅ⁵⁵	ʂʅ⁵⁵
苏州：	tsɿ⁴⁴	ts'ɿ⁴⁴	sɿ⁴⁴	tɕi⁴⁴	tɕ'i⁴⁴	ɕi⁴⁴	tsɿ⁴⁴	ts'ɿ⁴⁴	sɿ⁴⁴
长沙：	tsɿ³³	ts'ɿ³³	sɿ³³	tɕi³³	tɕ'i³³	ɕi³³	tsɿ³³	ts'ɿ³³	sɿ³³
南昌：	tsɿ⁴²	ts'ɿ⁴²	sɿ⁴²	tɕi⁴²	tɕ'i⁴²	ɕi⁴²	tsɿ⁴²	ts'ɿ⁴²	sɿ⁴²
梅县：	tsɿ⁴⁴	ts'ɿ⁴⁴	sɿ⁴⁴	ki⁴⁴	k'i⁴⁴	si⁴⁴	tsɿ⁴⁴	ts'ɿ⁴⁴	sɿ⁴⁴
广州：	tʃi⁵⁵	tʃ'i⁵⁵	ʃi⁵⁵	kei⁵⁵	k'ei⁵⁵	ʃei⁵⁵	tʃi⁵⁵	tʃ'i⁵⁵	ʃi⁵⁵
厦门：	tsu⁵⁵	ts'u⁵⁵	su⁵⁵	ki⁵⁵	ki⁵⁵	sai⁵⁵	tsi⁵⁵	ts'i⁵⁵	sai⁵⁵

普通话和多数官话方言，以及客家方言、粤方言的鼻音声母 n 和边音声母 l 是两个不同的声母，二者界限分明，绝不混淆。但有的方言这两个声母完全不分，或者部分混淆。西南官话一般混同为鼻音；江淮官话和闽方言一般混同为边音；湘方言、赣方言在开口呼、合口呼韵母前混同为边音，在齐齿呼、撮口呼韵母前则井然有别。请看字例：

	男	蓝	努	鲁	念	练	女	吕
北京：	nan^{35}	lan^{35}	nu^{214}	lu^{214}	niɛn^{51}	liɛn^{51}	ny^{214}	ly^{214}
西安：	næ̃^{24}	læ̃^{24}	nou^{53}	lou^{53}	ȵiæ̃^{55}	liæ̃^{55}	ȵy^{53}	ly^{53}
梅县：	nam^{11}	lam^{11}	nu^{31}	lu^{44}	ȵian^{52}	niɛm^{52}	ŋ^{31}	li^{44}
广州：	nam^{21}	lam^{21}	nou^{23}	lou^{23}	nin^{22}	lin^{22}	nøy^{23}	nøy^{23}
武汉：	nan^{213}	nan^{213}	nou^{42}	nou^{42}	niɛn^{35}	niɛn^{35}	ny^{42}	ny^{42}
成都：	nan^{31}	nan^{31}	nu^{53}	nu^{53}	ȵiɛn^{13}	niɛn^{13}	ȵy^{53}	ny^{53}
合肥：	læ̃^{55}	læ̃^{55}	lu^{24}	lu^{24}	lĩĩ^{53}	lĩĩ^{53}	ly^{24}	ly^{24}
扬州：	liæ̃^{34}	liæ̃^{34}	lo^{42}	lu^{42}	liẽ^{55}	liẽ^{55}	ly^{42}	ly^{42}
长沙：	lan^{13}	lan^{13}	ləu^{41}	ləu^{41}	ȵiẽ^{21}	liẽ^{21}	ȵyẽ^{41}	lei^{13}
南昌：	lan^{45}	lan^{45}	lu^{213}	lu^{213}	ȵiɛn^{21}	liɛn^{21}	ȵy^{213}	li^{213}
厦门：	lam^{24}	lam^{24}	lɔ^{51}	lɔ^{51}	liɛn^{33}	liɛn^{33}	lu^{51}	lu^{33}

普通话的唇齿擦音声母 f 和舌根擦音声母 x 是两个不同的声母。但闽方言 f 声母一律读同 x 声母，湘方言、赣方言、客家方言 x (h)声母与合口呼韵母相拼时读同 f 声母，粤方言则有的读同 f 声母，有的读成零声母(w)。字例如下：

	非	黑	挥	饭	汗	换	扶	湖
北京：	fei^{55}	xei^{55}	xuei^{55}	fan^{51}	xan^{51}	xuan^{51}	fu^{35}	xu^{35}
福州：	xi^{44}	xaiʔ^{23}	xuei^{44}	xuaŋ^{242}	xaŋ^{242}	xuaŋ^{242}	xu^{52}	xu^{52}
长沙：	fei^{33}	xɤ^{24}	fei^{33}	fan^{55}	xan^{55}	xan^{55}	fu^{13}	fu^{13}
南昌：	fəi^{42}	hɛt^{5}	fəi^{42}	fan^{45}	hɔn^{45}	hɔn^{45}	fu^{45}	fu^{45}
梅县：	fi^{44}	hɛt^{5}	foi^{44}	fan^{52}	hɔn^{52}	hɔn^{52}	fu^{11}	fu^{11}
广州：	fei^{55}	hak^{5}	fɐi^{55}	fan^{33}	hɔn^{33}	wun^{33}	fu^{21}	wu^{21}

普通话和多数官话方言的舌面声母 tɕ tɕ' ɕ，在赣方言、湘方言里一部分读 tɕ tɕ' ɕ，另一部分读舌根声母 k k' h；在粤方言里，一部分读舌叶声母 tʃ tʃ' ʃ，另一部分读 k k' h；在闽方言和客家方言里，一部分读舌尖声母 ts ts' s，另一部分读 k k' h；有些吴方言

则一部分读 tɕ tɕ' ɕ,另一部分读 ts ts' s,还有一部分白读音为 k k' h。字例如下：

	北京	长沙	南昌	广州	厦门	梅县	苏州
计	tɕi⁵¹	tɕi⁵⁵	tɕi⁴⁵	kɐi³³	ke¹¹	ki⁵²	tɕi⁵²³
际	tɕi⁵¹	tɕi⁵⁵	tɕi⁴⁵	tʃɐi³³	tse¹¹	tsi⁵²	tsi⁵²³
丘	tɕ'iou⁵⁵	tɕ'iəu³³	tɕ'iu⁴²	jɐu⁵⁵	k'iu⁵⁵	hiu⁴⁴	tɕ'iɣ⁴⁴
秋	tɕ'iou⁵⁵	tɕ'iəu³³	tɕ'iu⁴²	tʃ'ɐu⁵⁵	ts'iu⁵⁵	ts'iu⁴⁴	ts'ɣ⁴⁴
香	ɕiaŋ⁵⁵	ɕiaŋ³³	ɕiɔŋ⁴²	hœŋ⁵⁵	hiɔŋ⁵⁵	hiɔŋ⁴⁴	ɕiaŋ⁴⁴
相	ɕiaŋ⁵⁵	ɕiaŋ³³	ɕiɔŋ⁴²	ʃœŋ⁵⁵	ʃiɔŋ⁵⁵	siɔŋ⁴⁴	siaŋ⁴⁴
胶	tɕiao⁵⁵	tɕiau³³/kau³³	kau⁴²	kau⁵⁵	kau⁵⁵	kau⁴⁴	tɕiæ⁴⁴
敲	tɕ'iau⁵⁵	t'au³³	k'au⁴²	hau⁵⁵	k'au⁵⁵	k'au⁴⁴	tɕ'iæ⁴⁴/k'æ⁴⁴
孝	ɕiau⁵¹	ɕiau⁵⁵	hau²¹³	hau³³	hau¹¹	hau⁵²	ɕiæ⁵²³/hæ⁵²³

3. 韵母

从韵头看,撮口呼介音 y 的有无和撮口呼韵母的多少可以体现方言的特点。普通话和大多数官话方言、吴方言、湘方言、赣方言开齐合撮四呼俱全。其中,湘方言的撮口呼韵母最为丰富,闽方言、客家方言和一部分西南官话则没有撮口呼韵母。例如,

	猪	吹	春	窗	鱼	月	圆
长沙：	tɕy³³	tɕ'yei³³	tɕ'yn³³	tɕ'yan³³	y¹³	ye²⁴	yẽ¹³
北京：	tʂu⁵⁵	tʂ'uei⁵⁵	tʂ'uən⁵⁵	tʂ'uaŋ⁵⁵	y³⁵	ye⁵¹	yan³⁵
西安：	phu²¹	pf'ei²¹	pf'ẽ²¹	ph'aŋ²¹	y²⁴	ye²¹	yæ̃²⁴
苏州：	tsʮ⁴⁴	ts'ʮ⁴⁴	ts'ən⁴⁴	ts'ɒŋ⁴⁴	y²²³	yɤʔ²³	iø²²³
南昌：	tɕy⁴²	ts'ui⁴²	ts'un⁴²	ts'ɔŋ⁴²	y⁴⁵	ȵyɔt²¹	yn⁴⁵
梅县：	tsu⁴⁴	ts'ɔi⁴⁴	ts'un⁴⁴	ts'uŋ⁴⁴	i¹¹	ȵiat⁵	ian¹¹
广州：	tʃy⁵⁵	tʃ'øy⁵⁵	tʃ'øn⁵⁵	tʃ'œŋ⁵⁵	jy²¹	jyt²	jyn²¹
厦门：	ti⁵⁵	ts'e⁵⁵	ts'un⁵⁵	t'aŋ⁵⁵	u²⁴	geʔ⁵	ĩ²¹
贵阳：	tsu⁵⁵	ts'ui⁵⁵	ts'un⁵⁵	ts'uaŋ⁵⁵	i³¹	ie³¹	ian³¹

粤方言韵母的所有介音 i u y 都带摩擦,具有辅音性,一般不作韵头处理,因此,粤方言的韵母系统中齐齿呼、合口呼、撮口呼韵母都很少。各方言开口呼、齐齿呼、合口呼、撮口呼韵母在韵母系统中所占比例请看下面的统计表:

	韵母总数	开口韵	齐齿韵	合口韵	撮口韵	声化韵
北京:	39	14(36%)	11(28%)	10(26%)	4(10%)	0
苏州:	49	17(35%)	15(31%)	9(18%)	4(8%)	4(8%)
长沙:	38	12(32%)	9(24%)	7(18%)	8(21%)	2(5%)
南昌:	65	22(34%)	15(23%)	19(29%)	6(9%)	3(5%)
梅县:	76	26(34%)	28(37%)	20(26%)		2(3%)
厦门:	76	29(38%)	26(34%)	17(23%)		4(5%)
广州:	68	38(56%)	6(9%)	19(28%)	3(4%)	2(3%)
贵阳:	32	13(41%)	11(34%)	8(25%)		
昆明:	32	13(41%)	12(37%)	7(22%)		

从韵腹看,普通话都是口元音,有的方言还有数量不等的鼻化元音。例如:

	安	烟	弯	渊	恩	因	昏	方
北京:	an^{55}	iɛn^{55}	uan^{554}	yan^{554}	ən^{55}	in^{55}	xuən^{55}	faŋ^{55}
济南:	ŋæ̃^{213}	iæ̃^{213}	uæ̃^{213}	yæ̃^{213}	ŋẽ^{213}	iẽ^{213}	xuẽ^{213}	faŋ^{213}
西安:	ŋæ̃^{21}	iæ̃^{21}	uæ̃^{21}	yæ̃^{21}	ŋẽ^{21}	iẽ^{21}	xuẽ^{21}	faŋ^{21}
太原:	ɣæ̃^{11}	ie^{11}	væ̃^{11}	ye^{11}	ɣəŋ^{11}	iŋ^{11}	xuŋ^{11}	fẽ^{11}
合肥:	z̩æ̃^{212}	ĩĩ^{212}	uæ̃^{212}	yĩ^{212}	z̩ən^{212}	in^{212}	xuən^{212}	fɑ̃^{212}
扬州:	iæ̃^{21}	iẽ^{21}	uæ̃^{21}	yẽ^{21}	ən^{21}	iŋ^{21}	xuən^{21}	faŋ^{21}
长沙:	ŋan^{55}	iẽ^{33}	uan^{33}	yẽ^{33}	ŋən^{33}	in^{33}	fən^{33}	fan^{33}

普通话只有一个低元音韵腹 a,有的方言则不只一个低元音韵腹。例如:"担当"普通话读作[tan^{55} taŋ^{55}],韵腹都是低元音[a];济南、西安、扬州分别读作[tæ̃^{213} taŋ^{213}]、[tæ̃^{21} taŋ^{21}]、[tiæ̃^{21} taŋ^{21}],

韵腹为低元音[a]和次低元音[æ];太原、合肥分别读作[tã^{11}tɒ̃^{11}]、[tã^{212}tɑ̃^{212}],韵腹为前次低元音[æ]和后次低元音[ɒ]。又如,"牌照、阳光、脚踏"普通话分别读作[pʻai^{35} tʂau^{51}]、[iaŋ^{35} kuaŋ^{55}]、[tɕiau^{214}tʻa^{51}],韵腹都是低元音[a];苏州话则分别读作[bɒ$^{223}_{22}$ tsæ$^{523}_{44}$]、[iaŋ$^{223}_{22}$kuɒŋ^{44}]、[tɕiɒʔ^{5}daʔ^5],韵腹为前次低元音[æ]、后次低元音[ɒ]和前低元音[a]。

从韵尾看,普通话只允许高元音 i、u 或鼻辅音 n、ŋ 充当,有些方言则允许其他高元音和鼻辅音 y、ɯ、m 充当韵尾。例如,

扬州: 口 kɤɯ^{42} 抽 tsɤɯ^{21} 有 iɤɯ^{42} 柳 liɤɯ^{42} 谬 miɤɯ^{55}
常山: 九 tɕiɯ^{52} 臭 tsʻɤɯ^{24} 留 liɯ^{341} 萧 ɕiɤɯ^{45} 照 tɕiɤɯ^{21}
广州: 女 nøy^{23} 去 høy^{33} 队 tøy^{22} 锐 jøy^{22} 三 ʃam^{55}

有些方言还允许不送气清塞音 p、t、k、ʔ 充当韵尾,也就是保留了中古入声韵。例如:

	答	鸽	八	白	百
北京:	ta^{55}	kɤ^{55}	pa^{55}	pai^{35}	pai^{214}
太原:	taʔ^2	kaʔ^2	paʔ^2	pieʔ^{54}	pieʔ^2
扬州:	tiæʔ^4	kəʔ^4	pæʔ^4	pɔʔ^4	pɔʔ^4
苏州:	taʔ^5	kɤʔ^5	poʔ^5	bɒʔ^{23}	bɒʔ^5
温州:	ta^{323}	ky^{323}	po^{323}	ba^{212}	pa^{323}
长沙:	ta^{24}	ko^{24}	pa^{24}	pɤ^{24}	pɤ^{24}
南昌:	tat^5	kɔt^5	pat^5	pʻak^{21}	pak^5
梅县:	tap^1	kap^1	pat^1	pʻak^5	pak^1
广州:	tap^3	kap^3	pat^3	pak^2	pak^3
厦门:	tap^{32}	kap^{32}	pat^{32}	pek^5	paʔ^{32}
福州:	taʔ^{23}	kaʔ^{23}	paiʔ^{23}	paiʔ^4	paʔ^{23}

4. 声调

汉语的音节,除了元音和辅音音素外,声调也是不可缺少的组

成部分。声调也叫字调,是附着在音节上起辨义作用的超音段的相对音高,可以用调域和调型来描写。汉语声调的调域通常分为五度:1度为低调,2度为半低调,3度为中调,4度为半高调,5度为高调。调型反映音高变化的旋律,一般用曲线表示:[-]为平调,[/]为升调,[\]为降调,[∨][∧]为曲折调。汉语是旋律型声调语言,需将调幅和调型综合成调值来描写。通常将调型曲线与表示五度调幅的基准线连接成特定的声调符号,附加在音节尾表示调值,也可以在音节右上角用数值标记。例如北京话的"大家",可以记作[ta∨ tɕia˥]或[ta⁵¹ tɕia⁵⁵]。

能够独立区别意义的调值的类别称为调类。调类可以从共时角度编号并命名,也可以参考历时因素来命名。汉语方言的调类系统大多与中古汉语的平、上、去、入四声系统和声母的清浊系统有对应关系,通常根据这种历时对应关系来定调名:与平上去入四声对应的调类,今调名仍称平上去入;与中古清声母对应的调类今称阴调,与中古浊声母对应的调类今称阳调。

不同方言的调类数目不一定相同,同名调类的调值也不一定相同。汉语方言的调类数目从3个至12个不等,调类的多少就体现了方言的特点。除了调类之外,方言里的调型也比普通话丰富。请看绍兴、南昌、梅县、合肥、北京、银川方言的调类系统:

方言\声调	清				浊			
	平	上	去	入	平	上	去	入
绍兴(8)	阴平 51	阴上 335	阴去 33	阴入 45	阳平 231	阳上 113	阳去 11	阳入 12
南昌(7)	阴平 42	上声 213	阴去 45	阴入 55	阳平 24		阳去 21	阳入 21
梅县(6)	阴平 44	上声 31	去声 31	阴入 11	阳平 11	(去声/阴平)		阳入 55
合肥(5)	阴平 212	上声 24	去声 53	入声 44	阳平 55	(上声)	(去声)	(入声)
北京(4)	阴平 55	上声 214	去声 51	(四声)	阳平 35	(去声)		(阳平/去声)
银川(3)	阴平 44	阳平上 53	去声 13		(阳平上)		(去声)	

有些方言的调类系统除了与中古的四声和清浊相关外,还与其他因素相关。例如,广州话的平、上、去三声各分阴阳二调,入声不仅分阴阳调,阴调还依韵腹元音的长短分为下阴入和上阴入两类。这样,广州话调类就超出了四声八调的框架而达到 9 类。广西博白话不仅阴入分上下,阳入也分上下,共有 10 个调类。又如,江苏吴江话与中古清声母对应的阴调类还进一步依中古全清和次清(即今不送气和送气)分为全阴调和次阴调两类,最多可以有 12 个调类。下面是吴江松陵镇、黎里镇、震泽镇三处方言的调类系统:

方言\声调	全清				次清				浊			
	平	上	去	入	平	上	去	入	平	上	去	入
松陵12	全阴平	全阴上	全阴去	全阴入	次阴平	次阴上	次阴去	次阴入	阳平	阳上	阳去	阳入
黎里11	阴平	全阴上	全阴去	全阴入		次阴上	次阴去	次阴入	阳平	阳上	阳去	阳入
盛泽10	阴平	全阴上	全阴去	阴入		次阴上	次阴去		阳平	阳上	阳去	阳入

5. 语流音变

语流音变又称连读音变,普通话的儿化音变、上声连读变调都属于连读音变。方言里的连读音变比普通话更丰富,常见的有以下几种:

同化是最常见的连读音变,它可以使发音协调、省力。例如广州话:今日[kəm jɐt→kəm mɐt],后一音节的声母[j]被与其相邻的前一音节鼻音韵尾[m]同化,发音部位和发音方法都改变,称为完全同化。福州话:公家[kuŋ ka→kuŋ ŋa],后一音节的塞音声母[k]被前一音节的鼻音韵尾[ŋ]同化,发音部位不变,发音方法改变,称为部分同化。武汉话:堂屋[tʻaŋ u→tʻau u],前一音节的鼻音韵尾[ŋ]被后一音节相邻的元音[u]完全同化。河北获鹿话:棉花[mian xua→miaŋ xua],前一音节的舌尖鼻音韵尾[n]被后一音节相邻的舌根声母[x]部分同化为舌根鼻音韵尾[ŋ]。浙江宁海话:衣橱[i dzʮ→y dzʮ],前一音节的展唇舌面元音[i]被后一音节隔位相邻的圆唇舌尖元音[ʮ]同化为圆唇舌面元音[y]。

相同或相似的音连读有时会拗口且不易分辨,其中某个音就会变得有所不同,称为异化。例如北京话两个上声字连读时,前一个字的调值会变得与上声不同而与阳平相同:小姐[ɕiɑu²¹⁴tɕiɛ²¹⁴→ɕiɑu₃₅²¹⁴tɕiɛ²¹⁴]。异化的音节有时会增加出一个音素,称为增音。不少方言的虚词"啊"都是轻读的零声母开口呼单元音韵母,易与前一音节相混,于是便发生增音以保持区别。例如,江苏如皋话的完成体助词"啊":买啊碗面[mɛ⁴¹²a⁵⁵ũ⁴¹²miẽ³¹](买了碗面),放啊碗面[faŋ⁵⁵ŋa⁵⁵ũ⁴¹²miẽ³¹](放了碗面),吃啊碗面[tɕ‘iəʔ⁵⁵kaʔ⁵⁵ũ⁴¹²miẽ³¹](吃了碗面)。第一例的第二音节未发生连读音变,二、三两例的第二音节发生异化,分别增加了声母[ŋ]、[k]。

同化和异化有时侯同时发生,从而形成换位音变。例如,江西临川话"蜈蚣虫":[ŋu kuŋ t'uŋ→ŋuŋ ku t'uŋ],第一音节与第二音节的韵母互换位置,实际上是两个音节的韵母各自发生异化,同时又分别被对方同化。

连读时有求省力的自然趋势,常把较强的音发成较弱的音,称为弱化。包括清音弱化为浊音,塞音、塞擦音弱化为擦音,送气音弱化为不送气音,前元音和后元音弱化为央元音,复元音弱化为单元音,字调弱化为轻声。连读时读得短而弱的音节称为轻音。轻音也是一种弱化,其声调失去原来的调型,还常伴随着元音辅音的弱化。例如北京话:脑袋[nɑu²¹⁴tai⁵¹→nɑu²¹⁴·dɛ⁴],后一音节的清声母[t]弱化为浊声母[d],复元音[ai]弱化为单元音[ɛ],去声 51 弱化为轻声 4。有的轻声音节的某个音素可以完全脱落,称为减音。例如上海话:"好个(好的)"后一音节的声母常常弱化而脱落:[hɔ³³gəʔ⁴⁴→hɔ³³əʔ⁴⁴]。又如北京的地名:大栅栏[ta⁵¹tʂa⁵¹lan³⁵→ta⁵¹·ʂ(ɻ)la⁵¹],第二音节的塞擦音声母[tʂ]弱化为擦音声母[ʂ],前低元音韵母[a]弱化为舌尖元音[ɻ],甚至全部脱落,去声调弱化为轻声,第三音节脱落韵尾[n]。

某些常用词语的两个音节结合得十分紧密,以至被压缩成一个音节。合音、儿化都属这类连读音变。合音就是两个音节掐头去尾压缩成一个音节,从而使两个语素并合成一个语素。例如,苏州话有以下5个合音词:"勿曾"[fə^{55}zən$^{233}_{23}$](未曾)合音成[fən^{44}],进而写作"朆";"阿曾"[aʔ^{55}zən$^{223}_{21}$](可曾)合音成[aŋ^{44}],进而写作"瞕";"勿要"[fəʔ^{55}iæ^{523}](不要)合音成[fiæ^{523}],进而写作"覅";"直*扛*"[zəʔ^{22}gaŋ$^{223}_{44}$](这样)合音成[zaŋ^{231}],与"丈"同音;"掭*亨*"(怎么样)[naʔ^{23}haŋ^{52}]合音成[naŋ^{231}],在音系中增加了一个音节。儿化是后缀"儿"的零声母音节与前一音节合音,并合成带小称或昵称色彩的名词。例如,洛阳话:铃儿[liŋ^{24} ɯ→liu^{24}],湖北鄂城话:芽儿[ia^{21} a→ia^{21}],山西平定话:洞儿[tuəŋ^{24} l→tḻuəŋr^{24}],湖北阳新话:刀儿[tɑ^{33}n→tən^{55}]。

连读时声调发生异化或同化称为连读变调。例如,北京话"小姐"[ɕiau^{214}tɕie^{214}→ɕiau$^{214}_{35}$tɕie^{214}]是逆异化。异化是汉语方言连读变调的主要类型,其中又以逆异化最为常见。苏州话"先生"[sir^{44}saŋ$^{44}_{21}$]是顺异化。上海话"新闻"[ɕiŋ^{53}vən$^{23}_{21}$],是双向异化。福州话"棉花"[mien$^{52}_{44}$ŋua^{44}]是逆同化。苏州话"吃力"[tɕʻir^{5}liʔ$^{23}_{55}$]是顺同化。连读变调可以使音高旋律趋于协调,也可以使某些音节紧密结合成词。汉语方言的连读变调规律各具特色,很不一致,必须仔细探求。

二、词汇特点

方言词汇是方言词的总汇。汉语各方言所使用的词和普通话所使用的词大部分是相同的。所谓相同,是指词义、词素及其构造方式相同,读音则不必相同。十个数词在不同方言里尽管语音上差异很大,但仍然是相同的词。另一方面,各方言也都有一定数量的词在词义、词素及构造方式上不同于普通话,称为方言词。方言词汇的特点就体现在方言词上。有的方言词通行于某一个或某几个方言区,也有的方言词只通行于某个方言片甚至某个方言点。

例如:普通话的名词"厨房",太原话为"伙房",成都话为"灶房",合肥话为"锅间",扬州话为"锅上",苏州话为"灶下间",温州话为"镬灶间",长沙话、南昌话为"灶屋",双峰话为"茶堂",阳江话、福州话为"灶前",厦门话为"灶脚",潮州话为"灶下",建瓯话为"鼎间";普通话的动词"站",苏州话为"立",温州话为"亍",双峰话、南昌话、梅县话、广州话、福州话、厦门话为"企";普通话的形容词"馊",济南话为"斯*脑*"或"酸",西安话为"尸*气"或"酸",成都话为"酸臭",温州话为"蔫",广州话为"缩",阳江话为"臭馊",厦门为"臭酸"。

随着普通话的推广和现代汉语的规范化,大批普通话词语进入各方言,与原先使用的方言词并用。其中不少普通话词的使用频率日益提高,甚至已经取代或行将取代方言词。反映新概念、新事物的大量新词则基本上都是按普通话的词素和规则构造的。可见,方言词正在日益消亡。但是,另一方面,汉语方言经历长期发展,由于历史和环境不完全相同,因而在词语的继承和创新方面各具特点,形成了相当丰富的方言词。方言词的特点可以通过方言词与相应的普通话词语的差异来观察,主要表现为下列几方面:

1. 词源不同

普通话词汇是以北方汉语为基础的,中古以来,北方汉语的演变比南方汉语快,其词汇面貌比起古汉语来已经发生了根本性变化,而东南方言则相对较多地保存了古汉语词,其中尤以粤方言和闽方言更为显著。例如:

广州话:屐[k'ɛk²]——木拖鞋　镬[wɔk³]——锅

行[haŋ²¹]——走　走[tsɐu³⁵]——跑

徛[k'ei²³]——站　着[tʃœk³]——穿

睇[t'ei³⁵]——看　饮[iɐm³⁵]——喝

食[sɪk²]——吃　畀[pei³⁵]——给

厦门话:目[bak⁵]——眼睛　鼎[tiã⁵¹]——锅

　　　　　　　　啼[te²⁴]——哭　　　觅[ba³³]——寻找
　　　　　　　　惊[kiã⁵⁵]——怕　　屋[ts'u¹¹]——房子
　　　　　　　　索[sɔʔ³²]——绳子　头毛[t'au²¹₃₃m ŋ̍²⁴]——头发
　　梅县话：禾[vo⁴⁴]——稻子　　索[sok¹]——绳子
　　　　　　　　食[sət⁵]——吃　　面[miɛn⁵²]——脸
　　温州话：嗅[hoŋ⁴²]——闻　　着[tɕia³²³]——穿
　　　　　　　　面[mi:²²]——脸　　温暾*[uaŋ⁴⁴₃₂t'aŋ⁴⁴₃₃]——温
　　南昌话：嗅[ɕiuŋ⁴⁵]——闻　　企[tɕ'i²¹]——站
　　　　　　　　禾[uo⁴²]——稻子　嚼[tɕiɛu²¹]——嚼

　　有些词虽然同源，但在不同的方言里发生了非对应性的变化，可以称为同源异流。例如，普通话的"肮脏"[aŋ⁵⁵tsaŋ⁵⁵]"，温州话为"鏖*糟"[ɜ⁴⁴₃₂tsɜ⁴⁴₃₃]，广州话为"污糟"[wu⁵³₅₅tʃou⁵³]，厦门话为"腌臜"[am⁵⁵₃₃tsam⁵⁵]，梅县话为"□□"[ɜu⁵²tsɜu⁵²]，南昌话为"腌臜"[ŋa⁴²tsa⁴²]，建瓯话为"□□"[la⁴²sa⁴²]，武汉话为"拉*瓜*"[la⁵⁵·kua]，长沙话为"邋遢"[la²⁴·t'a]。又如，普通话的"晾"[liaŋ⁵¹]，上海话为"晾"[lɒŋ¹³]。

　　方言里也有不少同义的单音节基本词，反映了这些基本词在不同方言里有不同的来源。例如，普通话的"冰"[piŋ⁵⁵]，武汉为"凌"[nin³⁵]，广州为"雪"[ʃyt³]，潮州为"霜"[suŋ³³]。普通话的"说"[ʂuɔ⁵⁵]，温州为"讲"[kuɔ⁴⁵]，南昌为"话"[ua²¹]，双峰为"曰"[gua³³]。普通话的"傻"[ʂa²¹⁴]，西安、成都为"瓜"[kua²¹]、[kua⁴⁴]，武汉为"苕"[sau²¹³]，扬州、合肥为"呆"[tɛ²¹]、[tɛ²¹²]，苏州、厦门为"戆"[gɒŋ³¹]、[gɒŋ³³]，温州为"呆"[ŋe³¹]，长沙为"宝"[pau⁴¹]。普通话"(粥)稠"[tʂ'ou³⁵]，苏州说"厚"[ɦɣ³¹]，南京说"干"[kaŋ³]，长沙说"酽"[ɲie²¹]，湖南双峰说"浓"[iɛn³]，临湘说"密"[mi³⁵]，安徽祁门说"硬"[ŋã³³]。

　　方言词里还有一些借自兄弟民族或外语的异源词，例如：

① 东北官话借自满语的词(沈阳音)：
　　埋*汰*[mai^{35}·t'ai]——肮脏
　　特*勒*[t'ə^{53}·lə]——不整齐
② 东北官话借自俄语的词(沈阳音)：
　　裂*巴*[lie^{53}·pa]——面包
　　马*神*[ma$^{213}_{211}$sən^{35}]——机器
③ 吴方言借自英语的词(上海音)：
　　沙*发*[so$^{54}_{55}$faʔ$^{55}_{53}$]——沙发(sofa)
　　派*司*[p'ɑ$^{53}_{55}$sɿ$^{53}_{131}$]——通行证(pass)
　　水*汀*[sɿ$^{55}_{33}$t'iŋ^{53}]——暖气(steam)
　　司*的*克*[sɿ$^{54}_{55}$tiəʔ$^{55}_{53}$k'əʔ$^{55}_{53}$]——手杖(stick)
　　水*门*汀*[sɿ$^{55}_{33}$mən$^{13}_{55}$t'iŋ^{53}]——水泥(cement)
④ 粤方言借自英语的词(广州音)：
　　波*[pɔ^{55}]——球(ball)
　　恤*衫*[søt^{5}sam$^{53}_{55}$]——衬衫(shirt)
　　的*士*[tɪk^{5}ʃi^{22}]——小轿车(taxi)
　　士*的*[ʃi^{22}tɪk^5]——手杖(stick)
　　菲*林*[fei^{55}lim^{35}]——胶卷(film)
　　士*巴*拿*[ʃi^{22}pa^{55}na^{35}]——扳手(spanner)
⑤ 闽南话借自马来语的词(厦门音)：
　　道*郎*[to$^{33}_{11}$lɔŋ^{24}]——帮助(tolong)
　　五脚去[go$^{33}_{11}$k'a$^{55}_{33}$ik'$^4_1$]——人行道(gokhaki)
　　镭*[lui^{55}]——铜板(duwit)
　　雪*文*[sap$^{31}_5$bun^{35}]——肥皂(sabon)
　　洞*葛*[tɔŋ$^{33}_{11}$kat^{31}]——手杖(tongkat)

2. 词素不同

现代汉语词汇以复合词居多，复合词由两个以上的实词素构

成,构成方言复合词的词素常常与同义的普通话复合词不尽相同或完全不同。例如:

普通话复合名词"手掌"[ʂou$_{55}^{214}$ tʂaŋ^{214}],北京话为"巴掌"[pa^{55}·tʂaŋ],温州为"手掌"[ɕiəu$_{43}^{45}$ tɕi^{45}],苏州、厦门为"手心"[sɤ^{52} sin$_{23}^{44}$]、[ɕiəu$_{55}^{451}$ tɕim^{55}],双峰、长沙为"手板"[ɕiu^{31} pæ̃^{31}]、[səu^{31} pan^{31}],潮州为"手底"[ts'iu$_{34}^{53}$ toi$_{21}^{53}$],梅县为"手巴掌"[su^{31} pa$_{45}^{44}$ tsoŋ^{31}]。

普通话复合动词"接吻"[tɕie^{55} uən^{214}],太原为"亲嘴"[tɕ'iŋ^{11} tsue^{53}],武汉为"挨嘴"[ŋai^{55} tsei^{42}],合肥为"疼嘴"[t'ən^{55} tse^{24}],苏州为"香鼻头"[ɕiaŋ^{44} bɤʔ$_{55}^{23}$ dɤ$_{21}^{223}$]或"香面孔"[ɕiaŋ^{44} miĩ$_{44}^{231}$ k'oŋ$_{21}^{52}$],温州为"打䠻"[tie$_{33}^{45}$ poŋ^{44}]或"积嘴"[tsaŋ$_{33}^{44}$ tsɿ^{45}],双峰为"打啵"[ta^{31} pʊ^{35}],南昌为"嗅嘴"[ɕiuŋ^{45} tsui^{213}],梅县为"尌嘴"[tsəm^{44} tsoi^{52}],广州为"喼嘴"[tʃyt$_{55}^{23}$ tʃøy^{35}],厦门为"相尌"[sã$_{33}^{55}$ tsim^{55}]。

普通话复合形容词"讨厌"[t'au^{214} iɛn^{51}],合肥为"讨嫌"[t'ɔ$_{33}^{24}$ ɕiĩ^{55}]或"格*厌"[kɐʔ^4 iĩ^{53}],扬州为"犯嫌"[fæ̃$_{33}^{55}$ ɕiẽ^{34}],苏州为"惹气"[zɒ$_{24}^{31}$ tɕ'i$_{21}^{412}$]或"讨惹厌"[t'æ^{52} zɒ$_{21}^{31}$ u$_{21}^{412}$],双峰、长沙为"带厌"[ta^{35} i^{35}]、[tai^{55} iẽ^{55}],南昌为"惹人嫌"[ia^{213} in^{45} ɕien^{45}],梅县为"得人恼"[tɛt^1 in^{11} nau^{44}],广州为"乞人憎"[hɐt^5 jɐn^{21} tʃɐŋ^{53}]。

普通话复合形容词"高兴"[kau^{55} ɕiŋ^{51}],成都为"喜欢"[ɕi^{53} xuan^{44}],梅县为"欢喜"[fən$_{45}^{44}$ hi^{31}],苏州为"开心"[k'ᴇ^{44} sin$_{21}^{44}$],温州为"快活"[k'a$_{35}^{42}$ ɦo$_{21}^{212}$]。

3. 构造不同

有的复合词词素虽然相同,构造却不同。例如粤语、闽语、客家话把"客人"叫"人客",吴语、闽语、赣语、客家话把"热闹"说成"闹热",粤语、闽语、吴语、赣语把"喜欢"说成"欢喜",粤语把"拥挤"说成"挤拥"。

有些附加式合成词词根虽然相同,附加的词缀却不同。例如,普通话"竹子、盖子",苏州话为"竹头、盖头";普通话"老大、老二",

苏州话为"阿大、阿二"。普通话"鼻子",上海话为"鼻头",广州话为"鼻哥",梅县话为"鼻公"。

有些词在普通话里是单纯词,在方言里则是合成词。例如,普通话单纯词"纸、灶、车"苏州话为合成词"纸头、灶头、车子"。

4. 词义不同

有些词词源、词素、构造都相同,但词义不完全相同或完全不同。与普通话相比,词义差异有以下几种类型:

① 词义扩大:

  苏州话:馒头[$mø_{22}^{24}\,dγ_{44}^{223}$]——馒头、包子

  长沙话:蚊子[$mən^{33}ts\textrm{ʅ}^3$]——蚊子、苍蝇

  扬州话:鼻子[$pie\textrm{ʔ}^4 \cdot tsɛ$]——鼻子、鼻涕

  上海话:吃[$tɕ\textrm{'}iə\textrm{ʔ}^5$]——适用于固体、液体、气体:吃饭、吃酒、吃烟

② 词义缩小:

  浙江遂昌话:面食[$miɛ^{221}\,zi\textrm{ɿʔ}^{23}$]——馄饨

  浙江平阳话:水[sui^{45}]——凉水

③ 词义转移:

  上海话:白乌龟[$bɑ\textrm{ʔ}_1^{13}\,u_{11}^{53}\,tɕy_{11}^{53}$]——鹅

  福州话:紫菜[$tsie_{34}^{31}\,zai^{213}$]——茄子

  扬州话:公公[$koŋ^{21} \cdot koŋ$]——外祖父

    婆婆[$p\textrm{'}o^{34} \cdot p\textrm{'}o$]——外祖母

  厦门话:惊[$ki\tilde{a}^{55}$]——怕

④ 词义对换:

  广州话:房[$fɔŋ_{35}^{21}$]——屋子

    屋[uk^5]——房子

5. 独创词语

有不少表示同一概念,词义完全相同的方言词,由于文化背景

和造词心理不同,词形大相径庭。这是方言词中最富个性的一类。例如:

普通话的"蝙蝠[pien^{214}fu^{35}]",北京话为"燕*么*虎*儿[ien^{51} ·mə xur^{214}]",济南话为"檐憋*蝠子[iæ$^{42}_{45}$·piə xu$^{213}_{21}$·tsฺ]",西安话为"夜标*虎*[ie^{13}piau^{31}·xu]",长沙话为"檐老鼠[iẽ^{13}lau^{41}ɕy^{41}]",广州话为"蝠鼠[fʊk^{5}ʃy^{35}]"或"飞鼠[fei^{53}ʃy^{53}]",梅县话为"帛*婆口[pʻɛt^{5}pʻo^{11}ɛ^{31}]",厦门话为"蜜婆[bit$^5_{32}$po^{24}]",福州话为"琵*琶*兜壁[pi$^{52}_{21}$βa$^{52}_{21}$lau$^{44}_{52}$βieʔ^{23}]"。

普通话的"螳螂[tʻaŋ^{35}laŋ^{35}]",北京话为"刀螂[tau^{55}laŋ^{35}]",西安话为"猴子[xou^{24}·tsฺ]",太原话为"扁担婆[pie^{53}tæ^{45}pʻə^{11}]",成都话为"孙猴子[sən^{44}xəu^{21}tsฺ^{53}]",温州话为"剪裾娘[tɕi^{45}tɕy$^{44}_{32}$ni$^{31}_{22}$]",长沙话为"禾老虫[o^{13}lau^{41}tsən^{13}]",广州话为"马狂螂[ma^{23}kʻɔŋ^{21}lɔŋ^{21}]",阳江话为"马骝狂[ma^{21}lɐu^{43}kʻɔŋ^{43}]",厦门话为"草猴[tsʻau$^{51}_{55}$kau^{24}]",福州话为"草蜢哥[tsʻau$^{31}_{21}$maŋ$^{31}_{21}$kɔ^{44}]"。

普通话的"向日葵[ɕiaŋ^{51}zฺ^{51}kʻui^{35}]",北京话"转日莲[tʂuan^{51}zฺ^{51}lian^{35}]",济南话为"朝阳花[tʂʻɔ$^{42}_{45}$·iaŋ xua^{213}]",昆明话为"朝阳饼儿[tʂʻau^{31}iã^{31}pir^{53}]",温州话为"太阳佛花[tʻa^{42}ɦi$^{31}_{21}$vəi$^{212}_{31}$ho$^{44}_{33}$]"。

普通话的"萤火虫[iŋ^{35}xuo^{214}tʂʻuŋ^{35}]",苏州话为"游火虫[iɤ$^{223}_{22}$həu$^{52}_{44}$zoŋ$^{223}_{21}$]",梅县话为"火蓝虫[fɔ^{31}lam^{52}tsʻuŋ^{11}]",厦门话为"火金姑[he$^{51}_{55}$kim$^{55}_{33}$kɔ^{55}]",福州话为"蓝尾星[laŋ$^{552}_{21}$muei$^{331}_{21}$liŋ^{44}]"。

普通话的"猪舌头[tʂu^{55}ʂɤ^{35}·tʻou]",北京话为"口条儿[kʻou$^{214}_{21}$tʻiaur^{35}]",温州话为"猪口赚[tsei$^{44}_{43}$kʻau$^{45}_{42}$dʑiaŋ^{34}]",南昌话为"招财[tsɛu^{42}tsʻai^{24}]",广州话为"猪脷[tsy^{53}lei^{22}]"。这些方言不用"舌"字,是为了避同音字"折"之讳。

普通话的"闪电[ʂan$^{213}_{21}$tiɛn^{51}]",苏州话叫"霍*险*

[hɔʔ⁵ɕir⁵²]"。

普通话的"雾[u⁵¹]",苏州话叫"迷露[mi²⁴₂₂ ləu⁴¹₄₄]"。

普通话的"菜肴[tsʻai⁵¹ iau³⁵]","绍兴话为"下饭[ɦo³¹₂₂ væ̃³¹₄₄]"。

普通话的"戏剧说明书",广州话为"戏桥[hei³³kʻiu²¹]"。

普通话的"臭虫[tʂʻou⁵¹·tsʻoŋ]",广州话为"木虱[muk²ʃɐt⁵]"。

普通话的"煤油[mei³⁵iou³⁵]",广州话为"火水[fɔ³⁵ʃøy³⁵]"。

普通话的"伞[san²¹⁴]广州话为"遮[tsɛ⁵²₅₅]",是为了避讳"散"字。

6. 特殊词语

各方言都有一些本方言通用而不见于或极少见于其他方言的词语。由于暂不清楚其来源,故称为方言特殊词语。这类词以东南诸方言较为多见。例如:

① 吴方言(苏州音)

囡五*[nø²⁴₂₂ ŋ↓²³¹₄₄]——女儿　　轧[gaʔ²³]——挤、拥挤

掼[guᴇ²³¹]——扔

② 湘方言(长沙音)

里手[li⁴¹səu⁴¹]——内行　　堂客[tan¹³kʻə²⁴]——妻子

③ 客家方言(梅县音)

脉*介[mak¹kɛ⁵²]——什么　　嬢[ɔi⁴⁴₄₅]——母亲

挨[kʻai⁴⁴]——挑

④ 闽方言(厦门音)

囝[kĩã⁵¹]——儿子

的*括*[tɪk¹ kuat¹]——得意、棒

□[kʻaʔ¹]——较、更

⑤ 粤方言(广州音)

嘢[je²³]——东西　　　　　乜[mɐt⁵]——什么

靓[leŋ³³]——漂亮　　　叻[lɛk⁵]——能干

汉语方言存在着南北大分野,南方和北方往往各有一些特殊词语。例如官话区普遍使用人称代词"我"、"你"、"他",并有表复数的后缀"们"。东南方言在动物名称表示性别时的词素顺序上具有共同特点:

　　　公鸡　　　　　　　　　　母鸡
温州:雄鸡[jyʊŋ³¹₃₁ tsๅ⁴⁴₁₃₃]　　　草鸡[ts'ʅ⁴⁵₄₂ tsๅ⁴⁴₁₃₃]、鸡娘[tsๅ⁴⁴₁₄₂ɲi³¹₂₂]
长沙:鸡公(子)[tɕi³³kən³³·tsๅ]　　鸡婆[tɕi³³po¹³]
南昌:鸡公[tɕi⁴²kuŋ⁴²]　　　　　鸡婆[tɕi⁴²p'ɔ²⁴]
梅县:鸡公[kɛ⁴⁴kuŋ⁴⁴]　　　　　鸡嫲[kɛ⁴⁴₄₅ ma¹¹]
福州:鸡角[kie⁴⁴₅₂ kæyʔ²³]　　　鸡母[kie⁴⁴₅₂muɔ³¹]
广州:鸡公[kɐi⁵⁴₅₅kuŋ⁵⁴₅₅]　　　鸡乸[kɐi⁵³na³⁵]

三、语法特点

跟语音和词汇相比,语法结构是方言中共性最大的部分。方言语法特点虽然不如语音词汇特点那么多,那么明显,但毕竟是存在的。总的说来,方言语法特点可以从两个不同的角度来观察,一是看相同的语法手段在不同的方言里表示的语法意义是否相同,二是看相同的语法意义在不同的方言里是否用相同的语法手段表示。下面主要从第二种角度列举汉语方言的几项语法特点:

1. 名词的小称

普通话的名词用附加成分"儿"表小称,例如"瓶儿"。但是,不少方言的小称是用其他语法手段表示的。有的方言以重叠方式表示,多见于官话的西北、西南地区和闽方言,例如成都话:"瓶瓶"[p'in³¹p'in⁴⁴]、"罐罐"[kuan¹³kuan¹³]。有的方言则以音变方式来表示,例如浙江温岭的小称变调:"桃"[dɔ]读本调 31 时表示一种树木及其果实的概念义,读变调 45 时表示"桃儿";同样,"李"[li]

读本调 32 时表示另一种树木及其果实的概念义,读变调 41 时表示"李子"。"儿化韵和儿化词的规范问题"一节介绍了汉语方言形形色色的小称现象,可以参照学习。

2. 人称代词的数

人称代词复数的构成,多数方言用附加法,官话区多加后缀"们"。也有少数方言采用音变方式。变韵的如厦门:

单数　我[gua^{53}]　　汝[li^{53}]　　伊[i^{44}]
复数　□[gūan^{53}]　□[lin^{53}]　□[in^{44}]

变调的如陕西商县:

单数　我[ŋɤ^{13}]　　你[ni^{13}]　　他[t'a^{13}]
复数　□[ŋɤ^{21}]　　□[ni^{21}]　　□[t'a^{21}]

3. 形容词的形容程度

普通话和多数方言以重叠方式改变形容词的形容程度。例如北京话"脸儿涂得红红的"(很红)。闽粤方言部分地区形容重叠后形容程度或加强或减弱要受变调和附加成分的控制。例如广州话的"白"重叠成"白白[pak pak]"表示很白,而后面附加"地"后则表示略白:白白地[pak pak tei]。个别地点还有形容词的三叠方式,构成一套完整的等级体系,例如厦门:

红[aŋ^{24}]

红红[aŋ$^{24}_{33}$ aŋ^{24}](很红)

红红红[aŋ^{24}aŋ$^{24}_{33}$aŋ^{24}](极红)

单音节形容词还利用附加成分的重叠来改变形容程度和修饰色彩。多数方言是以后加成分重叠,例如北京话的"绿油油"。这种方式还有两种变体:(1) 形容词与重叠的后附成分之间有衬字,多见于官话西北地区。例如陕西绥德话"蓝格映映[lã^{33} kə^{5}iəŋ^{21}·iəŋ]"。(2) 后附成分为复合成分。例如北京话"傻不楞登"。吴、闽方言则多前加成分重叠。例如苏州话："石石硬"［$za?^{23}$ $za?^{23}_{55}$ $ŋaŋ^{231}$］、"墨墨黑"［$mə?^{23}$ $mə?^{23}_{55}$ $hə?^{55}$］。

单音节形容词后加成分的重叠，由于不同的附加成分有不同的修辞色彩，因此在使用上也各有范围。例如苏州话"黄希希"用于一般物体，"黄蜡蜡"用于面色，"黄焦焦"用于烧烤的食品。有些方言前加成分的重叠所造成的形容强度要大于后加成分的重叠，例如浙江绍兴：

绿滴滴［$lo?^{12}_{21}$ $tie?^{45}_{55}$ $tie?^{45}_{54}$］（略绿）

滴滴绿［$tie?^{45}_{55}$ $tie?^{45}_{55}$ $lo?^{12}_{21}$］（很绿）

热火火［$nie?^{12}_{21}$ hu^{333}_{55} hu^{335}_{51}］（温热）

火火热［hu^{335} hu^{335}_{55} $nie?^{12}_{21}$］（很热）

4. 动词的动态和动量

普通话和大多数方言用助词来表达动词的动态，例如北京话的"看着"表进行，"看了"表完成。有个别方言则通过动词的变调来表示动态，例如陕西商县话"抓［$tsya^{21}$］"变调为［$tsya^{21}_{323}$］时表示完成体"抓了"。广州话也借助变调区别动作的进行和完成，例如"佢来啦"［$k'œy^{13} lai^{21} la^{33}$］表示"他动身来了"，变调为［$k'œy^{13} lai^{21}_{35} la^{33}$］后则表示"他来到了"，前者表示"来"的动作正在进行，后者表示"来"的动作已经完成。还有的方言用动词重叠表动态，例如：

安徽霍丘：吃吃，没菜了。（正吃着，没菜了。）

　　走走，又栽了一跤。（正走着，又摔了一跤。）

　　担心担心，那边火又着了。（正在担心，那边又着火了。）

广州：行行下街忽然之间落起雨上喱。（正在街上走着，忽然下起雨来。）

　　睇睇下戏有人嘈起上哩。（正在看戏，有人吵起来了。）

还有的方言用动词前缀表示动态。以下两例的前缀"圪"相当于普通话表示进行体的副词"在"。

河南获嘉:他胳膊底下圪夹了一本书。(他胳膊底下夹了一本书。)
呼和浩特:他圪蜷在那儿做甚呢?(他蜷缩在那儿干吗呢?)

用同一种语法手段表示同一种动态时,不同的方言也往往采用不同的虚词。例如,苏州和南通都用副词表进行体,但所用副词与普通话完全不同,例如:

苏州(勒*海*):俚勒*海*吃饭。(他在吃饭。)
南通(赖*下*):他赖*下*吃饭。(他在吃饭。)

许多方言都用助词表进行和持续,但词形也不相同,例如:

长沙(起):骑起一部新单车。(骑着一辆新自行车。)
南昌(倒):坐倒吃比站倒吃要好些。(坐着吃比站着吃要好些。)
重庆(起、倒):外头正下起雨的,等一下儿走。(外头正下着雨呢,等一会儿走。)
　　　　先出个题目大家讨论倒。(先出个题目大家讨论着。)
山东牟平(的):光的头,赤的脚跑到外面。(光着头,赤着脚跑到外面。)
广州(紧、开):佢食紧(或用"开")饭。(他吃着饭呢。)

除了表达手段不同,汉语各方言的动态类型也不一致,同一类动态也不一定完全相等。例如,兰银官话的中宁方言有一种始动体,与普通话的起始体大体对应,但不等价。中宁话"雨下开了"、"天热开了"、"他愁开了"的始动体标记"开"大体可以用普通话的起始体标记"起来"替换。但普通话的"天热起来了,还要热下去呢"中宁话就很难对译,中宁话下列例句的始动体标记"开"也不能替换成普通话的"起来",而要换用别的说法:

坐开了把报纸铺在底下。(坐的时候把报纸铺在底下。)
跪开了跪到席子上。(跪的时候跪到席子上。)
蹲开了小心点。(蹲的时候小心点。)

这是因为中宁话的始动体和普通话的起始体在各自的动态系统中具有不同的价值。若动作的起点为 A，终点为 C，在 A、C 间任取一点 B 可将整个动作过程 AC 分为 AB 和 BC 两段。进行体对应 B 点，完成体对应 C 点，这是普通话和中宁话相同的。从 A 趋向于 B，普通话为起始体，中宁话为始动体，二者大体也相同。但是，从 B 趋向于 C，普通话为继续体，中宁话则缺少相应的体范畴。

普通话：	起始体	进行体	继续体	完成体
	A		B	C
中宁话：	始动体	进行体	——	完成体

动词的动量通常通过重叠方式来表示。多数方言是以动词重叠表示动作的短暂。如北京"走走"，上海"问问"，这种重叠式可能是"V—V"省略了"一"的结果。也有个别方言用动词重叠来强化动量。厦门用动词重叠表示动作范围的扩大，例如：将这些碗收收起来(把这些碗全收起来)。广西阳江则用动词重叠来表示动作的多次重复。例如：树叶飞飞下来(树叶一片一片地飞下来)。

5. 指示代词

普通话和大多数方言的指示代词有近指和远指两个基本语素，从而构成两个指示代词系列。有些方言的指示代词则有三个基本语素。例如，山西阳曲话：近指"这儿"、远指"兀*儿"、中指"那儿"。甲：你把碟碟放到这儿。乙：是这儿还是那儿？甲：不是放到那儿，是兀*儿(指更远)。山东潍坊：近指"这"、远指"那"、中指"聂*"。苏州话指示代词也有三个基本语素：该*、归*、弯*。但这三者并非近指、远指、中指三分。"该*"是近指，"归*"是远指,"辫*"则既可指近又可指远。"辫*"与"该*"并用时是远指,与"归*"并用时是近指。三者不能在同一语境中分指远、中、近。词形构造也表明"该*"与"归*"同源,"辫*"则另有来源。因此,一个方言的指示代词若有三个基本形式,三者所指事物的空间位置可能是远近二分,也可能是远中近三分。除此之外,湖南湘乡话指示代词也有三个基本语素:近指的"咯*",远指的"糯*",还有一个不定指的"滴*"。"滴*"在用法和构词能力上受到很多限制,在词形上也与"咯*"、"糯*"不平行。普通话和大多数方言都没有专用的不定指代词和任指代词。

6. 双宾语的次序

普通话和大多数方言双宾语的次序是指人宾语在前,指物宾语在后。例如北京话的"给我本儿书"。东南诸方言则还普遍使用另一种语序:指人宾语在后,指物宾语在前。例如:

上海:拨本书我。[pə^{24} pən^{35} s$_1^{42}$ ŋu$_{21}^{24}$](给我一本书。)

广州:佢畀三本书我。[k'øy^{23} pei^{35} sam^{53} pun^{35} sy^{53} ŋɔ^{23}](他给我三本书。)

7. 比较句的句型

比较句可依比较结果的异同分为等比式和差比式两种。汉语各方言的等比式句型是一致的,例如北京话"他跟我一般儿高",上海话为"伊搭我一样高",厦门话为"张三及李四平悬"。差比式的句型在普通话和大多数方言里为"甲+介词+乙+形容成分",例如北京话"他比我高半个头"。但闽粤方言的差比式句型则与古汉语相似,例如:

福州:伊悬我。[i^{44} keiŋ^{52} ŋua^{31}](他比我高。)

厦门:伊较悬我。[i^{55} k'a^5 kuāi$_{33}^{24}$ gua^{51}](他比我高。)

广州:佢高过我。[k'øy^{23} kou^{55} kuɔ^{35} ŋɔ^{23}](他比我高。)

8. 疑问句

普通话有特指问句、是非问句、选择问句、反复问句四类疑问句。前三种疑问句各方言都一样。第四种疑问句的句型为"VP不VP"。有的方言没有这种疑问句,却另有一种"副VP"式疑问句。例如:

安徽霍丘(副词为"可"):你可是学生?(你是不是学生? ＝你是学生吗?)

云南鹤庆(副词为"给"):你给吃凉茶?(你喝不喝凉水? ＝你喝凉水吗?)

广东新丰(副词为"咸"):介只妹子咸靓?(这姑娘漂亮不漂亮? ＝这姑娘漂亮吗?)

苏州(副词为"阿"):俚今朝阿去?(他今天去不去? ＝他今天去吗?)

昆明(副词为"格"):你格认得?(你认识不认识? ＝你认识吗?)

合肥(副词为"克"):你克相信?(你相信不相信? ＝你相信吗?)

也有的方言"VP不VP"和"副VP"两种疑问句并存。例如:

安徽巢县:我讲得对不对? ＝我讲得克对?(我讲得对不对? ＝我讲得对吗?)

扬州:晓得不晓得? ＝可晓得? ＝可晓得不晓得?(知道不知道? ＝知道吗?)

"VP不VP"句式又分两种类型,北方话多为"VO不V"式,例如:

北京:有茶没有? 你信我的话不信?

河南霍嘉、洛阳:你吃饭不吃?

山西忻州:你吃烟呀不(吃)?

山西寿阳：他能来不能？
山西大同：你愿意去不愿意？
山西临汾：你去过北京啊没有去过？
陕北清涧：你想家也不？

南方话则倾向于"V不VO"式，例如：

湖北应城：你们种不种大麦啊？
湖北钟祥：你那个哥哥喜欢不喜欢你啊？
湖北巴东：你家里有不有哥哥兄弟啊？
湖北大冶：二嫂不晓得能不能来啊？
广州：你系唔系中国人？（你是不是中国人？）
杭州：你吃不吃酒？（你喝不喝酒？）

"V不VO"句式在有些方言里还常常紧缩成"VVO"，其中的"O"也非必有成分，"O"不出现则成了"VV"。例如：

福州：你洗洗？——你洗不洗？
绍兴：伊来*来*东*屋里？（他在不在家？）
浙江嵊县：买买西瓜来？（买不买西瓜？）
福建连城：洗洗衫绔？（洗不洗衣服？）

思考与练习

一、汉语方言的语言特点体现在哪些方面？

二、汉语各方言的声母有哪些重要的不同特点？

三、普通话和方言在韵母类型上有什么不同特点？

四、假如两个方言都有阴平、阳平、上声、去声四个声调，能不能说这两个方言的声调是相同的？为什么？

五、什么是方言词？方言词的特点表现在哪些方面？

六、怎样观察汉语方言的语法特点？

七、你熟悉的方言有哪些语言特点？

八、试举出各大方言的若干语言特点？

参 考 文 献

北京大学中文系语言学教研室(1989)《汉语方音字汇》(第二版)，文字改革出版社。

北京大学中文系语言学教研室(1995)《汉语方言词汇》(第二版)，语文出版社。

黄伯荣主编(1996)《汉语方言语法汇编》，青岛出版社。

李倩(2000)《中宁方言的始动体》，《首届官话方言国际学术讨论会论文集》，青岛出版社。

李荣主编(1993～1998)《现代汉语方言大词典》(共41卷)，江苏教育出版社。

李荣(1978)《温岭方言的变音》，《中国语文》第2期。

谢自立(1980)《苏州方言的五个合音字》，《方言》第4期。

袁家骅等(2001)《汉语方言概要》(第二版重排本)，语文出版社。

朱德熙(1985)《汉语方言里的两类反复问句》，《中国语文》第1期；

——(1991)《"V-neg-VO"与"VO-neg-V"两种反复问句在汉语方言里的分布》，《中国语文》第5期。

第四节　汉语方言的调查

早在周秦时代，汉族的祖先便形成了到各地采风，搜集方言俗语的传统，这可算是汉语方言调查的最早源头。但此类方言调查都是为了统治和读经，方法上也只能利用汉字记录词义，顶多还能记出音类，因而不具备科学性。具有现代方言学科学意义的汉语方言调查，发端于20世纪初瑞典语言学家高本汉，成形于汉语方言学奠基人赵元任20世纪20年代的吴方言调查。

第四章 方　言

方言调查的目的是搜集活的语言事实,积累材料,为语言研究服务,同时也为制定和推行语文政策,如推广普通话和汉语规范化等工作服务。因此,方言调查的任务,就是记录方言材料,描写方言的语言结构,揭示方言的特点。其中,记录方言材料是最基本的环节,通常称为田野调查。

语音是语言的物质外壳,调查方言必须从语音入手。语音无影无形,稍纵即逝,必须记录下来才能进行分析研究。记录语音必须借助于标音工具,国际音标就是这样一种国际通用的标音工具。

一、国际音标简介

国际音标是国际通用的记录音素的符号,最初叫"国际语音字母",1888年8月由语音教师协会制定并在会刊上发表,用于欧洲各国的语言教学和研究。后来使用范围超越欧洲,逐渐在全世界通用。语音教师协会1889年改名为当代语言教师语音协会,1897年改称国际语音协会。国际语音协会对国际音标时有增订。

国际音标不是针对某一种语言,而是根据人类的发音能力设计的,适用于各国语言和各地方言。每一个国际音标对应一个音素,这种"一音一符"的特性是其他标音工具所欠缺的。例如,英文字母 i 既可表示元音音素 [i](sit),又可表示复元音 [ai](site);反观之,音素 [i] 既可写成 ee(deep),又可写成 ea(deal)。同样的,汉语拼音字母 i 既可表示单韵母 [i](衣 yi)、[ɿ](资 zi)、[ʅ](师 shi),又可表示复韵母的韵头(先 xian)或韵尾(黑 hei)。

国际音标以26个拉丁字母为基础,对其中某些字母进行了改造,如将 a e c a ɹ ɾ ʀ w g 倒转成为 ɐ ǝ ɔ ɒ ɾ ɹ ʁ ʍ ɓ,在 m n l s z d c o u 上加一笔成为 ɱ ɲ ɳ ɬ ʃ ʒ ʂ ɦ ɵ ɰ,将两个字母拼合成一个字母:æ œ ɶ。另外还采用了一些希腊字母(β θ ʒ λ υ ɸ Ψ ω)和其他字母(ɣ ð ʃ ʒ)。国际音标不分大写、小写、印刷体、手写体,每个音标只有一种写法。

国际音标标记的是音素，音素分为元音和辅音两大类。发音气流经过声道时完全畅通、声道各部位用力均衡、所需发音气流相对较弱的是元音，反之为辅音。元音在声道中发生共振时不受阻碍，其声波是有规律的周期波，听起来是和谐、悦耳的乐音；辅音在声道中受到阻碍，发音气流被阻断或形成杂乱无章的湍流，其声波是无规律的非周期波，听起来是短促或紊乱的噪声。

元音的音色由声道的形状决定。声道是语音的共鸣腔，包括喉腔、咽腔、口腔、唇腔、鼻腔。发音气流在声道中发生共振，共振体的形状随声道的变化而变化，由此形成元音的不同音色。通过舌面的伸抬缩降调制声道形状产生的元音称为舌面元音。舌面元音由三个因素决定：舌面前伸或后缩、舌面抬高或降低、双唇撮圆或展平。舌面前伸、舌尖抵下齿龈、舌面最接近上腭的舌位最高点(简称舌高点)向硬腭前移发出的是前元音，舌面后缩、舌尖脱离齿背、舌高点向软腭后移发出后元音，舌面抬高、舌高点靠近上腭、开口度最小时发出高元音，舌面降低、舌高点远离上腭、开口度最大时发出低元音。舌高点位于前元音与后元音中间发出的是央元音，位于高元音与低元音中间发出的是中元音。高元音与中元音之间还有次高元音和半高元音，低元音与中元音之间则有次低元音和半低元音。发舌面元音时将唇形撮圆发出的是舌面圆唇元音，将唇形展平发出的是舌面展唇元音。用 X 光摄像技术可以拍摄到发舌面元音时舌高点位置的照片，根据舌高点的位置可以绘制出元音舌位图。每一个舌面元音在舌位图上都有特定的位置。常用的舌面元音有 30 个左右，其中起定位作用的八个元音称为基本元音或标准元音，也叫正则元音。通常将基本元音按下列顺序编为 1—8 号：[i]、[e]、[ɛ]、[a]、[ɑ]、[ɔ]、[o]、[u]。下面的元音舌位图上标注了 30 个常用的舌面元音。

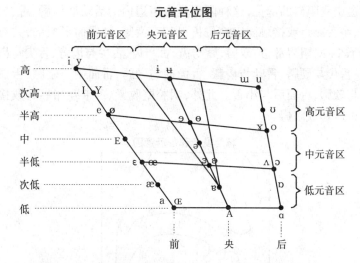

元音舌位图

通过舌尖的伸抬调制声道形状产生的元音称为舌尖元音。发舌尖元音时舌位靠前,开口度较小,舌尖和舌面各有一个舌高点,声道形状主要由舌尖动作调制。舌尖前伸靠近齿背发出的是舌尖前元音,舌尖上翘靠近硬腭发出的是舌尖后元音。发舌尖元音时唇形展平是舌尖展唇元音,唇形撮圆则是舌尖圆唇元音。舌尖元音共有4个:舌尖前展唇元音[ɿ],例如北京话:司[sɿ];舌尖后展唇元音[ʅ],例如北京话:师[ʂʅ];舌尖前圆唇元音[ʮ],例如上海话:朱[tsʮ];舌尖后圆唇元音[ʯ],例如湖北应山话:须[ʂʯ]。

发舌面元音时舌尖向硬腭翘起就成为卷舌元音,也叫儿化元音。例如北京话:儿耳二[ɚ]。

发舌面元音或舌尖元音时,鼻腔一般被软腭末端抬起的小舌关闭,气流只能从口腔呼出,产生口元音。若软腭下垂,鼻腔就被打开,气流同时从口腔和鼻腔通过,产生鼻化元音。例如西安话:天安门[tʰi æ̃²¹ŋæ̃²¹mẽ²⁴]。

辅音的音色由发音部位和发音方法决定。发音部位指气流在声道中受阻碍的部位,这种阻碍是由声道内的活动部位唇、舌、软腭、小舌靠近或接触固定部位齿、齿背、齿龈、硬腭而形成的,共有以下11对阻碍部位:双唇、唇与齿、舌与齿、舌尖与齿背、舌尖与齿龈、舌尖与硬腭、舌叶与齿龈、舌面前与硬腭、舌面中与硬腭、舌面后与软腭、舌面后与小舌。此外,咽腔壁收紧、声带互相靠近或接触也能形成阻碍。

辅音发音部位示意图

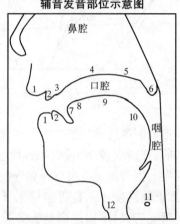

1. 上下唇 2. 上下齿 3. 齿龈 4. 硬腭 5. 软腭 6. 小舌
7. 舌尖 8. 舌叶 9. 舌面 10. 舌根 11. 声带 12. 喉头

发音方法指形成阻碍和克服阻碍的方式,按气流受阻碍的情况可分为闭塞辅音、间隙辅音、颤闪辅音三大类,按克服阻碍而发声的时机可分为除阻发声、持阻发声、持阻和除阻都发声或都不发声等不同情况。闭塞辅音的发音部位完全堵塞,气流被阻断,如塞音、鼻音、塞擦音。塞音的除阻方式是阻塞部位一下子全部打开,气流在除阻时爆破发声,作音节尾音时也可以不爆破不发声。鼻音也叫鼻塞音,发音时软腭下垂,离开咽腔壁,气流同时进入口腔和鼻腔,形成双共鸣腔,气流在口腔中与同部位塞音的成阻与除阻相似,在鼻腔中则不受阻碍。塞擦音是塞音和同部位擦音的结合,起初完全堵塞,紧接着阻塞部位打开成狭缝,气流从缝中挤出,有闭塞而无爆破,除阻和持阻阶段发声。间隙辅音的发音部位互相靠近而不接触,对气流构成不完全的阻碍,如擦音、半元音、边音、边擦音。擦音的除阻方式是气流从阻碍部位中间的狭缝挤出,持阻阶段发声。半元音的通路比擦音宽,摩擦轻微,甚至几乎无摩擦,又叫无擦通音,性质接近元音。边音的成阻方式与同部位的塞音相似,但舌头两边留有缝隙,气流从两边缝隙流出,堵塞也随之解除,除阻时发声。边擦音舌头两边的缝隙窄于边音而接近擦音,持阻阶段便开始发声,除阻时继续发声。颤闪辅音的发音部位在颤动中形成断续的堵塞,堵塞和开放状态急速交替,交替一次为闪音,连续交替多次为颤音。发音方法还可以根据声带是否振动分为浊音和清音,根据除阻时是否送出强气流分为送气音和不送气音。

辅音音标表

发音方法		发音部位	双唇	唇齿	舌齿	舌尖前	舌尖中	舌尖后	舌叶	舌面前	舌面中	舌面后	小舌	喉壁	喉门
塞音	清	不送气	p				t	ʈ		ȶ	c	k	q		ʔ
		送气	p'				t'	ʈ'		ȶ'	c'	k'	q'		ʔ'
	浊		b				d	ɖ		ȡ	ɟ	g	ɢ		
塞擦音	清	不送气		pf	tθ	ts		tʂ	tʃ	tɕ					
		送气		pf'	tθ'	ts'		tʂ'	tʃ'	tɕ'					
	浊			bv	dð	dz		dʐ	dʒ	dʑ					
鼻音			m	ɱ			n	ɳ		ȵ	ɲ	ŋ	N		
边音							l	ɭ		ʎ					
边擦音	清						ɬ								
	浊						ɮ								
颤音			ʙ				r						ʀ		
闪音							ɾ	ɽ							
擦音	清		ɸ	f	θ	s		ʂ	ʃ	ɕ	ç	x	χ	ħ	h
	浊		β	v	ð	z		ʐ	ʒ	ʑ	j	ɣ	ʁ	ʕ	ɦ
半元音			ɥ	ʋ			ɹ				j	w			

音标代表音素的标准读音,但不同方言不同的人发同一个音素时会有一些细微的差别,这些细微差别可以用音素附加符号来表示。下面是元音常用的附加符号:

附加符号	意义	举例
ː	长音	英语:card[kɑːd]
˙	半长音	英语:cart[kɑˈt]
ˈ	重音	英语:mother[ˈmʌðə]
ˌ	次重音	英语:Chinese[ˌtʃaiˈniːz]
·	轻音	北京:椅子[i·tsʅ]
˜	鼻化	太原:班[pæ̃]
˞	儿化	济南:耳[ɚ]
ˌ	辅音化	苏州:小[si̯æ]
⊥	舌位偏高	梅县:鸡[kɛ̝]
⊤	舌位偏低	长沙:饿[ŋo̞]
+ 或 ⊦	舌位偏前	松江:欧[ɯ̟]
- 或 ⊣	舌位偏后	上海:安[ɵ̠]
¨	舌位偏央	温州:都[tü]
ɔ	唇形较圆	北京:月[yɛ̹]
c	唇形较展	苏州:书[sʮ̜]

辅音也有一套附加符号:

附加符号	意义	举例
̥	清音化	苏州:茶[z̥o]
̬	浊音化	长沙:同[t̬ən]
ʼ	紧喉作用	绍兴:捞[lʼɒ]
ʻ	送气作用	北京:平[pʻiŋ]
˂	吸气音	表疼痛:[fˋ]、表寒冷:[sˋ]

第四章　方　言

⌒或⌒	两音连发	应诺：[m̩ŋ]或[ŋ̍]	
w	唇化	北京：姑[kʷu]	
̪	齿化	上海：刀[t̪ɔ]	
j	腭化	梅县：鸡[kjɛ]	
˜	鼻化	长沙：拉[l̃a]	
ˌ或ˈ	领音化	苏州：鱼[ŋ̍]	
˞	软腭化	英语：feel[fiːɫ]	

元音音标举例

音标	方言点	汉字	字音	音标	方言点	汉字	字音
ɿ	北京	自	tsɿ	ɔ	广州	火	fɔ
ʅ	北京	知	tʂʅ	ʌ	北京	俄	ɤʌ
ʮ	上海	朱	tsʮ	ɒ	北京	波	pɒ
ʯ	应山	须	ʂʯ	o	扬州	波	po
i	北京	衣	i	ɤ	上海	狗	kɤ
ɪ	广州	必	pɪk	ʊ	如皋	夺	tʻʊʔ
e	上海	雷	le	u	北京	屋	u
ᴇ	苏州	山	sᴇ	ɯ	汕头	余	ɯ
ɛ	杭州	摆	pɛ	ᴀ	武汉	巴	pᴀ
æ	苏州	好	hæ	ɐ	广州	鸡	kɐi
a	北京	三	san	ə	北京	本	pən
ø	上海	酸	sø	ɨ	南昌	湿	sɨt
y	北京	雨	y	ʉ	温州	都	tʉ
ʏ	苏州	狗	kʏ	ɘ	江阴	结	tɕɘʔ
œ	广州	靴	hœ	ɵ	苏州	安	ɵ
ɑ	西安	打	tɑ	ɜ	温州	好	hɜ

| | 苏州 | 假 | kɒ | | ə | 宁波 | 小 | ɕiə |

辅音音标举例

音标	方言点	汉字	字音	音标	方言点	汉字	字音
p	北京	八	pʌ	ŋ	汾阳	扭	ŋou
p'	北京	怕	p'ʌ	ʂ	北京	手	ʂou
b	上海	爬	bu	ʐ	无锡	善	ʐo
m	北京	马	mʌ	ɻ	北京	揉	ɻou
ɸ	韶山	夫	ɸu	tʃ	丹阳	最	tʃyt
β	诸暨	胡	βu	tʃ'	丹阳	取	tʃ'y
w	广州	位	wei	dʒ	丹阳	顺	dʒyəŋ
ɥ	北京	云	ɥyn	ʃ	丹阳	书	ʃy
pf	西安	猪	pfu	ʒ	丹阳	如	ʒy
pf'	西安	初	pf'u	ȶ	兴平	丁	ȶiŋ
f	北京	飞	fei	ȶ'	兴平	亭	ȶ'iŋ
v	上海	文	vəŋ	tɕ	北京	九	tɕiou
ʋ	北京	文	ʋən	tɕ'	北京	秋	tɕ'iou
tθ	安丘	资	tθɿ	dz	苏州	奇	dʑi
tθ'	安丘	次	tθ'ɿ	ȵ	苏州	泥	ȵi
θ	安丘	四	θɿ	ɕ	北京	西	ɕi
ts	北京	左	tsuo	ʑ	杭州	袖	ʑiy
ts'	北京	错	ts'uo	c	韶山	鸡	ci
dz	宁波	茶	dzo	c'	韶山	溪	c'i
s	北京	三	sʌn	ɟ	韶山	真	ɟi
z	上海	陈	zəŋ	ɲ	苏州	牛	ɲiy
t	北京	大	tʌ	ç	韶山	希	çi
t'	北京	他	t'ʌ	j	韶山	霞	jiʌ
d	上海	题	di	j	北京	移	ji

n	北京	那	nA	k	北京	改	kæ
l	北京	老	lao	k'	北京	口	k'ou
tɕ	黄山	自	tɕŋ̍	g	苏州	共	goŋ
tɕ'	黄山	词	tɕ'ŋ̍	ŋ	武汉	我	ŋo
ɕ	台山	三	ɕA	x	北京	河	xɣA
ʐ	芜湖	稻	ʐɔ	ɣ	洛阳	俄	ɣɤ
ʈ	西安	掌	ʈɑŋ	χ	无锡	火	χu
ʈ'	西安	昌	ʈ'ɑŋ	ʔ	玉溪	盖	ʔɛ
tʂ	北京	周	tʂou	ʔ'	玉溪	开	ʔ'ɛ
tʂ'	北京	丑	tʂ'ou	h	苏州	好	hæ
dʐ	双峰	池	dʐʅ	ɦ	苏州	红	ɦoŋ

二、方言语音调查

  汉语是有文字的语言,汉字是音节文字。每一个汉字在方言中总与一个由声韵调三要素构成的音节相对应。汉字的这种性质给汉语方音调查带来极大的便利,我们只需记录字音,而无须花费大量时间和精力从语流中切分音节和语素。汉字虽有数万个,但其中有许多音节完全相同的同音字和某些声、韵、调音类相同的同类字,要了解一个方言的语音系统,只需将不同的音节和音类记录下来加以归纳即可。因此,只需选取少量汉字就足以求出一个方言的音系。

  当然,在不同的方言中,哪些字同音,哪些字同类的情况各异,从共时出发选取适用于各方言的音系代表字相当困难。然而,现代方音是从中古音发展而来的,我们可以从历时着眼去寻求音系代表字。幸运的是,古代音韵学给我们留下了宝贵而丰富的韵书。其中,隋唐时代的《切韵》、《广韵》系韵书反映了中古汉语的语音系统。现代汉语方音大都与《切韵》音系有对应关系。从这一认识出发,依据《切韵》系韵书,前中央研究院历史语言研究所1930年出版了赵元任设计的《方音调查表格》,使用效果良好。1955年,中国科学院语言研究所对《方音调查表格》加以修订，删去了不必要的罗马字注音和一些不常用的字，改正了一些字的音韵地位，增加了一些常用字，编成《方言调查字表》，1964和1983年做了两次小的修订，从50年代的全国方言普查使用至今，是理想的汉语方音调查表格。

利用《汉语方言调查字表》记录字音和归纳音系分为两步。

第一步是对前三页的400多个音系基础字进行严式记音。严式记音是音素性记音，要尽可能地将细小的语音差异记录下来，而不必考虑字义有无对立。例如，北京话"安、烟、弯、渊"的严式记音分别是：[an]、[iɛn]、[uan]、[yæn]。严式记音的目的是获取建立方言音系的准确材料，然后根据这些材料分别整理、归纳出方言的声类、韵类、调类系统。归纳音类要运用音位学原理，一是反复比较字音，辨析出具有辨义功能的音类；二是确定每个音类的音值，声母和韵母的音值可以根据严式记音加以取舍，声调的调值则要根据五度制框架反复比较并确定其调型曲线上关键音高点的相对音高值。音类归纳完成后，还可以进一步归纳音位系统。汉语的声调能区别意义，因此，调类也就是调位。声母只与辅音音素对应，现代汉语又没有复辅音，因此，一个声类就是一个辅音音位。但是，辅音音位不仅能充当声母，还能作韵尾，甚至独立作韵母。因此，辅音音位与声类并不完全对等。韵母分为韵头、韵腹、韵尾等不同部分，而韵尾并不限于元音，因此，一个韵类不一定就是一个元音音位，也可能是几个元音音位的组合或者元音音位与辅音音位的组合。音位归纳出来以后，可以用一套整齐而简明的宽式音标符号来代替严式记音的符号。例如，北京话"安、烟、弯、渊"的韵腹可以归纳成元音音位/a/，宽式记音分别为：[an]、[ian]、[uan]、[yan]。上述工作完成后，要将声韵调系统分别列成一目了然的矩阵，配以例字，并对音值、音位和音系特点作必要的文字说明。

第二步是用已经归纳出来的宽式音标对《汉语方言调查字表》正文所收 3700 多个汉字逐个记音。宽式记音是音位性记音,此时只需将字音与宽式音标"对号入座"即可,一般不必细究其语音上的细微差别。宽式记音的目的是快速获取方言的全部音节以及揭示古今语音对应规律所需的字音,以便对方言音系进行共时和历时的深入分析,并为方言词汇和语法调查打下基础。记录字音要注意以下几个问题:(1) 要记单字音,避免用连读中发生了语流音变的音代替单字音。(2) 要避免口语中读不出单字音时硬性模仿普通话或权威方言的读音和随意类推出来的音。(3) 要剔除误读的字音,误读即读白字。例如,北京话"尴尬"应读作[kan^{55}ka^{51}],但有人却按照偏旁误读作[tɕian^{55}tɕiɛ^{51}]。(4) 俗读和训读不同于误读,要记录下来,但不能用于音韵比较。俗读是不合语音规律但当地人普遍使用的字音,如潮州话将本该与"人参"的"参"同韵的"渗"普遍误读为与"参加"的"参"同韵的[tsʻam^{33}],北京话将本该为去声调的"糙"避讳读作阴平调的[tsʻau^{55}]。训读是借用方言同义或近义字的读音,是一种"借义填音之字"。如苏州话"蕊[ȵiɤ^{231}]",读的是"纽"字的音。

汉字通常是一字一音,但也有一字两音甚至多音的。字义不同的一字多音是异字同形,不同的意义分别对应不同的读音。字义相同的一字多音是异读字,有以下几种类型,记音时应加以区别:

(1) 又读:条件暂不清楚的一般异读。又读多为自由变读,例如绍兴话"南"[nẽ]/[nõ]。又如,北京话"法"有上声和去声两读,"结"有阴平和阳平两种读音。又读有时似乎与不同的构词有关,例如,北京话"结果"的"结"既可读阴平又可读阳平,"结合"的"结"则只读阳平。

(2) 文白异读:从共时角度看,文白异读是语用场合不同而发生的异读,用于读书等比较文雅的场合的称为"文读",日常口语中使用的称为"白读"。文白异读常常出现在不同的复合词中。例如,上海话"亏"字在"幸亏"中为文读音[k'ue^{54}],在"亏得"中为白读音[tɕ'y^{54}]。从历时角度看,文白异读是方言固有的语音层(白读层)与从共同语或其他方言借入的语音层(文读层)叠置而并存的不同读音。语音层的叠置一般不是一两个字,而是具有相同语音条件的一批字。例如,上海话与"亏"字语音条件相同的中古止摄合口见系就有一批字有类似的文白异读——贵:[tɕy^{35}]白/[kue^{35}]文、跪:[dʑy^{13}]白/[gue^{13}]文、鬼:小鬼[tɕy^{55}]白/魔鬼[kue^{55}]文、龟:乌龟[tɕy^{54}]白/龟[kue^{54}]文甲、围:围[ɦy^{13}]巾白/包围[ɦue^{13}]文。文白叠置反映了两个语音层竞争的历史过程,例如上海话同一语音条件的另一些字目前已失去了白读音:归[kue^{54}]文、挥[hue^{54}]文、危[ɦue^{13}]文、葵[gue^{13}]文。这表明文读层已占主导地位,最终将完全取代白读层。有的方言还有多于两层的叠置,例如厦门话:糊[hɔ]文/[k'ɔ]白/[kɔ]白、暴[po]文/[pɔk]文/[pauʔ]白、前[tsiɛn]文/[tsɯŋ]白/[tsun]白/[tsãi]白、盘[p'uan]文/[puan]文/[p'ũã]白/[pũã]白、平[pɯŋ]文/[p'iã]白/[p'ĩ]白/[pĩ]白。

(3) 新老派异读:老年人和青年人因年龄层次不同而产生的异读。例如,苏州话"西"老派读作[si],新派读作[ɕi];"吕"老派为[li],新派为[ly];"官"老派为[kuø],新派为[kø]。

(4) 城乡异读:市区和郊区因社区不同而产生的异读。例如福州话"早"字,市区为[tsa],郊区为[tsia];"退"字市区为[thoy],郊区为[thuai];"树"字市区为[tshi],郊区为[tsheu]。

字音记完后,要根据方言音系整理出同音字表和音节表。

同音字表就是将《方言调查字表》中所记的全部字音按方言音系重新排列、登录。制作同音字表的过程也是检查、核对所记字音的过程。同音字表是字音记录的最终成果,犹如一本简明的韵书,可以用来研究方言与普通话、方言与方言、方言与中古音的对应规律。

音节表又称声韵调配合表,它可以反映声母、韵母、声调组合成音节的基本构造规则,犹如古代的韵图。制作音节表可以利用同音字表。同音字表的每一组同音字代表方言的一个音节,在同音字表的每一组同音字中各选一个代表字,将其分解成声韵调三部分,排列成表就是音节表。除了音节表外,反映音节构造规则的还有声韵配合表和四呼配合表。比起音节表来,后两种表较为简略。

《方言调查字表》只供记单字音之用,调查字音在语流中的变化要使用其它调查表,常用的有儿化韵调查表、连读变调和轻声调查表等。此外,根据需要,还可以随时设计其他的调查表。

三、方言词汇调查

调查方言词汇,如果是为了反映词汇的全貌,就需要记录尽可能多的词语,如果限于条件而不可能大规模调查,就要以常用词语作为重点,而尽可能少涉及书面的和生僻的词语。这是因为常用词语是日常口语中使用的,在整个词汇中具有代表性。方言的词汇特点基本上也表现在这一部分。其次,方言中有许多来自普通话的新词语,对它们进行观察可以了解方言词汇演变的趋向。此外,某些方言还有一些与地区性行业有关的词语(例如海滨、渔场的水产业用词,山乡农村中的蚕茶林药业用词),而有些与行业、阶层等有关的词语却又与地域分布无关,这些词语都值得记录。

词汇调查范围确定后,要着手编制调查表格,按照不同要求设计词条。词条可以包括各个方面,多多益善,不一定局限于常用词语。还可以根据方言特点,重点增加某些词语。词语总数自数百至数千不等。词条按词类分列,名词、动词等词类之下再按义类分列,然后按词的音序或笔顺排列。这样,调查表格本身就是一个分类词汇集,因而有利于词汇的调查和资料的整理。

由于官话方言的强大影响,特别是由于解放以来大力推广普通话,普通话的词语已经大量进入方言,速度是惊人的。例如上海、温州、福州等地本来把"电影"叫做"影戏",但近几十年来口语中也同时普遍使用"电影"一词,这样,"电影"也就成了上述各个方言词汇的一员。但普通话词语进入方言的程度深浅不同,其表现就是词语的使用频率不同。所以,要设法鉴别方言区群众使用的与普通话相同的词语,哪些已经进入方言词汇,哪些还没有。这就要注意调查的方式,少用问答式,多用启发式。此外,还需要注意了解调查对象本身的情况,以鉴别哪些真正是该方言的词语,哪些是异方言或普通话对个人影响的结果,或书面词语的借用。

调查方言词汇首先要求记音。记音不仅要记单字音,还要记语流音变和特殊音变(诸如同化、异化、合音等),并加以注释说明。方言中有的语音现象可能会在记录词语时才能发现,这时还要回过头来做语音的补充调查。

记录方言词语,还要求记下方言的字形。有的方言词语无字可写,就借用本方言中的同音字,在右上角加"*"号表示,例如苏州"鲎*[hγ⁴¹²]"(虹)。没有同音字时,就以方框"□"表示,例如梅县"□[ŋam⁴⁴]"(碰)。有的方言使用方言区自造的俗字,称为"方言字",应按"名从主人"的原则采用之,例如湖州"挘[k'ieʔ]"(端)。

方言词语的释义要求准确。词语的特殊用法要加以说明。例如,梅县的"正",读[tsən]时义为"不反",读[tsaŋ]时义为"不歪",前者用于对称,后者用于引称,这是使用场合不同。又如,长沙"瘦"、"腈"两词,指人畜时用"瘦",指肉类时,谓语用"瘦",修饰语用"腈",这是语法功能不同,等等。

在准确解释词义的基础上,还要进一步弄清方言词语和普通话词语间的对应关系。这种对应关系有简有繁。有的是一对一,例如长沙"大"与普通话"大"大致相同。有的是一对多,例如成都的"围巾"和"项巾"各自与普通话"围巾"相当,苏州的"瘦"(指人畜)和"膡"(指肉类)加起来与普通话的"瘦"相当。广州的"肥"又相当于普通话的"肥"(指牲畜和肉类)加上"胖"(指人)。还有的则是相当复杂的对应,例如:

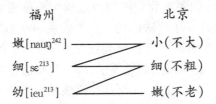

北京和福州的"嫩"互不相关,其他的词则互为一对二的关系。此外,由于各地事物的不同,词语对应也可能口径参差,无法切合。例如"水舀子"各地或用"瓢"或用"筒";"黄花鱼"东南沿海或指小黄鱼,或指大黄鱼;"谷子"北方指粟,南方指稻。这些都要加以说明。

用词汇调查表格来调查词语,自有它的方便处,但由于表格中的词目用的是普通话,因此,某些方言词如果在普通话中没有对应的词,就可能调查不出来。例如闽广特有的水果"杨桃"、"番石榴"。因此,还要注意避免受词汇调查表格的束缚,遗漏这类方言词。

记完词汇后,先整理成分类词汇集,然后分析归纳其特点,考释词源,最后写成文字材料。

四、方言语法调查

方言语法调查目前还难以像语音调查那样事先设计好系统的调查表格,也难以像词汇调查那样列出足以反映全貌的词目,只能通过与普通话和某些权威方言的比较发现若干语法特点。在拟定调查项目时,通常选择那些在某些方言中已经显示出特点的语法例句,分门别类加以排列。随着对方言语法现象的深入了解,这样的语法例句数量就会日益增多。

　　用上述例句调查方言语法特点是有局限性的。一个语法特点并不是一两个例句就能充分揭示的,有些细微的差别需要从各个侧面来揭示。这就要求我们在调查过程中根据需要随时增补例句。例如,有这样一条语法例句:"桌上放着一本书",苏州话说成"台子浪*放仔本书",但若据此得出结论:苏州话的持续体不用"着"标记,而用"仔"标记,那就错了,因为苏州话还有"台子浪*有本书放勒*海*"的说法,要发现这种说法就需要增补一个普通话例句:"桌上有本书放着"。

　　由于方言语法例句是用普通话设计的,调查者也就只能从普通话出发去看方言,因而只能发现普通话和方言都有的语法现象,方言里有而普通话没有的语法现象靠这些例句是发现不了。例如江西龙南指示代词的"中指"(近指:"这"[tsə˚],中指:"□"[ne˚],远指:"□"[˚ne])。这就要求我们不能满足于事先设计的语法例句的调查记录,而要在整个调查过程中时时留心捕捉语法例句以外的语法特点。

　　有些语法特点要依靠语境凸现,而孤零零的一句话往往体现不了语境。这就要求我们不能满足于语法例句的调查。进一步深入调查方言语法,还必须记录相当数量的成篇语料。成篇语料包括会话、口头流传的故事、本地的风土人情、历史掌故,等等。但是,要注意剔除说书、作报告等艺术化、书面化的成篇语料。成篇材料可以提供较为纯粹的方言语法现象,可以对根据语法例句调查出来的语法特点起到验证、补充和修正的作用。

　　记录方言语法例句和成篇材料时需要注意以下各点:

　　(1)首先要写出每一个词和语素的本字,本字不明时可用方言字、方言同音字或"□"代替。语料需要记音,记音要准确,不仅要记单字音,还要照实记录语流音变,不能局限于按已知的语流音变规律去推,因为语流音变规律不一定能反映语法规律,而不规则的音变后面往往隐藏着语法特点。例如,安徽歙县"鸡蛋孵出了小鸡"这句话的两个"鸡"语音形式不一样:前一个为[tɕi³¹],后一个为[tɕi:n³³]。抓住这一点进一步挖掘,就可以发现这是一种相当于普通话儿化的小称形式。这种现象在记字音和词汇时可能发现不了,在记语料时又很可能将其当作例外而弃之不顾,那将是十分可惜的。

记录下来的语料中,所有的方言字、方言同音字和"□"都要加注,有时还要用普通话对译。对译时,语法意义的对应要严格、准确,否则会掩盖语法特点。对译还要符合"土人感"。例如,福州话的"解"单说时相当于普通话的能愿动词"会、不会",但是,下面的例子就不能照此对译:"我解去得解?"不能对译成"我会去得不会?",而要译成"我可以去吗?""我解看见。"不能对译成"我会看见。"而要译成"我看得见。"

(2) 语法意义的对应要明确严格。为此,一定要有用例,必要时还要注明上下文,以免含混。例如,浙江绍兴话人称代词表多数的词尾"赖*[laʔ]"也可以出现在指人名词的后面,例如:小人赖*[ɕiŋ³³⁵ niŋ²³¹₅₅ la⁵⁵](孩子们)。但其特性和普通话的"们"不完全相同。现以普通话"孩子们"的各种人称和格与绍兴话进行比较:

① 孩子们上学去了。(第三身主格)
② 把玩具给孩子们。(第三身宾格)
③ 孩子们,快来!(第二身呼格)
④ 我们不是孩子们了。(第一身)

绍兴的"小人赖*"只能与上述①②两种场合对应:

① 小人赖*上学去哉。[ɕiŋ³³⁵ niŋ²³¹₅₅ la⁵⁵ zoŋ¹³³₃₃ ɦoʔ²³ tɕ'i³³₅₅ tsɛ⁵¹]
② 嬉傢牲拨小人赖*。[ɕi⁵¹₃₃ ko⁵¹₅₅ səŋ⁵¹ pe⁴⁵₃ ɕiŋ³³⁵ niŋ²³¹₅₅ la⁵⁵]

事实上,绍兴人称代词词尾"赖*"用于指人名词后只限于第三身。因此,它实际上是名词与代词的并列同位语。"小人赖*"中的"赖*"是"伊赖*"[i₁¹¹³lɑ⁵⁵](他们)的简式。"小人赖*"与"孩子他们"才真正严格地相对应。

五、方言调查的实施

为使田野调查取得较好效果,事先要通盘考虑,做好各项准备工作,包括如下项目:

(1) 拟定调查大纲

根据方言调查具体的目的和任务拟定调查大纲。先决定调查什么方言,对方言的语音词汇语法要了解到什么程度,在此基础上确定要调查的语言现象的项目。此外,还要准备在调查过程中根据情况对大纲做可能的修正补充。

(2) 编制调查表格

根据大纲所确定的项目,准备好一定数量的单字、词、词组、句子的例子,编制成调查表格,以供调查之用。

(3) 选择发音合作人

了解当地方言有没有内部分歧,哪里的话最有代表性,是否存在书面语言、戏曲语言、不同年龄、性别、职业和文化程度的人有没有口音差别,祖上从外省迁来的人有没有双重语言,等等。选择发音人要以这种了解为基础,再要求方言纯正,口齿清楚,有一定文化水平,认真可靠,等等。发音人确定后,要注意配合工作,处理好关系。发音人的质量对于方言调查至关重要,必须精心选择。

(4) 调查人员自身的准备

调查人员要根据方言调查的任务和要求,在业务方面进行必要的学习和准备,诸如听音记音、查阅方言历史、了解方言区情况,等等。调查用品也要有所准备,如必要的调查工具、文化用品、生活用品等等。

在田野调查的过程中,要以严谨的科学态度和负责精神来对待工作,掌握好方言语音、词汇、语法材料的记录、审核和整理等环节。

方言调查的最后环节是编写调查报告。就是将调查所得的材料加以分析综合,按一定次序编排,并加以必要的文字说明。调查报告的基本部分要求在现场完成,并且要及时做好审核工作。某些在当地一时无从着手的工作(如方言区人文历史资料的考证和方言词语的词源考释),如果时间不允许,可以在离开后补充进行。调查报告的内容大致如下:

(1) 方言区简况(人文、历史、地理、方言归属及其内部分歧)。

(2) 音系(声韵调表及说明、声韵调配合表或音节表、音变条例等)。

(3) 同音字表。

(4) 词汇(方言词语的特点)。

(5) 语法(方言语法的特点)。

(6) 成篇材料及其注释和翻译。

(7) 方言地图(方言特点的地理分布、方言内部分歧)。

思考与练习

一、怎样利用《方言调查字表》进行汉语方言语音调查?

二、怎样进行汉语方言词汇调查?

三、进行汉语方言语法调查要注意哪些问题?

四、怎样选择方言发音人?

五、方言调查人员自身需要作哪些准备?

参 考 文 献

中国社会科学院语言研究所(1981新1版)《方言调查字表》,商务印书馆。

中国科学院语言研究所(1955)《方言调查词汇手册》,科学出版社。
黄伯荣(2001)《汉语方言语法调查手册》,广东人民出版社。
李　荣(1957)《汉语方言调查手册》,科学出版社。
丁声树、李荣(1956)《汉语方言调查简表》,中国科学院语言研究所。
詹伯慧(2001第2版)《汉语方言和方言调查》,湖北教育出版社。
周殿福(1985)《国际音标自学手册》(配有录音盒带),商务印书馆。

第五节　汉语方言与地域文化

语言是一种特殊的文化现象。广义的文化指人类在社会历史发展过程中所创造的物质财富和精神财富的总和,包括物质文化、制度文化、精神文化三个层次。狭义的文化特指精神财富。文化的一般特征是:社会约定性、后天习得性、全民共享性、历史渐变性、制度文化还具有符号性。语言具备以上五种属性,可以认定为一种制度文化。此外,语言还具有独特的音义两重性,可以用作交际工具和思维工具,同时也是精神文化的主要载体。

语言和文化的这种密切关系决定了语言研究和其他人文科学研究的相关性。方言作为语言的地域变体,自然与地域文化密切相关,方言研究与地域文化的研究也可以互相借鉴,互相补充,互相促进。本节将举例性地简要介绍方言和地域文化的这种相关性。

一、权威方言的兴替与文化中心的转移

长期以来,华夏文明起源于黄河流域中原地区的观点几乎已成定说。然而,历史发展到今天,中华文化的中心区显然已经偏离中原。其实,中原是否从一开始就是文明发展的中心也还是尚未解开的迷。近年来考古学的新发现表明,中国至少存在六大考古

文化区系,其中有些区系的早期发展程度并不低于中原。今天,学术界已逐渐认同中华文明起源"多元一体"说。这并不否定中原在夏商周时代的确是华夏文明的中心区,但不再轻信它此前就一直是中心,而此后中原未能永久维持中心地位则是不争的事实。学术思想的这一进步是符合历史唯物主义的,它使我们懂得,政治、经济、文化中心的形成是历史的选择,并将随着历史的发展而发展变化。

人类发展初期的古文明中心是经济、政治、文化合一的。其中,经济是决定性的因素。在华夏祖先进入农业社会的时代,黄河流域和长江流域都具有优越的农业资源,但由于长江流域的稻作农业需要金属工具的生产力水平,因此,在石器时代的某一特定时期,只需石制农具的旱作农业便在黄河流域率先发达起来。于是,中原在经济上遥遥领先于其他地区。与此同时,奴隶社会的政治和文化制度也首先在经济发达的中原地区形成。中原自然成了那个时代的经济、文化、政治中心。中原地区的"夏言"或"雅言"也随之成为最有权威的方言,后来进一步成为华夏通语。

此后的历史发展阶段,经济虽然仍是基础,但随着生产力的进一步发展,作为上层建筑的政治、文化逐渐发展成熟,并对经济基础产生了越来越大的反作用。于是,经济中心、政治中心、文化中心就不一定总是密不可分的三位一体了。

从夏商周一直到隋唐,中国的经济重心一直在北方的黄河流域,中唐以后才开始转移到江南。这可以从人口和赋税比重来观察。汉以前,南方人口稀少,《汉书·地理志》记载:"楚越之地,地广人稀,饭稻羹鱼,或火耕而水薅。"据《中国人口地理》的统计,西汉平帝二年(公元2年)北方人口比重为全国的81%,到安史之乱前的唐天宝元年(公元742年)仍占60%。此后,南方人口超过北方,北宋崇宁元年(公元1102年)为59%,明弘治4年(公元1491年)为60%,鸦片战争前的1820年为67%。再看赋税,《元史·食货志》记载,当时全国 11 个行省年征税粮共 1200 万石,江浙、江西、湖广三省就占一半以上,其中江浙一省即达 449 万石,占全国三分之一强。《清史稿》记载,顺治二年(公元 1645 年)户部奏定的岁征漕粮数目全国共 402 万石,其中江南各省 354 万石,占 88%,而江苏苏州、松江、常州、镇江四府和太仓州又占江、浙、湖广、江西四省之半。在从奴隶社会到封建社会的漫长岁月里,经济重心缓慢而不可逆转地完成了从中原到江南的历史性转移。

在大一统的政治体制下,中国统一王朝的京城必定是全国的政治中心。汉以前的京城都与经济中心一致,而且地处统治区域的中心,这种情况最有利于统治。但是,都城的选择不仅要考虑经济因素,更要考虑政治和军事因素。政治中心与经济中心的分离不利于加强朝廷的物质基础和对地方的控制能力,但这一点可以通过交通线来弥补。中唐时漕运和驿道已很发达,因此,经济中心虽已南移,政治中心则仍在长安。可见,政治中心的变迁并不完全由经济中心决定。

经济重心历史性地南移之后,文化重心到宋代也随之由北方转移到了南方。南宋大诗人陆游《论选用西北士大夫札子》从科举选士的角度生动地描绘了文化重心转移的一个侧面:"伏闻天圣(公元 1023 年)以前选用人才,多取北人。寇准持之尤力,故南方士大夫沉郁者多。仁宗皇帝照知其弊,公听并视,兼收博采,无南北之异。于是范仲淹起于吴,欧阳修起于楚,蔡襄起于闽,杜衍起于会稽,余靖起于岭南,皆一时之名臣。……及绍圣(公元 1094 年)、崇宁间,取南人更多,而北方士大夫复有沉郁之叹。"一个地区所出人才的数量是该地区文化发展水平的综合反映,历代南方和北方名人比重的演变深刻地反映了文化重心转移的历程。下面是历代正史有记载的南北名人数量和比重的统计:

	先秦	东汉	唐	北宋	明	清
北人	122(98.4%)	48(73.9%)	79(65.8%)	54(45.4%)	18(16.7%)	33(16.3)
南人	2(1.6%)	17(26.1%)	41(34.2%)	65(54.6%)	90(83.3%)	170(83.7)

文化重心的变迁总是跟随而又滞后于经济重心,但文化中心则更多地受政治中心的直接影响,因为京城人文荟萃,对人才具有独特的吸引力,各方精英总是源源不断地汇聚到京城。因此,统一而持久的王朝的京城或迟或早总是成为文化中心。如果说政治中心的确立有时具有突变性,文化中心的形成则必须经过长时间的积累,文化中心的转移并不采取突变的方式。新的文化中心的确立需要经历相当长的安定发展时期。在中国历史上,长安、洛阳都曾经长期成为全国的文化中心,明清以后则是北京。

语言是文化的一部分,它的发展必然要受到文化的影响和制约。在语言的众多地域变体中,文化中心地区的方言自然会成为具有权威性的方言,并且有可能进一步成为共同语的标准。长安、洛阳、北京先后成为全国的文化中心,它们所在地区的主流方言也相应成为当时的权威方言或共同语的标准。

秦以咸阳为都,从秦孝公十二年(公元前350年)至秦二世末年(前207年),共144年。西汉以长安为都,从汉高祖七年(前200年)至孺子婴初始元年(公元8年),共208年。再加上王莽新都15年。以上共360余年,其间经历了西汉"文景之治"的盛世,秦晋方言遂成为权威方言。而在早先的春秋战国时代,秦方言与晋方言并非一体,也不具有权威性。

东汉光武帝建元元年(公元25年)至献帝初平元年(190)以洛阳为都,共165年。其后虽经三国80年战乱,但西晋泰始元年(265)至怀帝永嘉六年(312),复以洛阳为都。前后300年,其间没有出现新的全国性政治中心和文化中心,中原方言便成为汉语的基础方言,洛阳话成为公认的标准音。西晋末年,五胡乱华,迫使晋室东渡,洛阳话随之带到了建康,与当地的吴方言发生接触与竞争,最终战胜并取代了吴方言。300年后,《切韵》(601)将"北夹夷虏"的洛下方言与"南染吴越"的金陵方言加以折衷,定为正音。唐宋时期的《唐韵》《广韵》《集韵》始终以《切韵》音系为科举考试的正音标准。唐宋两朝又都以洛阳为陪都(隋唐两代还都曾一度以洛阳为正都),从而使其得以长期维持文化中心的地位。因此,洛阳方言近千年间大体保持了北方话标准读书音的地位。

南京作为东吴、东晋、宋齐梁陈六朝古都,延续350年,对中原文化的传承和积淀相当深厚,但毕竟是分裂时期,不是统一王朝,最终未能完全取代洛阳而成为新的全国性的文化中心。但这并不影响南京方言成为从洛阳音派生出来的南方话标准读书音。明朝初年,南京成为统一王朝的京城,取得了全国性政治中心的地位,但仅仅持续了50年,尚未形成新的文化中心便迁都北京了。不过,这种短暂的政治中心地位还是大大加强了南京话和江淮方言的权威性。学术界近年来发现,从明代开始进入中国的西方传教士学习的官话并不是北京音,而接近于南京音。南京方言的权威性由此可见一斑。

北宋末年的靖康之难(1102)迫使宋室从开封迁都临安(今杭州),在此偏安140年。其统治只及于江南半壁,为时也不够持久,未能形成新的文化中心。但南迁时带到临安的中原方言却给杭州话打上了深深的烙印。

元明清的京城都是北京。八百年来,北京作为全国性政治中心的地位无庸置疑。但这个政治中心却远离经济中心,其经济命脉靠漕运维持。北京作为文化中心的地位则经过了相当长时间的积累才得以确立。元朝统治集团不是汉族,其文化认同的转换需要一定的时间,而其统治时间又不足百年,因此,元大都并未成为新的全国性文化中心。明初建都南京五十年,迁都北京后长达二百年,其间经历了永乐盛世,此后北京才逐渐成为新的全国性文化中心。鉴于历史上汉族王朝迁都往往将旧都的方言带到新都,加之南京话在明代官话中地位很高,当时的北京话可能受到南京一带江淮方言的影响。清朝维持了北京政治中心和文化中心的地位,语言上却不一定一脉相承,因为清廷入主北京后,以八旗官兵及其眷属置换了内城居民。过去以为北京话元明清以来直线式地发展成为民族共同语的标准音的看法看来过于粗略,近来一些学者提出北京话直到晚清才取得标准音地位的观点是值得认真研究的。

二、方言与移民

汉语七大方言除了官话之外,东南地区六大方言的形成都与来自北方的汉族移民有关,本章第二节对此已有介绍。下面进一步分析移民与方言的关系。

移民是指从一地迁徙到另一地定居的居民。零散的移民迁移到新居地后,一般都溶入当地社会,最多只在家庭内部、亲友之间保留一点原居地的文化特色,包括风俗习惯和方言。但是,大规模的移民则有可能在新居地形成一个有相对独立的习俗文化的社会群体。如果移民的规模足够大,并且具有较高的经济、文化和社会地位,就有可能压倒新居地的原住居民而成为社会的主流,经过若干代的生息繁衍,甚至有可能反客为主,原住民反而被淹没在移民之中。反映在文化上就是移民文化融合、吸收并取代原住民文化。在语言上则表现为移民的方言吸收原住民方言的某些语言特点而形成有别于祖居地方言的新方言。东南地区六大方言大体上都是这样形成的。

中国历史上对地域文化和方言影响最大的是中古时期的三次大移民。这三次移民有不少共同点:(1)移民方向都是由北向南,即黄河流域的汉族居民南迁到经济文化发展水平相对较低的长江流域以至华南地区。(2)移民途径都分东、中、西三条路线。东路由黄河下游淮河以北地区至长江下游的淮南、江南,中路由黄河中游的中原、关中地区至长江中游汉水流域以至洞庭湖、鄱阳湖地区。西路由黄河中上游秦岭以北地区至陕南汉中盆地和四川盆地。(3) 移民的动因都是为了躲避战乱,都有北方畜牧民族侵扰的背景。(4) 移民的规模都达百万,移民成分包括平民和望族,乃至朝廷。(5) 导致移民的社会动乱持续时间都长达一二百年,致使移民难以返回原居地。(6) 移民终止后都有二百年以上的安定发展期,给移民社群带来难得的发展机会。

  第一次大移民是由西晋末年的"永嘉丧乱"和此后北方少数民族政权入主中原引起的。谭其骧《晋永嘉丧乱后之民族迁徙》对这次移民作了详细考察。从永嘉元年(公元 307 年)到南朝刘宋泰始二年(公元 466 年),移民运动在社会动乱中持续 160 年,止于北魏孝文帝推行汉化政策。此次移民包括众多望族乃至朝廷,移民总数近百万,约占当时北方人口的六分之一,全国人口的八分之一。移民成建制地南迁,在所到的江苏、安徽、湖北等南方政区内设立了大量侨州、侨郡。东路移民人数最多,由黄河下游青州、徐州顺邗沟至苏中苏南淮北皖南。其中,仅侨置镇江的南徐州就有 22 万移民,超过该州 42 万总人口的半数。中路由并州、司州、豫州顺汉水至豫南湖北及湘北。西路由秦雍二州过秦岭至汉中、四川。这次大移民结束后有三百多年的相对安定和统一,其间经历了初唐"贞观之治"和盛唐"开元之治"的盛世。此次移民对方言地理的影响,一是将古吴语的地域由北向南压缩,江淮之间及江南南京、镇江一带的吴语被北方汉语同化;二是使洞庭湖、鄱阳湖以北古楚语的荆楚一带逐渐被北方汉语同化。

  第二次大移民是由唐朝中叶的"安史之乱"引起的。周振鹤《中唐安史之乱与北方人民的南迁》对这次移民有详细考察。此次移民的高潮从天宝 14 年(公元 755 年)至宝应二年(公元 763 年)持续 8 年。此后,藩镇割据,战乱频仍,紧接着是唐末农民战争和五代十国的分裂,社会动乱持续了 200 年,直到北宋建立。此后出现了近 200 年的安定发展。"安史之乱"中朝廷曾一度从西路避乱四川,中路移民深入到洞庭湖、鄱阳湖以南,数量最为集中,东路移民数量也不少。战乱造成了周期性的人口锐减,但江西户口因移民入境不减反增,饶州由 1 万 4 千户增至 7 万户,净增 4 倍,洪州户口净增三分之二,吉州增五分之一,抚州不减。此次移民对方言的影响是奠定了赣语的基础,进而截断了古吴语和楚语(包括南楚湘语)的联系。

第三次大移民是由北宋末年的"靖康之难"引起的。从靖康元年(公元 1126 年)到绍兴十二年(公元 1142 年)宋金对峙局面形成,大批移民随宋室南迁,淮河以北的半壁江山落入金人之手。此后,抗金战争接着元军灭金、灭宋战争,社会动乱绵延 150 年,移民运动一直持续到元朝中叶。此次移民入苏南浙江者最多,其次为湘赣,而且比前两次更加深入华南。移民不仅来自北方,也有一部分是早先移至赣北赣中的早期移民后裔。此次移民对方言的影响,一是形成了客家话,二是江淮官话和西南官话成型,三是官话传播到广西。

中古时期三次大移民之后,以下几次规模较大的移民运动虽然未形成新的大方言,但也都对汉语方言地理产生了不同程度的影响。简介如下。

1. 第二次大移民以后,唐末至宋,江西经济文化发展很快,人口骤增,超过了土地承载力,部分居民遂自发向西部湘鄂两省开发程度较低的地区迁移。元朝时移民形成规模,明朝更盛,致使江西移民遍布湘鄂。湖北、湖南明代属湖广布政司,故称"江西填湖广"。这次移民使湖南东部的湘语为赣语所取代,湖北东南部地区也受到赣语的深刻影响。

2. 第二次大移民使福建人口骤增 50%,土地负担很快超载,部分居民从唐末五代开始由海路西迁,分别到达广东东部潮州、西部雷州半岛等沿海地区,以及海南岛。闽南话随移民传播到这些地方。

　　3. 明代大力推行军屯,四川军屯以湖北人为主,大批湖北人进入四川。清初,朝廷鼓励湖广居民入川定居,从康熙24年(公元1685年)起,四川人口40年内由不足2万户增至57万户。世称"湖广填四川"。这次移民使西南官话遍布四川。

　　4. 元明清三朝相继在云南、贵州屯田实边,400年间先后有百万内地居民迁入。清代继湖广填四川之后,再迁湖广、江西、四川移民250万进入云贵。西南官话随移民传播到云南、贵州。

　　5. 台湾古称夷州,三国时,孙吴曾派兵"得夷州数千人还"。元代正式将台湾纳入中国版图。明末荷兰、西班牙侵占台湾。清初顺治18年(公元1661年),郑成功率军收复台湾作为抗清基地,派军队屯垦,同时鼓励大陆东南沿海居民迁台定居,移民达20万。1683年,郑克爽降清,台湾纳入清朝版图。1684年,清廷开放海禁,福建闽南人、粤东客家人纷纷涌入台湾,1811年移民已达一百九十万,1890年更达二百二十万之众。入台移民中,闽南人与客家人大体为3:1,从而奠定了台湾地区以闽南话为主的方言格局。

　　6. 康熙三十二年(公元1693年)时,陕南汉中地区不过15万人口。乾隆以后,四川、湖北移民蜂拥而至,到嘉庆二十四年(公元1819年)人口已达350万,百余年猛增20来倍。这次移民使汉中方言受到西南官话的深刻影响。

　　7. 东北本来地广人稀,清初满人倾族入关,又视东北为"祖宗肇迹兴王之所",康熙筑柳条边禁止汉人出山海关。19世纪,黄河下游连年遭灾,破产农民开始违禁闯关东。此后边禁渐开,1840年人口已突破300万,百年间猛增7—8倍。由于关内人口膨胀,也为了实边拒俄,清廷于1860年局部弛禁,1897年完全开禁,一时形成闯关东狂潮。1910年东北人口达到1800万。民国初年到"九一八"事变前,平均每年有25—30万人闯关东,到1949年,东北人口已达4000万。闯关东有海陆两条路线,陆路主要是河北移民,海路主要是山东移民。这些移民将冀鲁官话和胶东官话移植到了东北。

8. 太平天国后期,皖南一带战斗惨烈,人口损失巨大。战后,大批淮北居民渡江南下,填补人口空白,不少河南、湖北移民也成群迁入。这一时期的移民使皖南方言受到江淮官话的冲击,还形成了若干中原官话和西南官话的方言片。

9. 新中国建国以后,成立新疆生产建设兵团,几十万知识青年从全国各地来到兵团。同时,克拉玛依油田的职工也来自内地各省。这两批入疆移民至今已繁衍到第三代,人口达数百万。这些移民来自不同的方言区,几十年来已经在北疆形成了一个非常接近于北京话的官话区,《中国语言地图集》称之为北京官话北疆片。

三、方言与地名

地名是为特定地域约定的专有名称。地名的数量十分庞大。《说文解字》收录的地名专用字就有 800 多个,约占该书所收总字数的十分之一。1994 年出版的《中国地名录》约收地名 33000 条。在五万分之一的地图上,一个县一般有二三千条地名;万分之一的地图则有七八千条地名。

古老的原生地名多为单纯词,以单音节为主,例如:秦、陇、关、河、江。也有一些双音节连绵词,例如:会稽、盱眙、弘农、昆仑、琅琊、敦煌。后来的地名大多由专名和通名复合而成,例如:泰山、渭水、洛阳、陈郡、湖广。最早记录地名的《尚书·禹贡》全篇除九州的"州"外无其他通名。有些原生地名后来演变成了通名,例如:关、河、江。指称地貌特征和乡村聚落的地名通常由当地居民用方言口语命名,其中使用频率高的某些通名就会形成方言特色。例如:

吴方言:浜(小河汊)、渎(小沟渠)、汇(河汊交汇处)、泾(小河沟)

粤方言：涌(chōng 小河汊)、氹(dàng 水塘)、埿(bàn 低洼地)、滘(jiào 水滨)

闽方言：厝(房子)、埔(平地)、崎(水边突出地、坡地)、礁(有水流的峭壁)

陕北官话：梁(条状土山岗)、塬(雨水冲刷而成的台状土山地)、峁(顶圆边陡的山包)

冀鲁官话：淀(水浅的湖)、崮(陡峭而顶平的山)

原生地名往往口耳相传，世代相因，因而比普通词语较易保留古音古义，可以为研究方言语音和词义的演变提供线索。例如，根据"名从主人"的原则，广东省番禺县的"番禺"读作 Pānyǔ 而不是 Fānyǔ。这是因为番禺县始建于秦始皇 33 年(前 214 年)，当时的上古声母系统中只有双唇音 p，尚未分化出唇齿音声母 f 来。中古以后，多数方言已经分化出了唇齿音声母，但粤方言至今仍保持着上古音没有唇齿声母 f 的特点。又如，"黄埔"的"埔"普通话读作 pǔ，声母送气，声调为上声。而在粤方言里，"埔"却与"布"同音，声母不送气，声调为去声。粤方言还有不少以"埔"为通名的地名：东埔、西埔、埔前、塘埔、樟树埔、冬瓜埔……，这些地名中的"埔"都与"布"同音，有些地名甚至直接写成"布"或"佈"：高布、布仔、蔡布、长布、官禄佈、潭佈。"佈"是一个后起字，宋朝的《集韵》收有"佈"字，注释为："地名，周世宗遣将破贼于东佈洲。"可见，"埔"的本字似应为"佈"，粤方言保留其字音而改用了异体字形，普通话则误将这个"埔"字当作了本字，并且忽略了"名从主人"的原则，直接读成了"埔"的标准音。

南方一些地方还保存了一部分百越族原住民留下来的底层地名词，汉族移民沿用这些地名，并将其读成汉音，写成汉字。今天，这些地名就像化石一样，成了民族史研究的宝贵旁证。罗常培《语言与文化》第五章"从地名看民族迁徙的踪迹"率先做了这样的研究。例如，《汉书·地理志》记有龟兹县，颜师古加以注释："龟兹人来降附者,处之于此县,故以名云。"《新斠地理志》进一步注释称龟兹即陕西米脂县。而古龟兹应在今新疆库车县。由史书的上述记载可见,汉代已有龟兹人移居陕西。又如,两广境内有大量含"那、都、古、六"的地名:都都、都那、那伏墟、都偃水、古岭嘴、六合、那六、都乐、古练、六丁……。"那"在壮侗语族和傣语中义为"水田","都(驼、侗、峒)"为"田地","古(岵)"为"山","六(禄、绿、渌、箓、陆)"为"山谷"。由此可知此类地名都是壮语地名的遗留,进而可以推测壮族早先的生活地域比现在要大得多。

地名词除反映地貌特征外,有的也反映社会生活和人文历史。例如,河南为中原腹地,其县名多含古国名:禹州市、许昌市、密县、上蔡县、项城县、息县、巩县、温县、杞县、新蔡县、虞城县、邓州市。又如,鄂东南为三国古战场,这一带的蒲圻、嘉鱼、洪湖三县就有一百多个与三国故事相关的地名,例如:周郎湖、周郎山、黄盖湖、吴主庙、陆(逊)口、吕蒙嘴、小乔坪、走马山、教军岭、司鼓台。再如,江苏中部沿海地区明清时广设盐场,至今留下了一批以"灶"为通名的地名,反映了这一带的制盐历史,例如:头灶、四灶、沈灶、南沈灶。珠江三角洲元明清时期大兴围垦,留下了许多带"围"的地名:大沙围、简家围、神仙围、甘乐大围、西围、老围、老虎围、稻香围、禾风围。

城市地名一般比乡村地名来得高雅,其中有许多是由早期的俗地名雅化而成的。雅化最常用的一种方式是方言谐音,就是将地名中粗俗的字改换成方言读音相同或相近的文雅字。北京城区就有一大批这样的地名,例如:猪市口→珠市口、驴市街→礼士胡同、烧酒胡同→韶九胡同、东江米巷→东交民巷、裤子胡同→库资胡同、牛蹄胡同→留题胡同。考查俗地名谐音雅化的历史,可以为方言音变的研究提供某些重要信息。例如,北京"黑芝麻胡同"是由"何纸祸胡同"谐音雅化而成的,该地名中的"黑"字在那一带的老街坊口中至今仍与"何"同音。这表明,在该地名雅化的时代,中古入声字"黑"在北京话里是阳平调而不是今天的阴平调,韵母是单元音ɤ而不是今天的复合元音ei。这条线索对研究入声在北京话中的演变历程具有重要价值。

本章第二节曾经讨论过现代汉语方言的分区和划界问题,那是一项至今尚未完全解决的课题。那么,古代方言的边界就更加难以确定了。然而,方言地名的研究却可以为解决这类问题独辟蹊径。例如,"港"可以充当地名通名,在普通话里,其基本义是"港口",但本义却是"河流"。考查"河流"义的地名通名"港"的分布地域和方言地理,大体集中在长江中下游平原湖网地区,以太湖流域的江浙沪三省市为中心,扩及鄱阳湖、洞庭湖、巢湖流域的皖鄂湘赣四省。这片地域目前包括吴方言、赣方言、湘方言、江淮官话和西南官话的东部边缘。再查历史文献,在"港"尚未产生"港口"义的漫长岁月里,"港"字地名的地域范围,以及常使用"港"字的作者长期生活的地域范围,都与其共时分布相吻合。这表明本义的"港"自古以来就是只在一定地域通用的方言词,后起的"港口"义才进入了共同语。而方言词"港"的通行地域正好相当于古吴语区和古楚语区。由此可以推测,"港"是一个包括扬雄《方言》在内的上古字书所漏收的古吴语词,楚语也可通用。"港"地名分布的北部边界在古淮河一线,那么,这也应该是古吴语的北界。

四、方言与文学

文学是以语言文字为工具,形象地反映客观现实的艺术,分俗文学和雅文学两大类。俗文学以口头形式为主,是老百姓或乡土艺人用方言口语创作的,包括民歌、传说、民间故事、地方曲艺等样式。雅文学则以书面形式为主,是文人用书面的文学语言创作的,包括诗歌、散文、剧本、小说等样式。雅文学是文学的高级形式,一经产生便逐渐成为文学的主流,文学史通常只以雅文学为研究对象。俗文学虽不登大雅之堂,在文学史上也没有地位,却是一切高雅文学的基础和源头。并且，无论雅文学发达到何等程度，俗文学总是自有其生存发展的空间，这是由俗文学的口语性和口语的不可替代性所决定的，而口语总是和方言相联系。从这个意义上可以说，俗文学就是方言文学。

俗文学是文学的初始形态。鲁迅曾说过，最初的文学就是"哼哟哼哟"的劳动号子。中国文学的第一个里程碑是诗歌，最早的诗歌总集是《诗经》。《诗经》时代，统一的汉语书面语尚未形成，《诗经》的作品也大多采自民间，有许多就是当时的民歌。因此，《诗经》在文学类型上处于雅俗之间，很大程度上仍是口头文学。《诗经》共收诗歌305篇，分风、雅、颂三类，主要用于歌唱而不是阅读。其中，风是民间乐曲，多由"行人"采集，共160篇，占一半以上。十五国风按地域分篇：周南（周公治下之南方，汉水以东）、召南（召公治下之南方，汉水以西）、邶（河南淇县、汤阴县）、鄘（河南汲县）、卫（冀南、豫北）、王（东周王畿洛邑）、郑（陕西华县）、齐（胶东）、魏（山西芮城）、唐（山西翼城县）、秦（关中）、陈（豫东、皖北）、桧（陕南）、曹（豫东）、豳（陕西邠县）。雅是王畿乐曲，共105篇，多由公卿士大夫"献诗"，其中大雅31篇，用于诸侯朝会，小雅74篇，用于贵族宴享。颂是祭祀乐曲，共40篇，也分地域，其中周颂31篇，鲁颂4篇，商颂5篇。《诗经》不仅是中国文学史的第一座高峰，对于上古汉语的研究也有不可替代的重要价值，许多音韵学家就是依据《诗经》用韵来归纳上古音韵部的。

长篇小说作为一种通过人物塑造和情节描述来概括社会生活矛盾的叙事性文学样式，是中国文学史上一个新的里程碑，它是最适合现代人的一种纯书面文学样式。然而，小说同样也起源于民间口头俗文学。当它尚未消除俗文学痕迹的时候，在文学史上的地位是很低的，《汉书·艺文志》第一次提到小说，但将其列为末流："小说家者流，盖出于稗官，街谈巷语，道听途说者所造也。"稗官就是搜集民间故事的小官。

小说基本上是用共同语的文学语言创作的,仅仅用方言无法创作长篇小说,因为除了共同语之外,任何一种方言都没有独立的书面语。但是,作者在创作小说时或多或少会受到自己方言的影响,不自觉地使用一些方言词语,这些方言词语对于文学史研究中鉴别作者籍贯、了解作者生平有重要旁证作用。例如,《金瓶梅》的作者至今仍是一个谜,由于该书使用了不少山东一带的方言词语,作者很可能是山东人,为排除和确认该书作者提供了一条重要线索。又如,《红楼梦》作者擅长采用谐音双关的修辞手段,其中用"牛"谐"刘姥姥"的姓,用"雪"谐"薛宝钗"的姓。但北京话"牛"和"刘"、"雪"和"薛"并不同音,前者声母 n 和 l 有别,后者声调阴平和上声不同。而扬州、南京一带的江淮官话 n、l 相混,保留入声,上述两对谐音字分别同音。由此可见《红楼梦》作者曹雪芹谙熟南京、扬州一带的江淮官话,应该有曾经在那一带生活的经历。

有些小说作者出于某种语言风格的追求,有意识地使用方言词语,刻意让作品带上方言色彩,从而增加小说的生动性。例如《儿女英雄传》和当代作家王朔等人的作品就有一股"京味儿"。这些作品对于方言研究有一定的语料价值。还有少数小说的人物对话完全采用方言,甚至不惜使用方言同音字,被称为方言小说。方言小说的读者很受局限,不懂该方言的人固然无法欣赏,即便是会说该方言的人,若不知道识别同音字,同样欣赏不了。这种对读者的排斥又反过来影响作者的创作热情,因此很少有作家乐意问津方言小说的创作。今天能看到的方言小说屈指可数,典型的有清末民初以嫖娼狎妓生活为题材的吴方言小说《海上花列传》和《九尾龟》。前一本书的人物对话全都采用苏州话,后一本书来自吴语区的人物用苏州话,其他人物则用官话。方言小说的方言对话具有较高的语料价值。

在俗文学中,民歌、传说和民间故事是口语性和方言性最强的文学样式。它们本来是纯粹的口头文学,其中的精华部分日后被雅文学吸收和借鉴,转化成了雅文学样式。另外还有一部分经采集和记录而有了书面形式,但大部分则是自生自灭,难以长期流传。中国历史上,汉以前的统治者出于统治的需要曾注意采集这些民间口头文学,随着封建统治的巩固和雅文学的发达,尤其是礼教日甚,俗文学越来越为政府以至普通文人所不屑一顾,几乎没有留下什么痕迹。在漫长的封建时代,明代苏州文人冯梦龙是一位难得的以采集和整理民间文学为己任的通俗文学家,他于万历四十年(公元1662年)前后采集并编印了两部流行于苏州一带的吴语民歌集《挂枝儿》和《山歌》,收录民歌800多首。《山歌》后来失传,1934年在安徽失而复得,现已成为研究早期苏州方言的珍贵语料。例如,下面一首短短的民歌《花蝴蝶》就反映出明代苏州话的若干语言特点:有儿尾词(姐儿),有语气词(呀),否定副词为"弗",完成体助词与"子"同音,与官话的"也"相当的表类同的副词与"咦"同音。请看《花蝴蝶》:

　　身靠妆台手托腮,思量情意得场呆。姐道郎呀,你好像后园中一个花蝴蝶,揉子花心便弗来。郎道姐儿呀,我也弗是揉子花心便弗来,南边咦有一枝开。我今正是个花蝴蝶,处处花开等我来。(《山歌·私情四句》卷二)

　　前面已经提到,现代汉语方言学的建立正是由五四新文学运动提倡白话文学,到民间采集民歌而引发的。因此,俗文学、民间文学、民俗学与方言学有着密不可分的关系。

　　曲艺是富有地方特色的口头说唱艺术。据1982年的调查,全国共有341个曲种,归为评话、鼓曲、快板、弹词四大类。评话、快板为纯口语形式,鼓曲、弹词还伴有特定的音乐形式。曲艺成形于唐代的市人小说、寺院俗讲(其底本称为变文),宋代出现了专供表演各种伎艺的瓦肆勾栏,曲艺样式也多样化了,有诸宫调、唱赚、复赚、弹唱因缘、唱京词、唱耍令、唱拨不断、小唱、吟叫、合生、说诨话、背商谜、学乡谈、学像生、说药等等。元明时期出现了长篇词话。明清以来,词话演变为南方的弹词和北方的鼓词。曲艺最初与方言口语完全一致,形成套式后要求固定不变,其语言就具有了保守性,逐渐会与不断演变的方言口语有所脱节。例如,苏州评弹是评话和弹词的统称,用苏州城里话"苏白"表演,与当代苏州口语已有差别,最明显的是评弹里有一套翘舌声母,而口语中早已消亡。例如,评弹歌曲《七律·答李淑一》的第一句"我失娇杨君失柳"的"失"字,苏州人一般发音为舌尖前音声母[səʔ⁵],而评弹艺人则发成翘舌声母[ʂəʔ⁵],因此,这首歌唱得是否地道,只要一张口便知分晓。曲艺语言可以用作研究早期方言的参考,但在分析共时音系时应注意剔除。

　　戏曲是剧本和舞台表演相结合的综合艺术。剧本是剧作家创作的雅文学,舞台表演综合了唱念做打和化妆、布景、配乐等各种艺术表现手段。戏曲语言包括唱词和念白两部分,它们都是舞台语言,与活的方言口语有别。例如,北京话的尖音和团音早已合流,但京剧语言至今要分尖团音,于是,背熟尖音字成为今天京剧演员的一桩苦差。在戏曲语言中,念白的口语性要高于唱词。念白分为韵白和散白,散白通常是丑角的插科打诨,其口语程度又高于韵白。中国的地方戏曲十分丰富,据1981年的统计,按声腔分类,全国共有317个剧种。地方戏是地域文化的重要表现形式,其基础则是方言。不仅戏剧语言是这样,戏曲的声腔同样也源于方言。戏曲史的研究表明,地方剧种的分类与方言的分布高度吻合,因此,地方剧种的鉴别在很大程度上要依靠方言分区的成果。

思考与练习

　　一、为什么说汉语方言与地域文化密切相关?

　　二、中原之音为何曾经长期成为"正音"的标准?后来又为什么失去了这一地位?

三、移民对汉语方言起过何种作用?

四、你认为当前农村劳动力大批向城市流动会对汉语及其方言产生什么样的影响?

五、为什么地名对汉语方言学以及其他相关学科具有重要价值?

六、北京有许多带"井"字的街巷胡同,你对此有何见解?

七、民歌在文学和语言学上分别起什么作用?

八、请谈谈你对方言文学的看法?

参 考 文 献

罗常培(1950)《语言与文化》,语文出版社1989再版。

葛剑雄、曹树基、吴松弟(1993)《简明中国移民史》,福建人民出版社。

李如龙(1998)《汉语地名学论稿》,上海教育出版社。

李小凡、陈宝贤(2002)《从"港"的词义演变和地域分布看古吴语的北界》,《方言》第3期。

苏秉琦(1999)《中国文明起源新探》,生活·读书·新知三联书店。

邢福义(1990)《文化语言学》,湖北教育出版社。

张卫东(1998)《北京音何时成为汉语官话标准音》,《深圳大学学报》第15卷第4期。

张清常(1997)《北京街巷名称史话》,北京语言文化大学出版社。

周振鹤、游汝杰(1986)《方言与中国文化》,上海人民出版社。